Wirtschaftskriminalität im organisierten Sport

Europäische Hochschulschriften Recht

European University Studies in Law

Publications Universitaires Européennes de Droit

Band/Volume 6763

Florian Junkers

Wirtschaftskriminalität im organisierten Sport

Zur Erforderlichkeit von Präventionsmaßnahmen und Compliance-Regelungen am Beispiel des Fußballsports

PETER LANG

Lausanne - Berlin - Bruxelles - Chennai - New York - Oxford

Bibliografische Information der Deutschen Nationalbibliothek
Die Deutsche Nationalbibliothek verzeichnet diese Publikation in der Deutschen Nationalbibliografie; detaillierte bibliografische Daten sind im Internet über http://dnb.d-nb.de abrufbar.

Zugl.: Frankfurt (Main), Univ., Diss., 2021

D 30
ISSN 0531-7312
ISBN 978-3-631-85355-9 (Print)
E-ISBN 978-3-631-90947-8 (E-PDF)
E-ISBN 978-3-631-90948-5 (EPUB)
DOI 10.3726/b21247

Verlegt durch:
Peter Lang GmbH, Berlin, Deutschland

info@peterlang.com http://www.peterlang.com/

Meiner Frau und
meinen Töchtern

Vorwort

Die Arbeit wurde im Mai 2015 fertiggestellt und hat der Juristischen Fakultät der Johann Wolfgang Goethe-Universität Frankfurt am Main als Dissertation vorgelegen. Die Disputation fand im Februar 2021 statt. Veröffentlichte Literatur und Rechtsprechung sowie aktuelle Entwicklungen nach Fertigstellungsdatum konnten nicht mehr berücksichtigt werden.

Mein besonderer Dank gilt Herrn Prof. Dr. Cornelius Prittwitz, der die Arbeit als Erstgutachter fachlich und persönlich betreut hat. Das Verständnis dafür, dass die Arbeit in überwiegenden Teilen berufsbegleitend angefertigt wurde und die in diesem Zusammenhang gewährten Freiheiten waren eine echte und wertvolle Unterstützung für mich, für die ich sehr dankbar bin. Wechselseitige Geduld und Hartnäckigkeit haben zum Ziel geführt. Herrn Prof. Dr. Klaus Günther danke ich für die Übernahme der Zweitbegutachtung.

Meiner Familie und meinen Freunden danke ich für die Unterstützung auf dem Weg bis zum Abschluss dieser Arbeit. Ganz besonderen Dank schulde ich vor allem meiner Ehefrau und meinen Töchtern, die zweifellos am meisten Geduld aufbringen und entbehren mussten. Ihnen ist diese Arbeit gewidmet.

Inhaltsverzeichnis

Einleitung und Problemstellung

A. Wirtschaftsstrafrecht im Sport – (k)ein vereinzeltes Phänomen?

Manipulationen im Wettkampfsport sind keine Erscheinung der Neuzeit. Bereits 388 v. Chr. – dem ersten dokumentierten Fall von Manipulation in der Sporthistorie – beeinflusste Eupolos aus Thessalien drei seiner Gegner im Faustkampf bei den Olympischen Spielen mit hohen Geldsummen. 332 v. Chr. erkaufte sich Kallippos aus Athen – ebenfalls im Rahmen der Olympischen Spiele – den Sieg im Pentathlon. Im weiteren Verlauf der klassischen Olympischen Spiele lassen sich weitere Beispiele für eine erfolgreiche Beeinflussung von Kontrahenten zwecks Überlassens des Sieges finden. Die hierbei letzte dokumentierte Manipulation ereignete sich im Jahr 125 n. Chr. während des Olympischen Boxturniers.[1]

In der jüngeren Vergangenheit kommt der Manipulation von Sportveranstaltungen und Wettkämpfen jedoch eine weitaus gewichtigere Bedeutung zu. Durch die globale mediale Verknüpfung finden große Sportveranstaltungen immense Beachtung in der Weltöffentlichkeit und bieten allen Beteiligten hohe Verdienstmöglichkeiten.[2] Insofern ist es nicht verwunderlich, dass das Wirtschaftsstrafrecht mittlerweile auch in die Randbereiche des organisierten Sports Einzug gefunden hat und sämtliche Schnittstellen zwischen Sport und Wirtschaft von der Begehung von Wirtschaftsstraftaten bzw. entsprechenden Verdachtsmomenten oder zumindest unlauter erscheinenden Handlungsformen betroffen sind.

So ist beispielsweise unter dem Sichtwort des „gekauften Journalismus" die Einflussnahme von Sportjournalisten auf die Berichterstattung ihrer Arbeit- bzw. Auftraggeber zu erwähnen, welche sich am Beispiel der Sportjournalisten Wolf-Dieter Poschmann (ehemaliger Leiter der Hauptredaktion Sport des ZDF) und Hagen Boßdorf (ehemaliger ARD-Sportkoordinator) verdeutlichen lässt. Im Rahmen der Berichterstattung über Doping bei der Tour de France blendeten die Journalisten bewusst Material aus, das die deutschen Rennställe Gerolsteiner bzw. T-Mobile belastet hätte. Zu berücksichtigen ist dabei, dass sowohl Poschmann als auch Boßdorf in Nebentätigkeitsverhältnissen zur Gerolsteiner Brunnen GmbH & Co. KG (Poschmann) bzw. T-Mobile Deutschland GmbH

---

1 *Maennig*, Vierteljahreshefte zur Wirtschaftsforschung 73 (2004), 263 (264) m.w.N.; vgl. hierzu auch *Hilpert*, Vorbemerkungen §§ 6–12 RuVO, Rn. 24.

2 Vgl. hierzu auch *Weise*, S. 10.

(Boßdorf) standen.[3] Ebenso ist in diesem Zusammenhang der „Verkauf von Fernsehübertragungen" durch die Sportjournalisten Jürgen Emig (ehemaliger Sportchef des Hessischen Rundfunks) und Wilfried Mohren (ehemaliger Sportchef des Mitteldeutschen Rundfunks) anzuführen.[4] Auch die Bezahlung von Bestechungsgeldern im Zusammenhang mit dem Bau von Fußballstadien (wie unter anderem der Fall „Wildmoser" verdeutlicht)[5] sowie die Zuwendung von Eintrittskarten zu Fußballspielen an Amtsträger im Zusammenhang mit Sportsponsoring (verdeutlicht am Fall „Claassen"[6]) fallen in ihrer konkreten Ausgestaltung in die Randbereiche des organisierten Sports.

Wesentlich mehr Beachtung in der breiten Öffentlichkeit haben in jüngerer Vergangenheit jedoch die Fälle der Manipulation von sportlichen Wettkämpfen gefunden, die – insoweit im Unterschied zu den soeben zusammengefassten Fallkonstellationen – insbesondere auch den Kernbereich des organisierten Sports, nämlich den Wettkampf selbst, betreffen. Bei Betrachtung dieser Fallkonstellationen wird deutlich, dass es sich hierbei um kein auf bestimmte Sportarten oder bestimmte Nationen begrenztes Phänomen handelt. Vielmehr erstrecken sich die weltweit aufgekommenen Sachverhalte interdisziplinär auf sämtliche Sportarten. Beispielsweise kam es im Fußball in der Vergangenheit in jeder der fünf europäischen Spitzenligen (England[7], Spanien[8], Deutschland[9],

---

3 *Leyendecker*, in: Weinreich, S. 228 (236).

4 *Leyendecker*, in: Weinreich, S. 228 (235); vgl. weiterführend auch: BGH HRRS 2010, Nr. 109; Zeit-Online vom 29. September 2009, „Früherer MDR-Redakteur Mohren verurteilt" (abrufbar unter: http://www.zeit.de/sport/2009-09/mohren-urteil-bestechl ichkeit; zuletzt abgerufen am 3. Juli 2023).

5 Vgl. *Sellin*, S. 17 ff.; Der Spiegel 12/2004, „Provision für Projekt China", S. 194 ff.; Stern 44/2005, Schwiegerpapa & Co., S. 244.

6 Vgl. Sachverhalt in BGH, Urteil vom 14. Oktober 2008, Az.: 1 StR 260/08; vgl. auch: *Greeve*, CCZ 2008, 117 (117 ff.); *Greeve*, CCZ 2009, 76 (76 ff.); *Schlösser*, wistra 2009, 155 (155 f.); *Trüg*, NJW 2009, 196 (196 ff.).

7 Sog. „Flutlichtschwindel" aus dem Jahr 1999, vgl. *Hill*, S. 195; Der Spiegel 5/2005, „Das war doch gekauft!", S. 48.

8 Verdacht der Manipulation der Partien CD Teneriffa gegen FC Málaga (zweite spanische Liga) und Athletic Bilbao gegen UD Levante (erste spanische Liga) durch Geldzahlung von Vereinsfunktionären an Spieler im Dezember 2008, vgl. Frankfurter Rundschau vom 3. Dezember 2008, Ein Elfmeter zur rechten Zeit; Frankfurter Allgemeine Zeitung vom 8. Dezember 2008, „Die da oben wissen doch Bescheid?"; ebenfalls Verdacht der Manipulation von Funktionären des Vereins Hércules Alicante im Jahr 2010, vgl. Der Spiegel 39/2010, So sehen Sieger aus, S. 146.

9 Vgl. nachfolgend unter: 2. Kapitel A., B. und D.

Italien[10] und Frankreich[11]) zumindest zum Verdacht der Manipulation von Spielergebnissen. Aber auch in anderen Sportarten, wie zum Beispiel Handball[12] oder Tennis[13], kamen in jüngerer Vergangenheit Verdachtsmomente der unlauteren Beeinflussung von Wettkampfergebnissen auf.

Als ebenso medienwirksam wie auch den Kernbereich des organisierten Sports betreffend, sind in diesem Zusammenhang die Fälle der „unlauteren Verflechtung innerhalb von Sportverbänden“ zu erwähnen. Diese Fallkonstellationen lassen sich vorliegend weiter aufgliedern in Fälle der „unlauteren Verschaffung von Machtpositionen“ sowie der „Ausnutzung von Machtpositionen“ innerhalb von Sportverbänden. Auch bei diesen Fallkonstellationen handelt es sich nicht um regional begrenzte und auf bestimmte Sportarten bezogene Phänomene.

Dieser internationale und interdisziplinäre Bezug lässt sich beispielsweise an den Verdachtsfällen betreffend den ehemaligen Präsidenten des Fußball-Kontinentalverbandes Confederation of North and Central American an Caribbean Association Football (CONCACAF) und ehemaligen FIFA-Vizepräsidenten Jack Warner[14] und den ehemaligen Präsidenten des koreanischen National

10 Im Rahmen des sog. „Calciopoli-Skandals“ wurden Spiele der ersten italienischen Liga in der Weise manipuliert, dass Vereine auf die Auswahl ihnen zugewandter Schiedsrichter für ihre Spiele Einfluss nehmen konnten. Auf diese Schiedsrichter wurde mittels Beteiligungen an Fernsehanstalten – und die damit verbundene Macht in den Medien – Einfluss auf die mediale Bewertung der Schiedsrichter und deren Karriereverlauf genommen, vgl. *Boeri/Severgnini*, The Italian Job, S. 2 ff.; *Ferragina*, S. 163 ff.

11 Manipulation von Spielen des Vereins Olympique Marseille durch Geldzahlungen in den Jahren 1986 bis 1994 durch den Präsidenten Bernard Tapie, vgl. *Maennig*, Vierteljahreshefte zur Wirtschaftsforschung 73 (2004), 263 (266); Der Spiegel 29/1993, Merci Tapie, S. 105.

12 Vgl. nachfolgend unter 2. Kapitel C.

13 Manipulation durch den Italiener Alessio di Mauro, indem dieser in den Jahren 2006/2007 auf den Ausgang seiner eigenen Spiele wettete, vgl. Welt-Online vom 10. November 2007, „Betrug der Wettmafia im Tennis fliegt auf“ (abrufbar unter: http://www.welt.de/sport/article1350924/Betrug_der_Wettmafia_im_Tennis_ fliegt_auf.html; zuletzt abgerufen am 3. Juli 2023).

14 Im Vorfeld der Fußball-Weltmeisterschaft 2006 gab Jack Warner bekannt, dass er das Exklusivrecht für die Verteilung der Eintrittskarten, die dem Verband von Trinidad & Tobago, dem Heimatland Warners, als Teilnehmer der Endrunde zugeteilt wurden, der „Simpaul's Travel Agency“ übertragen habe, welche im Eigentum Warners, seiner Frau und seinen beiden Söhnen stand. Die Tickets wurden aufgrund der Monopolstellung sodann zu überhöhten Preisen angeboten und waren an feste Hotelbuchungen

Olympic Committee (NOC) und ehemaligen Vizepräsidenten des International Olympic Committee (IOC), Kim Un-Yong[15] verdeutlichen. Weitere Beispiele sind die beeinflusste Vergabe der Olympischen Winterspiele 2002 an Salt Lake City im Jahr 1995[16] oder die Verdachtsmomente der Vorteilsannahme gegenüber dem ehemaligen Präsidenten des Welt-Volleyballverbandes Rubén Acosta[17].

B. Eingrenzung der Thematik

Eine umfassende Auseinandersetzung mit sämtlichen zusammengestellten Sachverhalten, die in Schrifttum, Presse oder Öffentlichkeit unter der Thematik „Wirtschaftsstrafrecht im Sport" bzw. oftmals auch „Korruption im Sport" geführt werden, würde den Rahmen dieser Ausarbeitung bei Weitem übersteigen. Insofern ist eine Eingrenzung dieser Thematik unerlässlich.

Gegenstand der vorliegenden Untersuchung sind insbesondere die Sachverhalte betreffend die Beeinflussung von Wettkampfergebnissen sowie der unlauteren Verflechtungen innerhalb von Sportverbänden.

Diesen Fallkonstellationen kommt eine herausgehobene Bedeutung zu, weil sie zum einen unmittelbar den Kernbereich des organisierten Sports betreffen und zum anderen vor allem in den vergangenen Jahren sowohl national wie auch international in den Fokus öffentlicher Berichterstattungen und Diskussionen gerückt sind.

Im Rahmen dieser Fallkonstellationen sind aus Gründen der Übersichtlichkeit der Darstellung weitere Eingrenzungen vorzunehmen: Zum einen sollen sich die zu behandelnden Fallkonstellationen ausschließlich am Beispiel des Fußballsports orientieren, um insbesondere durch die geltenden Satzungen und

---

gekoppelt. Warner verdiente hierbei geschätzte 2.000,– EUR pro Ticketpacket; vgl. *Liburd*, in: Weinreich, S. 145 (145 ff.).

15 Kim Un-Yong soll ca. 300.000,– EUR von koreanischen Funktionären dafür erhalten haben, dass diese in das koreanische NOC aufgenommen wurden; vgl. *Maennig*, Vierteljahreshefte zur Wirtschaftsforschung 73 (2004), 263 (270).

16 Die Führung des Bewerbungskomitees von Salt Lake City um den Vorsitzenden Tom Welch und seinen Stellvertreter Dave Johnson hat bei der Bewerbung um die die Olympischen Winterspiele 2002 Mitglieder des IOC u.a. mit Reisen, Immobiliengeschäften, Operationen, Barzahlungen und sonstigen Vorteilsgewährungen wie Aufenthaltsgenehmigungen und Universitätsstipendien für Angehörige in Höhe von 1,2 Mio. USD beeinflusst und so für eine Vergabe an Salt Lake City gesorgt; vgl. *Maennig*, in: von Arnim, S. 81 (98).

17 *Goijman*, in: Weinreich, S. 94 (94 ff.).

Verordnungen der Fußballverbände eine Vergleichbarkeit der Fallkonstellationen zu garantieren. Insofern sind entsprechende Fallkonstellationen, die im Rahmen anderer Sportarten bekannt geworden sind, dergestalt abzuwandeln, dass diese auf den Fußballsport zu übertragen sind. Des Weiteren sind die dargestellten Sachverhalte – soweit dies möglich ist – dergestalt abzuwandeln, dass eine Strafbarkeit der handelnden natürlichen Personen nach deutschem Strafrecht zu überprüfen ist. Hierauf ist jedoch im Rahmen der jeweils konkreten Sachverhaltsdarstellung nochmals ausdrücklich hinzuweisen.

Ausgenommen von der Untersuchung sind insbesondere die einleitend kurz dargestellten Sachverhalte, die lediglich den Randbereich des organisierten Sports betreffen und insofern regelmäßig auch nicht mit den Mitteln, die einem Sportverband oder -verein zukommen, zu regulieren sind.

Vom Untersuchungsgegenstand weiterhin ausgenommen ist die Beeinflussung von Wettkampfergebnissen durch die Einnahme von Dopingmitteln bzw. ähnliche Einwirkungen auf das Wettkampfergebnis, wie zum Beispiel durch Manipulation eines Rennwagens oder anderen Sport- bzw. Messgeräten.[18] Auch wenn die Einnahme von Dopingmitteln zweifellos eine unlautere Einflussnahme auf Wettkampfergebnisse darstellt und somit der Ergebnismanipulation durch Wettspieler oder Funktionäre sehr ähnelt, soll eine Ausarbeitung von Präventionsmaßnahmen im Bereich des Dopings vor dem Hintergrund bestehender Unterschiede in der strafrechtlichen Bewertung nicht erfolgen.

C. Gang und Inhalt der Untersuchung

I. Aufbau und Inhalt der Ausarbeitung

Die folgenden Ausführungen enthalten zunächst eine Auseinandersetzung mit der Definition von „Wirtschaftsstrafrecht" und insbesondere der Korruptionsdefinition als Bestandteil hiervon, sowie den geltenden – der Prävention der Begehung solcher Straftaten dienenden – Rechtsnormen (1. Kapitel).

Sodann sind die Fallkonstellationen der Beeinflussung von Wettkampfergebnissen (2. Kapitel) und der unlauteren Verflechtung innerhalb von Sportverbänden (3. Kapitel) jeweils ausführlich zu erörtern. Hierbei ist der jeweils konkret zu behandelnden Fallkonstellation eine kurze Phänomenologie voranzustellen.

Unter Berücksichtigung der – zumindest bedingt – präventiven Wirkung von Strafnormen ist zunächst das jeweils in Rede stehende Verhalten der Beteiligten

18 Theoretisch denkbar wäre hier beispielsweise die Manipulation des Zeitmessers beim 100-Meter-Lauf oder des Maßbands beim Weitsprung.

unter strafrechtlichen Gesichtspunkten zu erörtern. Maßgeblicher Gesichtspunkt ist hierbei auch die Auseinandersetzung mit der Frage, ob die jeweiligen Verhaltensweisen nach den vertretenen Ansichten in Rechtsprechung und Literatur grundsätzlich unter einen bestimmten Straftatbestand subsumiert werden können bzw. aufgrund welcher Tatbestandsmerkmale eine entsprechende Subsumtion problematisch erscheint. Das Ziel der Ausarbeitung ist es nicht, etwaige Streitstände anhand einer eigenen Argumentation zu entscheiden. Vielmehr werden zunächst die bestehenden Ansichten samt ihren Begründungen dargelegt und etwaige Schwachstellen der jeweiligen Argumentation aufgezeigt.

Im nächsten Schritt ist anhand der festgestellten Ergebnisse hinsichtlich der Strafbarkeit der beteiligten natürlichen Personen sodann die Effektivität der maßgeblichen Straftatbestände in Bezug auf die Prävention der Begehung von Wirtschaftsstraftaten zu überprüfen. Insbesondere ist dabei festzustellen, ob die geltenden Straftatbestände unter Berücksichtigung der zuvor aufgezeigten problematischen Tatbestandsmerkmale geeignet sind, präventiv auf die Begehung von wirtschaftsstrafrechtlichen Delikten einzuwirken oder ob die Einführung neuer Straftatbestände in Erwägung zu ziehen ist.

Bezüglich der beteiligten juristischen Personen ist zudem zu überprüfen, inwieweit die im 1. Kapitel dargestellten Rechtsnormen auf diese Anwendung finden und insofern einen positiven Effekt im Hinblick auf die Prävention von Wirtschaftskriminalität im Sport aufweisen oder, ob auch in diesem Zusammenhang einer Reformierung der geltenden Normen vorzuschlagen ist.

Daran anknüpfend ist in einem letzten Schritt ein Maßnahmenkatalog zur Steigerung der Effektivität der Korruptionsprävention in dem jeweils behandelten Bereich zu erstellen. Hierbei ist insofern auf die in Betracht kommenden Maßnahmen des Gesetzgebers (wie zum Beispiel die Einführung neuer Straftatbestände) und der beteiligten Sportverbände und Sportvereine abzustellen. Insbesondere im Geltungsbereich der Sportverbände und -vereine liegt hierbei der Fokus auf der Möglichkeit der Übertragung bereits in anderen Bereichen (wie zum Beispiel der Wirtschaft oder der Verwaltung) bewährter Präventionsinstrumente und der Entwicklung eigenständiger – den Besonderheiten des Sport(recht)s angepasster – Maßnahmen.

Zur Veranschaulichung der zu behandelnden Fallkonstellationen dienen insbesondere prominente und in der Öffentlichkeit viel beachtete Fallkonstellationen. Soweit es sich hierbei um Fälle handelt, in denen lediglich etwaige Verdachtsmomente in den Medien behandelt wurden oder die letztlich im Rahmen eines Strafverfahrens nicht bewiesen werden konnten, so soll für die weitere Untersuchung von der tatsächlichen Begehung der entsprechend dargestellten Taten ausgegangen werden. Die Tatsache, dass solche Verdachtsmomente in den Medien aufgekommen sind oder sogar bereits zu staatsanwaltschaftlichen Ermittlungen geführt haben, verdeutlicht, dass die Annahme eines etwaigen Sachverhaltes nicht fern liegt. Auch wenn den jeweiligen Beteiligten letztlich ein strafbares Verhalten aus tatsächlichen Gründen nicht nachgewiesen werden konnte, so erlaubt sich dennoch die Annahme, dass eine entsprechende Handlung zukünftig – wenn auch durch andere Personen – vorgenommen werden könnte. Es sei daher nochmals ausdrücklich darauf hingewiesen, dass mit den nachfolgend dargestellten Sachverhalten keinerlei Aussage über die Strafbarkeit der benannten Personen getroffen werden soll, sofern diese nicht durch ein Strafgericht rechtskräftig verurteilt worden sind. Insoweit basieren die hier dargestellten Sachverhalte ausschließlich auf entsprechenden Presseberichten und sind gerade nicht als gerichtlich bewiesen anzusehen.

II. Zielsetzung der Untersuchung

„Die Verurteilungen der Vergangenheit [...] zeigen, dass auch auf der Basis des geltenden Rechts Manipulationen und Betrugsvorwürfe im Sport sachgerecht geahndet werden können. Und zwar sowohl mit Mitteln des Strafrechts als auch im Zivilrecht, wenn es um einen Ausgleich des entstandenen Schadens geht."[19]

– Sabine Leutheusser-Schnarrenberger,
ehemalige Bundesjustizministerin –

Wie bereits zuvor dargestellt, richtet sich das Ziel der Untersuchung an der Entwicklung eines Maßnahmenkataloges zur Steigerung der Effektivität der Prävention von Wirtschaftskriminalität im Sport aus. Dabei steht zunächst die Frage im Vordergrund, ob die geltenden Rechtsnormen für eine effektive Prävention ausreichen. Im Hinblick auf den jeweiligen, die Prävention fördernden Adressaten ist dabei im Rahmen der Beantwortung wie folgt zu differenzieren:

Zum einen ist zuerst auf die Präventionsförderung durch den Gesetzgeber durch das Aufstellen von Rechtsnormen abzustellen. Gerade die abschreckende Wirkung von Sanktions- und Haftungsnormen kann dabei auf natürliche Personen (als Adressaten von Strafgesetzen) und juristische Personen (als Adressaten von sanktionierten Verboten oder zivilrechtlicher Haftungstatbestände) eine deutliche Auswirkung auf die Prävention von Wirtschaftskriminalität aufweisen. Im Fokus steht in diesem Zusammenhang somit die Frage, ob die geltenden Rechtsnormen in den hier relevanten Fällen überhaupt einschlägig sind und eine

19 Zitiert in: FR-Online vom 23. November 2009, „Wettskandal: Schiedsrichter soll bestochen worden sein" (http://www.fr-online.de/sport/wettskandal-schiedsrichter-soll-bestochen-worden-sein,1472784,2928566.html; zuletzt abgerufen am 3. Juli 2023).

abschreckende Wirkung auf natürliche und juristische Personen entfalten können oder ob eine Erhöhung dieser Wirkung durch Gesetzesreformen erreicht werden kann.

Daran anknüpfend ist sodann auf die Prävention durch die beteiligten juristischen Personen (als Adressaten von sanktionierten Verboten und zivilrechtlicher Haftungsnormen) abzustellen. Dabei steht insbesondere die Frage im Blickpunkt, welche Maßnahmen die beteiligten juristischen Personen (also die Sportverbände und -vereine) ergreifen müssen, um nicht selbst einem Sanktions- oder Haftungsrisiko ausgesetzt zu sein.

Der als Ziel der Untersuchung zu entwickelnde Maßnahmenkatalog ist daher aus der Beantwortung dieser Fragen zu entwickeln. Anders formuliert steht somit die Frage nach der Notwendigkeit von Compliance-Maßnahmen im Sport im Fokus. Mit Blick auf den Gesetzgeber ist dabei zu hinterfragen, ob die geltenden Regelungen ausreichen, um die betroffenen juristischen Personen zur Einrichtung und Einhaltung solcher Compliance-Maßnahmen zu bewegen und – sofern dies verneint wird – welche Regulierungsinstrumente in Betracht gezogen werden können. Die Ausgestaltung möglicher – schon oder ggf. nach Einführung entsprechender Regelungen – einzuhaltender Compliance-Maßnahmen soll sodann mit Blick auf Sportverbände und -vereine dargelegt werden.

Hierzu ist denknotwendig zunächst erforderlich, die bestehenden Lücken im Bereich der Prävention zu identifizieren, um sodann – darauf aufbauend – entsprechende Präventionsmaßnahmen vorzuschlagen. Insofern ist dabei auch die einleitend zitierte Aussage der ehemaligen Bundesjustizministerin, die sich insofern lediglich auf den Bereich der Wettmanipulation bezog, zu hinterfragen und zunächst festzustellen, ob die geltenden rechtlichen Vorschriften tatsächlich ausreichen, um einer effektiven Prävention von Wirtschaftskriminalität im Sport zu dienen. Erst anschließend kann sodann der Maßnahmenkatalog erarbeitet werden, der dann – wie dargelegt – zwischen den Maßnahmen des Gesetzgebers und den Maßnahmen der Sportverbände und -vereine im Wege der sogenannten „Innensteuerung“ unterscheidet.

Wie bereits dargelegt, sollen die zu behandelnden Sachverhalte aus Gründen der Übersichtlichkeit und Vergleichbarkeit zwar insoweit eingegrenzt werden, als diese sich ausschließlich auf den Fußballsport beziehen. Allerdings sollen die nachfolgend zu erarbeitenden Maßnahmenkataloge so weit wie möglich gerade auf jegliche Sportarten und damit auch jegliche Sportverbände bzw. -vereine Anwendung finden können. Lediglich in Bezug auf solche Maßnahmen, die sich an den Eigenarten des Fußballsports (wie zum Beispiel den konkreten Spielregeln) ausrichten, ist eine entsprechende Anwendung der vorzuschlagenden Maßnahmen durch Sportverbände bzw. -vereine anderer Sportarten nicht möglich und bedarf einer Einzelfallprüfung. Im Hinblick auf die Fallkonstellationen der unlauteren Verflechtungen innerhalb von Sportverbänden lässt sich eine Vergleichbarkeit für eine Vielzahl internationaler Sportverbände aber gerade durch den Sitz dieser Verbände in der Schweiz herstellen, den ca. 60 der internationalen Sportverbände gewählt haben.[20] Ziel der Ausarbeitung ist es damit vor allem auch, einen über die Grenzen des Fußballsports hinausgehenden Maßnahmenkatalog zu erstellen, der so weit wie möglich für den gesamten Sport umfassend Anwendung finden kann.

Aufgrund der Tatsache, dass gerade im Bereich des Fußballsports aus Sicht der Prävention von Wirtschaftskriminalität in den vergangenen Jahren eine immense Entwicklung stattgefunden hat, sind einige der nachfolgend zu behandelnden Maßnahmen bereits teilweise umgesetzt worden. Im Hinblick auf die umfassende Anwendbarkeit dieser Maßnahmen auf Sportverbände und -vereine anderer Sportarten werden diese Maßnahmen insgesamt dargelegt und auf ihre Effektivität hin überprüft.

Die eingetretenen Entwicklungen im Fußballbereich – die aufgrund der Tatsache, dass eine Umsetzung im Rahmen dieser Ausarbeitung bereits in Erwägung gezogener Vorschläge zwischenzeitlich erfolgte, eine mehrfache Überarbeitung der nachfolgenden Ausführungen erforderlich machte – zeigen jedoch gerade auf, dass die Entwicklung effektiver Präventions- und Compliancesysteme im Sport zwingend notwendig ist und solche Systeme in jedem Fall auch in Sportverbänden und -vereinen anderer Sportarten implementiert werden sollten, soweit dies noch nicht geschehen ist.[21] Die Überprüfung der Effektivität der einschlägigen Rechtsnormen im Hinblick auf die Prävention von Wirtschaftskriminalität im Sport und die hierauf aufbauenden Erarbeitung eines Maßnahmenkatalogs zur Steigerung der Effektivität hat folglich eine herausragende Bedeutung für alle Sportverbände und -vereine im Umgang mit Wirtschaftskriminalität.

D. Historie dieser Ausarbeitung

Auch wenn es unüblich erscheint, sind mit Blick auf die Historie dieser Dissertation gewisse einleitende Erläuterungen erforderlich, auf die hiermit – auch zum besseren Verständnis der nachfolgenden Ausarbeitung – hingewiesen werden soll:

---

20 *Tanda*, in: Weinreich, S. 108 (114).

21 Eine Überprüfung für jede in Betracht kommende Sportart würde den Rahmen der Ausarbeitung sprengen, so dass hierauf lediglich hingewiesen werden kann.

Es dürfte einer wissenschaftlichen Ausarbeitung im Umfang einer Dissertation inhärent sein, dass es sich für alle unmittelbar Beteiligten um ein umfangreiches und zeitintensives Projekt handelt. Insoweit stellt auch diese Dissertation keine Ausnahme dar. Nach einer andauernden Phase der Ausarbeitung (die bereits davon geprägt war, dass aufgrund der Aktualität der behandelten Themen regelmäßige Anpassungen erforderlich wurden) wurde die Dissertation am 27. Mai 2015 eingereicht. Dieser Termin stellt folglich den Sach- und Rechtsstand dieser Ausarbeitung dar. Die Disputation erfolgte am 26. Februar 2021.

Insbesondere vor dem Hintergrund der – aus Sicht des Verfassers unverändert hohen – Aktualität des Themas würde eine durchgängige Überarbeitung und Anpassung der Ausarbeitungen zum Stand der Abgabe im Jahr 2015 nicht möglich und darstellbar sein, ohne den Charakter und Inhalt der Dissertation zu verändern.

Gerade im Compliance-Bereich und der wirtschaftsstrafrechtlichen Praxis waren die letzten Jahre geprägt von relevante Gesetzesvorhaben und -reformen, die auch für die vorliegende Ausarbeitung entsprechende Auswirkungen haben würden. Erwähnt sei hier namentlich das (bislang noch nicht in Kraft getretene) Verbandssanktionengesetz (VerSanG) oder das (zwischenzeitlich in Kraft getretene) Hinweisgeberschutzgesetz (HinSchG), welche auch von den Beteiligten im Fußballsport (sei es auf Verbands- oder Vereinsseite) nicht ausgeblendet werden können.

Aber auch konkret bezogen auf Maßnahmen zur Bekämpfung von wirtschaftsstrafrechtlich relevantem Verhalten im Sport, ist in den vergangenen Jahren eine Reihe an Maßnahmen umgesetzt worden, die durch den Verfasser als zentrale Aspekte des Maßnahmenkatalogs herausgearbeitet wurden.

Zu nennen sei hier insbesondere die Einführung der Straftatbestände des Sportwettbetrugs (§ 265c StGB) und der Manipulation von berufssportlichen Wettbewerben (§ 265d StGB) durch den Gesetzgeber.

Zudem ist festzustellen, dass auch die Verbände Maßnahmen umgesetzt haben, um mehr Transparenz zu schaffen. So ist etwa auf die Reformierung der FIFA-Statuten zu verweisen, mit denen insbesondere auf die Fälle der Beeinflussung der Vergabe von Austragungsorten reagiert wurde. Auch Regeländerungen, wie die Einführung eines Videobeweises wirken auf präventiv auf die Manipulation von Sportwettbewerben ein (auch wenn dies nicht die einzige Motivation für die Einführung des Videobeweises im Fußball gewesen sein mag).

Auf all diese Maßnahmen, die der Verfasser im Rahmen der nachfolgenden Ausführungen – teilweise als zentrale Aspekte eines Maßnahmenkataloges – herausgearbeitet hat, kann daher nur einleitend und sodann wiederkehrend in den jeweiligen Fußnoten hingewiesen werden.

Erstes Kapitel: Prävention von Wirtschaftskriminalität nach geltendem Recht

A. Begriffsdefinitionen

Effektive Prävention von Wirtschaftskriminalität erfordert zunächst Klarheit darüber, was überhaupt unter Wirtschaftsstrafrecht zu verstehen ist.[22] Dieser Begriff wird daher nachfolgend zunächst definiert.

Die nachfolgend zu behandelnden Fallkonstellationen werden jedoch sowohl im Schrifttum[23] wie auch in der öffentlichen Diskussion[24] allgemein unter den Begriffen „Korruption" und/oder „Bestechung" behandelt. Da gerade im Rahmen der zu überprüfenden Fallgruppe der „Beeinflussung von Wettkampfergebnissen" zu klären sein wird, ob die Bezeichnung dieser Fälle als „Korruption" oder „Bestechung" juristisch betrachtet zutrifft oder nicht, wird anschließend auch der Begriff der Korruption genauer definiert.

I. Wirtschaftsstrafrecht

Für den seit Jahrzehnten verwendeten Begriff des Wirtschaftsstrafrechts existiert nach wie vor keine allgemein anerkannte oder gar gesetzlich normierte Definition.[25] Je nach Blickwinkel wird das Wirtschaftsstrafrecht in der Literatur heute unterschiedlich bestimmt:

Aus einer strafprozessual-kriminaltaktisch orientierten Sichtweise wird dabei die Norm des § 74c GVG als Zuständigkeitsregelung für Wirtschaftsstrafkammern als Grundlage einer Orientierung herangezogen.[26]

Dem wird insoweit jedoch entgegengesetzt, dass ein solcher Ansatz für eine Definition unbrauchbar sei, da hierdurch sowohl der Sozialschädlichkeit der

---

22 Vgl. *Dölling*, in: ders., Kap. 1, Rn. 1, der insoweit allerdings ausdrücklich auf die Korruptionsprävention abstellt.

23 Vgl. nur die von *Bannenberg*, in: Wabnitz/Janovsky, Kap. 12, Rn. 106 ff. gewählte Überschrift der „Korruption im Sport" oder den Buchtitel von *Weinreich* als „Korruption im Sport".

24 Vgl. *Wolters/Schmitz*, in: Nolte/Horst, Kap. H, S. 272.

25 *Dannecker*, in: Wabnitz/Janovsky, Kap. 1, Rn. 5; *Richter*, in: Müller-Gugenberger/Bieneck, § 7, Rn. 3; *Grützner/Jakob*, S. 157., *Eisenberg*, § 47, Rn. 1; *Tiedemann*, Rn. 59.

26 *Bussmann*, zfwu 2004, 35, Fn. 1.

Wirtschaftskriminalität sowie dem Rechtsgutsgedanken der konkreten Norm als Kriterien zur Bestimmbarkeit nicht hinreichend Rechnung getragen würde.[27]

Insofern orientiert sich ein wirtschaftskriminologischer Ansatz am Begriff der besonderen Sozialschädlichkeit und stellt als Charakteristika von Wirtschaftsstraftaten auf den Missbrauch des im Wirtschaftsleben notwendigen Vertrauens ab.[28]

Aus strafrechtsdogmatischer Perspektive ist die Besonderheit von Wirtschaftsstraftaten hingegen überwiegend im Schutz überindividueller Rechtsgüter zu sehen und damit gerade auf das jeweilige Rechtsgut und den Schutzzweck der Strafnorm abzustellen.[29]

Unabhängig von einer konkreten Entscheidung für oder gegen einen bestimmten Definitionsansatz ist festzustellen, dass nach jeder der dargestellten Ansichten Korruptionsdelikte sowie die Straftatbestände des Betruges und der Untreue – insofern also die Delikte, die im Fokus der nachfolgenden Ausarbeitung liegen – vom Begriff des Wirtschaftsstrafrechts erfasst sind[30] und somit zum „Kernbereich des Wirtschaftsstrafrechts“[31] gezählt werden können.

II. Korruption

Ein einheitlicher und allgemeingültiger Korruptionsbegriff existiert ebenfalls nicht.[32] Insbesondere lässt sich eine Legaldefinition der Korruption auch nicht in den anwendbaren Rechtsnormen – weder im Strafgesetzbuch, der Strafprozessordnung oder strafrechtlichen Nebengesetzen – finden.[33]

So sehr Klarheit über den Wortursprung des Begriffs der Korruption, abgeleitet vom lateinischen Wort „corrumpere“ (verderben, untergraben, bestechen), herrscht[34], so umstritten ist jedoch die konkrete Begriffsbestimmung.

---

27 *Dannecker*, in: Wabnitz/Janovsky, Kap. 1, Rn. 8; im Ergebnis auch *Richter*, in: Müller-Gugenberger/Bieneck, § 3, Rn. 30.

28 Vgl. nur *Kaiser*, § 72, Rn. 6 ff.

29 *Tiedemann*, Rn. 65 ff.; *Hefendehl*, S. 252 ff.; so auch *Richter*, in: Müller-Gugenberger/Bieneck, § 7, Rn. 8 ff.

30 Vgl. insoweit nur: § 74c Abs. 1 Nr. 5a. und 6. lit. a) GVG (bezüglich der strafprozessual-kriminaltaktisch orientieren Sichtweise) sowie *Richter*, in: Müller-Gugenberger/Bieneck, § 7, Rn. 9 (bezogen auf die weiteren Definitionsansätze).

31 Vgl. *Grützner/Jakob*, S. 157.

32 *Bannenberg*, Korruption in Deutschland und ihre strafrechtliche Kontrolle, S. 11; *Greeve*, Rn. 1.

33 *Bannenberg*, Korruption in Deutschland und ihre strafrechtliche Kontrolle, S. 13; *Greeve*, Rn. 1.

34 *Greeve*, Rn. 1; ebenfalls *Bannenberg*, in: Wabnitz/Janovsky, Kap. 12, Rn. 4.

Insbesondere fachübergreifend sind hierzu in verschiedenen Wissenschaftsbereichen unterschiedliche Definitionen entwickelt worden.[35] So finden sich neben strafrechtlichen Begriffsbestimmungen auch sozialwissenschaftliche, politikwissenschaftliche, theologische und insbesondere auch wirtschaftswissenschaftliche Definitionsansätze.[36]

Von einem kriminologischen Standpunkt aus wird Korruption vereinzelt allgemein als jede Form des Missbrauchs von Macht zur Verschaffung unangemessener Vorteile und damit relativ weit verstanden.[37] Hierdurch sind neben Amtsträgern – deren Verhalten ursprünglich mit den Korruptionsdelikten geahndet werden sollte, so dass es sich historisch gesehen bei Korruptionsdelikten um Amtsdelikte handelte[38] – auch Politiker und Personen aus der Wirtschaft erfasst.[39]

Nachdem eine solche Begriffsbestimmung jedoch teilweise als zu weit und insbesondere in Abgrenzung zu Eigentums- und Vermögensdelikten als zu unscharf empfunden wurde[40], haben sich nach der wohl herrschenden Ansicht mittlerweile die nachfolgenden spezifizierenden Merkmale – die ebenfalls den erfassten Personenkreis auf Politiker und Personen aus der Wirtschaft erweitern – in kriminologischer Hinsicht etabliert:

- Missbrauch eines öffentlichen Amtes, einer Funktion in der Wirtschaft oder eines politischen Mandats
- zugunsten eines anderen
- auf dessen Veranlassung oder aus Eigeninitiative
- zur Erlangung eines Vorteils für sich oder einen Dritten
- mit Eintritt oder in Erwartung des Eintritts eines Schadens oder Nachteils
- für die Allgemeinheit (in amtlicher oder politischer Funktion) oder
- für ein Unternehmen (betreffend Täter als Funktionsträger in der Wirtschaft).[41]

---

35 *Dölling*, in: ders., Kap. 1, Rn. 1.

36 *Bannenberg*, in: Wabnitz/Janovsky, Kap. 12, Rn. 4.

37 *Landfried*, S. 173 ff.; *Noack*, S. 23 ff.; *Bannenberg*, Korruption in Deutschland und ihre strafrechtliche Kontrolle, S. 16.

38 *Böttger*, in: ders., Kap. 5, Rn. 6; *Greeve*, Rn. 2.

39 *Bannenberg*, Korruption in Deutschland und ihre strafrechtliche Kontrolle, S. 16.

40 Siehe nur *Dölling*, in: ders., Kap. 1, Rn. 1.

41 Siehe nur *Bundeskriminalamt*, Bundeslagebild Korruption 2004, S. 81; *Dölling*, in: ders., Kap. 1, Rn. 1; *Böttger*, in: ders., Kap. 5, Rn. 19; ähnlich: *Greeve*, Rn. 5.

Im strafrechtlichen Sinne ist zur Definition der Korruption lediglich auf die pönalisierten Verhaltensweisen, also den Verstoß gegen Rechtsnormen, abzustellen. Auch wenn – wie einleitend dargelegt – weder Strafgesetzbuch noch strafrechtliche Nebengesetze den Begriff der Korruption kennen, ist daher – insbesondere seit den Änderungen durch das „Gesetz zur Bekämpfung der Korruption" vom 13.08.1997 (sog. Korruptionsbekämpfungsgesetz)[42] – auf die folgenden Delikte abzustellen:

- Vorteilsannahme/ -gewährung, §§ 331, 333 StGB
- Bestechlichkeit/Bestechung, §§ 332, 334 StGB
- Bestechlichkeit und Bestechung im geschäftlichen Verkehr, §§ 299, 300 StGB
- Wählerbestechung, § 108b StGB
- Abgeordnetenbestechung, § 108e StGB
- Beeinflussung von Betriebsratswahlen, § 119 BetrVG
- Vorteilsgewährung in der Hauptversammlung, § 405 Abs. 3 Nr. 7 AktG.[43]

In gesellschaftlicher und ethischer Hinsicht geht die Definition der Korruption jedoch noch über den strafrechtlichen Korruptionsbegriff hinaus und wird gemeinhin auch als „Tausch von Vorteilen unter Regelverstößen" verstanden.[44] Hieraus ergibt sich die Problematik der strafrechtlichen Korruptionsdefinition, dass die Grenzziehung zwischen gesellschaftlich anerkanntem und teilweise sogar gewünschtem und dem strafrechtlich zu ahndenden Verhalten fließend ist.[45]

Die aufgezählten Straftatbestände der strafrechtlichen Korruptionsdefinition treten darüber hinaus regelmäßig in Verbindung mit weiteren Straftaten (sog. Begleitdelikten) – insbesondere den ebenfalls zur Wirtschaftskriminalität zählenden Straftatbeständen des Betruges und der Untreue – auf.[46]

42 BGBl. I 1997, 2038.

43 Vgl. Übersicht bei *Böttger*, in: ders., Kap. 5, Rn. 19; im Hinblick auf die Delikte aus dem StGB auch: *Bannenberg*, in: Wabnitz/Janovsky, Kap. 12, Rn. 5; *Dölling*, in: ders., Kap. 1, Rn. 2.

44 *Böttger*, in: ders., Kap. 5, Rn. 19, wonach z.B. auch die Beeinflussung journalistischer Berichterstattung erfasst wäre.

45 *Böttger*, in: ders., Kap. 5, Rn. 20.

46 *Bannenberg*, in: Wabnitz/Janovsky, Kap. 12, Rn. 45, 95 ff.; *Zimmer/Stetter*, BB 2006, 1445 (1446).

B. Prävention von Wirtschaftskriminalität

Es entspricht gesicherten Erkenntnissen im Wirtschaftsstrafrecht, dass präventiv-außerstrafrechtliche Maßnahmen effektiver sind als die nachträgliche strafrechtliche Pönalisierung.[47] Das Wirtschaftsstrafrecht soll daher nur flankierend zu weiteren Präventivmaßnahmen eingesetzt werden.[48]

Dies entspricht auch der allgemeinen Ansicht in der Korruptionsbekämpfung: Hiernach ist ein Gesamtkonzept zugrunde zu legen, welches strafrechtliche bzw. repressive Maßnahmen mit solchen der Kriminalprävention verknüpft.[49] Der Schwerpunkt ist dabei auf die präventiven Maßnahmen zu legen, ohne jedoch das Strafrecht als Mittel zur Korruptionseindämmung außer Acht zu lassen.[50] Als Maßnahmen zur Korruptionsprävention kommen sowohl sanktionierte Verbote wie auch Organisationsgebote in Betracht.[51] Vor dem Hintergrund, dass die Korruption ein wesentlicher Bestandteil des Wirtschaftsstrafrechts ist, sind diese Ansichten – wie einleitend auch bereits angedeutet – auf das gesamte Wirtschaftsstrafrecht zu übertragen.

I. Prävention als Sinn und Zweck des Strafrechts

Heutzutage ist anerkannt, dass die Strafe nicht lediglich dem Zweck dienen kann, eine schuldhaft begangene Tat zu vergelten, wie dies noch von Anhängern der absoluten Straftheorie vertreten wurde.[52] Vielmehr ist mittlerweile unbestritten, dass der Strafe auf den Gemeinschaftsschutz bezogene Aufgaben zugrunde liegen müssen.[53] Sowohl Vertreter diverser

---

47 *Dannecker*, in: Wabnitz/Janovsky, Kap. 1, Rn. 132.

48 *Dannecker*, in: Wabnitz/Janovsky, Kap. 1, Rn. 132.

49 *Dölling*, in: ders., Kap. 1, Rn. 54; *ders.*, Gutachten C zum 61. DJT, C 43; *ders.*, ZStW 2000, 334 (355); *Schaupensteiner*, in: BKA, S. 78; *ders.*, in: von Arnim, S. 177 (185); *ders.*, in: Pieth/Eigen, S. 131 (141); *Bannenberg*, Korruption in Deutschland und ihre strafrechtliche Kontrolle, S. 446; *Bachmann/Prüfer*, ZRP 2005, 109 (112); *König*, DRiZ 1996, 357 (359).

50 *Dölling*, in: ders., Kap. 1, Rn. 54; *Bannenberg*, Korruption in Deutschland und ihre strafrechtliche Kontrolle, S. 446; *König*, DRiZ 1996, 357 (359); *Schaupensteiner*, NStZ 1996, 409 (413).

51 *Bachmann/Prüfer*, ZRP 2005, 109 (110).

52 Vgl. nähere Darstellung bei *Roxin*, AT I, § 3, Rn. 2 ff.

53 MüKo/StGB – *Miebach*, § 46, Rn. 33 f.; Schönke/Schröder – *Stree/Kinzig*, Vorbem. §§ 38 ff., Rn. 3 ff.; Lackner/Kühl – *Kühl*, § 46, Rn. 2 ff.; *Fischer*, § 46, Rn. 2 f.; *Roxin*, AT I, § 3, Rn. 37.

Vereinigungstheorien[54] als auch Anhänger der relativen Straftheorien[55] sehen daher den Sinn und Zweck der Strafe in ihrer präventiven Wirkungsweise. Ob sich diese auf die Abschreckung potentieller Täter (negative Generalprävention)[56], Bekräftigung und Erhaltung der Rechtstreue und des Wertebewusstseins der Bevölkerung (positive Generalprävention)[57], Abschreckung des einzelnen Täters vor der Begehung weiterer Straftaten und Sicherung der Allgemeinheit (negative Spezialprävention)[58] oder auf Resozialisierung des Täters (positive Spezialprävention)[59] bezieht, ist für die nachfolgende Darstellung unerheblich. Maßgeblich ist vielmehr, dass Bestrafungen nach den Straftatbeständen des Strafgesetzbuches gemäß den heute vertretenen Ansichten einem gemeinschaftsschutzbezogenen, präventiven Ansatz folgen und daher im Rahmen ihrer Anwendbarkeit auf Wirtschaftsdelikte geeignet sind, diese einzudämmen.[60]

Auch in der Korruptionspräventionsforschung ist daher – wie einleitend bereits angedeutet – anerkannt, dass das Strafrecht im Rahmen der Korruptionsbekämpfung eine maßgebliche Rolle spielt, „um das Unwerturteil über Korruption aufrechtzuerhalten, potentielle Täter abzuschrecken und weiteren Korruptionshandlungen entdeckter Täter vorzubeugen“[61]. Dies ist insoweit ebenfalls auf die gesamte Prävention von Wirtschaftskriminalität zu übertragen. Mithin spielt insbesondere die auf Erhaltung des Wertebewusstseins und Abschreckung abzielende generalpräventive Wirkungsweise der Strafe im Rahmen der Korruptionsprävention und damit auch der Prävention von Wirtschaftskriminalität eine tragende Rolle.

II. Prävention durch sanktionierte Verbote und Organisationsgebote

Wie erwähnt, bedarf es zur Bekämpfung der Wirtschaftskriminalität eines Gesamtkonzepts aus präventiven Maßnahmen und der repressiven Wirkung

---

54 So z.B. *Roxin*, AT I, § 3, Rn. 37 ff. (zur präventiven Vereinigungstheorie); *Krey/Esser*, § 4, Rn. 157 (zur vergeltenden Vereinigungstheorie); *Jeschek/Weigend*, § 8, Kap. V; *Wessels/Beulke/Satzger*, § 1, Rn. 12.

55 *Jakobs*, 1. Abschnitt, Rn. 4 ff.; *Kalous*, S. 17 ff.

56 Vgl. *Roxin*, AT I, § 3, Rn. 25; *Eisenberg*, § 41, Rn. 2.

57 Vgl. *Roxin*, AT I, § 3, Rn. 26; *Eisenberg*, § 41, Rn. 2; *Jakobs*, 1. Abschn., Rn. 4 ff.

58 Schönke/Schröder – *Stree/Kinzig*, Vorbem. §§ 38 ff., Rn. 9; *Rengier*, § 3, Rn. 18.

59 Schönke/Schröder – *Stree/Kinzig*, Vorbem. §§ 38 ff., Rn. 7; *Rengier*, § 3, Rn. 19.

60 Vgl. auch *König*, DRiZ 1996, 357 (359).

61 *Dölling*, in: ders., Kap. 1, Rn. 54.

des Strafrechts. Dies beruht auf der – trotz der generalpräventiven Zwecke der Strafe – begrenzten Abschreckungswirkung des Strafrechts.[62] Da insbesondere bei Korruptionsdelikten in der Regel keine Opfer vorhanden sind[63], die üblicherweise eine Straftat zur Anzeige bringen[64], entfaltet das Strafrecht bereits aufgrund der geringen Entdeckungswahrscheinlichkeit nur eine begrenzt abschreckende Wirkung.[65] Nicht zuletzt aus diesem Grund ist gerade bei Korruptionsdelikten von einem hohen Dunkelfeld auszugehen.[66]

Auch eine Verschärfung der maßgeblichen Strafvorschriften würde nach allgemeiner Ansicht nur einen geringen positiven, präventiven Effekt bewirken, da ohnehin nur ein gewisser Teil der Täter die strafrechtlichen Folgen ihres Verhaltens reflektiert betrachtet und sich so von einer höheren Strafandrohung eher abschrecken ließe.[67] Nach einer empirischen Untersuchung von *Curti*[68] verspricht eine Intensivierung der Strafverfolgung und eine damit verbundene Erhöhung der Entdeckungswahrscheinlichkeit in präventiver Hinsicht daher weitaus mehr Erfolg als eine Strafverschärfung.[69]

Da also die Verschärfung repressiver Maßnahmen lediglich geringe Auswirkungen auf die Eindämmung von Wirtschaftskriminalität entfaltet, erlangen Präventionsmaßnahmen besondere Bedeutung. Der obigen Argumentation entsprechend muss es daher insbesondere das Ziel sein, die Abschreckungswirkung der Strafandrohung durch Erhöhung der Entdeckungswahrscheinlichkeit – sei es durch Intensivierung der Strafverfolgung oder Sensibilisierung potentieller

---

62 *Dölling*, in: ders., Kap. 1, Rn. 54; *Schaupensteiner*, in: von Arnim, S. 177 (184); vgl. zur allgemeinen Wirkung der Generalprävention auch *Müller*, S. 262.

63 *Deubel*, in: von Arnim, S. 23 (24); *Schaupensteiner*, in: Pieth/Eigen, S. 131 (139); *ders.*, NStZ 1996, 409 (412).

64 *Bannenberg*, Korruption in Deutschland und ihre strafrechtliche Kontrolle, S. 447 geht insoweit davon aus, dass bei anderen Delikten ca. 70 %–88 % der Opfer Anzeige erstatten.

65 *Schaupensteiner*, in: von Arnim, S. 177 (184); *Bachmann/Prüfer*, ZRP 2005, 109 (110).

66 *Bannenberg*, Korruption in Deutschland und ihre strafrechtliche Kontrolle, S. 447, *Deubel*, in: von Arnim, S. 23 (24).

67 *Roxin*, AT I, § 3, Rn. 25; *Schaupensteiner*, NStZ 1996, 409 (415); *Samson/Langrock*, DB 2007, 1684 (1686); im Ergebnis auch *Ostendorf*, NJW 1999, 615 (616).

68 *Curti*, S. 178; *ders.*, ZRP 1999, 234 (234 ff.).

69 Laut *Curti*, ZRP 1999,234 (236) hätte die „Erhöhung der Verurteilungswahrscheinlichkeit […] eine fast viermal so starke Wirkung wie eine gleich hohe prozentuale Steigerung der verhängten Strafe“.

Täter bzw. der Bevölkerung – zu verstärken.[70] Konkret auf Korruption bezogen wird dabei das Schaffen eines „Klimas der Ablehnung von Korruption"[71] bzw. „einer Kultur in der Gesellschaft, die Korruption in allen ihren Spielarten ächtet"[72] gefordert, was insoweit selbstverständlich wiederum auf jegliche Wirtschaftsstraftaten übertragen werden kann.

Infolgedessen wird zur Prävention von Wirtschaftskriminalität im Rahmen der sog. „Innensteuerung" zunehmend auf unternehmensrechtliche Organisationspflichten des Geschäftsherrn des jeweiligen Täters abgestellt.[73] Die so geschaffene Überwachung der Unternehmensmitarbeiter führt zu einer Erhöhung der Entdeckungswahrscheinlichkeit. Erzielt werden soll eine solche „Innensteuerung" einerseits durch sanktionierte Verbote (vgl. nachfolgend unter Ziffer 1.) und andererseits durch Organisationsgebote (vgl. nachfolgend unter Ziffer 2.).

1. Sanktionierte Verbote

Nicht zuletzt aufgrund der Tatsache, dass Wirtschaftsdelikte zu einem großen Teil aus Unternehmen heraus begangen werden und der damit naturgemäß einhergehenden begrenzten Wirkung von strafrechtlichen Sanktionen, die nur gegen natürliche Personen in Betracht kommen, sind weitere Sanktionen – insbesondere gegen juristische Personen – ein wesentlicher Faktor im Rahmen der Bekämpfung von Wirtschaftsstraftaten.[74] Zwar kennt das deutsche Strafrecht eine Strafbarkeit im engeren Sinne von juristischen Personen aufgrund deren mangelnder Handlungs-, Schuld- und Straffähigkeit nicht.[75] Dies bedeutet

---

70 Vgl. *Bannenberg*, in: Wabnitz/Janovsky, Kap. 12, Rn. 123; *Schaupensteiner*, in: Pieth/Eigen, S. 131 (141); *ders.*, in: von Arnim, S. 177 (184 f.); *Künast/Köhler*, ZRP, 132 (133).

71 *Dölling*, in: ders., Kap. 1, Rn. 55.; ähnlich auch *von Wartenberg*, in: Pieth/Eigen, S. 269 (270); *König*, DRiZ 1996, 357 (358).

72 *Schaupensteiner*, in: von Arnim, S. 177 (188).

73 *Schaupensteiner*, in: Pieth/Eigen, S. 131 (141); *Dieners*, JZ 1998, 181 (182 f.); *Bachmann/Prüfer*, ZRP 2005, 109 (110).

74 Vgl. *Möhrenschlager*, in: Dölling, Kap. 8, Rn. 252; vgl. auch *Pletscher*, in: Pieth/Eigen, S. 275 (S. 285).

75 Vgl. Zusammenfassung bei *Laue*, Jura 2010, 339 (339 f.); *Leipold*, NJW-Spezial 2008, 216 (216); ein entsprechender „Entwurf eines Gesetzes zur Einführung der strafrechtlichen Verantwortlichkeit von Unternehmen und sonstigen Verbänden" wurde durch das Justizministerium des Landes Nordrhein-Westfalen erarbeitet und sollte noch Ende des Jahres 2014 in den Bundesrat eingebracht werden; noch aktueller ist an dieser Stelle das VerSanG zu erwähnen, welches im Jahr 2019 als Referentenentwurf vorgelegt wurde.

jedoch nicht, dass keine – über das Strafgesetzbuch hinausgehende – Sanktionen gegen diese verhängt werden können.[76] Auch Sanktionen gegen weitere, an der strafbaren Handlung selbst nicht unmittelbar beteiligte natürliche Personen kommen in Betracht.

a) *Verletzung der Aufsichtspflicht gemäß § 130 OWiG*

Gemäß § 130 OWiG kann der Inhaber eines Betriebes oder Unternehmens, der vorsätzlich oder fahrlässig Aufsichtsmaßnahmen unterlässt, die erforderlich gewesen wären, um die Verletzung betriebs- und unternehmensbezogener Pflichten zu verhindern oder zu erschweren, mit einer Geldbuße belegt werden. Hierbei handelt es sich um ein Sonderdelikt, bei welchem der Täterkreis auf den Inhaber eines Betriebes oder Unternehmens beschränkt ist. Daher ist § 9 OWiG mit der Folge anwendbar, dass neben oder anstelle des Inhabers auch die vertretungsberechtigten Organe oder Organwalter einer juristischen Person, die vertretungsberechtigten Gesellschafter einer rechtsfähigen Personengesellschaft und gesetzliche Vertreter ebenfalls aufsichtspflichtig sind.[77]

Zu den betriebsbezogenen Pflichten, deren Verletzungen die Anknüpfungstat für die Anwendung des § 130 OWiG bilden, zählen neben den, den Inhaber aus Sonderdelikten treffenden Pflichten, auch solche Pflichten aus Allgemeindelikten.[78] Die Pflichtverletzung muss im Zusammenhang mit der Betriebs- oder Unternehmensführung erfolgt sein, womit daher Pflichten gemeint sind, die im Zusammenhang mit dem Wirkungskreis der juristischen Person oder Personenvereinigung bestehen.[79]

Die Höhe der Geldbuße richtet sich nach § 130 Abs. 3 OWiG. Sofern es sich bei der Anknüpfungstat um eine Straftat handelt, ist das Höchstmaß der Geldbuße auf eine Million EUR festgesetzt.[80]

Da § 130 OWiG insofern sicherstellen will, dass vom Inhaber eines Betriebs oder Unternehmens bzw. den vertretungsberechtigten Personen nach § 9 OWiG Maßnahmen ergriffen werden, die Zuwiderhandlungen aller Betriebsangehöriger

---

76 *Laue*, Jura 2010, 339 (340).

77 KK/OWiG – *Rogall*, § 130, Rn. 33 f.; Göhler – *Gürtler*, § 130, Rn. 4; *Többens*, NStZ 1999, 1 (3); *Laue*, Jura 2010, 339 (342); *Rettenmaier/Palm*, NJOZ 2010, 1414 (1415).

78 BT-Drs. 16/3656, S. 14; Göhler – *Gürtler*, § 130, Rn. 18.

79 Göhler – *Gürtler*, § 130, Rn. 18 i.V.m. § 30, Rn. 18; auf den bestehenden Streitstand kann insoweit im Rahmen dieser Ausarbeitung nur hingewiesen werden, vgl. etwa KK/OWiG – *Rogall*, § 130, Rn. 81 ff.

80 Göhler – *Gürtler*, § 130, Rn. 28; *Laue*, Jura 2010, 339 (342).

verhindern, werden insoweit auch Organisationspflichten zur Vermeidung der Begehung von Straftaten im Unternehmen aufgestellt.[81] Zu den erforderlichen zu ergreifenden Maßnahmen nach § 130 OWiG gehören daher die Auswahl und Einweisung von Mitarbeitern und Aufsichtspersonen, die Aufklärung und Schulung von Mitarbeitern über Aufgaben und Pflichten sowie die Überwachung und Kontrolle der Mitarbeiter, beispielsweise durch Stichproben-Kontrollen oder der Einrichtung einer Revisionsabteilung.[82]

b) Geldbuße gegen juristische Personen gemäß § 30 OWiG

Ferner kann gemäß § 30 OWiG auch gegen eine juristische Person oder eine Personenvereinigung unmittelbar eine Geldbuße verhängt werden. Ziel der Norm ist es zum einen, bei den (Unternehmens-)Verbänden diejenigen Gelder wieder abzuschöpfen, die ihnen durch Straftaten oder Ordnungswidrigkeiten ihrer Organe zugeflossen sind[83], zum anderen aber auch die Mitglieder von Verbänden zu einer sorgfältigen Auswahl und Überwachung ihrer Repräsentanten zu veranlassen[84] und somit die Begehung von Straftaten, insbesondere von Wirtschaftsstraftaten, zu verhindern.[85] Die Norm verfolgt damit neben repressiven insbesondere auch präventive Zwecke.[86] In Anbetracht der oben bereits erwähnten begrenzten präventiven Wirkung des Strafrechts soll § 30 OWiG daher „einen Missbrauch der „Verbandsmacht“ zum Nachteil der Allgemeinheit verhindern und einen Ausgleich für die Unzulänglichkeit des Strafrechts bei dem Versuch schaffen, der Wirtschaftskriminalität in ihrer speziellen Auswirkung als Verbandskriminalität Herr zu werden“[87].

Als sanktionsfähige Adressaten der Norm werden von § 30 OWiG die juristische Person, der nicht rechtsfähige Verein und die rechtsfähige Personengesellschaft benannt. Voraussetzung für die Festsetzung einer Geldbuße gegen einen dieser Normadressaten ist eine ihm zuzurechnende Straftat oder

---

81 Vgl. *Nell*, ZRP 2008, 149 (149).

82 *Pelz*, in: Hauschka, § 6, Rn. 14 ff.; *Fleischer*, AG 2003, 291 (294 f.); *Liese*, BB-Special 5/2008, 17 (19 f.); *Pampel*, BB 2007, 1636 (1637); *Nell*, ZRP 2008, 149 (149); *Bock*, ZIS 2009, 68 (76 ff.); *Rettenmaier/Palm*, NJOZ 2010, 1414 (1416 ff.).

83 KK/OWiG – *Rogall*, § 30, Rn. 18; *Többens*, NStZ 1999, 1 (5); *Laue*, Jura 2010, 339 (342).

84 KK/OWiG – *Rogall*, § 30, Rn. 16; *Eidam*, wistra 2003, 447 (448); *Laue*, Jura 2010, 339 (342).

85 Vgl. *Rettenmaier/Palm*, NJOZ 2010, 1414 (1414).

86 KK/OWiG – *Rogall*, § 30, Rn. 16; *Eidam*, wistra 2003, 447 (448); *Laue*, Jura 2010, 339 (342).

87 KK/OWiG – *Rogall*, § 30, Rn. 43.

Ordnungswidrigkeit, die ein vertretungsberechtigtes Organ bzw. Organmitglied oder eine Person im Leitungsbereich im Sinne von § 30 Abs. 1 Nr. 1 bis 5 OWiG begangen hat.[88] Um als Anknüpfungstat im Sinne der Norm zu gelten, müssen durch die Begehung der Straftat oder Ordnungswidrigkeit Pflichten verletzt worden sein, welche die juristische Person oder Personenvereinigung treffen oder durch die der Verband bereichert wurde oder werden sollte.

Zu den betriebsbezogenen Pflichten zählen auch im Rahmen des § 30 OWiG neben der Vermeidung von Zuwiderhandlungen gegen Sonderdelikte auch die Verhinderung der Begehung von Allgemeindelikten, die im Zusammenhang mit der Unternehmensführung stehen. Dies gilt jedoch nur, sofern der Verband aufgrund seines Wirkungskreises derart in eine „Garantenstellung" rückt, dass sich aufgrund sachlicher, räumlicher oder persönlicher Umstände eine Nähe zu dessen Pflichtenkreis ergibt.[89] Insofern kann daher grundsätzlich auch die mangelnde Verhinderung der Begehung eines Betruges nach § 263 StGB durch ein Organ zugunsten des Unternehmens vom Tatbestand erfasst sein.[90]

Von besonderer Bedeutung ist in diesem Zusammenhang die Aufsichtspflichtverletzung nach § 130 OWiG. Wie oben dargestellt, trifft Leitungspersonen von juristischen Personen und Personenvereinigungen nach §§ 130, 9 OWiG die Pflicht, notwendige Aufsichtsmaßnahmen zu ergreifen, um Zuwiderhandlungen gegen betriebsbezogene Pflichten zu verhindern. Ein Unterlassen dieser Aufsichtsmaßnahmen stellt eine Ordnungswidrigkeit und damit eine relevante Anknüpfungstat im Sinne des § 30 OWiG dar.[91] Im Ergebnis kann daher im Zusammenspiel der §§ 9, 30, 130 OWiG eine Bekämpfung von Zuwiderhandlungen in Betrieben und Unternehmen erreicht werden. Unternehmensinhaber können sich ihrer Verantwortung nicht entziehen, indem sie diese an untere Hierarchieebenen delegieren.[92] Vielmehr kann aufgrund der Normen des Ordnungswidrigkeitenrechts eine Zurechnung des Handelns untergeordneter Mitarbeiter gemäß §§ 9, 130 OWiG über die Organ- oder Leitungsebene bis zum Unternehmensinhaber, also auch der juristischen Person oder

88 *Möhrenschlager*, in: Dölling, Kap. 8, Rn. 256.

89 Göhler – *Gürtler*, § 30, Rn. 20; KK/OWiG – *Rogall*, § 30, Rn. 93; *Kappel/Kienle*, WM 2007, 1441 (1445).

90 Rebmann/Roth/Herrmann – *Förster*, § 30, Rn. 29; KK/OWiG – *Rogall*, § 30, Rn. 93; *Möhrenschlager*, in: Dölling, Kap. 8, Rn. 258; zur Begehung von Straftaten zum Nachteil des Unternehmens vgl. *Helmrich*, wistra 2010, 331 (331 ff.).

91 Göhler – *Gürtler*, § 30, Rn. 17; *Eidam*, wistra 2003, 447 (453).

92 *Többens*, NStZ 1999, 1 (7); *Nell*, ZRP 2008, 149 (149).

Personenvereinigung, über §§ 30, 130 OWiG erfolgen.[93] Die Aufsichtspflichtverletzung nach § 130 OWiG funktioniert daher wie ein „Transmissionsriemen“[94] durch den bei Zuwiderhandlungen auf unterer betrieblicher Organisationsstufe eine Sanktionsmöglichkeit gegen den Verband eröffnet wird.[95]

In Bereicherungsfällen – insbesondere bei Bestechungskonstellationen[96] – ist nach § 30 Abs. 1 2. Alt. OWiG die Festsetzung einer Geldbuße sogar auch dann möglich, wenn eine Verletzung betriebsbezogener Pflichten nicht vorliegt.[97] Erforderlich ist allerdings auch hierbei, dass zwischen Anknüpfungstat der Leitungsperson und Wirkungskreis der juristischen Person bzw. der Personenvereinigung ein innerer Zusammenhang besteht.[98]

Die Höhe der Geldbuße berechnet sich hierbei nach § 30 Abs. 2 OWiG, wobei die Höchstgrenze bei Begehung einer vorsätzlichen Straftat als Anknüpfungstat zehn Millionen EUR beträgt. Nach § 30 Abs. 4 OWiG kann auch eine isolierte Geldbuße im selbständigen Verfahren verhängt werden.[99]

2. *Organisationsgebote*

Wie einleitend erwähnt, wird im Wege der „Innensteuerung“ zur Prävention von Wirtschaftskriminalität neben sanktionierten Verboten zunehmend auf Organisationsgebote abgestellt. Insbesondere gesellschaftsrechtliche Geschäftsleiterpflichten bieten durch den Zusammenhang der allgemeinen Legalitätspflicht und der Pflicht zur ordnungsgemäßen Organisation und Delegation eine wesentliche rechtliche Grundlage für die Prävention von Wirtschaftskriminalität im Unternehmen.[100] Daneben kommen auch bereichsspezifische Spezialvorschriften zur weiteren Prävention in Betracht.

---

93 KK/OWiG – *Rogall*, § 30, Rn. 20; *Möhrenschlager*, in: Dölling, Kap. 8, Rn. 261; *Rettenmaier/Palm*, NJOZ 2010, 1414 (1415); *Kappel/Kienle*, WM 2007, 1441 (1445); *Helmrich*, wistra 2010, 331 (332).

94 *Többens*, NStZ 1999, 1 (8); bestätigend: *Helmrich*, wistra 2010, 331 (332).

95 *Többens*, NStZ 1999, 1 (8).

96 *Schmidt*, Rn. 1327; *Kappel/Kienle*, WM 2007, 1441 (1445).

97 Göhler – *Gürtler*, § 30, Rn. 22; *Kappel/Kienle*, WM 2007, 1441 (1445).

98 Göhler – *Gürtler*, § 30, Rn. 22; *Laue*, Jura 2010, 339 (343).

99 Vgl. hierzu *Eidam*, wistra 2003, 447 (454 ff.); *Schmuck/Steinbach*, ZfS 2008, 366 (366 ff.).

100 *Rieder/Falge*, in: Görling/Inderst/Bannenberg, Kap. 2, Rn. 3.

a) Gesellschaftsrechtliche Pflichten

Im Rahmen der Auferlegung gesellschaftsrechtlicher Organisationspflichten kommen insbesondere solche des Aktien- und GmbH-Rechts in Betracht.

aa) Einrichtung eines Überwachungssystems gemäß § 91 Abs. 2 AktG

Mit Inkrafttreten des KonTraG[101] im Jahre 1998 erfolgte durch die Einführung des § 91 Abs. 2 AktG die gesellschaftsrechtliche Pflicht zur Implementierung eines Informations- und Überwachungssystems. Die eingeführte Norm des § 91 Abs. 2 AktG verpflichtet den Vorstand, geeignete Maßnahmen zu treffen, um den Fortbestand der Gesellschaft gefährdende Entwicklungen frühzeitig zu erkennen. Nach dem Wortlaut der Norm soll dies insbesondere durch die Einrichtung eines Überwachungssystems erfolgen.

Umstritten sind hierbei Inhalt und Reichweite des zu implementierenden Überwachungssystems. Ein Teil der betriebswirtschaftswissenschaftlichen Lehre leitet aus § 91 Abs. 2 AktG die Pflicht des Vorstandes zur Einführung eines umfassenden Risikomanagementsystems und damit zur Überwachung und Kontrolle aller das Unternehmen bedrohenden Risiken ab.[102] Die überwiegende Ansicht tendiert hierbei jedoch zu einer engeren Auslegung der Norm, wonach das Frühwarnsystem nicht – wie von der Mindermeinung gefordert – der Erkennung risikobehafteter bestandsgefährdender Entwicklungen dient, sondern lediglich die Einhaltung und Effektivität der diesbezüglich eingeleiteten Maßnahmen gewährleisten soll.[103] Zu den nach § 91 Abs. 2 AktG zu ergreifenden Maßnahmen zählen in der Regel die Einrichtung einer internen Revision und einer Controlling-Abteilung.[104] Die Einführung eines Überwachungssystems umfasst daher die unternehmensinterne Kontrolle, ob diese Abteilungen die von ihnen erlangten Kenntnisse über bestandsgefährdende Entwicklungen zeitnah

---

101 Gesetz zur Kontrolle und Transparenz im Unternehmensbereich, BGBl. I 1998, 786.

102 *Lück*, DB 1998, 1925 (1925 ff.); *ders.*, DB 1998, 8 (8 ff.); *Kromschröder/Lück*, DB 1998, 1573 (1573 ff.); *Pollanz*, DB 1999, 393 (393 ff.); *Füser/Gleißner*, DB 1999, 753 (753 ff.); *Eggemann/Konradt*, BB 2000, 503 (505 ff.); *Gernoth*, DStR 2001, 299 (299 ff.).

103 *Hüffer*, in: ders., § 91, Rn. 8 f.; MüKo/AktG – *Spindler*, § 91, Rn. 16; *Pelz*, WM 2000, 1566 (1572); *Pahlke*, NJW 2002, 1680 (1681 ff.); *Preußner/Zimmermann*, AG 2002, 657 (658 f.); *Fleischer*, AG 2003, 291 (298); *Berg*, AG 2007, 271 (274 f.); *Liese*, BB-Special 5/2008, 17 (19); *Kort*, NZG 2008, 81 (82); *Koch*, WM 2009, 1013 (1014); *Kremer/Klahold*, ZGR 2010, 113 (120); *Theile*, wistra 2010, 457 (460); vgl. auch OLG Celle WM 2008, 1745 (1746).

104 MüKo/AktG – *Spindler*, § 91, Rn. 29; *Hommelhoff/Mattheus*, AG 1998, 249 (251); *Liese*, BB-Special 5/2008, 17 (19).

an den Vorstand weiterleiten.[105] Insofern wird die Norm lediglich als klarstellender Hinweis auf die sich ohnehin aus § 76 Abs. 1 AktG ergebende allgemeine Leitungspflicht des Vorstandes verstanden.[106]

Hierfür spricht bereits die Begründung der Bundesregierung zum Gesetzesentwurf vom 28. Januar 1998, wonach es sich bei § 91 Abs. 2 AktG „um eine gesetzliche Hervorhebung der allgemeinen Leitungspflicht des Vorstandes gemäß § 76 AktG [handelt], zu der auch die Organisation gehört. [...] Als Ergebnis der Anhörung ist die Bestimmung nicht in § 93, sondern in § 91 eingestellt worden, da die Überwachungspflicht Teil der Gesamtverantwortung des Vorstands ist".[107] Des Weiteren spricht für die herrschende Auffassung, dass eine Verpflichtung des Vorstandes ein bestimmtes betriebswirtschaftliches Modell zu implementieren dem Konzept des Leitungsermessens des Vorstands widerspricht und zudem in die nach Art. 14 GG garantierte Organisationsfreiheit des Unternehmens eingreift.[108]

Der herrschenden Ansicht folgend hat der Vorstand lediglich Maßnahmen zur internen Überwachung zu ergreifen, wie beispielsweise die Einrichtung einer internen Revision oder Controlling-Abteilung, um bestandsgefährdende Entwicklungen beizeiten zu identifizieren. Ein allgemeines Risikomanagementsystem wird von § 91 Abs. 2 AktG hingegen nicht vorgeschrieben. Der Anwendungsbereich des § 91 Abs. 2 AktG ist damit erst dann eröffnet, wenn die Auswirkung der Rechtsverletzung tatsächlich bestandsgefährdend ist.[109] Hierbei herrscht wiederum Streit über die Auslegung des Tatbestandsmerkmals der „Bestandsgefährdung". Teilweise wird hierbei eine Bestandsgefährdung erst dann angenommen, wenn die Entwicklungen zu einem Insolvenzrisiko führen können.[110] Nach anderer Ansicht liegt eine Bestandsgefährdung hingegen bereits dann vor, wenn sich die nachteiligen Veränderungen wesentlich auf die Vermögens-, Ertrags- oder Finanzlage auswirken können und damit relevant für die Darstellungsanforderung des § 264 Abs. 2 HGB sind.[111] Diese Ansicht entspricht auch der Leitungsaufgabe des § 76 AktG – die ja durch § 91 Abs. 2 AktG gerade

105 *Hüffer*, in: ders. § 91, Rn. 8, 10; MüKo/AktG – *Spindler*, § 91, Rn. 29.

106 *Hommelhoff/Mattheus*, AG 1998, 249 (251); *Fleischer*, NZG 2003, 449 (450); *Preußner*, NZG 2004, 303 (305); *Berg*, AG 2007, 271 (275); *Theile*, wistra 2010, 457 (460).

107 BT-Drs. 13/9712, S. 15.

108 MüKo/AktG – *Spindler*, § 91, Rn. 31; *Liese*, BB-Special 5/2008, 17 (19).

109 *Liese*, BB-Special 5/2008, 17 (19).

110 MüKo/AktG – *Spindler*, § 91, Rn. 21; *Seibert*, in: FS-Bezzenberger, S. 427 (437).

111 *Hüffer*, in: ders., § 91, Rn. 6; *Zimmer/Sonneborn*, in: Lange/Wall, § 1, Rn. 182; *Berg*, AG 2007, 271 (276).

konkretisiert wird –, welcher die Pflicht des Vorstands zur Abwehr ertragsrelevanter Gefahren erfasst und gerade nicht auf das Insolvenzrisiko beschränkt ist.[112] Da sich das Insolvenzrisiko einer entsprechenden Entwicklung erst nach Realisierung des Risikos mit Sicherheit bestimmen lässt, ist dieser Streitstand allerdings ohnehin eher theoretischer Natur.[113]

Da insofern also auch Wirtschaftsdelikte, insbesondere Korruptionsdelikte, zu einer bestandsgefährdenden Entwicklung der Aktiengesellschaft führen können[114], ist die Korruptionsbekämpfung als Teil des Risikomanagements im Sinne des § 91 Abs. 2 AktG anzusehen.

In der Rechtsfolge haften die Vorstandsmitglieder für die Pflichtverletzung aus § 91 Abs. 2 AktG der Aktiengesellschaft gesamtschuldnerisch auf Schadensersatz nach § 93 Abs. 2 AktG.[115]

bb) Sorgfaltspflichten gemäß § 93 Abs. 1 S. 1 AktG

Die Pflichten des Vorstandes aus § 91 Abs. 2 AktG werden zwar aus den allgemeinen Organisationspflichten gemäß §§ 76, 93 AktG abgeleitet, jedoch werden diese hierdurch nicht verdrängt.[116] Auch außerhalb des Anwendungsbereichs des § 91 Abs. 2 AktG und unterhalb der Schwelle der Bestandsgefährdung kann der Vorstand daher verpflichtet sein, für eine ordnungsgemäße Organisation und risikominimierende Aufsicht zu sorgen.[117]

Die – eng mit der Verpflichtung aus § 91 Abs. 2 AktG in Zusammenhang stehende – Organisations- und Überwachungspflicht des Vorstandes basiert auf dessen Delegationsrecht.[118] Aufgrund des Legalitätsprinzips ist der Vorstand daher verpflichtet, eine sachgerechte Organisation der Aufgabendelegation vorzunehmen und diese auch entsprechend zu überwachen.[119] Der zunächst weite Anwendungsbereich des Tatbestandes wird allerdings durch die sog. „Business Judgement Rule" des § 93 Abs. 1 S. 2 AktG eingeschränkt. Dem Vorstand kommt nach dieser Regelung ein weiter Ermessensspielraum zu, so dass der Anwendungsbereich des § 93 Abs. 1 AktG erst dann eröffnet ist, wenn dieser

---

112 *Berg*, AG 2007, 271 (276)
113 *Liese*, BB-Special 5/2008, 17 (18).
114 Vgl. nur *Berg*, AG 2007, 271 (275 ff.).
115 MüKo/AktG – *Spindler*, § 91, Rn. 69.
116 MüKo/AktG – *Spindler*, § 91, Rn. 3.
117 MüKo/AktG – *Spindler*, § 91, Rn. 3; *Fleischer*, AG 2003, 291 (299); *Koch*, WM 2009, 1013 (1014).
118 *Meier-Greve*, BB 2009, 2555 (2555).
119 *Meier-Greve*, BB 2009, 2555 (2555 f.).

Ermessensspielraum überschritten wird. Hinsichtlich der Überwachungs- und Organisationspflicht ist hierbei anerkannt, dass bezüglich der Frage, ob eine entsprechende Überwachung und Organisation im Unternehmen eingerichtet wird keine unternehmerische Entscheidung im Sinne des § 91 AktG vorliegt, so dass dem Vorstand hier keine Ermessensgrundlage zukommt. Bezüglich der Art und Weise der Organisation und Überwachung steht dem Vorstand dagegen ein Ermessensspielraum zu.[120] Die konkrete Ausgestaltung der Pflichterfüllung ist sodann von den jeweiligen Umständen des konkreten Einzelfalles abhängig[121], wobei die Anforderungen im Grundsatz denen des § 130 OWiG entsprechen.[122]

Eine entsprechende Pflichtverletzung bei Überschreiten des Ermessenspielraums führt auch hierbei zu einer Haftung des Vorstandes nach § 93 Abs. 2 AktG.

cc) Überwachungs- und Sorgfaltspflichten in der GmbH

Nach dem ausdrücklichen Willen des Gesetzgebers ist die mit dem KonTraG eingeführte Regelung des § 91 Abs. 2 AktG analog auf den Geschäftsführer einer GmbH anzuwenden.[123] Eine mangelhafte Umsetzung dieser Vorschrift durch den Geschäftsführer kann daher nach § 43 Abs. 2 GmbHG zu einer persönlichen Haftung führen.[124]

Im Rahmen der Sorgfaltspflichten des Geschäftsführers aus § 43 Abs. 1 GmbHG – welche im Bereich der GmbH ebenfalls die Organisation- und Überwachungspflicht der Geschäftsführung umfasst,[125] – ist die Business Judgement Rule des § 93 Abs. 1 S. 2 AktG gleichfalls analog anwendbar.[126]

Durch die entsprechende Anwendbarkeit der aktienrechtlichen Vorschriften, treffen daher den Geschäftsführer der GmbH ebenfalls die für den Vorstand einer Aktiengesellschaft beschriebenen Überwachungs- und Sorgfaltspflichten.

---

120 *Fleischer*, in: ders., § 7, Rn. 55; *Bürkle*, BB 2005, 565 (570); *Meier-Greve*, BB 2009, 2555 (2557).

121 Vgl. *Fleischer*, AG 2003, 291 (299 f.); *Meier-Greve*, BB 2009, 2555 (2555 f.).

122 *Pelz*, in: Hauschka, § 6, Rn. 38; vgl. zu den Anforderungen insbesondere LG München, Urteil vom 10.12.2013, Az.: 5 HKO 1387/10.

123 BT-Drs. 13/9712, S. 15.

124 Vgl. nur *Berg*, AG 2007, 271 (276).

125 Baumbach/Hueck – *Zöllner/Noack*, § 43, Rn. 17; Michalski – *Haas/Ziemons*, § 43, Rn. 75a.

126 *Schneider/Schneider*, GmbHR 2005, 1229 (1230); *Hennrichs*, ZGR 2006, 563 (584); *Hauschka*, GmbHR 2007, 11 (12); *Kiethe*, GmbHR 2007, 393 (395).

b) Spezialgesetzliche Pflichten

Neben den beschriebenen gesellschaftsrechtlichen Pflichten und solchen aus dem Ordnungswidrigkeitenrecht existieren auch spezialgesetzliche Organisationspflichten.[127] Diese sind allerdings branchenspezifisch anwendbar und richten sich an einen begrenzten Kreis von Normadressaten, wie zum Beispiel Finanzdienstleister[128] oder Banken[129]. Aufgrund des jeweils eng begrenzten Normadressatenkreises sind diese spezialgesetzlichen Organisationspflichten für die weitere Ausarbeitung nicht von Belang, so dass es einer entsprechenden Darstellung dieser Normen nicht bedarf.

III. Prävention durch strafrechtliche Geschäftsherrenhaftung

Aus den dargestellten Organisationspflichten des Geschäftsherrn können sich weitere Strafbarkeitsrisiken ergeben. In Betracht kommt hierbei insbesondere die Untreue nach § 266 StGB bei Nichteinhaltung der Organisationspflichten und die Unterlassensstrafbarkeit durch Organisationsmängel.

1. Untreue gemäß § 266 StGB

Nach überwiegender Ansicht stellt der Verstoß von Unternehmensorganen gegen gesellschaftsrechtliche Pflichten zur Risikosteuerung eine Verletzung der nach § 266 StGB erforderlichen Vermögensbetreuungspflicht dar.[130] Sofern daher durch die Verletzung der gesellschaftsrechtlichen Organisationspflicht dem zu betreuenden Vermögen ein Nachteil zugefügt wird, liegen die Voraussetzungen des objektiven Tatbestands des § 266 StGB vor.

Regelmäßig wird jedoch der Nachweis des Vorsatzes in der Praxis mit Schwierigkeiten verbunden sein. So bedürfte schon die Beurteilung, ob die implementierten Systeme und Maßnahmen geeignet sind, einer gesonderten auf das konkrete Unternehmen abgestellten Einzelfallprüfung.[131] Hingegen kann jedoch vom erforderlichen Vorsatz und damit von einer Strafbarkeit nach § 266 StGB

---

127 So z.B.: §§ 25a KWG, 80 WpHG, 14 GwG.

128 Vgl. § 80 WpHG.

129 Vgl. § 25a KWG.

130 Schönke/Schröder – *Perron*, § 266, Rn. 35a; *Windolph*, NStZ 2000, 522 (523 f.); *Mosiek*, wistra 2003, 370 (374); *Preußner/Pananis*, BKR 2004, 347 (351 f.); *Schemmel/Kirch-Heim*, CCZ 2008, 96 (97 f.); MüKo/AktG – *Spindler*, § 91, Rn. 72; a.A. *Theile*, wistra 2010, 457 (458 ff.).

131 *Windolph*, NStZ 2000, 522 (524); *Preußner/Pananis*, BKR 2004, 347 (355).

ausgegangen werden, wenn die Unternehmensorgane überhaupt keine Überwachungsmaßnahmen ergreifen und daraus Vermögensnachteile für das Unternehmen entstehen.[132]

2. Unterlassensstrafbarkeit durch Organisationsmangel

Unter dem Stichwort der „Geschäftsherrenhaftung" wird insbesondere die Strafbarkeit der Unternehmensführung wegen Unterlassens der Verhinderung von Straftaten durch Unternehmensmitarbeiter diskutiert. Ob und inwieweit eine nach § 13 StGB notwendige Garantenstellung des Geschäftsherrn angenommen werden kann, ist in der Literatur umstritten. Nach der herrschenden Auffassung ist hierbei allerdings aufgrund der Befehls- und Organisationsherrschaft des Betriebsinhabers von einer Garantenstellung der Unternehmensführung auszugehen, soweit es sich hierbei um betriebsbezogene Straftaten von Unternehmensmitarbeitern handelt.[133]

Der 5. Strafsenat des Bundesgerichtshofs hat mit Urteil vom 17. Juli 2009[134] in einem obiter dictum festgestellt, dass auch einen Compliance-Officer regelmäßig eine strafrechtliche Garantenpflicht im Sinne des § 13 Abs. 1 StGB bezüglich der Verhinderung von betriebsbezogenen Straftaten von Unternehmensangehörigen trifft.[135] Nach ganz überwiegender Ansicht wird diese Aussage des Bundesgerichtshofs jedoch lediglich als Delegation der Pflichten des Geschäftsherrn auf den Compliance-Officer verstanden und stellt unter Berücksichtigung der dargestellten herrschenden Ansicht zur Geschäftsherrenhaftung keine strafrechtliche Besonderheit dar.[136] Damit trifft den Compliance-Officer die „sekundäre

---

132 *Windolph*, NStZ 2000, 522 (524); *Preußner/Pananis*, BKR 2004, 347 (355).

133 Lackner/Kühl – *Kühl*, § 13, Rn. 14; *Fischer*, § 13, Rn. 37 f., 67 ff.; *Roxin*, AT II, § 32, Rn. 137; *Kraft/Winkler*, CCZ 2009, 29 (30); *Rübenstahl*, NZG 2009, 1341 (1343); wohl auch *Campos Nave/Vogel*, BB 2009, 2546 (2549); *Rönnau/Schneider*, ZIP 2010, 53 (56); *Warneke*, NStZ 2010, 312 (315 f.); *Dann/Mengel*, NJW 2010, 3265 (3267); *Behling*, BB 2010, 892 (892); einschränkend: *Mosbacher/Dierlamm*, NStZ 2010, 268 (269); ablehnend: vgl. nur LK – *Weigend*, § 13, Rn. 56.

134 BGH NJW 2009, 3173.

135 BGH NJW 2009, 3173 (3175).

136 *Kraft/Winkler*, CCZ 2009, 29 (32); *Rübenstahl*, NZG 2009, 1341 (1343); *Rönnau/Schneider*, ZIP 2010, 53 (57 f.); *Mosbacher/Dierlamm*, NStZ 2010, 268 (269); *Behling*, BB 2010, 892 (892); *Dann/Mengel*, NJW 2010, 3265 (3267); *Kremer/Klahold*, ZGR 2010, 113 (140); *Kraft*, wistra 2010, 81 (84); wohl auch: *Zimmermann*, BB 2011, 634 (635); *Ransiek*, AG 2010, 147 (152); a.A.: *Warneke*, NStZ 2010, 312 (316); *Spring*, GA 2010, 222 (225 ff.).

Garantenpflicht“[137] betriebsbezogene Straftaten zu verhindern, die allerdings beschränkt ist auf die ihm vom Geschäftsherrn übertragenen Pflichten und Kompetenzen.[138] Maßgeblich kommt es daher bei der Bestimmung der Garantenpflicht auf die vertragliche Ausgestaltung und die konkrete Gestaltung des übertragenen Verantwortungsbereichs an.[139]

IV. Pflicht zur Errichtung einer Compliance-Organisation

Abschließend stellt sich in diesem Zusammenhang die Frage, ob die dargestellten Verbote bzw. Organisationsgebote zu einer Verpflichtung der Unternehmensführung zur Einrichtung einer „Compliance-Organisation“ führen können.

Der Begriff „Compliance“ wird hierbei grundlegend als „Handeln im Einklang mit dem geltenden Recht, also Rechtsbefolgung“[140] definiert. Im Laufe der Zeit hat sich diese Definition jedoch fortentwickelt, sodass der Begriff nunmehr „die Gesamtheit aller Maßnahmen, um das rechtmäßige Verhalten aller Unternehmen, ihrer Organmitglieder, ihrer nahen Angehörigen und der Mitarbeiter im Blick auf alle gesetzlichen Gebote und Verbote zu gewährleisten“[141] bezeichnet.

Umstritten ist hierbei, ob für Unternehmen die Pflicht besteht, eine Compliance-Organisation einzurichten. Die Befürworter einer solchen Compliance-Pflicht leiten diese nicht von einer konkreten Vorschrift ab, die eine entsprechende Verpflichtung normiert, sondern begründen diese im Wege der Rechtsanalogie der oben dargestellten einzelnen sanktionierten Verbote, Organisationsgebote, spezialgesetzlichen Vorschriften und insbesondere auch der Normierungen des Deutschen Corporate Governance Kodex.[142] Hiergegen wird zutreffend eingewandt, dass die zur Rechtsanalogie herangezogenen Normen vielmehr den Schluss nahe legen, dass eine allgemeine Compliance-Pflicht gerade nicht

---

137 *Rönnau/Schneider*, ZIP 2010, 53 (58); *Mosbacher/Dierlamm*, NStZ 2010, 268 (269).

138 *Kraft/Winkler*, CCZ 2009, 29 (32); *Campos Nave/Vogel*, BB 2009, 2546 (2549); *Rönnau/Schneider*, ZIP 2010, 53 (57 f.); *Mosbacher/Dierlamm*, NStZ 2010, 268 (269).

139 *Campos Nave/Vogel*, BB 2009, 2546 (2549); *Thiel von Herff*, BB 2009, 1985 (1985); *Rönnau/Schneider*, ZIP 2010, 53 (59).

140 *Bock*, ZIS 2009, 68 (68).

141 *Schneider*, ZIP 2003, 645 (646).

142 *Schneider*, ZIP 2003, 645 (649); *ders.*, NZG 2009, 1321 (1323); *Bürkle*, BB 2005, 565 (568 ff.); *ders.*, BB 2007, 1797 (1800 f.); *Schneider/Schneider*, ZIP 2007, 2061 (2062); *Campos Nave/Bonenberger*, BB 2008, 734 (735); *Passarge*, DStR 2010, 1675 (1676); zustimmend: *Favoccia/Richter*, AG 2010, 137 (138); *Kiethe*, GmbHR 2007, 393 (397); zurückhaltend: *Fleischer*, AG 2003, 291 (299).

besteht, da diese Normen nur spezielle Branchen oder Unternehmensformen betreffen und damit nicht von einer planwidrigen Regelungslücke ausgegangen werden kann.[143] Im Ergebnis kommt jedoch auch die Gegenmeinung zur Ansicht, dass die Einrichtung einer Compliance-Organisation in Anbetracht der dargestellten Haftungsdichte (trotz des Mangels einer gesetzlichen Verpflichtung hierzu) durchaus als erforderlich anzusehen ist und somit eine faktische Verpflichtung bestehe.[144]

Angesichts der dargestellten straf- und zivilrechtlichen Haftungsrisiken sowohl für juristische als auch natürliche Personen bietet es sich zur Minimierung dieser Risiken folglich ohnehin an, eine – auf das Unternehmen zugeschnittene – Compliance-Organisation einzuführen.

C. Zwischenergebnis

Wie gezeigt, existieren nach geltendem deutschem Recht unterschiedliche Normen, die durch ihre repressive Wirkungsweise (wie im Fall der Normen des StGB und des OWiG) oder ihres präventiven Ansatzes (wie im Fall der gesellschaftsrechtlichen Organisationsgebote) der Verhinderung von Wirtschaftskriminalität dienen. Selbst wenn man der vertretbaren Ansicht folgt, dass eine Verpflichtung zur Einrichtung einer Compliance-Organisation in Unternehmen nicht besteht, so existiert dennoch eine Vielzahl von gesetzlichen Verboten und Pflichten, die eine effektive Bekämpfung von Wirtschaftsdelikten ermöglichen und insoweit die Einrichtung einer Compliance-Organisation praktisch unentbehrlich machen.[145]

Im Folgenden ist daher zu prüfen, inwieweit das dargestellte Normengeflecht auf unterschiedliche Straftatbestände des Wirtschaftsstrafrechts im organisierten Sport übertragbar ist und ob diese Regelungen eine effektive Prävention von Wirtschaftskriminalität im Sport gewährleisten können. Hierauf basierend ist sodann zu untersuchen, welche weiteren Maßnahmen zur Bekämpfung dieser Wirtschaftsdelikte – sowohl auf Seiten des Gesetzgebers aber auch auf Seiten der beteiligten juristischen Personen – ergriffen werden können.

---

143 *Hauschka*, ZIP 2004, 877 (878); *Bachmann/Prüfer*, ZRP 2005, 109 (111).

144 *Hauschka*, ZIP 2004, 877 (879); *Wolf*, DStR 2006, 1995 (1995); *Rodewald/Unger*, BB 2007, 1629 (1629); vgl. auch *Liese*, BB-Special 5/2008, 17 (22) für den der Streitstand aus diesem Grund lediglich terminologischer Art ist; a.A.: *Bachmann/Prüfer*, ZRP 2005, 109 (111 f.).

145 *Hauschka*, ZIP 2004, 877 (879); *Liese*, BB-Special 5/2008, 17 (21 f.); a.A.: *Bachmann/Prüfer*, ZRP 2005, 109 (111 ff.).

Zweites Kapitel: Beeinflussung von Wettkampfergebnissen

Wie einleitend bereits erwähnt, ist die Beeinflussung von Wettkampfergebnissen keine erst in den vergangenen Jahren auftretende Erscheinung, sondern „erfreut“ sich bereits seit der Antike einer langen Tradition.

Im Rahmen einer sinnvollen Strukturierung der Manipulationsfälle ist zwischen der Person des Beeinflussenden und der Person des Beeinflussten wie folgt zu unterscheiden: Hinsichtlich der Person des Beeinflussenden kommen nach Auswertung der recherchierten Sachverhalte insoweit Vereinsfunktionäre auf der einen Seite und außenstehende Dritte (in der Regel Wettspieler) auf der anderen Seite in Betracht. Bezüglich der Person des Beeinflussten besteht die Möglichkeit der Beeinflussung von Spielern bzw. Trainern und der Schiedsrichter (sofern bei der entsprechenden Sportart die Spielleitung durch Schiedsrichter erfolgt).

Aufgrund der unterschiedlichen Motivation der Beeinflussenden und der für die Erarbeitung eines effektiven Präventionskataloges notwendigen Differenzierung der potentiell Beeinflussten ergibt sich die Gliederung für die nachfolgende Erörterung der relevanten Sachverhalte. Es sind Fälle zu untersuchen in denen Schiedsrichter (vgl. nachfolgend unter: A.) oder Spieler bzw. Trainer (vgl. nachfolgend unter: B.) durch außenstehende Dritte zwecks Erzielung eines Wettgewinns beeinflusst wurden. Sodann sind die Fälle zu untersuchen in denen Schiedsrichter (vgl. nachfolgend unter: C.) oder Spieler bzw. Trainer (vgl. nachfolgend unter: D.) durch Vereinsfunktionäre zwecks Erreichens einer besseren Platzierung unlauter beeinflusst wurden.

A. Beeinflussung von Schiedsrichtern durch Dritte

Die Sachverhaltskonstellation der Beeinflussung von Schiedsrichtern durch Wettspieler wurde in der Öffentlichkeit insbesondere wahrgenommen durch den sogenannten „Fußball-Wettskandal 2005“ um den ehemaligen Schiedsrichter des Deutschen Fußball Bundes (nachfolgend: DFB) Robert Hoyzer.

I. Phänomenologie

Anfang 2004 lernte der ehemalige DFB-Schiedsrichter Robert Hoyzer den Wettspieler Ante Sapina kennen und erklärte sich bereit, zukünftig Fußballspiele gegen Bezahlung für ihn zu manipulieren.[146]

Im Zeitraum von Mai 2004 bis Januar 2005 erfolgten sodann Spielmanipulationen Hoyzers und des von ihm für Ante Sapina angeworbenen Schiedsrichters Dominik Marks von Spielen in der 2. Bundesliga, der Regionalliga und des DFB-Pokals durch Einflussnahme der Schiedsrichter auf entscheidende Spielsituationen.[147]

Exemplarisch für die Vorgehensweise kann in diesem Zusammenhang die Begegnung zwischen dem SC Paderborn und dem Hamburger SV im DFB-Pokal 2004 angeführt werden:

Der Wettspieler Sapina setzte vor dem DFB-Pokal-Spiel zwischen dem Regionalligisten SC Paderborn und dem Bundesligisten Hamburger SV auf einen Sieg des klaren Außenseiters aus Paderborn. Neben Robert Hoyzer wurde auch der Paderborner Mannschaftskapitän Thijs Waterink eingeweiht und bekam vorab 10.000,- EUR als Siegprämie für die gesamte Paderborner Mannschaft.[148] Für den Fall eines Sieges der Hamburger hätte das Geld zurückgezahlt werden müssen. Bereits nach 30 Minuten stand es schon 2:0 für die Gäste aus Hamburg. Nach Aussagen von Hoyzer will dieser sodann Waterink zugerufen haben, er solle endlich mal was machen. Als dieser sich kurz darauf im Strafraum bei einem Gegenspieler einhakt und sich fallen lässt, empfindet Hoyzer dies als Bestätigung, dass Waterink eingeweiht sei und entscheidet auf Strafstoß für Paderborn. Nach Ausführung des Strafstoßes nutzte Hoyzer die Beleidigungen des Hamburger Stürmers Emile Mpenza um diesen mit einer roten Karte des Feldes zu verweisen. Nach regulären Treffern zum 2:2 und 3:2 für Paderborn ging Hoyzer dann auf Nummer sicher und entschied erneut sehr umstritten auf einen Strafstoß zugunsten von Paderborn. Letztendlich konnte der SC Paderborn die Partie daher – scheinbar überraschend und sensationell – mit 4:2 für sich entscheiden und den Hamburger SV aus dem Wettbewerb werfen.[149] Nach dem Spiel erhielt

146 Vgl. Der Spiegel 6/2005, Die Akte Hoyzer, S. 149.

147 Vgl. LG Berlin, Urteil vom 17. November 2005, Az.: (512) 68 Js 451-05 Kls (42/05), BeckRS 2006, 05289; *Sellin*, S. 225 ff.; Der Spiegel 6/2005, Die Akte Hoyzer, S. 146 ff.

148 LG Berlin, Urteil vom 17. November 2005, Az.: (512) 68 Js 451-05 Kls (42/05), BeckRS 2006, 05289.

149 Vgl. zum Gesamten: Der Spiegel 6/2005, Die Akte Hoyzer, S. 150; *Sellin*, S. 233 ff.

Hoyzer von Sapina einen Betrag in Höhe von 20.000,– EUR.[150] Ante Sapina konnte allein bei der Deutschen Klassenlotterie Berlin/Oddset 751.365,– EUR gewinnen.[151]

Zwar waren nicht alle Spielmanipulationen der Schiedsrichter erfolgreich oder der Wettspieler Sapina konnte keinen Gewinn verzeichnen, da er mehrere Partien zu einer Wette kombinierte und die anderen nicht-manipulierten Partien nicht entsprechend richtig getippt hatte, jedoch machte Sapina, soweit dies ersichtlich ist durch die Manipulationen der Schiedsrichter Hoyzer und Marks einen Wettgewinn in Höhe von mindestens 1,2 Mio. EUR. Dem gegenüber erhielt Robert Hoyzer Zahlungen von Sapina in Höhe von lediglich 67.300,– EUR und einen Plasmafernseher. Der Schiedsrichter Dominik Marks erhielt lediglich 35.000,– EUR von Sapina.[152]

Zwei Tage nach dem Pokal-Spiel zwischen Paderborn und Hamburg, am 23. August 2004, erfolgte die erste Verdachtsmeldung der Manipulation von Fußballspielen beim DFB. Hans-Wilhelm Forstner, Geschäftsführer der Staatlichen Lotterieverwaltung in München, rief beim damaligen DFB-Generalsekretär Horst R. Schmidt an und berichtete diesem von möglichen Manipulationen.[153] Schmidt bat darum den geschilderten Sachverhalt niederzuschreiben und per Fax zuzusenden.[154] Folgendes Fax ging kurz darauf in der DFB-Zentrale ein:

> *„Betrifft: Spiele SC Paderborn – Hamburger SV im DFB Pokal am 21.08.2004 und Eintracht Braunschweig – FC St. Pauli in der Regionalliga Nord am 05.06.2004.*
>
> *Am 20.08.2004 erhielt ODDSET große Einsätze auf einen Heimsieg im Spiel Paderborn – Hamburger SV (DFB Pokal 1. Runde am 21.08.2004). Auffällig war, dass Paderborn in diesem Spiel klarer Außenseiter war (Quote 5,60 – 3,70 – 1,30). Diese Einsätze erfolgten in Berlin.*
> *Bei Betrachtung des Spiels fiel auf, dass der Hamburger SV zwar 2:0 in Führung lag, Paderborn dann aber in der 35. Minute einen äußerst fragwürdigen Elfmeter erhielt und im Anschluss daran der Hamburger SV noch eine rote Karte wegen Schiedsrichterbeleidigung (Mpenza). Als es gegen Spielende 3:2 für Paderborn stand und der HSV Chancen zum*

150 LG Berlin, Urteil vom 17. November 2005, Az.: (512) 68 Js 451-05 Kls (42/05), BeckRS 2006, 05289.

151 LG Berlin, Urteil vom 17. November 2005, Az.: (512) 68 Js 451-05 Kls (42/05), BeckRS 2006, 05289.

152 Vgl. LG Berlin, Urteil vom 17. November 2005, Az.: (512) 68 Js 451-05 Kls (42/05), BeckRS 2006, 05289; Der Spiegel 6/2005, Die Akte Hoyzer, S. 146 ff.

153 *Sellin*, S. 225 f.; Süddeutsche Zeitung vom 1. Februar 2005, „Wie der DFB sich aus der Verantwortung zu stehlen versucht".

154 *Sellin*, S. 225 f.

Ausgleich hatte, erhielt der SC Paderborn erneut einen mindestens ebenso fragwürdigen Elfmeter, der das Spiel mit 4:2 für die Gastgeber entschied. Der Großkunde hatte somit die meisten seiner Gewinnkombinationen durchgebracht.
Der leitende Schiedsrichter war ein Herr Hoyzer aus Berlin.

Bei weiteren Untersuchungen des Sachverhalts konnte festgestellt werden, dass es in der Woche 23/2004 ebenfalls zu Unregelmäßigkeit gekommen sein könnte. Auch in dieser Woche erfolgten in Berlin große Einsätze auf eine Begegnung der Regionalliga Nord. Diese betrafen die Partie Eintracht Braunschweig – St. Pauli, auf den Spielausgang 1 (Heimsieg). Die Begegnung endete 3:2 für Braunschweig, wobei St. Pauli zwei Tore aberkannt wurden. Objektive Betrachter sprechen von mindestens einem zu Unrecht aberkannten Treffer. Durch das 3:2 gewann auch hier der Berliner Großkunde die meisten seiner Kombinationen.
Auch dieses Spiel wurde von Herrn Hoyzer aus Berlin geleitet.

Bei beiden Spielen erfolgten die Großeinsätze ausschließlich in Berlin. Die Gewinnausschüttung war in beiden Wochen in Berlin deutlich höher als im restlichen Bundesgebiet."[155]

Eine weitere Verfolgung dieses Verdachtes erfolgte allerdings weder durch den DFB noch durch die Verantwortlichen der Staatlichen Lotterieverwaltung, so dass die Aufklärung des Sachverhaltes weiter verzögert wurde.[156]

Der Beginn der Aufklärung des bis dahin größten Wettskandals in der deutschen Fußballgeschichte erfolgte sodann erst am 19. Januar 2005. Hoyzers Schiedsrichterkollege Lutz Michael Fröhlich aus Berlin informierte den Vorsitzenden des DFB-Schiedsrichterausschusses Volker Roth über den Verdacht, Hoyzer habe möglicherweise für Geld Spiele manipuliert. Den Stein ins Rollen brachte indes zuvor der Schiedsrichter Felix Zwayer, der Hoyzer häufiger als Linienrichter assistierte. Zwayer traf sich hierbei mit seinen Berliner Schiedsrichterkollegen Fröhlich, Blumenstein und Gräfe und eröffnete diesen, Hoyzer habe mehrmals versucht, ihn zu seinem Komplizen zu machen. Schließlich entschloss sich Fröhlich den Verdacht an die Verantwortlichen des DFB weiterzugeben.[157]

---

155 Siehe hierzu Großbild innerhalb der Fotostrecke zum Bericht auf Spiegel-Online vom 31. Januar 2005, Wettskandal – Oddset-Fax setzt DFB-Spitze unter Druck (abrufbar unter: http://www.spiegel.de/sport/fussball/0,1518,grossbild-431725-339499,00.html; zuletzt abgerufen am 3. Juli 2023); auch zitiert in: *Sellin*, S. 226 f. und *Heermann*, CaS 2005, 4 (12).

156 *Sellin*, S. 236; vgl. auch Spiegel-Online vom 27. Januar 2005, Hoyzer gesteht – DFB in Bedrängnis (abrufbar unter: http://www.spiegel.de/sport/fussball/a-338910.html; zuletzt abgerufen am 3. Juli 2023).

157 *Sellin*, S. 241 f.

II. Strafrechtliche Würdigung

Eine umfassende Prüfung der in Betracht kommenden Tatbestände und eine vertiefte Auseinandersetzung mit den hierzu jeweils vertretenen Ansichten würde den Rahmen dieser Arbeit sprengen, so dass im Folgenden die maßgeblich vertretenen Ansichten dargestellt werden, ohne jedoch eventuelle Streitstände argumentativ zu entscheiden. Maßgeblich ist im Ergebnis vielmehr, ob das entsprechende Täterverhalten unter einen Straftatbestand des Strafgesetzbuches subsumiert werden kann und somit eine Abschreckungswirkung im Sinne des generalpräventiven Ansatzes zur Prävention von Wirtschaftskriminalität besteht.[158]

1. Strafrechtliche Einordnung des Täterverhaltens

Im Rahmen der strafrechtlichen Einordnung ist zwischen der Strafbarkeit der Schiedsrichter Hoyzer und Marks im Hinblick auf die reine Spielmanipulation (also der konkreten Manipulationshandlung) und der Begehung von Straftaten zu Lasten von Personen, die außerhalb des Sportbereichs stehen – namentlich der Wettanbieter – durch andere Tathandlungen zu unterscheiden.

a) Strafbarkeit der reinen Spielmanipulation

Hinsichtlich der Strafbarkeit der reinen Spielmanipulation werden in der Literatur unterschiedliche Betrugs- und Untreuekonstellationen in Betracht gezogen. Im Rahmen der maßgeblichen Urteile des Landgerichts Berlin[159] und des Bundesgerichtshofs[160] (sowie des Landgerichts Bochum[161] in einem aktuellen Strafverfahren) werden diese jedoch vollkommen außer Acht gelassen und auf die Frage, ob bereits die Spielmanipulation durch den Schiedsrichter strafbar sein könnte, nicht eingegangen.

158 Die nachfolgenden Ausführungen wurden – wie in der Vorbemerkung dargelegt – bis zum Jahr 2015 ausgearbeitet und beschränken sich auf die Rechtslage bis zu diesem Zeitpunkt. Nach heutigen Maßstäben dürfte das hier in Rede stehende Verhalten unter den Sportwettbetrug (§ 265c StGB) bzw. die Manipulation von berufssportlichen Wettbewerben (§ 265d StGB) zu subsumieren sein.

159 LG Berlin, Urteil vom 17. November 2005, Az.: (512) 68 Js 451-05 Kls (42/05), BeckRS 2006, 05289.

160 BGH NJW 2007, 782 (782 ff.); vgl. auch BGH wistra 2013, 143 (143 ff.); BGH wistra 2013, 186 (186 ff.).

161 LG Bochum, Urteil vom 19. Mai 2011, Az.: 12 KLs 35 Js 141/10 – 16/11.

aa) Betrug der Schiedsrichter gemäß § 263 StGB zum Nachteil des DFB bzw. der DFL

Diskutiert wird hierbei zunächst, ob die Spielmanipulationen durch die Schiedsrichter Hoyzer und Marks den Betrugstatbestand gemäß § 263 StGB zum Nachteil des DFB bzw. der DFL Deutsche Fußball Liga GmbH (nachfolgend: DFL) verwirklichen können.

Der objektive Tatbestand des Betruges gemäß § 263 StGB ist hierbei nach überwiegender Ansicht in der Literatur[162] hinsichtlich des DFB erfüllt:

Gemäß § 8 Nr. 4 der DFB-Schiedsrichterordnung sind die angesetzten Schiedsrichter dazu verpflichtet, „einen Spielbericht auszufertigen und diesen unverzüglich der spielleitenden Stelle zuzusenden". Bei der Frage, wer im konkreten Wettbewerb als „spielleitende Stelle" anzusehen ist, ist wie folgt zu differenzieren: Gemäß dem Grundlagenvertrag[163] zwischen DFB und dem Verein „Die Liga – Fußballverband e.V." (nachfolgend: Ligaverband) ist der Ligaverband der Veranstalter der Spiele der Bundesliga und der 2. Bundesliga.[164] Als Veranstalter ermittelt der Ligaverband in diesen Wettbewerben den Deutschen Fußballmeister des DFB und die Teilnehmer an den europäischen Klubwettbewerben der UEFA.[165] Die operativen Geschäfte des Ligaverbandes werden von der Tochtergesellschaft des Ligaverbandes, der DFL, geführt.[166] Der Ligaverband bzw. die DFL verfügen nicht über ein eigenes Schiedsrichterwesen, sondern bedienen sich gegen Zahlung eines Entgelts des Schiedsrichterwesens des DFB.[167] Hinsichtlich der in Rede stehenden Begegnungen der 2. Bundesliga ist daher der Ligaverband bzw. die DFL als spielleitende Stelle im Sinne von § 8 Nr. 4 der DFB-Schiedsrichterordnung anzusehen. Für die Spiele der 3. Liga, der Regionalligen und des DFB-Pokals ist dies hingegen der DFB.

Der von der DFB-Schiedsrichterkommission gemäß § 57 der DFB-Spielordnung angesetzte Schiedsrichter muss neutral und unparteiisch sein.[168] Es ist davon auszugehen, dass die Schiedsrichter Hoyzer und Marks im Rahmen

---

162 *Schlösser*, NStZ 2005, 423 (429); *Valerius*, SpuRt 2005, 90 (90 f.); *von Komorowski/Bredemeier*, SpuRt 2005, 181 (181 f.); *Reinhart*, SpuRt 2007, 52 (55); *Schulz/Slowinski*, Jura 2010, 706 (711); andere Ansicht: *Wolters/Schmitz*, in: Nolte/Horst, Kap. H, S. 274 f.

163 Abrufbar unter: http://www.dfb.de/uploads/media/Grundlagenvertrag.pdf (zuletzt abgerufen am 3. Juli 2023).

164 Vgl. auch § 1 Spielordnung (SpOL) des Ligaverbandes.

165 § 2 Nr. 1 SpOL des Ligaverbandes.

166 *Krack*, ZIS 2011, 475 (477).

167 Vgl. nur § 10 SpOL des Ligaverbandes.

168 Vgl. DFB-Sportgericht SpuRt 2005, 82 (83).

der Zusendung der Spielberichte der manipulierten Spiele zur Verschleierung der Manipulationen gerade nicht auf ihre Neutralitätsverletzung hingewiesen haben und die Spielberichte damit keine Beanstandungen enthielten. Nach allgemeiner Verkehrsanschauung kommt einem Spielbericht, der keine Beanstandungen des Schiedsrichters enthält, der objektive Erklärungswert zu, dass der Ausgang des Spiels unter sportlichen Gesichtspunkten nicht zu beanstanden sei.[169] Aufgrund einer der Wahrheit nicht entsprechenden Erklärung der Schiedsrichter wird beim Adressaten eine Fehlvorstellung über deren Neutralität erregt.[170] Insofern brachten die Schiedsrichter Hoyzer und Marks die Täuschung zwar nicht expressis verbis, jedoch durch schlüssiges Verhalten zum Ausdruck[171], so dass vorliegend von einer konkludenten Täuschungshandlung gegenüber der spielleitenden Stelle des DFB bzw. der DFL auszugehen ist.[172]

Nach Ansicht *Schlössers*[173] soll darüber hinaus auch eine Aufklärungspflicht der Schiedsrichter gegenüber dem DFB bestehen, da im Rahmen der zwischen den Parteien bestehenden Vertragsbeziehung von einem besonderen Vertrauensverhältnis ausgegangen werden müsse und somit auch eine Täuschung durch Unterlassen angenommen werden könne. *Wolters/Schmitz*[174], *Valerius*[175] und *Schulz/Slowinski*[176] hingegen lehnen eine solche Konstellation richtigerweise mit der Begründung ab, ein solches Vertrauensverhältnis müsse den Schutz des Vermögens des Vertragspartners zum Sinn haben. Das Vertrauensverhältnis zwischen Schiedsrichter und DFB beziehe sich jedoch nur auf die Unparteilichkeit des Schiedsrichters und gerade nicht auf das Vermögen des DFB.

Das Vorliegen eines Irrtums in Form einer Fehlvorstellung im sachgedanklichen Mitbewusstsein des Getäuschten ist unproblematisch zu bejahen.

Bei der Frage der irrtumsbedingten Vermögensverfügung ist jedoch zwischen den Verfügungen des DFB und der DFL zu differenzieren:

---

169 *Paringer*, S. 108; *Triffterer*, NJW 1975, 612 (614) bestätigend: *Schlösser*, NStZ 2005, 423 (429).

170 Vgl. BGH NJW 2001, 2187 (2189).

171 Vgl. Schönke/Schröder – *Perron*, § 263, Rn. 14/15.

172 So auch im Ergebnis *Schlösser*, NStZ 2005, 423 (429); *von Komorowski/Bredemeier*, SpuRt 2005, 181 (181); *Valerius*, SpuRt 2005, 90 (91); *Schwab*, NJW 2005, 938 (940 Fn. 30); *Reinhart*, SpuRt 2007, 52 (55).

173 *Schlösser*, NStZ 2005, 423 (429).

174 *Wolters/Schmitz*, in: Nolte/Horst, Kap. H, S. 274 f.

175 *Valerius*, SpuRt 2005, 90 (91).

176 *Schulz/Slowinski*, Jura 2010, 706 (711).

Hinsichtlich der Vermögensverfügung des DFB wird zum einen auf die Vergütung des Schiedsrichters durch den DFB für das manipulierte Spiel[177] und zum anderen auf das Unterlassen der Geltendmachung einer geldwerten Forderung aufgrund der Schlechterfüllung der vertraglichen Pflichten[178] abgestellt.

Eine Vermögensverfügung der DFL (für die manipulierten Begegnungen der 2. Bundesliga) kann vorliegend in der Entgeltzahlung für die Nutzung des DFB-Schiedsrichterwesens gesehen werden. Nach § 4 Abs. 4 des Grundlagenvertrages zwischen DFB und Ligaverband besteht die Entgeltzahlung aus einer pauschalen Zahlung in Höhe von 4,8 Millionen EUR pro Spielzeit.

Die Annahme der irrtumsbedingten Vermögensverfügung durch Vergütungszahlung durch den DFB bzw. Entgeltzahlung durch die DFL erlaubt sich jedoch nur insoweit, als die Zahlungen nach dem Einreichen des falschen Spielberichts bewirkt werden.[179] Anderweitig läge bereits keine kausal auf dem Irrtum beruhende Vermögensverfügung vor. Insofern kann in der Entgeltzahlung durch die DFL für die Nutzung des Schiedsrichterwesens des DFB keine irrtumsbedingte Vermögensverfügung gesehen werden, da diese Zahlung gerade pauschal pro Spielzeit zu entrichten ist.

Die Vergütungszahlung des DFB erfolgt allerdings immer erst mit Rechnungsstellung durch den Schiedsrichter[180] und damit auch nach Erstellung des falschen Spielberichts, so dass durch diese Verfügung das Vermögen des DFB tatsächlich irrtumsbedingt gemindert ist. Von einem Vermögensschaden sei daher auszugehen.[181] Lediglich *Wolters/Schmitz*[182] gehen hierbei davon aus, dass eine kausale Vermögensverfügung nicht gegeben sei, da die Zahlung des DFB ihrer Ansicht nach auch erfolge, wenn das Wettkampfergebnis ungültig sei.

Sofern es um die Strafbarkeit der Schiedsrichter wegen Betruges zu Lasten des DFB geht, führen die Ansichten in der Literatur im Hinblick auf den subjektiven Tatbestand zu unterschiedlichen Ergebnissen:

---

177 *Schlösser*, NStZ 2005, 423 (429); *Valerius*, SpuRt 2005, 90 (91).

178 *von Komorowski/Bredemeier*, SpuRt 2005, 181 (181 f.); so auch alternativ *Schlösser*, NStZ 2005, 423 (429).

179 *Schlösser*, NStZ 2005, 423 (429).

180 Nach Aussage von *Lutz Wagner*, ehemaliger Bundesliga-Schiedsrichter und Mitglied der DFB-Schiedsrichterkommission, im Gespräch mit dem Verfasser, Hofheim, 31. Januar 2013.

181 Vgl. *von Komorowski/Bredemeier*, SpuRt 2005, 181 (182); *Valerius*, SpuRt 2005, 90 (91).

182 *Wolters/Schmitz*, in: Nolte/Horst, Kap. H, S. 275.

Für den Großteil der – sich überhaupt zu einer Strafbarkeit der Schiedsrichter wegen Betruges zum Nachteil des DFB äußernden – Stimmen ist der subjektive Tatbestand hierbei unproblematisch erfüllt.[183]

Nach der Ansicht von *Valerius* hingegen – der hinsichtlich der Vermögensverfügung auf die Vergütung des Schiedsrichters durch den DFB abstellt – würde dem Täter in der Regel die Bereicherungsabsicht fehlen, da diese einen zielgerichteten Willen in der Form erfordert, dass die Bereicherung für den Tatentschluss zumindest mitbestimmend sei. Nach dieser Ansicht sei die Vergütungszahlung des DFB jedoch nicht für die Spielmanipulation der Schiedsrichter Hoyzer und Marks mitbestimmend gewesen. Dies seien ausschließlich die Vorteile, die aus dritter Hand gezahlt würden.[184]

Übereinstimmend vertreten auch *von Komorowski/Bredemeier* – die allerdings von einer Vermögensverfügung durch Unterlassen der Geltendmachung einer geldwerten Forderung aufgrund der Schlechterfüllung der vertraglichen Pflichten ausgehen – die Ansicht, dass im vorliegenden Fall keine Bereicherungsabsicht des jeweiligen Schiedsrichters vorliege. Der von den Schiedsrichtern erlangte Vermögensvorteil stelle hiernach keine notwendige Zwischenetappe dar, um an die erstrebte Zahlung von dritter Seite zu gelangen. Vielmehr handele es sich um eine bloße mittelbare Nebenfolge.[185]

Wie einleitend erwähnt, wurde eine etwaige Strafbarkeit der Schiedsrichter wegen der reinen Spielmanipulation in den maßgeblichen Strafverfahren wegen Spielmanipulation vor den Landgerichten Berlin und Bochum sowie dem Bundesgerichtshof nicht in Betracht gezogen.

Im Ergebnis ist daher festzuhalten, dass eine Strafbarkeit der Schiedsrichter wegen Betruges zu Lasten des DFB umstritten ist. Selbst wenn man mit der in der Literatur vertretenen Ansicht davon ausgehen würde, dass eine Strafbarkeit wegen Betruges zu Lasten des DFB vorliegt, so würde sich der verursachte Betrugsschaden lediglich auf die seitens des DFB entrichteten Entgelte belaufen. Ein Betrug zu Lasten der DFL würde insoweit mangels irrtumsbedingter Vermögensverfügung ausscheiden.

---

183 So ausdrücklich: *Reinhart*, SpuRt 2007, 52 (55); *Schulz/Slowinski*, Jura 2010, 706 (711); ohne weitere Begründung auch: *Bannenberg*, in: Wabnitz/Janovsky, Kap. 12, Rn. 108; *Schwab*, NJW 2005, 938 (940 Fn. 30); *ders.*, Betrifft Justiz 2005, 2 (5, Fn. 27); *Schlösser*, NStZ 2005, 423 (429).

184 *Valerius*, SpuRt 2005, 90 (91); so auch *Ferragina*, S. 107.

185 *von Komorowski/Bredemeier*, SpuRt 2005, 181 (183).

bb) Betrug der Schiedsrichter gemäß § 263 StGB zum Nachteil der beteiligten Vereine

Ein Betrug der Schiedsrichter Hoyzer und Marks zum Nachteil der beteiligten Vereine scheitert nach Ansicht *Schlössers* bereits daran, dass das Verhalten der Schiedsrichter keinen täuschenden Erklärungswert besitze und somit bereits keine betrugsrelevante Täuschungshandlung vorliege.[186] Hierbei geht *Schlösser* jedoch insoweit von einer Täuschung des jeweils benachteiligten Vereins aus.[187]

Eine Strafbarkeit wegen Betruges zum Nachteil des unterlegenen Vereines kann aber darüber hinaus in Betracht kommen, wenn auch hier von einer Täuschungshandlung gegenüber der spielleitenden Stelle ausgegangen wird:

Wie bereits dargelegt, sind die angesetzten Schiedsrichter gemäß § 8 Nr. 4 der DFB-Schiedsrichterordnung dazu verpflichtet, „einen Spielbericht auszufertigen und diesen unverzüglich der spielleitenden Stelle zuzusenden". Als „spielleitende Stelle" ist im Bereich der Spiele der Bundesliga und der 2. Bundesliga der Ligaverband bzw. die DFL anzusehen. Im Bereich der von den Schiedsrichtern manipulierten Regionalliga- und DFB-Pokal-Partien ist dies der DFB.

Die Täuschungshandlung der Schiedsrichter Hoyzer und Marks ist daher auch hier darin zu erblicken, dass sie im Rahmen der Spielberichte gerade nicht auf ihre Neutralitätsverletzung hingewiesen haben. Der entsprechende Spielleiter des DFB oder der DFL wird konkludent darüber getäuscht, dass das in die Wertung einfließende Spielergebnis ohne Beanstandung zustande gekommen ist.[188] Aufgrund der Tatsache, dass der jeweilige Spielleiter eine inhaltliche Prüfung des Spielberichtsbogens vornimmt[189], und somit hinsichtlich des fehlenden Vermerks über etwaige Beanstandungen davon auszugehen hat, „alles sei in Ordnung", unterliegt er einem Irrtum in Form einer Fehlvorstellung in sachgedanklichem Mitbewusstsein.

Fraglich ist allerdings, ob der entsprechende Spielleiter eine das Vermögen des unterliegenden Vereins mindernde Verfügung vornimmt. Eine solche liegt nach Ansicht von *Paringer*[190] und *Schattmann*[191] unter bestimmten Voraussetzungen vor. So sei hinsichtlich der Kausalität des täuschungsbedingten Irrtums

---

186 *Schlösser*, NStZ 2005, 423 (429); wohl auch *Valerius*, SpuRt 2005, 90 (91).

187 *Schlösser*, NStZ 2005, 423 (429).

188 So auch im Ergebnis *Schattmann*, S. 116 f. (zur Täuschung des Spielleiters durch den manipulierenden Spieler).

189 *Paringer*, S. 112; bestätigend: *Schattmann*, S. 117.

190 *Paringer*, S. 113 ff.

191 *Schattmann*, S. 117 ff.

des entsprechenden Spielleiters auf eine dreifache Unmittelbarkeit abzustellen[192]: „Die Manipulationshandlung im Spiel muss unmittelbar zum entsprechend veränderten Spielausgang geführt haben, die entsprechende Punktvergabe damit unmittelbare Folge des täuschungsbedingten Irrtums geworden sein, und dies wiederum unmittelbar zum Abstieg in die untere Spielklasse geführt haben. Nur in diesen speziellen Fällen kann eine Vermögensminderung im Sinne einer kausalen Vermögensverfügung in Betracht kommen."[193]

Dieser Argumentation ist vorliegend unter der geringfügigen Modifikation zu folgen, dass auch im Falle des Nicht-Erreichens eines internationalen Wettbewerbs eine Vermögensverfügung vorliegt, sofern dies unmittelbar auf der Manipulation und der hieraus resultierenden Punktevergabe beruht. Zu berücksichtigen ist dabei nämlich, dass sich die Arbeiten von *Paringer* und *Schattmann* auf die Sachverhaltskonstellationen des sog. Bundesligaskandals 1970/71[194] beziehen. Insofern liegen diesen Ausarbeitungen Sachverhalte zugrunde, in denen Vereinsfunktionäre den Verbleib ihrer Vereine in der Bundesliga durch Beeinflussung von Spielern gegnerischer Mannschaften gesichert haben. Die Frage des Erreichens eines internationalen Wettbewerbes stellte sich insoweit nicht. Nichtsdestotrotz erscheint es schlüssig, hinsichtlich einer Vermögensverfügung der spielleitenden Stelle durch eine Punktevergabe auf die unmittelbaren Auswirkungen dieser konkreten Punktevergabe für den benachteiligten Verein abzustellen. Sofern hier bereits kein Vermögen des Vereins unmittelbar berührt ist, kann in der Punktevergabe auch keine Vermögensverfügung gesehen werden.

Die von den Schiedsrichtern Hoyzer und Marks manipulierten Spiele im Ligabetrieb haben gerade nicht unmittelbar den Abstieg bestimmter Mannschaften in die untere Spielklasse bewirkt, da noch weitere Spiele im Ligabetrieb anstanden, so dass das Vorliegen einer Vermögensverfügung durch den entsprechenden Spielleiter in diesen Fällen schon gar nicht in Betracht kommt.

Insofern kann eine entsprechende Vermögensverfügung in den in Rede stehenden Fallkonstellationen lediglich hinsichtlich der manipulierten Begegnung DFB-Pokal (SC Paderborn gegen Hamburger SV) vorliegen. Die Beeinflussung durch den Schiedsrichter Hoyzer hat hierbei unmittelbar zu einem entsprechend veränderten Spielausgang geführt. Die entsprechende Entscheidung des DFB als spielleitende Stelle, dass der SC Paderborn in die nächste Pokalrunde einziehen

---

192 *Schattmann*, S. 117.

193 *Schattmann*, S. 117 f.

194 Vgl. hierzu unten: 2. Kapitel D. I.

durfte, ist damit unmittelbare Folge des täuschungsbedingten Irrtums, was wiederum unmittelbar zum Ausscheiden des Hamburger SV aus dem DFB-Pokal geführt hat. Die erforderliche dreifache Unmittelbarkeit lag folglich – übertragen auf den Pokal-Modus – vor.

Fraglich ist jedoch weiterhin, ob eine vermögenswerte Position des Hamburger SV betroffen ist. In Betracht kommen die Gewinnaussichten des Vereins in der folgenden Pokalrunde durch Prämienzahlungen, Fernsehgelder und Zuschauereinnahmen. Hierbei ist jedoch fraglich, ob entsprechende Gewinnaussichten zum strafrechtlich geschützten Vermögen im Sinne des § 263 StGB zählen.

Nach Ansicht der Rechtsprechung sind vom Vermögensbegriff des § 263 StGB neben privatrechtlich rechtsbeständigen Gütern auch tatsächliche Erwerbs- und Gewinnaussichten umfasst, sofern diese bereits insoweit konkretisiert sind, dass ihnen der Geschäftsverkehr einen wirtschaftlichen Wert beimisst, weil sie mit Wahrscheinlichkeit einen Vermögenszuwachs erwarten lassen.[195] Die Erwerbs- und Gewinnaussichten müssen im konkreten Einzelfall daher das Stadium einer „flüchtigen, wirtschaftlich noch nicht fassbaren Hoffnung überschritten haben".[196]

Auch nach der ganz herrschenden Ansicht in der Literatur können solche Exspektanzen zum Vermögen gehören, sofern hierbei „ein Vermögenszuwachs mit hinreichender Wahrscheinlichkeit zu erwarten und die Gewinnaussicht realisierbar ist" und „es sich nicht nur um allgemeine und unbestimmte Aussichten oder bloße Hoffnungen handelt".[197] Die Gegenansicht[198], die darauf abstellt, dass es hierbei nicht um die Verhinderung der Minderung des Vermögens, sondern um die Vereitelung des Vermögenszuwachses gehe, verkennt, dass bei der „maßgeblichen wirtschaftlichen Betrachtung auch derjenige ärmer wird, der eine solche Exspektanz verliert".[199]

195 BGHSt 2, 364 (367); BGHSt 17, 147 (148).

196 OLG Stuttgart NJW 1999, 1564 (1566).

197 LK – *Tiedemann*, § 263, Rn. 135; so auch: *Fischer*, § 263, Rn. 92 f.; Schönke/Schröder – *Perron*, § 263, Rn. 87; Lackner/Kühl – *Kühl*, § 263, Rn. 34; *Mohrbotter*, GA 1971, 321 (321 ff.); *Beulke*, JuS 1977, 35 (36 f.); *Holtz*, MDR 1981, 100; vgl. auch *Triffterer*, NJW 1975, 612 (613), der insoweit auf eine „hohe Wahrscheinlichkeit" abstellt.

198 *Gallas*, FS-Schmidt, 401 (411); *Otto*, S. 46; *Geerds*, Jura 1994, 309 (313); *Kargl*, JA 2001, 714 (720).

199 LK – *Tiedemann*, § 263, Rn. 135; dem folgend auch: *Paringer*, S. 116; *Schattmann*, S. 119.

Vor diesem Hintergrund ist fraglich, ob das manipulationsbedingte Ausscheiden des Hamburger SV aus dem DFB-Pokal eine vom Schutz des § 263 StGB umfasste Exspektanz darstellt und insofern eine das Vermögen mindernde Verfügung der getäuschten spielleitenden Stelle vorliegt. Die Frage, ob der Verbleib eines Vereins in der Bundesliga eine vermögenswerte Exspektanz darstellen kann, wurde hierbei im Rahmen des sog. Bundesligaskandals 1970/71[200] erstmals diskutiert. Anlass dieser juristischen Diskussion war dabei allerdings die Frage, ob der sichere Verlust von Vereinsvermögen wegen Beeinflussung gegnerischer Spieler durch die Exspektanz auf den Ligaverbleib kompensiert werden könne, mit der Folge, dass von einem Vermögensnachteil im Sinne des § 266 StGB nicht auszugehen wäre. Diese Frage ist jedoch gesondert (nachfolgend unter D.) zu erörtern. Im vorliegenden Sachzusammenhang ist ausschließlich die Frage maßgeblich, ob Vermögensexspektanzen in Betracht kommen, deren Fehlen sich im Zeitpunkt des Ausscheidens aus dem DFB-Pokal unmittelbar vermögensmindernd auswirken.

Ein Vermögenszuwachs der Vereine im DFB-Pokal wird hierbei durch die Ausschüttung der Fernsehgeld- und Bandenwerbungseinnahmen des DFB erzielt. Durch den Abschluss neuer TV-Verträge und die zentrale Bandenvermarktung wurden durch den DFB in den Spielzeiten 2009/2010, 2010/2011 und 2011/2012 insgesamt 128,1 Millionen EUR an TV-Geldern und 27,9 Millionen EUR an Bandenwerbungeinnahmen an die Vereine ausgeschüttet.[201] Auf die jeweiligen Pokalrunden aufgeschlüsselt stellen sich die durch die Vereine zu erzielenden Einnahmen pro Spieljahr aktuell wie folgt dar[202]:

200 Vgl. zu dieser Fallkonstellation unten: 2. Kapitel D. I.

201 Vgl. Meldung des DFB vom 20. Februar 2009, „Höhere Einnahmen: DFB-Pokal wird künftig noch attraktiver“ (abrufbar unter: https://www.dfb.de/news/detail/hoehere-einnahmen-dfb-pokal-wird-kuenftig-noch-attraktiver-17207/; zuletzt abgerufen am 3. Juli 2023).

202 Vgl. Kicker-Online vom 27. Oktober 2014, „Im Pokal rollt der Rubel“ (abrufbar unter: http://www.kicker.de/news/fussball/dfbpokal/startseite/614244/artikel_im-pokal-rollt-der-rubel.html; zuletzt abgerufen am 3. Juli 2023).

Tab. 1: Übersicht DFB-Pokal

Runde	**Einnahmen**
1. Runde	140.000,– EUR
2. Runde	268.000,– EUR
3. Runde	527.000,– EUR
Viertelfinale	1.041.000,– EUR
Halbfinale	2.073.000,– EUR
Verlierer Endspiel	2.200.000,– EUR
DFB-Pokalsieger	2.500.000,– EUR

Für das Erreichen der jeweiligen Spielrunde erhalten die noch verbliebenen Vereine die entsprechenden Einnahmen aus Fernsehgeld und Bandenvermarktung. Der Sieger des DFB-Pokals kann damit im gesamten Wettbewerb allein aus Fernsehgeldern und Werbebandeneinnahmen einen Vermögenszuwachs in Höhe von 6.549.000,– EUR erzielen.

Neben den Geldern aus TV- und Bandenwerbungvermarktung erhalten die Vereine auch die Einnahmen aus dem Verkauf der Eintrittskarten. Diese werden hierbei zwischen Gastgeber und Gast nach Abzug der Kosten hälftig geteilt.[203]

Durch das Ausscheiden des Hamburger SV in der ersten Pokalrunde, welches unmittelbar auf die Manipulationen des Schiedsrichters Hoyzer zurückzuführen ist, entging diesem daher zumindest ein sicherer Vermögenszuwachs in Höhe des seinerzeit ausgeschütteten Betrages aus TV- und Bandenwerbungvermarktung und dem Betrag, welcher an Zuschauereinnahmen erzielt worden wäre. Hinsichtlich etwaiger weiterer Einnahmen aus dem weiteren Pokalverlauf besteht hingegen kein hinreichend wahrscheinlicher Vermögenszuwachs und damit auch keine zum Vermögen zählende Exspektanz, da hierzu zunächst ein weiterer Gegner hätte geschlagen werden müssen. Eine unmittelbare Vermögensminderung des Hamburger SV ist damit jedoch anzunehmen.

Die spielleitende Stelle des DFB als Getäuschte bzw. Verfügende und der Hamburger SV als Geschädigter sind vorliegend zwar nicht personenidentisch, jedoch kommt hierbei das Vorliegen eines Dreiecksbetruges in Betracht. Voraussetzung hierfür ist eine besondere tatsächliche oder rechtliche Beziehung

203 Vgl. § 50 Abs. 1 DFB-Durchführungsbestimmungen.

zwischen diesen Personen, mithin eine besondere Nähebeziehung zwischen getäuscht Verfügendem und Geschädigtem.[204]

Zum besseren Verständnis des Vorliegens einer Nähebeziehung zwischen dem DFB und dem Hamburger SV sind vorab die rechtlichen Beziehungen zwischen dem DFB, Ligaverband und den Fußballvereinen bzw. den Kapitalgesellschaften (auf die Lizenzspielerabteilungen seit 1998 ausgegliedert werden können[205]) darzustellen. Gemäß § 7 Abs. 2 DFB-Satzung sind die Landes- und Regionalverbände sowie der Ligaverband ordentliche Mitglieder des DFB. Mitglieder der Landes- und Regionalverbände wiederum können nur Vereine und keine Kapitalgesellschaften sein. Diese Kapitalgesellschaften sind jedoch unmittelbar Mitglieder im Ligaverband sofern sie am Ligabetrieb der Bundesliga oder der 2. Bundesliga teilnehmen und damit mittelbar – über die Mitgliedschaft des Ligaverbandes – Mitglied des DFB.[206]

Gemäß § 14 Nr. 1 b) DFB-Satzung sind die Vereine und Kapitalgesellschaften – über ihre Mitgliedschaft beim DFB als Mitglieder der Regionalverbände bzw. des Ligaverbands – verpflichtet, „die Satzung und die für sie verbindlichen Ordnungen, Entscheidungen und Beschlüsse des DFB zu befolgen".[207] Sofern daher die Vereine die Entscheidungsbefugnis – auch hinsichtlich des Erreichens der nächsten Pokalrunde und in Rechtsangelegenheiten – auf den DFB übertragen haben, ist hierbei problemlos von einer für den Dreiecksbetrug erforderlichen Nähebeziehung zwischen dem DFB und den Vereinen und damit auch zwischen der spielleitenden Stelle des DFB und dem Hamburger SV auszugehen.[208]

Wie festgestellt, hätte der Hamburger SV bei Erreichen der nächsten Pokalrunde weitere Einnahmen aus dem Wettbewerb des DFB-Pokals erzielen können. Eine Kompensation ist nicht ersichtlich, so dass ein Schaden des Vereins damit unzweifelhaft vorliegt.

Im Hinblick auf den Vorsatz des Schiedsrichters ist – wie auch schon im Rahmen der dargestellten Strafbarkeit wegen Betruges zu Lasten des DFB als Auftraggeber – bereits fraglich, ob dieser überhaupt mit der notwendigen Bereicherungsabsicht gehandelt hat. Dem Schiedsrichter Hoyzer kam es hierbei primär auf die Erlangung des Vermögensvorteils in Form der Geldzahlung des

---

204 BGH NStZ 2008, 339 (339); Schönke/Schröder – *Perron*, § 263, Rn. 66.

205 Vgl. hierzu unten unter: 2. Kapitel B. III. 2.

206 Siehe auch *Heermann*, in: Sportökonomie, S. 170.

207 Eine entsprechende Regelung für den Betrieb der Bundesliga und der 2. Bundesliga enthält § 11 der Satzung des Ligaverbandes.

208 Vgl. auch: *Schattmann*, S. 123 ff.; *Paringer*, S. 124.

Wettspielers Sapina an ihn an. Die Annahme der Bereicherungsabsicht könnte im Hinblick auf etwaige Drittvorteile hierbei jedoch im Rahmen der Erlangung des Vermögensvorteils durch den Wettspieler Sapina in Form des Wettgewinns angenommen werden. In jedem Fall fehlt es dabei aber unzweifelhaft an der erforderlichen Stoffgleichheit zwischen Vermögensvorteil und Vermögensschaden. Der Vermögensvorteil der Erlangung der Geldzahlung durch Ante Sapina und der beim Hamburger SV eingetretene Schaden sind hierbei gerade nicht aufgrund derselben Vermögensverfügung – nämlich der Entscheidung des Erreichens der nächsten Pokalrunde – erfolgt.[209] Ebenso wenig ist der beim Wettspieler eingetretene Vermögensvorteil durch Auszahlung des Wettgewinns und der beim HSV eingetretene Vermögensschaden aufgrund derselben Vermögensverfügung erfolgt.

Die Absicht des Schiedsrichters Hoyzer hinsichtlich der Erlangung eines Vermögensvorteils durch den SC Paderborn – in Form der hinreichend konkreten Exspektanz durch Erreichen der nächsten Pokalrunde – ist hierbei jedoch abzulehnen, da dies eine lediglich unvermeidbare Nebenfolge seines Handelns darstellt.[210]

Insofern hat sich der Schiedsrichter Hoyzer nach ganz einhelliger Ansicht nicht wegen eines Betruges zum Nachteil des Hamburger SV nach § 263 StGB strafbar gemacht.

cc) Betrug der Schiedsrichter gemäß § 263 StGB zum Nachteil der Zuschauer

Wie bereits im Hinblick auf eine Strafbarkeit gemäß § 263 StGB zum Nachteil des benachteiligten Vereins erörtert, scheitert nach Ansicht *Schlössers*[211] die Strafbarkeit der Schiedsrichter Hoyzer und Marks nach § 263 StGB zum Nachteil der Zuschauer ebenfalls bereits an der fehlenden Täuschungshandlung der Schiedsrichter.

Nach Ansicht von *Hartmann/Niehaus*[212] liege eine Täuschung durch schlüssiges Verhalten und ein kausaler Irrtum der Zuschauer hingegen vor. Vielmehr ist hierbei eine irrtumsbedingte Vermögensverfügung der Zuschauer in Zweifel zu ziehen, da diese die entsprechenden Eintrittskarten bzw. Abonnements des

---

209 So auch *Paringer*, S. 131 bzgl. der ähnlichen Konstellation der Annahme von Verlustprämien durch einen Vereinsfunktionär; *Ferragina*, S. 108.

210 Vgl. *Schattmann*, S. 129 bzgl. einer vergleichbaren Fallkonstellation.

211 Vgl. *Schlösser*, NStZ 2005, 423 (429).

212 *Hartmann/Niehaus*, JA 2006, 432 (432).

entsprechenden Pay-TV-Senders zeitlich vor der Täuschungshandlung erworben und in der Regel auch keinen Anspruch auf Rückforderung haben.[213]

Da es allerdings auch hier unzweifelhaft an der erforderlichen Stoffgleichheit zwischen dem vom Schiedsrichter erstrebten Vorteil und einem etwaigen Schaden der Zuschauer mangelt[214], scheitert die Annahme der Strafbarkeit der Schiedsrichter Hoyzer und Marks spätestens an diesem Tatbestandsmerkmal.

dd) Betrug der Schiedsrichter gemäß § 263 StGB zum Nachteil der übertragenden Rundfunkanstalten

Eine Strafbarkeit der Schiedsrichter Hoyzer und Marks zu Lasten der übertragenden Rundfunkanstalten scheitert – entsprechend der Argumentation zum Betrug zu Lasten der Zuschauer – aus den gleichen Gründen.[215]

ee) Untreue der Schiedsrichter gemäß § 266 StGB zum Nachteil des DFB

Des Weiteren wird eine Verwirklichung des Untreuetatbestands durch die Schiedsrichter Hoyzer und Marks in der Literatur zwar diskutiert, im Ergebnis jedoch einhellig abgelehnt.[216]

Der Untreuetatbestand setzt voraus, dass der Täter entweder über Vertretungsmacht verfügt und diese missbraucht (im Rahmen des Missbrauchstatbestandes gemäß § 266 1. Alt StGB)[217] oder ihn eine besondere Treuepflicht trifft, die wesentlich durch die Betreuung fremden Vermögens als Hauptpflicht geprägt ist (Treubruchstatbestand gemäß § 266 2. Alt. StGB).[218] Da den Schiedsrichtern jedoch keine Verfügungsmacht im Hinblick auf das Vermögen des DFB eingeräumt wird und diesen neben ihrer Aufgabe zur regelkonformen Leitung des Spiels auch keine vertragliche Vermögensbetreuungspflicht zukommt, scheidet hier eine Strafbarkeit aus § 266 StGB aus.[219]

---

213 So auch alternativ *Schlösser*, NStZ 2005, 423 (429).

214 *Valerius*, SpuRt 2005, 90 (91); *Hartmann/Niehaus*, JA 2006, 432 (432).

215 Vgl. *Schlösser*, NStZ 2005, 423 (429).

216 MüKo/StGB – *Dierlamm*, § 266, Rn. 114; *von Komorowksi/Bredemeier*, SpuRt 2005, 181 (181); *Hartmann/Niehaus*, JA 2006, 432 (433); *Schulz/Slowinski*, Jura 2010, 707 (711 f.).

217 Schönke/Schröder – *Perron*, § 266, Rn. 3.

218 Schönke/Schröder – *Perron*, § 266, Rn. 22.

219 MüKo/StGB – *Dierlamm*, § 266, Rn. 114.

ff) Untreue der Schiedsrichter gemäß § 266 StGB zum Nachteil der beteiligten Vereine

Eine mögliche Verwirklichung des Straftatbestandes der Untreue zum Nachteil der beteiligten Vereine spricht *von Komorowski/Bredemeier*[220] lediglich kurz an, lehnt dies jedoch ebenfalls aufgrund der fehlenden Vermögensbetreuungspflicht der Schiedsrichter ab.[221]

gg) Bestechlichkeit der Schiedsrichter gemäß § 299 Abs. 1 StGB

Auch wenn die Geldzahlungen Ante Sapinas umgangssprachlich in der Regel als „Bestechung" bezeichnet werden[222], so erfüllt diese Tathandlung nicht den Tatbestand der Bestechung und Bestechlichkeit im geschäftlichen Verkehr gemäß § 299 StGB.

Die Strafbarkeit scheitert nicht bereits an dem Tatbestandsmerkmal des „geschäftlichen Betriebs"[223]:

Trotz seines deutlich gewachsenen Geschäftsvolumens ist der DFB als Idealverein nach § 21 BGB organisiert. Diese Norm setzt voraus, dass es sich um einen Verein handelt, „dessen Zweck nicht auf einen wirtschaftlichen Geschäftsbetrieb gerichtet ist". Zugunsten des DFB greift hierbei allerdings das zu § 21 BGB entwickelte Nebenzweckprivileg, wonach auch ein Verein, der wirtschaftliche Zwecke verfolgt, als Idealverein angesehen werden kann, wenn diese wirtschaftlichen Zwecke den idealen Hauptzwecken als Nebenzwecke untergeordnet sind.[224] Der Hauptzweck des DFB besteht gemäß §§ 4, 5 DFB-Satzung ausdrücklich in gemeinnützigen Zwecken.

Insbesondere bei der Vergabe von Sponsorenrechten und der Vermarktung von Fernsehrechten handelt es sich allerdings um auf Dauer betriebene Tätigkeiten im Wirtschaftsleben.[225] Sofern der DFB im Hinblick auf seine Einnahmequellen also wirtschaftliche Zwecke verfolgt, so ist er im Rahmen des § 299 StGB, trotz seiner Einordnung als Idealverein, als geschäftlicher Betrieb zu qualifizieren.[226] Die Schiedsrichter sind daher im Hinblick auf die Leitung der Spiele im

---

220 *von Komorowski/Bredemeier*, SpuRt 2005, 181 (181).
221 Siehe nur MüKo/StGB – *Dierlamm*, § 266, Rn. 114.
222 Vgl. nur *Wolters/Schmitz*, in: Nolte/Horst, Kap. H, S. 272.
223 Vgl. Schönke/Schröder – *Heine/Eisele*, § 299, Rn. 9a.
224 *Krack*, ZIS 2011, 475 (476).
225 Vgl. *Krack*, ZIS 2011, 475 (477).
226 *Krack*, ZIS 2011, 475 (477).

Verantwortungsbereich des DFB als Beauftrage eines geschäftlichen Betriebes anzusehen.

Soweit die Schiedsrichter ein Spiel im Rahmen des Verantwortungsbereichs der DFL leiten, so sind sie – auch wenn die DFL über kein eigenes Schiedsrichterwesen verfügt – als Beauftragte der DFL anzusehen. Auch die DFL stellt einen geschäftlichen Betrieb im Sinne von § 299 StGB dar.[227]

Die Unrechtsvereinbarung muss sich jedoch auf eine Tätigkeit des Beauftragten „im geschäftlichen Verkehr" beziehen.[228] Insofern können nur solche Tätigkeiten erfasst sein, die die geschäftlichen Beziehungen des Betriebes betreffen. Im Hinblick auf Idealvereine sind daher Betätigungen, die ideellen Zwecken folgen, nicht dem geschäftlichen Verkehr zuzuordnen.[229] Die Leitung eines Spiels durch einen vom DFB oder der DFL beauftragten Schiedsrichter diene nach Ansicht *Kracks*[230] gerade nicht der Förderung der geschäftlichen Zwecke des DFB bzw. der DFL (unabhängig von der Tatsache, dass sich die konkurrierenden Vereinsmannschaften im Wettbewerb gegenüberstehen). Nach dieser Ansicht sei das Tatbestandsmerkmal des „geschäftlichen Verkehrs" vorliegend daher nicht erfüllt.

Jedenfalls stellt der Ausgang eines Fußballspiels letztlich keine „Ware" oder „gewerbliche Leistung" dar, die vom Wettspieler „bezogen" werden könnte. Insofern steht derjenige, der durch Geldzahlungen für einen bestimmten Spielausgang sorgt in keiner Wettbewerbssituation im Sinne des § 299 StGB.[231]

b) Spielmanipulation zur Erlangung weiterführender finanzieller Vorteile

aa) Betrug des Ante Sapina gemäß § 263 StGB zum Nachteil anderer Wettteilnehmer

Die Strafbarkeit des Wettspielers Ante Sapina wegen Betruges zum Nachteil anderer Wettteilnehmer gemäß § 263 StGB wird von *Fasten/Oppermann*[232] aufgeworfen. Selbst wenn man jedoch hierbei von einer auf einer Täuschung beruhenden irrtumsbedingten Vermögensverfügung ausgeht, scheitert die

---

227 So auch *Krack*, ZIS 2011, 475 (477).

228 Schönke/Schröder – *Heine/Eisele*, § 299, Rn. 9.

229 Schönke/Schröder – *Heine/Eisele*, § 299, Rn. 9a; *Krack*, ZIS 2011, 475 (477).

230 *Krack*, ZIS 2011, 475 (478); zustimmend: *Ferragina*, S. 106.

231 *Schlösser*, NStZ 2005, 423 (424); im Ergebnis auch *Wolters/Schmitz*, in: Nolte/Horst, Kap. H, S. 272 f.; *Paringer*, S. 241 f.; *Schattmann*, S. 107.

232 *Fasten/Oppermann*, JA 2006, 69 (70).

Strafbarkeit spätestens am Merkmal der Stoffgleichheit. Lediglich die Beeinträchtigung der Gewinnaussichten der anderen Wettteilnehmer durch Manipulation des Spielgeschehens bewirkt in der Vermögenssphäre des Beeinflussenden noch keine Mehrung des Vermögens.[233]

bb) Betrug des Ante Sapina gemäß § 263 StGB zum Nachteil der Wettanbieter

Höchst umstritten ist die Beurteilung der Strafbarkeit des Ante Sapina nach § 263 StGB zum Nachteil der jeweiligen Wettanbieter. Insbesondere die Tatbestandsmerkmale der Täuschung und des Vermögensschadens wurden seit der Entscheidung des Bundesgerichtshofs vom 15. Dezember 2006 kontrovers und umfangreich diskutiert. In einem weiteren umfangreichen Strafverfahren wegen Spielmanipulation haben das Landgericht Bochum mit Entscheidung vom 19. Mai 2011 und insbesondere der Bundesgerichtshof im Rahmen zweier Entscheidungen vom 20. Dezember 2012 zu dieser Rechtsprechung und den kritischen Literaturstimmen Stellung genommen.[234]

α) Täuschung

(1) Ansicht der Rechtsprechung im „Hoyzer-Verfahren“

Die 12. große Strafkammer des Landgerichts Berlin[235] und der 5. Senat des Bundesgerichtshofs[236] gehen von einer Täuschung durch die konkludente Erklärung aus, dass das Sportereignis nicht durch eine vom Täter veranlasste Manipulation beeinflusst sei. Der Bundesgerichtshof betont, dass eine Täuschungshandlung außer durch ausdrückliche Erklärung auch konkludent durch irreführendes Verhalten erfolgen könne, wovon auszugehen sei, wenn der Täter die Unwahrheit nach der Verkehrsanschauung durch sein Verhalten miterkläre.[237]

Zu beurteilen sei die Bedeutung der konkludenten Erklärung nach der konkreten Situation, dem jeweiligen Geschäftstyp und der dabei typischen Pflichten- und Risikoverteilung zwischen den Parteien, so dass der objektive Empfängerhorizont auch durch die in der Situation rechtlich relevanten

233 *Fasten/Oppermann*, JA 2006, 69 (70).

234 Durch Einführung der §§ 265c, 265d StGB haben die Streitstände in dem konkreten Kontext nicht an Gewicht verloren.

235 LG Berlin, Urteil vom 17. November 2005, Az.: (512) 68 Js 451-05 Kls (42/05), BeckRS 2006, 05289.

236 BGH NJW 2007, 782 (782 ff.).

237 BGH NJW 2007, 782 (784).

Normen geprägt werde.[238] Zwar reiche nach Ansicht des Bundesgerichtshofs die allgemeine Erwartung an die Redlichkeit des Vertragspartners nicht für die Annahme einer entsprechenden konkludenten Erklärung aus, jedoch gehöre zu den konkludenten Erklärungsinhalten jedenfalls, dass der Vertragsgegenstand nicht vorsätzlich zum eigenen Vorteil manipuliert worden sei.

Bei der Sportwette, als einer Unterform des wesentlich durch Zufall bestimmten Glücksspiels, sei das zukünftige und von den Vertragsparteien nicht beeinflussbare Sportereignis Vertragsgegenstand. Hierauf nehme jede Partei bei Abschluss der Sportwette Bezug und erkläre konkludent, dass der Wette immanente Risiko nicht durch Manipulationen zu ihren Gunsten zu verschieben.[239] Da sich die Abgrenzung zwischen einer aktiven konkludenten Täuschung und einer Täuschung durch Unterlassen, nach dem durch Auslegung zu ermittelnden Erklärungswert des aktiven Verhaltens ergebe, ist somit nach Ansicht der Rechtsprechung aufgrund der angeführten Argumentation von einer konkludenten Täuschung auszugehen.[240]

(2) Ansicht der Literatur

Die sogenannte „Hoyzer-Entscheidung" des Bundesgerichtshofs wird in der Literatur mit geteilter Ansicht aufgenommen.

Der Hauptkritikpunkt der gegenteiligen Auffassung wird in einer Übernormativierung des Täuschungsbegriffs gesehen.[241] Bereits vor den in Rede stehenden Entscheidungen des Landgerichts Berlin und des Bundesgerichtshofs vertrat *Schlösser*[242] die Ansicht, dass in der vorliegenden Fallkonstellation nicht von einer konkludenten Täuschung, sondern von einer Täuschung durch Unterlassen ausgegangen werden müsse. Hierbei setzt sich *Schlösser* mit der Entwicklung der Rechtsprechung zur Täuschung durch schlüssiges Verhalten im Bereich des Glücksspiels[243] auseinander und kritisiert die vom 3. Senat des Bundesgerichtshofs in der „Manipulations-Entscheidung"[244] vertretene normative

238 BGH NJW 2007, 782 (784).

239 BGH NJW 2007, 782 (784).

240 Vgl. BGH NJW 2007, 782 (785).

241 von Heintschel-Heinegg – *Beukelmann*, § 263, Rn. 134; *Schlösser*, NStZ 2005, 423 (425 f.); *Jahn/Maier*, JuS 2007, 215 (217 f.); *Trüg/Habetha*, JZ 2007, 878; *Schild*, ZfWG 2007, 10 (10 ff.); *Hohmann*, NJ 2007, 132 (132 f.).

242 *Schlösser*, NStZ 2005, 423 (425 f.).

243 Vgl. RGSt 62, 415 (415 ff.); BGHSt 16, 120 ff. (sog. Spätwetten-Entscheidung); BGHSt 29, 165 ff. (sog. Manipulations-Entscheidung).

244 BGHSt 29, 165 ff.

Betrachtungsweise insofern, als diese weitreichende Normativierung strafrechtlicher Verhaltensanforderung im Ergebnis zu einer Auflösung des Gegensatzes zwischen Tun und Unterlassen führe und daher nicht nur dogmatisch zweifelhaft, sondern hinsichtlich des Gesetzlichkeitsprinzips äußerst problematisch sei.[245]

Es sei daher mit einer faktischen Betrachtungsweise, wie sie der 5. Senat des Bundesgerichtshofs in der „Spätwetten-Entscheidung“[246] vertreten hat, davon auszugehen, dass der Wettanbieter aus dem Verhalten des Wettenden keine Rückschlüsse ziehe und somit auch nicht auf dessen Pflichtmäßigkeit vertraue.[247]

An diese Ansicht anknüpfend kritisieren *Jahn/Maier*, dass der Bundesgerichtshof die tatsächlichen Erklärungen der beteiligten Parteien überinterpretieren und somit verfälschen würde.[248] Der Tatbestand des Betruges benötige hiernach stets einen tatsächlichen Anknüpfungspunkt, welchen der Bundesgerichtshof vorliegend nicht berücksichtigt habe.[249] Eine Übernormativierung des Täuschungsbegriffs könne daher dazu führen, dass die Unterscheidung zwischen dem aktiven Tun und der Begehung durch Unterlassen praktisch aufgehoben und das Korrektiv der Aufklärungspflicht nach § 13 StGB damit ausgehöhlt würde.[250] Als Indiz dafür, dass sich die Ansicht des Bundesgerichtshofs von den tatsächlichen Umständen zu weit entferne und diese damit überinterpretiere, führen *Jahn/Maier* aus, dass die ausdrückliche Erklärung, man habe das betreffende Spiel nicht manipuliert, bei Abgabe des Wettscheins vom Wettanbieter gerade nicht erwartet werde bzw. sogar zu Irritationen bei diesem führen würde.[251] Auch *Trüg/Habetha* kommen zu dem Ergebnis, dass bei Übergabe des Wettscheins lediglich die vertragliche Hauptleistungspflicht – die Entrichtung der angegebenen Wettsumme – konkludent miterklärt werde. Eine Strafbarkeit wegen Betruges komme hinsichtlich sonstiger Umstände nur als Begehung durch Unterlassen unter Heranziehung des Korrektivs des § 13 StGB in Betracht.[252] Das Ergebnis des Bundesgerichtshofs hingegen werde hiernach nicht durch Subsumtion,

245 *Schlösser*, NStZ 2005, 423 (426).
246 BGHSt 16, 120 ff.
247 *Schlösser*, NStZ 2005, 423 (426).
248 *Jahn/Maier*, JuS 2007, 215 (217).
249 *Jahn/Maier*, JuS 2007, 215 (217).
250 *Jahn/Maier*, JuS 2007, 215 (217).
251 *Jahn/Maier*, JuS 2007, 215 (216).
252 *Trüg/Habetha*, JZ 2007, 878 (883).

sondern durch eine Überlagerung der tatsächlichen Geschehnisse behauptet und entspringe damit einer fiktiven Vorstellung.[253]

Demgegenüber folgt allerdings die Mehrheit der Literatur der Ansicht des Bundesgerichtshofs.[254] So führe nach Ansicht *Kutzners*[255] die Normativierung des zunächst faktisch ermittelten Ergebnisses zugegebenermaßen zu einer Ausweitung der Strafbarkeit durch aktives Tun. Allerdings spreche hierfür bereits der aleatorische Charakter der Spielverträge nach dem die beteiligten Parteien darauf vertrauen dürfen, dass die jeweils andere Partei das Wettrisiko nicht zu deren Gunsten verschoben habe. Kennzeichnend für den Spielvertrag nach § 762 BGB sei gerade die beiderseitige Übernahme des Verlustrisikos und die Abhängigkeit der zivilrechtlichen Pflichten vom Zufall[256]. Insofern stelle das Verschweigen der Tatsache, diese Risiken verschoben zu haben, durchaus eine konkludente Täuschung dar. Auch nach der Ansicht von *Engländer*[257] lasse sich eine konkludente Täuschung nicht ohne Rückgriff auf normative Aspekte bestimmen. Ebenso wird hierbei auf den aleatorischen Charakter der Sportwette abgestellt, deren Wesensmerkmale das beiderseitige Eingehen eines Verlustrisikos und die Zufallsabhängigkeit seien. Bei Fehlen einer dieser beiden Voraussetzungen läge bereits kein Spiel mehr vor, so dass die Beteiligten aus Sicht eines objektiven Empfängers mit Abgabe bzw. Annahme eines Angebots zur Sportwette konkludent erklärten, dass die genannten Voraussetzungen vorliegen würden. Andernfalls wäre ihr – auf das Zustandekommen des Rechtsgeschäfts gerichtete – Verhalten sinnlos. Ferner verkenne die Gegenansicht nach *Schulz/Slowinski*[258] , dass auch ein

---

253 *Trüg/Habetha*, JZ 2007, 878 (881).

254 MüKo/StGB – *Hefendehl*, § 263, Rn. 133; Schönke/Schröder – *Perron*, § 263, Rn. 16e; Lackner/Kühl – *Kühl*, § 263, Rn. 9; *Hilpert*, § 1 RuVO, Rn. 9; *Ferragina*, S. 83; *Radtke*, Jura 2007, 445 (450); *Gaede*, HRRS 2007, 16 (16 f.); *Kubiciel*, HRRS 2007, 68 (71); *Engländer*, JR 2007, 477 (477 f.); *Reinhart*, SpuRt 2007, 52 (53); *Feinendegen*, NJW 2007, 787 (787 f.); *Bosch*, JA 2007, 389 (391); *Saliger/Rönnau/Kirch-Heim*, NStZ 2007, 361 (362 f.); *Krack*, ZIS 2007, 103 (103 ff.); *Schäfers*, ZfWG 2008, 236 (241); *Heissler/Marzahn*, ZJS 2008, 638 (640); *Petropoulos/Morozinis*, wistra 2009, 254 (255); *Schulz/Slowinski*, Jura 2010, 706 (707); so auch bereit zur Entscheidung des LG Berlin: *Kutzner*, JZ 2006, 712 (715 f.) bzw. vor der Entscheidung des LG Berlin: *Valerius*, SpuRt 2005, 90 (92); *Hartmann/Niehaus*, JA 2006, 432 (434); *Fasten/Oppermann*, JA 2006, 69 (71); im Ergebnis auch *Renner*, S. 98 f.

255 *Kutzner*, JZ 2006, 712 (715) bereits zur Entscheidung des LG Berlin.

256 Vgl. zum aleatorischen Charakter des Spielvertrages nur: MüKo/BGB – *Habersack*, § 762, Rn. 4 ff.

257 *Engländer*, JR 2007, 477 (478).

258 *Schulz/Slowinski*, Jura 2010, 706 (707).

Abstellen auf die Verkehrsanschauung auf die Erwartung der Parteien und die dieser zugrunde liegenden Risikoverteilung zurückgreifen müsse. Eine normative Betrachtungsweise sei daher stets notwendig.

Nach Ansicht von *Saliger/Rönnau/Kirch-Heim*[259] und *Krack*[260] liegen sowohl dem vom Bundesgerichtshof vertretenen normativen Täuschungsbegriff wie auch dem von der Gegenansicht bevorzugten sogenannten ontologischen Täuschungsbegriff dieselben Maßstäbe zugrunde. Soweit die ontologische bzw. faktische Betrachtungsweise auf objektive Maßstäbe der Verkehrsanschauung bzw. einen objektiven Empfängerhorizont abstelle, bemesse sie den Erklärungswert eines Verhaltens gerade nach den vernünftigen und damit normativen Erwartungen der Beteiligten. Insofern komme die ontologische oder faktische Betrachtungsweise ebenfalls nicht ohne ein Abstellen auf normative Elemente aus.[261]

Umgekehrt müsse die normative Betrachtungsweise auch zwingend auf die Verkehrsanschauung abstellen, da sich der Erklärungswert eines auslegungsbedürftigen Verhaltens gar nicht anders ermitteln lasse.[262] Insofern gehe es bei den Einwänden gegen die Rechtsprechung des Bundesgerichtshofs nicht um die Lösung des „Scheinstreits“[263] zwischen normativem und faktischem bzw. ontologischem Täuschungsbegriff, sondern um die Grenze der Normativierung.[264] Zur effektiven Grenzziehung haben *Jahn/Maier* oben bereits dargestellte Kontrollfrage entwickelt, ob die ausdrückliche Erklärung, das Spiel nicht manipuliert zu haben, nicht zur Verwunderung und Irritation führen würde. Sofern diese Kontrollfrage positiv beantwortet werden könne, würde dies indizieren, dass sich eine Annahme der konkludenten Täuschung von den tatsächlichen Gegebenheiten entferne. Hiergegen wird jedoch zu Recht eingewandt, dass im Rahmen des „Zechbetruges“ unstreitig[265] davon ausgegangen werde, dass bei einer Bestellung im Restaurant mit der Absicht das Bestellte nicht zu bezahlen, eine konkludente Täuschung vorliege. Auch hier würde ein Gast, der bei der Bestellung erkläre, er könne und wolle das Bestellte auch bezahlen, Verwunderung und Irritationen

---

259 *Saliger/Rönnau/Kirch-Heim*, NStZ 2007, 361 (362).
260 *Krack*, ZIS 2007, 103 (107).
261 *Saliger/Rönnau/Kirch-Heim*, NStZ 2007, 361 (362).
262 *Krack*, ZIS 2007, 103 (107).
263 *Krack*, ZIS 2007, 103 (107).
264 Vgl. *Saliger/Rönnau/Kirch-Heim*, NStZ 2007, 361 (363).
265 Vgl. nur BGH GA 1972, 209 (209); MüKo/StGB – *Hefendehl*, § 263, Rn. 142; Schönke/Schröder – *Perron*, § 263, Rn. 28; Lackner/Kühl – *Kühl*, § 263, Rn. 9.

auslösen. Insofern würde die Grenzziehung von *Jahn/Maier* gegen die Annahme jeder – auch unstreitig anerkannter – konkludenten Erklärung sprechen.[266]

(3) Ansicht der Rechtsprechung in einem aktuellen Strafverfahren wegen Spielmanipulation

In einem weiteren umfangreichen Strafverfahren wegen Spielmanipulation ermittelt die Staatsanwaltschaft Bochum seit dem Jahr 2008 gegen über 300 Beteiligte, die europaweit Fußballspiele manipuliert haben sollen.[267]

Mit Urteil vom 19. Mai 2011 verurteilte das Landgericht Bochum[268] drei Beteiligte wegen gewerbsmäßigen Betruges. Hierbei ging das Gericht ebenfalls von einer Täuschung der Wettanbieter durch konkludente Erklärung aus. Insofern bestätigte das Landgericht Bochum die zuvor dargestellte Rechtsprechung des Landgerichts Berlin[269] und des Bundesgerichtshofs[270] im „Hoyzer-Verfahren", ohne dabei auf die kritischen Literaturstimmen einzugehen.

Im Revisionsverfahren bestätigte der Bundesgerichtshof mit Urteil vom 20. Dezember 2012 die Auffassung des Landgerichts Bochum.[271] Das Landgericht sei zutreffend davon ausgegangen, dass die Manipulationsfreiheit des Wettgegenstandes zur Geschäftsgrundlage jeder Wette gehöre.[272] Insbesondere geht der Bundesgerichtshof auf die kritischen Literaturstimmen ein:

Der Einwand von *Jahn/Maier*[273], der Tatbestand des Betruges benötige stets einen tatsächlichen Anknüpfungspunkt, welcher bei einem bloßen Abstellen des Wesens des Wettvertrages nicht vorliege, sei nach Ansicht des 4. Strafsenats nicht einschlägig. Der Inhalt einer konkludenten Erklärung bestimme sich dabei nach ständiger Rechtsprechung – nicht zuletzt auch der „Hoyzer-Entscheidung" – nach dem objektiven Empfängerhorizont, der sich aus den Gesamtumständen und der Verkehrsanschauung ergebe.[274] Dies könne insoweit auch auf das Wesen

---

266 *Krack*, ZIS 2007, 103 (104); *Saliger/Rönnau/Kirch-Heim*, NStZ 2007, 361 (363); so auch *Schulz/Slowinski*, Jura 2010, 706 (707).

267 Vgl. LG Bochum, Urteil vom 19. Mai 2011, Az.: 12 KLs 35 Js 141/10 – 16/11, Rn. 16–18.

268 LG Bochum, Urteil vom 19. Mai 2011, Az.: 12 KLs 35 Js 141/10 – 16/11.

269 LG Berlin, Urteil vom 17. November 2005, Az.: (512) 68 Js 451-05 Kls (42/05), BeckRS 2006, 05289.

270 BGH NJW 2007, 782 (782 ff.).

271 BGH wistra 2013, 186 (188).

272 BGH wistra 2013, 186 (188).

273 *Jahn/Maier*, JuS 2007, 215 (217).

274 BGH wistra 2013, 186 (189).

des Wettvertrages und die sich hieraus ergebende Risiken- und Pflichtenverteilung gestützt werden.[275]

Weiterhin werde nach Ansicht des Bundesgerichtshofs die für eine Strafbarkeit wegen Unterlassens erforderliche Garantenpflicht durch die Annahme einer konkludenten Täuschung – wie von *Schlösser*[276], *Jahn/Maier*[277] und *Trüg/Habetha*[278] eingewandt – nicht umgangen.[279] Vielmehr sei die Manipulationsfreiheit notwendige Bedingung für die Durchführbarkeit eines auf ein ungewisses Ereignis ausgerichteten Wettvertrages.[280] Insofern gehöre sie zum Inhalt eines konkludenten Antrags auf den Abschluss eines Vertrages und sei somit als positives Tun zu werten.[281]

β) Vermögensschaden

Auch dieses objektive Tatbestandsmerkmal ist mit Blick auf die Rechtsprechung des Bundesgerichtshofs und des Landgerichts Berlin sowie die Stimmen aus der Literatur umstritten.

Da die Bestimmung des Vermögensschadens vorliegend insbesondere von der konkreten Ausgestaltung der Wette als sogenannte „Oddset-Wette“ abhängt, ist diese vorab darzustellen und von der früher weit verbreiteten Form des „Fußballtotos“ abzugrenzen:

Das Fußballtoto tritt auch heute noch in den Formen der Ergebnis- und der Auswahlwette in Erscheinung. Gegenstand der Ergebniswette ist die Vorhersage des Ausgangs (als Heim-, Auswärtssieg oder Unentschieden) von 13 vorgegebenen Fußballspielen. Bei der Auswahlwette muss der Wettspieler aus 45 in einem Spielplan festgelegten Spielen die Vorhersage des unentschiedenen Ausgangs von sechs Spielen treffen.[282] Vom Gesamtbetrag der Spieleinsätze behält die Lotteriegesellschaft 50 % ein. Die restlichen 50 % werden an die gewinnenden Spielteilnehmer entsprechend den Gewinnquoten der einzelnen Gewinnklassen und der Anzahl der Gewinner ausgeschüttet.[283]

---

275 BGH wistra 2013, 186 (189).
276 *Schlösser*, NStZ 2005, 423 (426).
277 *Jahn/Maier*, JuS 2007, 215 (217).
278 *Trüg/Habetha*, JZ 2007, 878 (883).
279 BGH wistra 2013, 186 (189).
280 BGH wistra 2013, 186 (189).
281 BGH wistra 2013, 186 (189).
282 *Fasten/Oppermann*, JA 2006, 69 (69 Fn. 2).
283 *Fasten/Oppermann*, JA 2006, 69 (69).

Bei der Oddset-Wette hingegen steht die Gewinnquote bereits von vornherein fest. Der Wettanbieter bestimmt hierbei für jeden möglichen Ausgang eines Spiels feste Quoten, auf die der Wettspieler setzen kann und damit bereits im Vorfeld weiß, wie hoch sein möglicher Gewinn ausfallen kann.

(1) Ansicht der Rechtsprechung im „Hoyzer-Verfahren"

Das Landgericht Berlin hat hinsichtlich seiner Begründung eines Vermögensschadens zwischen den Fällen erfolgreicher und erfolgloser Manipulation differenziert. In den Fällen, in denen die Wetten des Ante Sapina zu einem Gewinn geführt haben, wird die Annahme des Schadens auf die Auszahlung der Gewinnsumme gestützt, die der Täter nicht habe beanspruchen können.[284] In den Fällen in denen kein Wettgewinn ausgezahlt wurde nimmt das Landgericht Berlin einen Schaden aufgrund einer erheblichen Gefährdung des Vermögens an, da sich das Risiko des Wettanbieters durch die Manipulation zu seinen Lasten derart verschoben habe, dass er eine Wette zu der angebotenen Quote vernünftigerweise nicht angeboten hätte.[285]

Diese Konstruktion wurde vom Bundesgerichtshof jedoch mit der Begründung abgelehnt, eine schadensgleiche Vermögensgefährdung könne nur vorliegen, wenn der Betrogene ernstlich mit wirtschaftlichen Nachteilen zu rechnen habe.[286] Da jedoch der Eintritt wirtschaftlicher Nachteile vorliegend von weiteren Ereignissen abhänge, auf die der Manipulierende keinen Einfluss habe, könne eine überwiegende Wahrscheinlichkeit nicht angenommen werden.[287] Diese Annahme verdeutliche sich darüber hinaus aufgrund der Tatsache, dass ein Erfolg der Manipulation trotz beträchtlicher Eingriffe der Schiedsrichter in das Spielgeschehen in Einzelfällen fehlgeschlagen sei.[288] Stattdessen begründete der Bundesgerichtshof den Vermögensschaden bei Vertragsschluss mit der Konstruktion des sog. Quotenschadens. Ein solcher Quotenschaden liege hiernach vor, wenn der Wetteinsatz wegen der geplanten Manipulation hinter dem Wert des Wettscheines, den der Wettspieler für seinen Wetteinsatz erhält, zurückbleibe.[289] Der Wettschein als Inhaberschuldverschreibung nach § 793 BGB verbriefe hierbei eine bedingte Forderung des

284 LG Berlin, Urteil vom 17. November 2005, Az.: (512) 68 Js 451-05 Kls (42/05), BeckRS 2006, 05289.
285 LG Berlin, Urteil vom 17. November 2005, Az.: (512) 68 Js 451-05 Kls (42/05), BeckRS 2006, 05289.
286 BGH NJW 2007, 782 (786).
287 BGH NJW 2007, 782 (786).
288 BGH NJW 2007, 782 (786).
289 BGH NJW 2007, 782 (785 f.).

Wettspielers gegen den Wettanbieter.[290] Bei einer Manipulation der betreffenden Fußballspiele sei diese bedingte Forderung demnach mehr wert als der Wetteinsatz.[291] Bei realistischer Einschätzung des Wettrisikos und Kenntnis der geplanten Manipulation hätte der Wettspieler daher nur die Chance auf einen erheblich geringeren Gewinn „erkaufen" können, der Wettanbieter also eine wesentlich geringere Quote für den Spielausgang angesetzt.[292] Diese „Quotendifferenz" stelle nach Ansicht des Bundesgerichtshofs bereits einen erheblichen Vermögensschaden dar, der mit Abschluss des Wettvertrages eintrete und nicht beziffert werden müsse.[293] Der Vermögensschaden trete daher bereits mit Abschluss des Wettvertrages ein und stelle somit einen Eingehungsbetrug dar. Zwar ähnele der Quotenschaden damit der vom Landgericht Berlin angenommenen schadensgleichen Vermögensgefährdung, sei mit dieser jedoch nicht gleichzusetzen.[294] Im Fall einer erfolgreichen Manipulation schlage das erhöhte Verlustrisiko des Wettanbieters in einen endgültigen Vermögensschaden um, der sich aus der Differenz zwischen Auszahlungssumme und gezahltem Wetteinsatz berechne.[295]

(2) Ansicht der Literatur

Schon vor Verkündung des Urteils des Bundesgerichtshofs wurde vertreten, dass bereits im Zeitpunkt des Vertragsschlusses eine schadensgleiche Vermögensgefährdung vorliege, welche sich durch die spätere Auszahlung des Gewinnes realisiere.[296] Dem wurde jedoch – entsprechend der oben dargestellten Argumentation des Bundesgerichtshofs – entgegengehalten, eine konkrete Gefährdung könne erst dann vorliegen, wenn das betreffende Spiel beendet und das Ergebnis im Sinne des Manipulierenden sei.[297] Im Fall der erfolglosen Manipulation bliebe es damit nur bei einer Versuchsstrafbarkeit.[298]

---

290 BGH NJW 2007, 782 (785).

291 BGH NJW 2007, 782 (785).

292 Vgl. BGH NJW 2007, 782 (785).

293 BGH NJW 2007, 782 (786).

294 BGH NJW 2007, 782 (786).

295 BGH NJW 2007, 782 (786).

296 *Hartmann/Niehaus*, JA 2006, 432 (434); vgl. auch *Heissler/Marzahn*, ZJS 2008, 638 (641 ff.), die auch nach Verkündung des Urteils des Bundesgerichtshofs von einem Gefährdungsschaden bei Vertragsschluss ausgehen.

297 *Schlösser*, NStZ 2005, 423 (428); *Kutzner*, JZ 2006, 712 (717); *Fasten/Oppermann*, JA 2006, 69 (72); *Schild*, ZfWG 2006, 213 (219); so im Ergebnis wohl auch *Valerius*, SpuRt 2005, 90 (93).

298 *Kutzner*, JZ 2006, 712 (718).

Nach Verkündung des Urteils des Bundesgerichtshofs schlossen sich Teile der Literatur der Konstruktion des Quotenschadens als Fall des Eingehungsbetrugs ausdrücklich an.[299] Andere Ansichten in der Literatur stimmen der Konstruktion des Quotenschadens zwar grundsätzlich zu, qualifizieren diesen Fall im Unterschied zum Bundesgerichtshof allerdings als Erfüllungsbetrug.[300] Der Eingehungsbetrug bezeichne hierbei lediglich solche Fallgestaltungen, in denen der Getäuschte die vertraglich übernommenen Leistungspflichten noch nicht erbracht habe.[301] Da bei der Sportwette die vertragliche Verpflichtung des Wettanbieters in der Einräumung der Wettchance bestehe, die durch Aushändigung des Spielscheins erbracht werde, liege eine Erfüllung daher in diesem Zeitpunkt vor.[302] Da – der Argumentation des Bundesgerichtshofs folgend – eine wertmäßige Differenz zwischen Leistung und Gegenleistung bei der Manipulation von Fußballspielen in Form einer zu hohen Quote bestehe, liege nach dieser Ansicht in diesem Zeitpunkt ein vollendeter Erfüllungsbetrug vor. Konsequenterweise komme es daher auf die spätere Auszahlung eines Wettgewinns bzw. den Erfolg der beabsichtigten Manipulation nicht an.[303] Zu demselben Ergebnis gelangt *Radtke*[304] der jedoch im Quotenschaden einen neuen Schadenstypus sieht, der seinen Anwendungsbereich auf Betrugstaten im Zusammenhang mit solchen Rechtsgeschäften erstrecke, die sich auf den zufallsabhängigen Eintritt bestimmter Ergebnisse oder Ereignisse beziehen würden.

Ein anderer Teil der Literatur hingegen kritisiert die Konstruktion des Quotenschadens. Nach dieser Ansicht sei ein Vermögensschaden im Zeitpunkt des Wettvertragsschlusses grundsätzlich abzulehnen[305], so dass – entsprechend der herrschenden Literaturansicht vor Verkündung des Urteils des

---

299 Lackner/Kühl – *Kühl*, § 263, Rn. 42; *Feinendegen*, NJW 2007, 787 (788).

300 Satzger/Schluckebier/Widmaier – *Satzger*, § 263, Rn. 281; *Krack*, ZIS 2007, 103 (109 ff.); *Engländer*, JR 2007, 477 (479); *Schulz/Slowinski*, Jura 2010, 706 (709); wohl auch *Bosch*, JA 2007, 389 (391); im Ergebnis auch *Renner*, S. 143, 159 f.

301 Vgl. MüKo/StGB – *Hefendehl*, § 263, Rn. 538.

302 *Krack*, ZIS 2007, 103 (110); *Schulz/Slowinski*, Jura 2010, 706 (709).

303 *Krack*, ZIS 2007, 103 (112); *Bosch*, JA 2007, 389 (391); *Engländer*, JR 2007, 477 (479); ebenfalls *Schild*, ZfWG 2007, 10 (12), der jedoch der Annahme eines Eingehungsbetruges zustimmt.

304 *Radtke*, Jura 2007, 445 (451).

305 Schönke/Schröder – *Perron*, § 263, Rn. 114; *Reinhart*, SpuRt 2007, 52 (54); *Saliger/Rönnau/Kirch-Heim*, NStZ 2007, 361 (365 ff.); *Schäfers*, ZfWG 2008, 236 (244); *Petropoulos/Morozinis*, wistra 2009, 254 (259); *Saliger*, in: FS-Samson, 455 (457 ff.); *Rönnau*, in: FS-Rissing – van Saan, 517 (527 ff.).

Bundesgerichtshofs – im Fall einer erfolglosen oder entbehrlichen Manipulation lediglich eine Versuchsstrafbarkeit in Betracht komme.[306]

Bereits die Annahme eines Eingehungsbetruges durch den 5. Senat des Bundesgerichtshofs wird hierbei in Zweifel gezogen. Ein solcher Eingehungsbetrug komme immer dann in Betracht, wenn täuschungsbedingt ein Vertrag mit ungleich zu bewertender Leistung und Gegenleistung geschlossen werde, bei dem es jedoch nicht zur Erfüllung komme.[307] Der Vermögensschaden sei in diesen Fällen gerade dadurch begründet, dass bereits die Entstehung einer Verbindlichkeit als konkrete Vermögensgefährdung anzusehen sei.[308] Wie der Bundesgerichtshof jedoch selbst ausführt[309], komme es – entgegen der Ansicht des Landgerichts Berlin – allerdings gerade nicht zu einer solchen schadensgleichen Vermögensgefährdung, da der Erfolgseintritt der geplanten Manipulation nicht sichergestellt werden könne. Deshalb stelle die Konstruktion des Quotenschadens keinen Fall des Eingehungsbetrugs dar.[310]

Ferner könne eine Schadensbezifferung allenfalls in Fällen einer erfolgreichen Manipulation, in denen der Quotenschaden in einem Vermögensverlust in Höhe der Differenz zwischen Wetteinsatz und Wettgewinn aufgeht, angestellt werden. Bleibe ein Gewinn des Wettspielers jedoch aus und damit der Quotenschaden als einziger Bezugspunkt bestehen, so führe dieser unbezifferte Schaden zwingend zu Problemen im Rahmen der Strafzumessung.[311] Vielmehr sei hierbei nicht einmal sichergestellt, dass dem jeweiligen Wettanbieter überhaupt ein Schaden entstanden ist. Der Bundesgerichtshof verkenne, dass in der Gewinnquote immer eine Gewinnspanne für den Wettanbieter eingerechnet werde und diese daher nicht der Risikoquote, die der Wettanbieter seiner Kalkulation zugrunde legt, entspreche.[312] Eine Manipulation führe daher nicht zwingend zu einem Vermögensschaden, sondern könne sich möglicherweise auch nur auf die Gewinnmarge des Wettanbieters auswirken. Die bloße Vereitelung einer nicht sicheren Vermögensmehrung bzw. Exspektanz reiche für die Annahme des Schadens

306 *Saliger/Rönnau/Kirch-Heim*, NStZ 2007, 361 (368); *Hohmann*, NJ 2007, 132 (133); *Schäfers*, ZfWG 2008, 236 (244); *Petropoulos/Morozinis*, wistra 2009, 254 (259).

307 MüKo/StGB – *Hefendehl*, § 263, Rn. 535.

308 Vgl. nur BGH NJW 1994, 1745 (1746); MüKo/StGB – *Hefendehl*, § 263, Rn. 535.

309 BGH NJW 2007, 782 (786).

310 *Saliger/Rönnau/Kirch-Heim*, NStZ 2007, 361 (365); *Schäfers*, ZfWG 2008, 236 (244).

311 *Reinhart*, SpuRt 2007, 52 (54); *Saliger/Rönnau/Kirch-Heim*, NStZ 2007, 361 (365 f.); *Rönnau*, in: FS-Rissing – van Saan, 517 (529).

312 *Saliger/Rönnau/Kirch-Heim*, NStZ 2007 361 (366); *Saliger*, in: FS-Samson, 455 (459 f.); *Rönnau*, in: FS-Rissing – van Saan, 517 (527 ff.).

daher nicht aus.[313] Aufgrund der Tatsache, dass der Bundesgerichtshof eine entsprechende Bezifferung des Quotenschadens nicht anstellen könne, bleibe im Ergebnis daher offen, ob ein Schaden überhaupt vorliege, mit der Folge, dass § 263 StGB praktisch zu einem Gefährdungsdelikt umfunktioniert werde und die Konstruktion eines solchen Quotenschadens gegen das Bestimmtheitsgebot aus Art. 103 Abs. 2 GG verstoße.[314]

Des Weiteren führe die Konstruktion des Quotenschadens (und die damit verbundene Annahme der Vollendung des Betruges bereits im Zeitpunkt des Vertragsschlusses) zu einer nicht hinnehmbaren Vorverlagerung der Vollendungsstrafbarkeit. Dem Täter werde hierdurch jegliche Möglichkeit auf einen strafbefreienden Rücktritt genommen, was im Einzelfall zu absurden Ergebnissen führen könne.[315]

Daneben werden auch betrugsdogmatische Einwände gegen die Ansicht des Bundesgerichtshofs geltend gemacht. So sei die Annahme, dass sich ein ohnehin bereits eingetretener Schaden nach Tatvollendung ohne eine weitere Vermögensverfügung noch weiter vergrößern könne, der Betrugsdogmatik fremd und im Hinblick auf das Erfordernis der Unmittelbarkeit der Vermögensminderung abzulehnen. Um daher einen über den Quotenschaden hinausgehenden Schaden begründen zu können, müsse daher auf eine neue Vermögensverfügung abgestellt werden.[316]

Sofern letztlich zur Begründung des Quotenschadens darauf abgestellt wird, der Wettanbieter hätte bei Kenntnis der Manipulation einen höheren Preis in Form einer schlechteren Quote verlangt, sei diese Argumentation nicht haltbar, da der Wettanbieter bei entsprechender Kenntnis vielmehr überhaupt keine Wette annehmen würde.[317] Dann wäre jedoch der Quotenschaden nichts anderes als die Belastung des Vermögens des Wettanbieters mit der vertraglich zugesicherten Gewinnchance, abzüglich des Einsatzes des Wetters. Dies entspreche der Ansicht des Landgerichts Berlin zur Schadenshöhe, die durch den Bundesgerichtshof gerade kritisiert wurde.[318]

Dementsprechend sei die Konstruktion des Quotenschadens nach dieser Ansicht abzulehnen. Der Eintritt eines Vermögensschadens im Zeitpunkt des

---

313 *Saliger/Rönnau/Kirch-Heim*, NStZ 2007 361 (366).

314 *Rönnau/Soyka*, NStZ 2009, 12 (13).

315 *Reinhart*, SpuRt 2007, 52 (54); *Jahn/Maier*, JuS 2007, 215 (219).

316 *Saliger/Rönnau/Kirch-Heim*, NStZ 2007, 361 (367).

317 Schönke/Schröder – *Perron*, § 263, Rn. 114; *Reinhart*, SpuRt 2007, 52 (54).

318 *Reinhart*, SpuRt 2007, 52 (54).

Wettvertragsschlusses liege daher lediglich dann vor, wenn die Gewinnwahrscheinlichkeit des Wetters aufgrund der Art und Weise der Manipulation im Ausnahmefall so hoch sei, dass bereits in diesem Zeitpunkt eine schadensgleiche Vermögensgefährdung angenommen werden könne. Das sei beispielsweise der Fall, wenn alle Spieler einer Mannschaft unlauter beeinflusst worden seien.[319]

(3) Ansicht der Rechtsprechung in einem aktuellen Strafverfahren wegen Spielmanipulation

In dem bereits erwähnten Strafverfahren aus dem Jahr 2008 hatte sich das Landgericht Bochum in erster Instanz neben der Beurteilung einer Täuschungshandlung auch mit der Frage nach einem Vermögensschaden zu beschäftigen.[320] In den Fällen, in denen ein Wettgewinn nicht erzielt werden konnte, wich das Landgericht Bochum dabei ausdrücklich von der Rechtsprechung des Bundesgerichtshofs im Hoyzer-Verfahren ab.[321] Die Kammer folgt dabei zwar zunächst der Ansicht des Bundesgerichtshofs, dass ein Gefährdungsschaden in diesen Fällen nicht angenommen werden könne, da es im Zeitpunkt des Vertragsschlusses zunächst noch unklar sei, ob es zu einer Auszahlung kommen werde.[322] Allerdings sei die Quote nach Ansicht der Kammer – im Gegensatz zur Auffassung des Bundesgerichtshofs – nicht die Gegenleistung für den vom Wettenden zu zahlenden Einsatz.[323] Das Landgericht Bochum schließt sich der oben dargestellten Argumentation der Literatur insoweit an, als es anführt, dass der Buchmacher bei Kenntnis der Manipulation – bei lebensnaher Betrachtung – den Wettvertrag gar nicht abgeschlossen haben würde.[324] Des Weiteren spreche nach Ansicht des Landgerichts Bochum die – ebenfalls in der Literatur schon kritisch bemerkte – fehlende Quantifizierbarkeit gegen die Annahme eines Quotenschadens.[325] Unter Hinweis auf die neuerliche Rechtsprechung des Bundesverfassungsgerichts zur Schadensfeststellung bezüglich des Untreueschadens[326] reiche es nicht aus, lediglich die einschlägigen Risikofaktoren zu bewerten, anstatt den Schaden konkret zu beziffern.[327] Insbesondere vor dem Hintergrund der Entscheidung

319 Schönke/Schröder – *Perron*, § 263, Rn. 114.
320 Vgl. LG Bochum, Urteil vom 19. Mai 2011, Az.: 12 KLs 35 Js 141/10 – 16/11, Rn. 183 ff.
321 LG Bochum, Urteil vom 19. Mai 2011, Az.: 12 KLs 35 Js 141/10 – 16/11, Rn. 187.
322 LG Bochum, Urteil vom 19. Mai 2011, Az.: 12 KLs 35 Js 141/10 – 16/11, Rn. 187.
323 LG Bochum, Urteil vom 19. Mai 2011, Az.: 12 KLs 35 Js 141/10 – 16/11, Rn. 187.
324 LG Bochum, Urteil vom 19. Mai 2011, Az.: 12 KLs 35 Js 141/10 – 16/11, Rn. 187.
325 LG Bochum, Urteil vom 19. Mai 2011, Az.: 12 KLs 35 Js 141/10 – 16/11, Rn. 187.
326 BVerfG NJW 2010, 3209 (3209 ff.).
327 LG Bochum, Urteil vom 19. Mai 2011, Az.: 12 KLs 35 Js 141/10 – 16/11, Rn. 187.

des Bundesverfassungsgerichts, wonach Strafgerichte einen Vermögensnachteil der Höhe nach zu beziffern haben und in wirtschaftlich nachvollziehbarer Weise darlegen müssen[328], sei eine solche weite Auslegung des Tatbestandsmerkmals des Vermögensschadens nicht mehr von der Norm des § 263 StGB gedeckt.[329] Im Ergebnis ordnet die Kammer damit den Sportwettenbetrug – abweichend von der Rechtsprechung im Hoyzer-Verfahren – als Erfüllungsbetrug ein.[330] Allein durch den Abschluss eines (manipulierten) Wettvertrages lasse sich somit noch keine Betrugsstrafbarkeit begründen, so dass Fälle in denen es nicht zu einem Wettgewinn kommt durch das Landgericht Bochum nicht als vollendeter Betrug eingeordnet werden.[331]

Dieser Ansicht ist der 4. Senat des Bundesgerichtshofs im Revisionsverfahren[332] nicht gefolgt und hat das Urteil insoweit aufgehoben, da „das Landgericht die Annahme eines vollendeten Betruges mit nicht tragfähigen Erwägungen abgelehnt"[333] habe. Der 4. Senat bestätigt insoweit im Grundsatz zunächst die Ansicht des 5. Senats im Hoyzer-Verfahren und wertet die Täuschung bei Abschluss des Wettvertrages als Eingehungsbetrug, mit der Folge, dass ein vollendeter Betrug auch dann anzunehmen sei, wenn es nicht zur Auszahlung eines Wettgewinnes kommt.[334] Auf die zuvor dargestellte Argumentation der Literatur gegen die Annahme eines Eingehungsbetruges geht der Senat dabei lediglich teilweise ein. So äußert sich der Bundesgerichtshof zu dem Kritikpunkt, die Manipulation könne sich möglicherweise nur auf die Gewinnmarge des Wettanbieters ausgewirkt haben, dahingehend, dass dies der Annahme eines Vermögensschadens nicht entgegenstehe.[335] Die dem Wettanbieter verbleibenden Wetteinsätze anderer Wettverlierer seien nach Ansicht des 4. Senats nämlich nicht als Schadensausgleich unter dem Aspekt der Schadenskompensation zu berücksichtigen, da dieser Vorteil und der entstandene Nachteil auf selbständigen Handlungen beruhe.[336]

In Anbetracht der vom Landgericht Bochum bereits in Bezug genommenen Entscheidung des Bundesverfassungsgerichts[337] und einer weiteren Entscheidung

328 BVerfG NJW 2010, 3209 (3215).
329 LG Bochum, Urteil vom 19. Mai 2011, Az.: 12 KLs 35 Js 141/10 – 16/11, Rn. 187.
330 LG Bochum, Urteil vom 19. Mai 2011, Az.: 12 KLs 35 Js 141/10 – 16/11, Rn. 187.
331 LG Bochum, Urteil vom 19. Mai 2011, Az.: 12 KLs 35 Js 141/10 – 16/11, Rn. 186 f.
332 BGH wistra 2013, 143 (143 ff.).
333 BGH wistra 2013, 143 (147).
334 Vgl. BGH wistra 2013, 143 (147).
335 BGH wistra 2013, 143 (147).
336 BGH wistra 2013, 143 (147 f.).
337 BVerfG NJW 2010, 3209 (3209 ff.).

des Bundesverfassungsgerichts zur Schadensberechnung hinsichtlich des Betrugstatbestandes[338] musste der 4. Senat jedoch die im Hoyzer-Verfahren konstruierte Figur des Quotenschadens aufgeben und die bei Abschluss des Vertrages eingetretene Vermögensminderung abweichend bestimmen. Vor dem Hintergrund der – durch das Bundesverfassungsgericht gestellten – erhöhten Anforderungen an die Bezifferung der Höhe des Vermögensschadens, sei daher nicht mehr die Quotendifferenz entscheidend für die Schadenshöhe, sondern die Verlustwahrscheinlichkeit des Wettanbieters.[339] Werde daher die Gewinnwahrscheinlichkeit des Wettspielers aufgrund einer nicht offen gelegten Manipulation erhöht, erhöhe sich nach Ansicht des Bundesgerichtshofs somit auch der Geldwert seines (bedingten) Anspruchs gegen den getäuschten Wettanbieter.[340] Spiegelbildlich vermindere sich der Geldwert des (ebenfalls bedingten) Anspruchs des Wettanbieters auf ein mögliches Behalten des Einsatzes.[341] Ein Vermögensschaden liegt nach Ansicht des Bundesgerichtshofs daher dann vor, wenn bei objektiver Betrachtung die vom Wettanbieter gegenüber dem Wettspieler eingegangene (bedingte) Auszahlungsverpflichtung des Wettgewinns aufgrund der Manipulation nicht mehr durch den (bedingten) Anspruch auf Wetteinsatz aufgewogen werde.[342]

Eine konkrete Schadensberechnung stellt der Bundesgerichtshof allerdings nicht an, sondern verweist die Sache zurück an das Landgericht Bochum zur neuen Verhandlung.[343] Zur Berechnung des Schadens weist der Senat darauf hin, dass der neue Tatrichter die dargestellten Wahrscheinlichkeiten zu bestimmen habe und hierbei die anfänglich angebotenen Wettquoten ein Indiz für die Wahrscheinlichkeit vor der Manipulation bieten könne.[344] Durch die Zahl und Bedeutung der beeinflussten Spieler biete sich sodann ein Anhaltspunkt für die Beeinflussung der Wahrscheinlichkeit.[345] Letztlich weist jedoch der 4. Senat auch darauf hin, dass ein Mindestschaden – auch nach Ansicht des Bundesverfassungsgerichts – im Wege einer tragfähigen Schätzung ermittelt werden könne, sofern Unsicherheiten bestünden.[346]

---

338 BVerfG NJW 2012, 907 (907 ff.).
339 BGH wistra 2013, 143 (147).
340 BGH wistra 2013, 143 (147).
341 BGH wistra 2013, 143 (147).
342 BGH wistra 2013, 143 (147).
343 BGH wistra 2013, 143 (148).
344 BGH wistra 2013, 143 (148).
345 BGH wistra 2013, 143 (148).
346 BGH wistra 2013, 143 (148).

Festzustellen ist dabei, dass der Bundesgerichtshof zwar ausdrücklich eine andere Form der Schadensberechnung gewählt hat, jedoch die Quote des Wettanbieters weiterhin ein maßgebliches Indiz darstellt. Die Grenzen zwischen Quotenschaden und Verlustwahrscheinlichkeit sind insofern fließend.[347]

Kritisiert wird dabei in der Literatur, dass sich die Beeinflussung des Wetterfolges durch Manipulation und eine hierauf basierende Bestimmung des Werts von (bedingtem) Anspruch und (ebenfalls bedingtem) Gegenanspruch – selbst mit Hilfe eines Sachverständigen – in aller Regel nicht bestimmen lassen wird.[348] Vor dem Hintergrund der existierenden Anforderungen ist nicht ersichtlich, wie die Wahrscheinlichkeit des Wetterfolges bzw. die Quote unter Berücksichtigung der Zahl und der Bedeutung der beeinflussten Spieler und Teilnehmer konkret beziffert werden soll.[349] Insbesondere die zuständige Staatsanwaltschaft Bochum, die in den in Rede stehenden Verfahren mit den Anforderungen des Bundesgerichtshofs umgehen muss, gibt an, dass die Vorgaben des Bundesgerichtshofs zur Schadensermittlung nicht handhabbar seien.[350] Prägnant formuliert *Leipold* die bestehende Problematik wie folgt: „Ob die neue Lösung aber in der Praxis tatsächlich umsetzbar ist, darf bezweifelt werden. Denn zur Bestimmung des Schadens muss nun ermittelt werden, wie sich die Manipulation auf die Eintrittswahrscheinlichkeit des Wettereignisses auswirkt, also beispielsweise in welchem Maß sich die Siegwahrscheinlichkeit für ein Fußballteam erhöht, wenn der Torhüter der gegnerischen Mannschaft bestochen wurde. Ob es Sachverständige gibt, die sich derartige Prognosen zutrauen, erscheint mehr als fraglich."[351]

---

347 Vgl. auch *Schiemann*, NJW 2013, 888 (888).

348 *Schiemann*, NJW 2013, 888 (888); *Jäger*, JA 2013, 868 (870); so auch *Saliger*, in: „Schriftliche Antworten zum Fragenkatalog zum Expertentreffen am 19. Mai 2014 im Bundesministerium des Innern" vom 4. Juli 2014 (abrufbar unter: https://www.bmi.bund.de/SharedDocs/downloads/DE/veroeffentlichungen/2014/stellungnahmen-experten-spielmanipulation.html, zuletzt abgerufen am 3. Juli 2023); ebenfalls kritisch, jedoch in Bezug auf die Annahme eines Erfüllungsschadens: *Schlösser*, NStZ 2013, 629 (630 ff.).

349 *Jäger*, JA 2013, 868 (870); so wohl auch *Greco*, NZWiSt 2014, 334 (337).

350 Ausführung von Staatsanwalt Andreas *Bachmann*, in: „Schriftliche Antworten zum Fragenkatalog zum Expertentreffen am 19. Mai 2014 im Bundesministerium des Innern" vom 4. Juli 2014 (abrufbar unter: https://www.bmi.bund.de/SharedDocs/downloads/DE/veroeffentlichungen/2014/stellungnahmen-experten-spielmanipulation.html, zuletzt abgerufen am 3. Juli 2023).

351 *Leipold*, NJW-Spezial 2013, 184.

γ) Zusammenfassung

Wie sich aus dem zuvor Dargelegten ergibt, gelangen die vertretenen Ansichten in den vorliegenden Fallkonstellationen zu folgenden unterschiedlichen Ergebnissen:

Sofern davon ausgegangen wird, dass die Annahme einer Täuschungshandlung einer Übernormativierung des Täuschungsbegriffs entspreche und hierdurch die Unterscheidung zwischen dem aktiven Tun und der Begehung durch Unterlassen praktisch aufgehoben werde, kommt lediglich eine Täuschung durch Unterlassen in Betracht. Dies setze allerdings eine Rechtspflicht des Täters zum Handeln, die sog. Garantenpflicht, voraus, welche in der vorliegenden Fallkonstellation jedoch abgelehnt wird.[352] Vertragliche Aufklärungspflichten sowie Aufklärungspflichten aus Treu und Glauben liegen evident nicht vor.[353] Hinsichtlich einer möglichen Aufklärungspflicht aus Ingerenz scheitere die Annahme einer Strafbarkeit zumindest am Pflichtwidrigkeitszusammenhang, da das Verbot der Spielmanipulation nicht dem Schutz des Vermögens der Wettanbieter diene. Sportwetten seien hiernach Glücksspiele nach § 284 StGB, welche ein sozial schädliches Verhalten darstellen, das nur aufgrund einer behördlichen Erlaubnis zulässig sei. Dies würde einen Wertungswiderspruch darstellen.[354] Dieser Ansicht folgend, hätte sich Ante Sapina daher in keinem der dargelegten Fälle wegen Betruges gemäß § 263 StGB strafbar gemacht.

Der Ansicht des Bundesgerichtshofs folgend liegt in den in Rede stehenden Fallkonstellationen eine konkludente Täuschung von Ante Sapina über dessen Manipulationsabsichten bei Abschluss des Wettvertrages vor. Bereits mit Abschluss des Wettvertrages trete hierbei ein Vermögensschaden in Form der Erhöhung der Verlustwahrscheinlichkeit (früher: Quotenschaden) ein. Das Verhalten stelle damit einen Eingehungsbetrug dar. Im Fall einer erfolgreichen Manipulation schlage das erhöhte Verlustrisiko des Wettanbieters in einen endgültigen Vermögensschaden um. Demnach liege im Rahmen aller Manipulationsabsprachen ein vollendeter Betrug vor. Dies unabhängig davon, ob die Manipulation letztendlich erfolgreich gewesen sei oder nicht. Fraglich bleibt insoweit jedoch, ob der Vermögensschaden in Fällen, in denen keine Auszahlung des Wettgewinns erfolgt, tatsächlich berechnet werden kann.

---

352 Vgl. nur *Schlösser*, NStZ 2005, 423 (426).

353 Vgl. *Schlösser*, NStZ 2005, 423 (426 f.); *Schild*, ZfWG 2006, 213 (217); *Schäfers*, ZfWG 2008, 236 (239).

354 *Schlösser*, NStZ 2005, 423 (426); *Schäfers*, ZfWG 2006, 213 (217).

Zu demselben Ergebnis gelangt die Literaturansicht, die den (seinerzeit vertretenen) Quotenschaden des Bundesgerichtshofs grundsätzlich bejahte, jedoch von einem Erfüllungsbetrug im Zeitpunkt des Wettvertragsschlusses ausgeht. Im Unterschied zur Ansicht des Bundesgerichtshofs ist nach dieser Auffassung bei der Schadensberechnung jedoch nicht zu berücksichtigen, ob die Manipulation im Ergebnis erfolgreich war oder nicht.

Folgt man hingegen der Literaturansicht, die ebenfalls von einer konkludenten Täuschung des Ante Sapina ausgeht, jedoch die Anwendung des Quotenschadens ablehnte, so liege nur in den Fällen, in denen die Manipulation der betreffenden Spiele erfolgreich waren und Sapina einen Wettgewinn erzielt habe ein vollendeter Betrug vor. Nach dieser Ansicht komme es erst zu dem Zeitpunkt in dem feststehe, dass der Täter seine Wette gewonnen habe zu einer schadensgleichen Vermögensgefährdung beim Wettanbieter. Diese sei jedoch nicht unmittelbar auf die Vermögensverfügung bei Abschluss des Wettvertrags zurückzuführen, da es hierfür noch einer Reihe wesentlicher Zwischenschritte bedurfte. Insofern müsse auf eine konkludente Täuschung bei Auszahlung des Wettgewinns und eine entsprechende Vermögensverfügung abgestellt werden.[355] Daher komme in den Fällen, in denen die Manipulationen Sapinas nicht zu einem Wettgewinn geführt hätten, allenfalls ein Versuch in Betracht.[356] Lediglich dann, wenn die Gewinnwahrscheinlichkeit aufgrund der Art der Manipulation ausnahmsweise so hoch sei, dass schon im Zeitpunkt des Wettvertragsschlusses eine schadensgleiche Vermögensgefährdung angenommen werden könne, kann nach dieser Ansicht bereits zu diesem Zeitpunkt von einem vollendeten Betrug ausgegangen werden.[357] Dies ist vorliegend allerdings nicht der Fall, so dass es bei der vorstehend dargelegten Versuchsstrafbarkeit verbleibt.

cc) Beihilfe der Schiedsrichter zum Betrug des Ante Sapina zum Nachteil der Wettanbieter gemäß §§ 263, 27 StGB

Aufgrund der Tatsache, dass die Schiedsrichter Hoyzer und Marks an der konkreten Planung und Durchführung der Wetten nicht beteiligt waren und lediglich angewiesen wurden, die Spiele (auf die Wetten abgeschlossen wurden) zu manipulieren, besteht überwiegend Einigkeit darüber, dass in den vorliegenden Sachverhaltskonstellationen nicht von einer Mittäterschaft

355 Vgl. nur *Saliger/Rönnau/Kirch-Heim*, NStZ 2007, 361 (367).

356 *Saliger/Rönnau/Kirch-Heim*, NStZ 2007, 361 (368).

357 Vgl. nur Schönke/Schröder – *Perron*, § 263, Rn. 114.

auszugehen ist.[358] Die Gesamtplanung und Tatherrschaft von Ante Sapina sowie die Tatsache, dass die Schiedsrichter jeweils ein vorher festgelegtes Fixum und keine prozentuale Beteiligung an den Wettgewinnen erhielten, sprechen für eine Gehilfenstellung im Sinne des § 27 Abs. 1 StGB.[359] Auch ein Eigeninteresse des Schiedsrichters am Erfolg des Betruges besteht vorliegend nur mittelbar im Hinblick auf etwaige Folgeaufträge.[360]

Je nachdem wie die Erfüllung des Tatbestandes nach § 263 StGB durch Ante Sapina begründet wird[361], können sich für die Beurteilung der Beihilfehandlung der Schiedsrichter weitere Folgeprobleme ergeben. Sofern mit dem Bundesgerichtshof von einer konkludenten Täuschungshandlung bei Vertragsschluss ausgegangen wird, so könne sich nach *Schild*[362] die nachherige Manipulation lediglich im Wege der psychischen Beihilfe als Ermutigen auf die Täuschung als Tathandlung auswirken. Der Bundesgerichtshof geht hierbei jedoch – ohne weitere Begründung – davon aus, dass aufgrund der Eigenart der Sportwette eine Beihilfe zum Wettbetrug durch Manipulation auch nach Wettvertragsschluss möglich sei.[363]

Stellt man hingegen für die Beurteilung der Täuschungshandlung auf den Zeitpunkt der Auszahlung ab, so ergibt sich dieses Problem insoweit nicht, da die Manipulation zwangsweise vor der Tathandlung erfolgt und sich somit auch auf diese auswirkt.

2. *Zwischenergebnis*

Hinsichtlich der Strafbarkeit der reinen Spielmanipulation durch die Schiedsrichter Hoyzer und Marks kommt insoweit lediglich ein Betrug gemäß § 263 StGB zum Nachteil des DFB als Auftraggeber in Betracht. Die Ansichten der Literatur hierzu sind – wie dargelegt – umstritten. Die entsprechenden Urteile

---

358 Insoweit ohne Abgrenzung von einer Gehilfeneigenschaft ausgehend: BGH NJW 2007, 782 (786); LG Berlin, Urteil vom 17. November 2005, Az.: (512) 68 Js 451-05 Kls (42/05), BeckRS 2006, 05289; zustimmend: *Ferragina*, S. 109; differenzierend: *Hartmann/Niehaus*, JA 2006, 432 (435); *Schulz/Slowinski*, Jura 2010, 706 (710); a.A.: *Heissler/Marzahn*, ZJS 2008, 638 (645).

359 *Schulz/Slowinski*, Jura 2010, 706 (710).

360 *Hartmann/Niehaus*, JA 2006, 432 (434).

361 Vgl. 2. Kapitel A. II. 1. b) bb) (γ).

362 *Schild*, ZfWG 2007, 10 (13).

363 BGH NJW 2007, 782 (786).

der Landgerichte Berlin und Bochum sowie des Bundesgerichtshofs gehen auf eine solche Strafbarkeit insoweit überhaupt nicht ein.

Eine einheitliche Beurteilung des strafbaren Verhaltens des Wettspielers Ante Sapina und der entsprechenden Beihilfehandlung der Schiedsrichter Hoyzer und Marks ist vorliegend ebenfalls nicht möglich. Je nach Argumentation lassen sich – wie dargelegt – sowohl hinsichtlich einer Strafbarkeit Sapinas als Haupttäter als auch bezüglich einer Strafbarkeit der Schiedsrichter als dessen Gehilfen unterschiedliche Ergebnisse begründen.[364]

III. Effektivität der Prävention von Wirtschaftskriminalität

Nachfolgend ist darzustellen, ob die geltenden Normen zur Prävention von Wirtschaftskriminalität als effektiv und ausreichend angesehen werden können bzw. an welchen Punkten sie Schwachstellen aufweisen und somit Änderungsbedarf besteht.

1. Effektivität bezogen auf natürliche Personen (Strafrecht)

Die strafrechtliche Bewertung des „Hoyzer-Falles" hat gezeigt, dass eine einheitliche Beurteilung des zugrunde liegenden Sachverhaltes sowohl innerhalb der Rechtsprechung als auch in der Literatur nicht vorliegt. Die strafrechtlichen Ergebnisse der jeweiligen Argumentationsstränge reichen hierbei von einer Strafbarkeit der beteiligten Personen wegen vollendeten Betruges bezüglich aller angeklagten Taten bis hin zur Straflosigkeit. Dies gilt sowohl im Hinblick auf die Strafbarkeit der Schiedsrichter wegen der Spielmanipulation als auch für die Strafbarkeit des Wettspielers Sapina aufgrund Manipulation zur Erlangung weiterführender finanzieller Vorteile bzw. der Beihilfe der Schiedsrichter hierzu.

Vor dem Hintergrund der zuvor dargelegten dogmatischen Bedenken wird der Rechtsprechung des Bundesgerichtshofs seitens der strafrechtlichen Literatur vorgehalten, sich in dem Dilemma befunden zu haben, strafen zu wollen, dies aber bei dogmatisch sauberer Subsumtion nicht gekonnt und insofern etwaige „Unzuträglichkeiten" bewusst in Kauf genommen zu haben.[365] Die Kritik bezieht sich hierbei gleichermaßen auf die dargelegte Ansicht des Bundesgerichtshofs zur Annahme einer betrugsrelevanten Täuschung und die Ausführungen zur

364 Wie bereits dargelegt, ändert sich die Beurteilung unter Berücksichtigung, der nach der Ausfertigung der Arbeit eingeführten §§ 265c, 265d StGB.

365 *Reinhart*, SpuRt 2007, 52 (55); vgl. auch *Rössner*, in: FS-Mehle, 567 (568); *Hilpert*, § 1 RuVO, Rn. 9.

Schadensfeststellung. Prägnant wird dies von *Rössner* wie folgt formuliert: „Die sportpolitisch begrüßenswerte Entscheidung zum Schutz gegen innersportliche Manipulationen vor außersportlichem Gewinnstreben steht aber in ihrer Begründung in doppelter Hinsicht auf wackligen Beinen: Zum einen ist fraglich, ob das bloße Schweigen beim branchenüblichen Abschluss des Vertrages im Wettbüro im Wissen um die Manipulation tatsächlich als (aktive) konkludente Erklärung zu werten ist und zum zweiten geht es um die Relevanz des sog. „Quotenschadens" für § 263 StGB. Dieser ist dadurch gekennzeichnet, dass die bezahlte Gewinnquote und die durch die Manipulation stark erhöhte Gewinnchance erheblich auseinanderklaffen. Der BGH sieht das als einen Fall des Eingehungsbetrugs. Mit guten Argumenten wird dagegen vorgetragen, dass eine bloße Wertdifferenz kein konkreter vermögensmindernder Schaden ist. So bleibt dieser unmittelbare Weg zum Schutz gegen unmittelbaren Sportbetrug selbst in den Fällen des Wettbetrugs fragwürdig."[366]

Der Rechtsprechung des Bundesgerichtshofs wird insofern vorgeworfen, der erkennende Senat „habe um jeden Preis eine Strafbarkeit begründen wollen, um die Rufe der Öffentlichkeit nach „Gerechtigkeit" zum Schweigen zu bringen und den offenbar gestörten Rechtsfrieden wiederherzustellen"[367]. Vor allem der „große mediale Druck" wird hierbei angeführt.[368]

Hierbei ist insbesondere zu berücksichtigen, dass der Unrechtskern der beschriebenen Taten – vor allem in der breiten Öffentlichkeit – vielmehr in der Manipulation des Wettkampfes als solchem gesehen wird, als in der Verletzung fremden Vermögens, nämlich dem der Wettanbieter.[369] Vor diesem Hintergrund ist auch der für diesen Sachverhalt häufig verwendete und juristisch ungenaue Begriff der „Schiedsrichterbestechung" zu sehen.[370]

Die Rechtsprechung des Bundesgerichtshofs würde dabei bereits bei geringfügigen Abwandlungen des oben beschriebenen Sachverhalts zu anderen – mit der Ansicht der Öffentlichkeit regelmäßig nicht korrespondierenden – Ergebnissen führen:

Nach dargelegter Ansicht des Bundesgerichtshofs gründet die Annahme einer konkludenten Täuschung darauf, dass über die begangene Manipulation

---

366 *Rössner*, in: FS-Mehle, 567 (568); *ders.*, in: Adolphsen/Nolte/Lehner/Gerlinger, Rn. 1722.

367 *Schäfers*, ZfWG 2008, 236 (236).

368 *Rönnau*, in: FS-Rissing – van Saan, 517 (528).

369 *König*, SpuRt 2010, 106 (107).

370 Vgl. *Wolters/Schmitz*, in: Nolte/Horst, Kap. H, S. 272.

bzw. die Manipulationsabsicht getäuscht wird. Erfährt jedoch ein Dritter zufällig von einer verabredeten Manipulation zwischen Schiedsrichter und Wettspieler und geht daraufhin in der Annahme, dass die Manipulation zwar nicht sicher stattfinden wird, jedoch möglich ist, einen Spielvertrag mit einem Wettanbieter ein, so ist hierin nach der Rechtsprechung des Bundesgerichtshofs keine konkludente Täuschung im Sinne des § 263 StGB zu sehen.[371] Nach der Rechtsprechung handele es sich in dieser Fallkonstellation um eine bloße Ausnutzung eines Informationsvorsprungs, welcher insoweit keinen Eingriff in das Wetterereignis oder dessen Geschäftsgrundlage darstelle.[372] Die Nutzung von Informationsvorsprüngen gehöre vielmehr zum allgemeinen Geschäftsrisiko der Parteien des Spielvertrages.[373] Die Ausnutzung von lediglich unsicherem (Insider-)Sonderwissen ist im Rahmen der Sportwette folglich straflos.[374]

Inwiefern die Ausnutzung von sicherem Insider-Sonderwissen hingegen als Täuschung anzusehen ist, wurde vom Bundesgerichtshof in der in Rede stehenden Entscheidung ausdrücklich offen gelassen.[375] Nach der Begründung der Rechtsprechung des Bundesgerichtshofs im „Hoyzer-Verfahren" wäre eine konkludente Täuschung wohl abzulehnen.[376] Anderweitig müsse davon ausgegangen werden, dass der Wettende mit Abgabe der Wette konkludent erklärt, „keinen sicheren Wissensvorsprung in Bezug auf eine Manipulation"[377] zu haben. Dies erscheint mit der Argumentation der Rechtsprechung, der Wettende dürfe nicht in die Geschäftsgrundlage der Wette eingreifen, nicht vereinbar.

Sofern der Manipulierende nach Abschluss des Spielvertrages durch den Dritten, der von der geplanten Manipulation zufällig Kenntnis erlangt hat, und nach Verabredung der Manipulation mit dem Schiedsrichter (ohne diesen hiervon zu unterrichten) von der Eingehung eines Spielvertrages nun sogar absieht, hätte sich der Schiedsrichter trotz erfolgreicher Manipulation mangels teilnahmefähiger Haupttat – auch nach Ansicht des Bundesgerichtshofs und der ihm folgenden Literaturansichten – nicht der Beihilfe zum vollendeten Betrug strafbar machen können, obwohl ein Schaden des Wettanbieters durch den

371 BGH, Beschluss vom 11. März 2014, Az.: 4 StR 479/13.

372 BGH, Beschluss vom 11. März 2014, Az.: 4 StR 479/13, Rn. 7.

373 BGH, Beschluss vom 11. März 2014, Az.: 4 StR 479/13, Rn. 7.

374 *Jahn*, JuS 2014, 658 (659).

375 BGH, Beschluss vom 11. März 2014, Az.: 4 StR 479/13, Rn. 7.

376 *Valerius*, SpuRt 2005, 90 (92); *Engländer*, JR 2007, 477 (478); *Krack*, ZIS 2007, 103 (105); *Heissler/Marzahn*, ZJS 2008, 638 (646); *Schulz/Slowinski*, Jura 2010, 706 (707).

377 *Jahn*, JuS 2014, 658 (659).

abgeschlossenen Spielvertrag mit dem Dritten und der erfolgreichen Manipulation durchaus vorliegen könnte.

Es ist daher festzustellen, dass die Normen des Strafrechts aufgrund der praktizierten Rechtsprechung zwar geeignet sind, durch ihre Abschreckung (general) präventive Wirkung zu entfalten. Eine Strafbarkeit der beteiligten Personen – insbesondere der Schiedsrichter – kommt jedoch nur in der oben beschriebenen Fallkonstellation in Betracht und scheidet bei geringen Abweichungen von diesem Sachverhalt aus. Dies gilt insbesondere dann, wenn die Vermögensinteressen der Wettanbieter nicht tangiert sind.[378]

2. Effektivität bezogen auf juristische Personen („Innensteuerung")

Neben der strafrechtlichen Verantwortlichkeit der handelnden natürlichen Personen ist im Hinblick auf eine umfassende Prävention von Wirtschaftskriminalität im Sport zu überprüfen, inwiefern die beteiligten juristischen Personen im Rahmen der „Innensteuerung" zur Ergreifung von präventiv wirkenden Maßnahmen verpflichtet sind. In der konkreten Fallkonstellation ist dabei zwischen Maßnahmen des DFB und der DFL (jeweils als möglicher Auftraggeber der Schiedsrichter) zu unterscheiden:

Gemäß § 1 DFB-Satzung ist der DFB die Vereinigung der Landesverbände, Regionalverbände und des Ligaverbandes, in denen Fußballsport betrieben wird und in der Rechtsform des eingetragenen Vereins organisiert. Demgegenüber ist die DFL als GmbH ausgestaltet.

Da sich die einleitend dargestellten gesellschaftsrechtlichen Organisationspflichten aus §§ 91 Abs. 2, 93 Abs. 1 S. 1 AktG und § 43 Abs. 2 GmbHG gerade nicht an die Rechtsform des eingetragenen Vereins richten, besteht eine entsprechende Pflicht aus diesen Normen für den DFB-Vorstand nicht, so dass ein persönliches zivilrechtliches Haftungsrisiko nur für die Organe der DFL gegenüber dem Unternehmen besteht. Die Vorstandsmitglieder des DFB müssten eine entsprechende Inanspruchnahme durch den DFB hingegen nicht befürchten.

Sowohl auf den DFB als auch auf die DFL sind hingegen die Normen des Ordnungswidrigkeitenrechts anwendbar:

Aufgrund des weiten Verständnisses des Adressatenkreises des § 130 OWiG kann nämlich auch der rechtsfähige Verein Inhaber eines Betriebes sein.[379] Der pflichtwidrig Handelnde muss hierbei nicht notwendig ein Betriebsangehöriger

---

378 vgl. hierzu nachfolgend: 2. Kapitel C. und D.

379 Vgl. insoweit KK/OWiG – *Rogall*, § 130, Rn. 25 der dies auch für den nichtrechtsfähigen Verein annimmt.

sein, so dass das Bestehen eines Vertragsverhältnisses zwischen DFB und Schiedsrichter bzw. das Direktionsrecht der DFL gegenüber dem Schiedsrichter zur Zurechnung ausreichend ist.[380] Ferner fallen sowohl der eingetragene Verein als auch die GmbH in den Anwendungsbereich des § 30 Abs. 1 Nr. 1 OWiG.[381] Die von den Schiedsrichtern Hoyzer und Marks begangenen Pflichtverletzungen stellen darüber hinaus einen Bezug zum Betrieb des DFB bzw. der DFL dar und bestehen im Zusammenhang mit dem Wirkungskreis des DFB, so dass der Anwendungsbereich der §§ 9, 30, 130 OWiG eröffnet ist. Insoweit ist beispielsweise anerkannt, dass ein hinreichender Bezug zum Betrieb des Kasinos vorliegt, wenn ein Croupier ein manipuliertes Spiel durchführt.[382] Die Manipulation eines Fußballspiels durch einen Schiedsrichter ist insofern mit dieser Fallkonstellation durchaus vergleichbar. Insbesondere bewegen sich sowohl der Croupier als auch der Schiedsrichter bei Ausübung der ihnen übertragenen Spielleitung im Wirkungskreis der jeweiligen juristischen Person „Kasino" bzw. DFB.

Eine Geldbuße nach dem Gesetz über Ordnungswidrigkeiten käme insofern sowohl gegen den DFB bzw. die DFL als juristische Person als auch gegen deren Organe bei Feststellung eines Unterlassens der erforderlichen Aufsichtsmaßnahmen grundsätzlich in Betracht.

Ob jedoch bereits hieraus – wie von *Brouwer*[383] angenommen – abgeleitet werden kann, dass den Vereinsvorstand die Pflicht zur Implementierung eines Compliance-Systems trifft, ist in Anbetracht der einleitenden Ausführungen zu Compliance-Systemen zweifelhaft. Festzuhalten ist aber, dass sowohl den DFB als auch den Vorstand ein Haftungsrisiko bei mangelnder Überwachung über die Normen des Ordnungswidrigkeitenrechts trifft. Die sorgfältige Überwachung ist daher ohnehin anzuraten. Dies gilt für die DFL bzw. dessen Organe im Hinblick auf die bestehenden zivilrechtlichen Haftungsrisiken sogar noch verstärkt.

Zusammenfassend ist damit festzustellen, dass die Anwendbarkeit der Tatbestände des Ordnungswidrigkeitenrechts auf den DFB bzw. die DFL wie auch auf ihre Organe und das damit bestehende Haftungsrisiko in Form einer Geldbuße in Höhe von maximal zehn Millionen EUR durchaus geeignet ist, die Bewirkung präventiver Maßnahmen im Hinblick auf Wirtschaftsstraftaten durch die Organe zu fördern. Die Ergreifung entsprechender Maßnahme liegt somit in ihrem ureigensten Interesse.

---

380 Vgl. Göhler – *Gürtler*, § 130, Rn. 19.
381 Göhler – *Gürtler*, § 30, Rn. 2.
382 KK/OWiG – *Rogall*, § 130, Rn. 105.
383 *Brouwer*, AnwBl 2010, 663 (665).

Kritisch zu sehen ist in diesem Zusammenhang jedoch, dass im Vereinsrecht keine den §§ 91 Abs. 2, 93 Abs. 1 S. 1 AktG und § 43 Abs. 2 GmbHG entsprechenden Normen existieren und somit für den Vereinsvorstand bei Verletzung der entsprechenden Aufsichts- und Überwachungspflichten keine zivilrechtlichen Haftungsrisiken bestehen. Zwar kann der Repräsentant neben der juristischen Person gemäß § 31 BGB als Gesamtschuldner haften, sofern er einen ihn treffenden Haftungstatbestand verwirklicht.[384] Dies begründet jedoch keinen Anspruch des Vereins selbst gegen seine Organe, so dass dem Vereinsvorstand eine zivilrechtliche Haftung für Schäden des Vereins, welche durch Korruptionsstraftaten seiner Angestellten oder Beauftragten entstehen, gerade nicht droht. Die entsprechenden Schadenssummen können im konkreten Einzelfall erhebliche Summen erreichen, ohne dass der Verein einen Ausgleichsanspruch gegen seine Organe geltend machen kann. So wurde im Rahmen der juristischen Abwicklung des von Robert Hoyzer manipulierten Spiels zwischen dem SC Paderborn und dem Hamburger SV im DFB-Pokal beispielsweise ein Vergleich zwischen dem DFB und dem Hamburger SV geschlossen und dem Hamburger SV ein finanzieller Ausgleich in Höhe von 2 Millionen EUR gewährt.[385]

IV. Maßnahmen zur effektiven Prävention von Wirtschaftskriminalität

Vor dem Hintergrund der dargestellten Einschlägigkeit präventiv wirkender Normen und deren Effektivität, ist im Folgenden zu erörtern, welche Maßnahmen zur Steigerung der Effektivität durch den Gesetzgeber getroffen werden können. Weiterhin ist darzustellen, welche Maßnahmen durch den DFB – im Hinblick auf seine Überwachungspflichten aus §§ 9, 30, 130 OWiG – und die DFL – insbesondere unter Berücksichtigung der noch weitergehenden gesellschaftsrechtlichen Haftungsrisiken – ergriffen werden können, um die Begehung von Straftaten durch Schiedsrichter und damit ein Haftungsrisiko zu vermeiden.

384 Bamberger/Roth – *Schöpflin*, § 31, Rn. 27.

385 Vgl. Süddeutsche Zeitung – Online vom 11. Februar 2005, „HSV wird mit zwei Millionen Euro entschädigt" (abrufbar unter: http://www.sueddeutsche.de/sport/wett-skandal-hsv-wird-mit-zwei-millionen-euro-entschaedigt-1.926018; zuletzt abgerufen am 3. Juli 2023).

1. *Maßnahmen des Gesetzgebers*

Hinsichtlich der Maßnahmen, die der Gesetzgeber zur Prävention von Wirtschaftskriminalität – insbesondere im Sport – ergreifen kann, existieren vielzählige Ansatzpunkte. Auch hierbei ist wiederum zwischen der präventiven Wirkung des Strafrechts (die sich an die natürlichen Personen richtet) und der innengesteuerten Prävention (die sich auf die juristischen Personen bezieht) zu differenzieren.

a) Strafrecht

Wie bereits erwähnt entfaltet die Pönalisierung bestimmter Handlungen bis zu einem gewissen Grad eine abschreckende Wirkung und kann insoweit eine geeignete Präventionsmaßnahme darstellen. Insbesondere die Erhöhung der Entdeckungswahrscheinlichkeit ist in diesem Zusammenhang ein wesentliches Kriterium der Prävention von Wirtschaftskriminalität.

Wie nachfolgend noch aufzuzeigen sein wird, kommt den Verbänden im Rahmen der Bekämpfung von Wirtschaftsstraftaten – insbesondere unter dem Aspekt der Erhöhung der Entdeckungswahrscheinlichkeit – eine bedeutende Rolle zu. Jedoch wird hierbei selbst von *Rainer Koch*, Vizepräsident des DFB, eingeräumt, dass „der Sport allein nicht alle Fälle lösen kann" und insbesondere im Rahmen der Sachverhaltsaufklärung auf hoheitliche Ermittlungsarbeit angewiesen ist.[386]

aa) Einführung neuer Straftatbestände

Wie festgestellt, lässt sich die Manipulation von Wettkampfergebnissen durch Beeinflussung des Schiedsrichters nur schwerlich und dogmatisch zumindest nicht unumstritten unter den Tatbestand des Betruges gemäß § 263 StGB subsumieren. Diese ohnehin schon umstrittene Subsumtion der Rechtsprechung ist bereits bei geringen Abwandlungen im Sachverhalt nicht mehr durchführbar.

Zudem führt die Rechtsprechung des Bundesgerichtshofs zu den Anforderungen an die Feststellung des Vermögensschadens in Fällen, in denen ein Wettgewinn – beispielsweise aufgrund missglückter Manipulation – nicht ausbezahlt wird, zu nicht handhabbaren tatsächlichen Schwierigkeiten.[387]

---

386 Vgl. Interview mit Rainer Koch auf Spiegel-Online vom 13. Dezember 2008, „Der Sport kann nicht alle Fälle lösen" (abrufbar unter: http://www.spiegel.de/sport/fussball/0,1518,596209,00.html; zuletzt abgerufen am 3. Juli 2023).

387 Vgl. nur *Schiemann*, NJW 2013, 888 (888); *Jäger*, JA 2013, 868 (870); *Leipold*, NJW-Spezial 2013, 184; *Saliger*, in: „Schriftliche Antworten zum Fragenkatalog zum

Letztlich ist zu berücksichtigen, dass die Verurteilung der Schiedsrichter Hoyzer und Marks wegen Beihilfe zum Betrug gemäß §§ 263, 27 StGB nicht mit dem Verständnis der Öffentlichkeit, die nicht die Verletzung der Vermögensinteressen der Wettanbieter, sondern vielmehr die Manipulation des sportlichen Wettkampfes als Grund für eine Verurteilung begreift, korrespondiert.[388]

Angesichts dieser Umstände wird in der Literatur vermehrt die Einführung neuer Straftatbestände gefordert.[389] Hierbei haben sich – soweit ersichtlich – die „Tathandlungen" der Abgabe der Wette, der Manipulationsvereinbarung und die tatsächlich vorgenommene Manipulationshandlung als mögliche Anknüpfungspunkte für ein strafbares Verhalten herausgebildet.[390]

Nachfolgend soll insbesondere mit Blick auf die „ultima-ratio-Funktion" des Strafrechts untersucht werden, ob unter Berücksichtigung rechtsstaatlicher Anforderungen an die Voraussetzungen der Strafgesetzgebung – de lege ferenda – legitime Einsatzmöglichkeiten des „scharfen Schwerts" des Strafrechts hinsichtlich der einzelnen Anknüpfungspunkte überhaupt sinnvoll in Betracht gezogen werden können.

α) Rechtsstaatliche Anforderungen

Bevor auf die einzelnen Anknüpfungspunkte zur Einführung neuer Straftatbestände eingegangen wird, ist vorab darzulegen, an welchen rechtsstaatlichen und verfassungsrechtlichen Anforderungen sich eine legitime Kriminalisierung sozialethisch „unerwünschter" Verhaltensweisen auszurichten hat.

Bereits aus den verfassungsrechtlichen Prinzipien der Angemessenheit und Verhältnismäßigkeit ergibt sich dabei, dass ein Rechtsgüterschutz durch das Strafrecht – als ein Instrumentarium der gesamten Rechtsordnung – lediglich die letzte unter allen in Betracht zu ziehenden Schutzmaßnahmen sein darf und damit nur dann einzusetzen ist, wenn andere Mittel der sozialen Problemlösung

---

Expertentreffen am 19. Mai 2014 im Bundesministerium des Innern" vom 4 Juli 2014 (abrufbar unter: https://www.bmi.bund.de/SharedDocs/downloads/DE/veroeffentlichungen/2014/stellungnahmen-experten-spielmanipulation.html, zuletzt abgerufen am 3. Juli 2023).

388 So auch *König*, SpuRt 2010, 106 (107).

389 Die Umsetzung ist – wie zuvor dargelegt – zwischenzeitlich erfolgt.

390 Vgl. „Schriftliche Antworten der Expertinnen und Experten zum Fragenkatalog zum Expertentreffen am 19. Mai 2014 im Bundesministerium des Innern" vom 4. Juli 2014 (abrufbar unter: https://www.bmi.bund.de/SharedDocs/downloads/DE/veroeffentlichungen/2014/stellungnahmen-experten-spielmanipulation.html, zuletzt abgerufen am 3. Juli 2023).

versagen.[391] Dem sich hieraus ergebenden Übermaßverbot kommt daher bei der Überprüfung einer Strafnorm eine herausragende Bedeutung zu.[392]

Strafrecht – in seiner Funktion, die Grundlagen eines geordneten Gemeinschaftslebens zu schützen – wird als „ultima ratio" des Rechtsgüterschutzes nur dann eingesetzt, „wenn ein bestimmtes Verhalten über sein Verbotensein hinaus in besonderer Weise sozialschädlich und für das geordnete Zusammenleben der Menschen unerträglich, seine Verhinderung daher besonders dringlich ist".[393]

Maßgeblich ist bei dieser Beurteilung insbesondere eine Gesamtbetrachtung, die den Wert des verletzten Rechtsgutes, das Maß der Sozialschädlichkeit der Verletzungshandlung sowie die Schutzbedürftigkeit der Betroffenen berücksichtigt.[394]

Im Kern der Beurteilung der Legitimität von Straftatbeständen steht somit zunächst die Frage, welches Rechtsgut durch die entsprechende Strafvorschrift geschützt werden soll.[395] In diesem Zusammenhang führen dabei regelmäßig die zur Begründung der Kriminalisierung herangezogenen Universalrechtsgüter zu kritischen Diskussionen über die Grenzen strafrechtlicher Intervention und die Einhaltung des Übermaßverbotes und der „ultima-ratio-Funktion".[396] Im Rahmen der vorliegend zu behandelnden Thematik kann auf den bestehenden Streitstand über die Rechtsgüterdefinition und den Schutz von Universalrechtsgütern lediglich hingewiesen werden. Eine vertiefende Auseinandersetzung mit den relevanten vertretenen Ansichten würde den Rahmen dieser Ausarbeitung deutlich sprengen.

Dies vorangestellt, sind nachfolgend die entsprechenden in Betracht gezogenen Anknüpfungspunkte unter der konkreten Berücksichtigung der verfassungsrechtlich verankerten Vorgaben auf die Legitimität der Einführung neuer Straftatbestände hin zu untersuchen.

---

391 Vgl. *Roxin*, AT I, § 2, Rn. 97.

392 *Jahn*, ZIS 2006, 57 (58).

393 BVerfGE 88, 203 (258).

394 Vgl. nur BVerfGE 45, 187.

395 Vgl. *Prittwitz*, in: FS-Schiller, 512 (532); so auch *Jahn*, ZIS 2006, 57 (58).

396 Siehe nur *Roxin*, AT I, § 2, Rn. 10; *Prittwitz*, in: FS-Schiller, 512 (529); *ders.*, ZIS 2012, 217 (220); *Jahn*, ZIS 2006, 57 (58); *Rössner*, in: FS-Mehle, 567 (572); die Legitimität des Schutzes von Individualrechtsgütern wie Leib, Leben, Eigentum und Freiheit ist demgegenüber regelmäßig unproblematisch.

β) Anknüpfung an Wettabgabe

Unabhängig von der Frage, ob die Einführung neuer Straftatbestände aufgrund der tatsächlichen Manipulation von Wettkampfergebnissen erforderlich erscheint, wird – insbesondere vor dem Hintergrund der zuvor dargelegten Probleme bezüglich der Feststellung eines Vermögensschadens in Fällen in denen ein Wettgewinn nicht ausgezahlt wird – die Einführung eines entsprechenden Straftatbestandes ohne das Erfordernis eines Vermögensschadens in Betracht gezogen.[397] Unter Berücksichtigung, dass die Einführung eines Straftatbestandes ausschließlich der Schließung bestehender Strafbarkeitslücken dienen würde, stünden – wie auch im Rahmen von § 263 StGB – die Vermögensinteressen der Wettanbieter als zu schützendes Rechtsgut im Fokus. Der Schutz von Vermögensinteressen als Individualrechtsgut mag – für sich genommen – ein legitimes Rechtsgut zur Einführung eines Straftatbestandes darstellen, jedoch ist insoweit fraglich, ob vorliegend eine entsprechende Schutzbedürftigkeit besteht.

Die Vorschläge zur Einführung eines neuen Straftatbestandes orientieren sich dabei insbesondere an den Formulierungen der §§ 264, 264a, 265, 265b StGB.[398] Hierbei handelt es sich um Tatbestände, die lediglich auf eine Täuschungshandlung abstellen und eine Strafbarkeit anerkanntermaßen vorverlagern.[399] Dementsprechend könnte auch ein Wettbetrugstatbestand denkbar sein, der auf die Tatbestandsmerkmale „Irrtum", „Vermögensschaden" und „Bereicherungsabsicht" verzichtet und bereits die Abgabe einer Wette in Manipulationsabsicht unter Strafe stellt.[400]

397 Vgl. etwa *Mühlbauer*, in: „Schriftliche Antworten zum Fragenkatalog zum Expertentreffen am 19. Mai 2014 im Bundesministerium des Innern" vom 4. Juli 2014 (abrufbar unter: https://www.bmi.bund.de/SharedDocs/downloads/DE/veroeffentlichungen/2014/stellungnahmen-experten-spielmanipulation.html, zuletzt abgerufen am 3. Juli 2023).

398 Vgl. insbesondere Antworten zu Frage 1, in: „Schriftliche Antworten zum Fragenkatalog zum Expertentreffen am 19. Mai 2014 im Bundesministerium des Innern" vom 4. Juli 2014 (abrufbar unter: https://www.bmi.bund.de/SharedDocs/downloads/DE/veroeffentlichungen/2014/stellungnahmen-experten-spielmanipulation.html, zuletzt abgerufen am 3. Juli 2023).

399 *Norouzi*, in: „Schriftliche Antworten zum Fragenkatalog zum Expertentreffen am 19. Mai 2014 im Bundesministerium des Innern" vom 4. Juli 2014 (abrufbar unter: https://www.bmi.bund.de/SharedDocs/downloads/DE/veroeffentlichungen/2014/stellungnahmen-experten-spielmanipulation.html, zuletzt abgerufen am 3. Juli 2023); kritisch zum Rechtsgut des § 265 StGB: *Roxin*, AT I, § 2, Rn. 10.

400 *Saliger*, in: „Schriftliche Antworten zum Fragenkatalog zum Expertentreffen am 19. Mai 2014 im Bundesministerium des Innern" vom 4. Juli 2014 (abrufbar unter: https://www.bmi.bund.de/SharedDocs/downloads/DE/veroeffentlichun

Zu Recht wird jedoch die Einführung eines solchen Straftatbestandes ganz überwiegend abgelehnt.[401] Insbesondere im Vergleich mit den Schutzzwecken der genannten Normen – etwa dem Schutz des staatlichen Subventionswesen, dem Schutz der Funktionsfähigkeit der Kredit- und Volkswirtschaft oder der Zuverlässigkeit des Kapitalmarktes – wäre nicht darstellbar, warum der Schutz der Vermögensinteressen von Wettanbietern diesen Schutzzwecken nahe kommt und ein vergleichbar schützenswertes Rechtsgut darstellt.[402]

Zudem erscheinen die zuvor dargelegten Strafbarkeitslücken – mit Blick auf das Rechtsgut des Vermögensinteresses des Wettanbieters – als hinnehmbar. Insbesondere in den Fällen, in denen ein Vermögensschaden – mangels erfolgter Auszahlung – nicht errechnet werden kann, entsteht den Wettanbietern – gerade auf Grund der nicht erfolgten Auszahlung – regelmäßig wohl auch kein relevanter Vermögensnachteil. Vielmehr können die Wettanbieter in diesen Fällen den Wetteinsatz einbehalten. Sofern also eine Strafbarkeit nach § 263 StGB nicht begründet werden kann, so besteht kein relevantes Bedürfnis, das Vermögen der Wettanbieter über den Betrugstatbestand hinaus zu schützen.[403]

Die Einführung eines entsprechenden Tatbestandes zum Schutz der Vermögensinteressen der Wettanbieter über den Straftatbestand von § 263 StGB hinaus ist insoweit abzulehnen.

---

gen/2014/stellungnahmen-experten-spielmanipulation.html zuletzt abgerufen am 3. Juli 2023).

401 Vgl. insbesondere *Saliger*, *Hefendehl*, *Michalke*, *Schild*, *Wohlers* und *Norouzi*, in: „Schriftliche Antworten zum Fragenkatalog zum Expertentreffen am 19. Mai 2014 im Bundesministerium des Innern" vom 4. Juli 2014 (abrufbar unter: https://www.bmi.bund.de/SharedDocs/downloads/DE/veroeffentlichungen/2014/stellungnahmen-experten-spielmanipulation.html zuletzt abgerufen am 3. Juli 2023).

402 *Saliger* und *Norouzi*, in: „Schriftliche Antworten zum Fragenkatalog zum Expertentreffen am 19. Mai 2014 im Bundesministerium des Innern" vom 4. Juli 2014 (abrufbar unter: https://www.bmi.bund.de/SharedDocs/downloads/DE/veroeffentlichungen/2014/stellungnahmen-experten-spielmanipulation.html, zuletzt abgerufen am 3. Juli 2023).

403 *Saliger*, in: „Schriftliche Antworten zum Fragenkatalog zum Expertentreffen am 19. Mai 2014 im Bundesministerium des Innern" vom 4. Juli 2014 (abrufbar unter: https://www.bmi.bund.de/SharedDocs/downloads/DE/veroeffentlichungen/2014/stellungnahmen-experten-spielmanipulation.html, zuletzt abgerufen am 3. Juli 2023).

γ) *Anknüpfung an Manipulationsvereinbarung*

Einen weiteren – erheblich umfassender diskutierten – Anknüpfungspunkt für die Einführung neuer Straftatbestände stellt die Manipulationsvereinbarung zwischen Wettspieler und tatsächlich Manipulierendem dar.

Hintergrund dieser Diskussion ist dabei die zuvor bereits angedeutete Frage, ob es ausreicht, Manipulationen von Sportwettbewerben lediglich im Zusammenhang mit der Tathandlung des „Wettbetruges" unter Strafe zu stellen und die Manipulation als solche als reine Angelegenheit der Sportverbände zu betrachten oder ob der Bereich des Sports einen unmittelbar staatlichen Schutz über die Einführung von Straftatbeständen erfordert.[404]

In Anbetracht der einleitend dargelegten rechtsstaatlichen Anforderungen ist dabei – vor einer Auseinandersetzung mit der konkreten Ausgestaltung und Verortung eines entsprechenden Tatbestandes – zunächst zu hinterfragen, welches Rechtsgut durch den Einsatz des Strafrechts geschützt werden soll.

(1) *„Integrität des Sports"*

In der straf- und sportrechtlichen Literatur sind in jüngerer Vergangenheit vielzählige Rechtsgüter angeführt worden, welche den legitimen Einsatz des Strafrechts zum Schutz vor Manipulationen sportlicher Wettbewerbe begründen sollen. Sofern die Einnahme von Dopingmitteln – welche vorliegend gerade nicht Gegenstand der Ausarbeitung sein soll – ebenfalls als Manipulation von sportlichen Wettbewerben begriffen werden kann, ist nachfolgend auch auf diesbezügliche Ansätze zur Einführung eines Straftatbestandes des „Sportbetruges" einzugehen. Konkret werden dabei die folgenden Rechtsgüter angeführt:

- das Sportethos (als Gesamtbegriff für Fairplay, Chancengleichheit sowie die Glaubwürdigkeit im Leistungssport)[405]
- die Fairness und Chancengleichheit[406]
- die Glaubwürdigkeit und Vorbildfunktion[407]
- der sportliche Wettbewerb[408]

---

404 Vgl. *Rössner*, FS-Mehle, 567 (569).

405 *Cherkeh/Momsen*, NJW 2001, 1745 (1747 f.) bezogen auf Manipulation durch Doping.

406 *König*, SpuRt 2010, 106 (107); *Fritzweiler*, SpuRt 1998, 234 (234 f.) ebenfalls bezogen auf Manipulation durch Doping.

407 Entwurfsbegründung zum Gesetz zum Schutze der Integrität des Sports, S. 23.

408 *Mühlbauer*, in: „Schriftliche Antworten zum Fragenkatalog zum Expertentreffen am 19. Mai 2014 im Bundesministerium des Innern" vom 4. Juli 2014 (abrufbar unter: https://www.bmi.bund.de/SharedDocs/downloads/DE/veroeffentlichungen/2014/stellungnahmen-experten-spielmanipulation.html, zuletzt abgerufen am 3. Juli 2023).

- Vertrauen der Bevölkerung in die Reinheit des Sports[409]

In der aktuellen Diskussion um die Einführung neuer Straftatbestände werden die zuvor angeführten Umschreibungen unter dem Begriff der „Integrität des Sports“ zusammengefasst und als zu schützendes Rechtsgut angeführt.[410] Exemplarisch fasst der Entwurf des Bayerischen Justizministeriums zum Gesetz zum Schutz der Integrität des Sports im Rahmen seiner Begründung für die Einführung entsprechender Straftatbestände die oben angeführten Umschreibungen wie folgt zusammen[411]:

> *„Der Sport ist für die Gesellschaft von herausragender Bedeutung. Er stärkt das soziale Miteinander und steht für Fairness, Gesundheit und Bewegung. Der Sport gibt den Menschen die Möglichkeit, durch Anstrengung und Training ihre Leistungsgrenzen zu verschieben. Er lehrt sie, sich über Siege zu freuen und Niederlagen zu akzeptieren.*
>
> *Dieser Wertigkeit entspricht es, dass im aktuellen Koalitionsvertrag die Schaffung weitergehender strafrechtlicher Regelungen beim Kampf gegen Doping und Spielmanipulationen vereinbart ist.*
>
> *Doping und Spielmanipulationen zerstören den Sport, sie berauben ihn seiner Glaubwürdigkeit und Vorbildfunktion. Die schädigenden Auswirkungen des Dopings für die Gesundheit der Sportler verstärken dabei die Notwendigkeit, hier mit aller Entschiedenheit einzuschreiten.*
>
> *Die Doping- und Manipulationsskandale der letzten Jahre haben gezeigt, dass der Sport der Probleme allein nicht Herr wird. Es ist Aufgabe des Staates, zum Schutze der Gesundheit von Sportlerinnen und Sportlern sowie des sportlichen Wettbewerbs strafrechtliche Regelungen zu schaffen, die ein umfassendes und effektives Instrumentarium im Kampf gegen Doping und Spielmanipulationen bieten. Hierfür ist ein gesondertes Gesetz zum Schutze der Integrität des Sports der richtige Regelungsort.“*

---

409 Im Ergebnis ablehnend: *Hefendehl*, in: „Schriftliche Antworten zum Fragenkatalog zum Expertentreffen am 19. Mai 2014 im Bundesministerium des Innern“ vom 4. Juli 2014 (abrufbar unter: https://www.bmi.bund.de/SharedDocs/downloads/DE/veroeffentlichungen/2014/stellungnahmen-experten-spielmanipulation.html, zuletzt abgerufen am 3. Juli 2023).

410 So auch bereits der titelgebende Entwurf des Bayerischen Justizministerium zum Gesetz zum Schutze der Integrität des Sports; vgl. auch *Bachmann, Blask, Englisch* und *Nolte*, in: „Schriftliche Antworten zum Fragenkatalog zum Expertentreffen am 19. Mai 2014 im Bundesministerium des Innern“ vom 4. Juli 2014 (abrufbar unter: https://www.bmi.bund.de/SharedDocs/downloads/DE/veroeffentlichungen/2014/stellungnahmen-experten-spielmanipulation.html, zuletzt abgerufen am 3. Juli 2023).

411 Entwurfsbegründung zum Gesetz zum Schutze der Integrität des Sports, S. 1.

Auch der im November 2014 veröffentlichte Referentenentwurf des Bundesministeriums der Justiz und für Verbraucherschutz, des Bundesministeriums des Innern und des Bundesministeriums für Gesundheit zur Einführung eines Gesetzes zur Bekämpfung von Doping im Sport (Anti-Doping-Gesetz – Anti-DopG)[412] sieht vor:

> *„§ 1 Zweck des Gesetzes*
>
> *Dieses Gesetz dient der Bekämpfung des Einsatzes von Dopingmitteln und Dopingmethoden, um die Gesundheit der Sportlerinnen und Sportler zu schützen, die Fairness und Chancengleichheit bei Sportwettbewerben zu sichern und damit zur Erhaltung der Integrität des Sports beizutragen."*

Seitens der Befürworter des entsprechenden Rechtsgutes wird ergänzend auf § 1 S. 1 Nr. 5 GlüStV hingewiesen, welcher den Schutz der Integrität des sportlichen Wettbewerbs als Zielsetzung der Regulierung des Glücksspiels durch den Staat normiere.[413] Zudem finde die Notwendigkeit der Förderung und des Schutzes des Sports durch den Staat seinen Ausdruck in den landesverfassungsrechtlichen Staatszielen.[414]

So sehr den Umschreibungen der Grundwerte des Sports und der Hervorhebung seiner gesellschaftlichen und kulturellen Bedeutung beizupflichten sein mag, so zustimmungswürdig sind jedoch die Argumentationsstränge gegen die Annahme, dass es sich hierbei um ein strafrechtlich zu schützendes Rechtsgut handelt:

Auch wenn Fairness und Vorbildfunktion zentrale Werte des Sports darstellen[415] und der Sport hierdurch auch erheblich zur Persönlichkeitsentwicklung beitragen mag[416], genügen diese – im Ergebnis eben nur „moralischen" – Werte

---

412 Vgl. Referentenentwurf vom 10. November 2014 (abrufbar unter: https://www.bmi.bund.de/SharedDocs/downloads/DE/veroeffentlichungen/2014/stellungnahmen-experten-spielmanipulation.html, zuletzt abgerufen am 3. Juli 2023).

413 *Englisch/Nolte*, in: „Schriftliche Antworten zum Fragenkatalog zum Expertentreffen am 19. Mai 2014 im Bundesministerium des Innern" vom 4. Juli 2014 (abrufbar unter: https://www.bmi.bund.de/SharedDocs/downloads/DE/veroeffentlichungen/2014/stellungnahmen-experten-spielmanipulation.html, zuletzt abgerufen am 3. Juli 2023).

414 *Blask*, in: „Schriftliche Antworten zum Fragenkatalog zum Expertentreffen am 19. Mai 2014 im Bundesministerium des Innern" vom 4. Juli 2014 (abrufbar unter: https://www.bmi.bund.de/SharedDocs/downloads/DE/veroeffentlichungen/2014/stellungnahmen-experten-spielmanipulation.html, zuletzt abgerufen am 3. Juli 2023).

415 *Kudlich*, SpuRt 2010, 108.

416 *Prittwitz*, FS-Schiller, 512 (534).

nicht den Anforderungen an eine rechtsgutsbezogene Legitimierung von Strafnormen.[417] Insbesondere ist dabei zu berücksichtigen, dass moralische Werte gerade keines strafrechtlichen Schutzes bedürfen[418] und die Existenz eines moralischen Wertes allein nicht ausreicht um seine Förderung mit staatlichem Zwang durchzusetzen.[419] Zudem werden die gewählten Begrifflichkeiten, wie „Fairness" und „Chancengleichheit" als zu unbestimmt und diffus angesehen[420] um einen staatlichen Schutz durch Zwang zu rechtfertigen. Dies gilt entsprechend auch dann, wenn diese Umschreibungen letztlich in dem Begriff „Integrität des Sports" zusammengeführt werden, da auch diese vage Umschreibung des Universalrechtsguts ohne weitere Konkretisierung mangels Bestimmtheit keinen Einsatz des „scharfen Schwert" des Strafrechts rechtfertigen kann. Eng mit diesem Umstand verknüpft ist zudem auch das im Sportrecht etablierte „Subsidiaritätsprinzip", wonach der Staat nur dann eingreifen soll, wenn die Verbände ihre ureigenen und nach Art. 9 GG verfassungsrechtlich geschützten Aufgaben nicht mehr erfüllen können[421]. *Schattmann* formuliert die Grundsätze des „Subsidiaritätsprinzips" wie folgt: „Mit Blick auf das Subsidiaritätsprinzip muss das Strafrecht das einzige Mittel sein, den Missstand wirksam zu bekämpfen"[422]. Letztlich zeigt sich hieran, dass das Subsidiaritätsprinzip im Sportrecht – zumindest im Verhältnis zum Strafrecht – lediglich eine Ausprägung der „ultima-ratio-Funktion" ist. Sofern jedoch der vage und unbestimmte Rechtsgutbegriff der „Integrität des Sports" verwendet wird, so ist – mit Blick auf das Subsidiaritätsprinzip und die ultima-ratio-Funktion – darauf hinzuweisen, dass jegliche Handlungen die gegen die – vom Sportverband selbst aufgestellten – Regeln verstoßen die „Integrität des Sports" und Werte wie Fairness, Vorbildfunktion und Chancengleichheit verletzen können. So würde es zu der Situation kommen können, dass „Handlungen wie z.B. der Einsatz eines nicht regelkonformen Spoilers in der Formel 1 oder nicht regelkonformer Badeanzüge im Schwimmsport durch das (staatliche) Strafrecht kriminalisiert und pönalisiert werden"[423]. Die

---

417 *Prittwitz*, FS-Schiller, 512 (534); *Ferragina*, S. 193 ff.; *Kudlich*, SpuRt 2010, 108; *Hauptmann*, SpuRt 2005, 239 (242); *Greco*, GA 2010, 622 (628).

418 *Kudlich*, SpuRt 2010, 108; *ders.*, SpuRt 2012, 54.

419 Vgl. *Greco*, GA 2010, 622 (628).

420 *Jahn*, ZIS 2006, 57 (58); *Hefendehl*, in: „Schriftliche Antworten zum Fragenkatalog zum Expertentreffen am 19. Mai 2014 im Bundesministerium des Innern" vom 4. Juli 2014 (abrufbar unter:

421 Vgl. *Hutz/Kaiser*, NZWiSt 2013, 379 (381).

422 *Schattmann*, S. 157.

423 *Hutz/Kaiser*, NZWiSt 2013, 379 (385).

Überwachung der Einhaltung der sportlichen Regeln ist jedoch zentrale Aufgabe der Sportverbände. Etwaige Verstöße können über sportrechtliche Strafordnungen durch die jeweiligen Sportgerichte hinreichend bestraft werden. Es ist nicht ersichtlich, dass solche Regelverletzungen lediglich durch das Strafrecht bekämpft werden können. Auch vor diesem Hintergrund ist daher das Rechtsgut der „Integrität des Sports“ zu vage und unbestimmt.

Hieran ändert auch der Hinweis auf § 1 Abs. 1 Nr. 5 GlüStV und die ausdrückliche Erwähnung des Schutzes der Integrität des Sports nichts. Insbesondere unter Berücksichtigung der „ultima-ratio-Funktion“ kann der Staat durchaus Maßnahmen zum Schutz der Integrität des Sports (hier bezogen auf die Wettmanipulation) ergreifen. Dies bedeutet jedoch im Umkehrschluss gerade nicht, dass es sich hierbei auch ein strafrechtlich legitimes Rechtsgut handeln muss. Der strafrechtliche Schutz wäre vielmehr die letzte zu ergreifende Möglichkeit des Staates. Insbesondere weist die Erläuterung zur Entwurfsfassung zum GlüStV ausdrücklich darauf hin, dass es weiterhin Aufgabe der Sportler, Sportveranstalter und nationaler sowie internationaler Sportverbände ist, die Integrität des Sports zu sichern.[424]

Zudem ist darauf hinzuweisen, dass der Sport zwar landesverfassungsrechtlich geschützt sein mag, sich hieraus jedoch keine Kompetenzen des Bundesgesetzgebers ableiten lassen.[425]

Nach der hier vertretenen Ansicht ist somit der Vorschlag, die Integrität des Sports als zu schützendes Rechtsgut eines einzuführenden Straftatbestandes anzuführen, abzulehnen.

(2) Wettbewerbsfreiheit

Ein weiterer Ansatz zur Bestimmung eines legitimen Rechtsgutes ist das Abstellen auf den Schutz des kommerziellen Wettbewerbs.[426] Hiernach seien „wettbewerbsverfälschende Manipulationen jedenfalls im marktwirtschaftlich

---

424 Vgl. Erläuterungen zur Entwurfsfassung des Ersten Glücksspieländerungsstaatsvertrag, S. 40 (abrufbar unter: https://innen.hessen.de/sites/innen.hessen.de/files/2021-06/111207_erlaeuterungen_erster_glueaendstv_0.pdf, zuletzt abgerufen am 3. Juli 2023).

425 Vgl. auch *Hefendehl*, in: „Schriftliche Antworten zum Fragenkatalog zum Expertentreffen am 19. Mai 2014 im Bundesministerium des Innern“ vom 4. Juli 2014 (abrufbar unter: https://www.bmi.bund.de/SharedDocs/downloads/DE/veroeffentlichungen/2014/stellungnahmen-experten-spielmanipulation.html, zuletzt abgerufen am 3. Juli 2023).

426 Vgl. nur *Rössner*, FS-Mehle, 567 (573 ff.); *ders.*, in: Adolphsen/Nolte/Lehner/Gerlinger, Rn. 1726; *Greco*, GA 2010, 622 (629 ff.).

orientierten Berufs- und Leistungssport als Angriff auf den freien Wettbewerb in gleicher Weise wie in der Wirtschaft" zu werten".[427] Die Wettbewerbsfreiheit als Universalrechtsgut, welches zwar erst seit kurzer Zeit den Schutz des Strafrechts genießt, ist dabei weitestgehend als legitimes Rechtsgut anerkannt.[428] Beruhend auf dem Leistungsprinzip und dem Bewusstsein der Bevölkerung von der Rationalität und Öffentlichkeit des Marktes, garantiert die Wettbewerbsfreiheit das Funktionieren der marktwirtschaftlichen Ordnung.[429]

Gegen die Einführung eines Straftatbestandes, basierend auf dem Rechtsgut der Wettbewerbsfreiheit wird jedoch im Rahmen der vorzunehmenden Gesamtbetrachtung eingewandt, dass hinter den Vorschriften der §§ 298 ff. StGB – also derjenigen Vorschriften, die im Kernstrafrecht den Schutz der Wettbewerbsfreiheit normieren – der Grundgedanke steht, dass die durch Wettbewerbsverzerrung herbeigeführten Sog- und Spiraleffekte (bspw. durch Nachahmung) letztendlich auch die finanziellen Interessen der Endverbraucher – und damit wiederum individuelle Interessen – berührt sind.[430] Selbst unter Berücksichtigung der „immensen wirtschaftlichen Dimensionen"[431] des professionalisierten und ökonomisierten Sportes fehle es an einer solchen „vergleichbaren gesamtgesellschaftlichen Relevanz"[432].

Dieser Einwand kann nach Ansicht des Verfassers nur so zu verstehen sein, dass der erforderliche Grad der Sozialschädlichkeit des zu pönalisierenden Verhaltens – im Wege der notwendigen Gesamtbetrachtung unter Berücksichtigung des angeführten Rechtsgutes – hiernach nicht gegeben sei und insofern keine legitime Einsatzmöglichkeit des Strafrechts bestehe.[433] Sofern im Ergebnis eingewandt wird, es fehle an einer „vergleichbaren Breitenwirkung auf die Gesamtbevölkerung"[434] so kann dem vorliegend nur eingeschränkt gefolgt werden. Unbestreitbar dürfte der individuelle Einschlag für die Endverbraucher durch Sog- und Spiraleffekte im Rahmen der gesamten marktwirtschaftlichen

427 *Rössner*, FS-Mehle, 567 (573); *Hauptmann*, SpuRt 2005, 239 (242); *Bannenberg*, SpuRt 2007, 155 (156).
428 Vgl. nur *Rössner*, FS-Mehle, 567 (573); *Prittwitz*, FS-Schiller, 512 (534 f.).
429 *Fischer*, vor § 298, Rn. 6.
430 *Prittwitz*, FS-Schiller, 512 (535).
431 *Hauptmann*, SpuRt 2005, 239 (242).
432 *Prittwitz*, FS-Schiller, 512 (535).
433 Dass es sich bei der Wettbewerbsfreiheit um ein legitimes Rechtsgut handelt ist gerade weitestgehend anerkannt.
434 *Prittwitz*, FS-Schiller, 512 (535); *Jahn*, GA 2007, 579 (588); so wohl auch *Kindhäuser*, ZIS 2011, 461 (469).

Gesellschaftsordnung deutlich spürbarer ausfallen, wenn dieser in Vergleich zum Bereich des organisierten und professionalisierten Sportes gesetzt wird. Dies liegt nach Ansicht des Verfassers jedoch in der Natur der Sache, da der Bereich des Sportes lediglich als Teil der gesamten marktwirtschaftlichen Gesellschaftsordnung zu betrachten ist und nicht als parallel hierzu existierendes Konstrukt. Sofern der Profisport damit als Bestandteil / „Branche" der Gesamtmarktwirtschaft zu betrachten ist, so muss die Breitenwirkung auf die Bevölkerung denknotwendig geringer ausfallen. Jedenfalls lässt sich insoweit nicht ausschließen, dass auch der Verstoß gegen die Freiheit des Wettbewerbs im Sportbereich Sog- und Spiraleffekte für die Gesamtbevölkerung nach sich zieht und damit eine geringere Sozialschädlichkeit anzunehmen ist. Insbesondere vor dem Hintergrund der – bereits angeführten – erheblichen wirtschaftlichen Dimension des organisierten Sportbereichs kann bereits die Beeinträchtigung der geordneten Vermarktung des Sports und der Berufsausübung der Sportler negative Effekte nach sich ziehen und als sozialschädlich erachtet werden.[435]

Bezüglich der – zuvor zum Rechtsgut „Integrität des Sports" – angeführten Aspekte der Subsidiarität bzw. der „ultima-ratio-Funktion" bestehen in diesem Zusammenhang keine Bedenken. Sofern die Freiheit des Wettbewerbs als Rechtsgut im Fokus steht, so sind auch keine ureigenen Aufgaben der Sportverbände betroffen. Zudem stößt die Gerichtsbarkeit der Verbände an die Grenzen ihrer Möglichkeiten, wenn sie Verstöße gegen die Wettbewerbsfreiheit selber ermitteln und verfolgen müsste. Die Verbände können insofern nur solche Personen bestrafen, die Verbandsmitglieder sind. Insbesondere bei Eingriffen von außen (bspw. durch Wettspieler) oder einem Vereins-/ Verbandsaustritt eines Mitgliedes kommt den Verbandsgerichten keine Strafgewalt zu. Auch verfügen die Sportverbände nicht über die zur Ermittlung der Sachverhalte erforderlichen staatlichen Befugnisse. Insofern erscheint der professionelle Sportbereich in diesem Zusammenhang auch hinreichend schutzbedürftig.

Die Legitimität des Einsatzes von Strafrecht und die Vergleichbarkeit zum pönalisierten Verhalten nach § 299 StGB lässt sich zudem anhand der folgenden Überlegung verdeutlichen:

Die Freiheit des Wettbewerbs wird – wie zuvor bereits angedeutet – im 26. Abschnitt des Strafgesetzbuches geregelt. Insbesondere vor dem Hintergrund der hier in Rede stehenden Manipulationsvereinbarung bietet es sich an, eine Strafnorm zu erlassen, die an die geltende Norm des § 299 StGB angelehnt ist. Wie zuvor dargelegt, handelt es sich dabei um eine Norm, die vom strafrechtlichen

435 *Hauptmann*, SpuRt 2005, 239 (242).

Korruptionsbegriff umfasst ist und die hinsichtlich der diskutierten Fallgestaltung der Wettkampfmanipulation in ihrer konkreten Ausgestaltung nicht einschlägig ist. Insbesondere unter Bezugnahme der kriminologischen wie auch gesellschaftlich-ethischen Korruptionsdefinition besteht allerdings durchaus ein öffentliches Interesse daran, diese Strafbarkeitslücke zu schließen.

Wie einleitend zur Begriffsdefinition der Korruption festgestellt, geht der Korruptionsbegriff in gesellschaftlicher und ethischer Sicht weit über die strafrechtliche Korruptionsdefinition hinaus und erfasst den „Tausch von Vorteilen unter Regelverstößen".[436] Nach einem solchen Verständnis handelt es sich im Fall der Schiedsrichterbeeinflussung durchaus um eine Handlung im Sinne dieser Korruptionsdefinition. Dies wird insbesondere auch dadurch belegt, dass im Zusammenhang mit den Geldzahlungen an die Schiedsrichter in der Öffentlichkeit häufig von „Bestechung" die Rede ist, was insofern den Unrechtsgehalt einer solchen Tat – wenn auch möglicherweise juristisch ungenau – verdeutlichen soll.

Darüber hinaus unterfällt das in Rede stehende Verhalten aber auch dem kriminologischen Korruptionsbegriff. Der kriminologische Korruptionsbegriff wird gemeinhin weit als jede Form des Machtmissbrauchs zur Verschaffung unangemessener Vorteile[437] bzw. schärfer als „Missbrauch […] einer Funktion in der Wirtschaft […] zugunsten eines anderen auf dessen Veranlassung […] zur Erlangung eines Vorteils für sich […] mit Eintritt oder in Erwartung des Eintritts eines Schadens oder Nachteils […] für ein Unternehmen"[438] definiert. Der Missbrauch von Macht bzw. einer Funktion in der Wirtschaft durch den Schiedsrichter eines Fußballspiels kann – bei Manipulation von Wettkampfergebnissen des Profisports – in Anbetracht des ihm zustehenden Ermessenspielraums wohl kaum in Zweifel gezogen werden. Wie hinsichtlich des in Rede stehenden Sachverhaltes auch deutlich wird, erfolgt dieser Missbrauch zugunsten und auf Veranlassung eines anderen – nämlich des Wettspielers – zur Erlangung eines Vorteils für den Schiedsrichter. Manipulationen von Wettkampfergebnissen stellen selbstverständlich auch einen Schaden oder zumindest einen Nachteil für die von der Manipulation betroffenen Vereine und als Kapitalgesellschaften ausgegliederte Lizenzspielerabteilungen, als gewinnorientierte Unternehmen, dar. Insbesondere auch im Rahmen der Manipulation von sog. „Ereigniswetten" (Wetten auf Spielereignisse wie z.B. gelbe Karten oder Einwürfe) kann eine Mannschaft einen signifikanten Nachteil im Spiel erleiden,

436 *Böttger*, in: ders., Kap. 5, Rn. 19.
437 Vgl. oben unter: 1. Kapitel A.
438 Vgl. oben unter: 1. Kapitel A.

wenn der manipulierende Schiedsrichter unberechtigte Verwarnungen in Form von gelben Karten ausspricht oder unberechtigterweise einen Eckball verweigert oder zuspricht, auch wenn hierdurch Vermögensinteressen des Vereins nicht unmittelbar betroffen sind.

Die in Rede stehenden Handlungen der Wettspieler und Schiedsrichter fallen somit zweifelsohne unter einen – sowohl weiten wie auch spezifizierten – kriminologischen Korruptionsbegriff, nicht jedoch unter einen bestehenden Bestechungstatbestand und damit den Korruptionsbegriff im strafrechtlichen Sinne.[439]

Die in der Öffentlichkeit geläufige Bezeichnung der „Schiedsrichterbestechung“ ist daher auch gar nicht so ungenau, wie dies zunächst erscheint. Vor dem Hintergrund der bestehenden Strafbarkeitslücken wäre es deutlich sachnäher, das Verhalten der beteiligten natürlichen Personen als Bestechung bzw. Bestechlichkeit zu werten (sofern zusätzlich zur Manipulationsvereinbarung eine Wettabgabe erfolgt so kann eine Strafbarkeit wegen Betruges unabhängig davon vorliegen). Insofern hätte der Titel dieser Ausarbeitung auch durchaus „Korruption im Sport“[440] lauten können. Dieser Arbeitstitel wurde jedoch im Hinblick auf die geltende Rechtslage zur Vermeidung von Irritationen verworfen und der weitere Begriff der Wirtschaftskriminalität gewählt.

Die Einführung eines Straftatbestandes zum Schutz der Wettbewerbsfreiheit im organisierten und professionalisierten Sport ist nach dem zuvor dargelegten durchaus legitim. Der entsprechende Straftatbestand sollte sich nach der hier vertretenen Auffassung an der Norm des § 299 StGB ausrichten.

δ) Anknüpfung an Manipulationshandlung

Sofern im Rahmen der aktuellen Diskussion zudem in Erwägung gezogen wird, hinsichtlich der Einführung eines neuen Straftatbestandes an die Manipulationshandlung als solche anzuknüpfen[441], ist diese Erwägung bereits aufgrund der „ultima-ratio-Funktion“, des Subsidiaritätsgrundsatzes und des Bestimmtheitsgebotes abzulehnen.[442] Wie zuvor dargelegt, fallen auch sportinterne

---

439 So auch *Dölling*, in: ders., Kap. 1, Rn. 2.

440 Siehe bspw. *Rössner* in: Adolphsen/Nolte/Lehner/Gerlinger, Rn. 1721.

441 Vgl. Frage 3 zu „Schriftliche Antworten zum Fragenkatalog zum Expertentreffen am 19. Mai 2014 im Bundesministerium des Innern“ vom 4. Juli 2014 (abrufbar unter: https://www.bmi.bund.de/SharedDocs/downloads/DE/veroeffentlichungen/2014/stellungnahmen-experten-spielmanipulation.html, zuletzt abgerufen am 3. Juli 2023).

442 Vgl. nur *Schild*, in: Wagner/Wolf, 158 (183).

Regelverletzungen wie zum Beispiel „Schwalben“ oder der Einsatz nicht genehmigter Materialien unter den weiten Begriff der Manipulationshandlung. Eine solche rein interne Regelverletzung kann aber auch ohne den Einsatz des Strafrechts verbandsintern hinreichend verfolgt und bestraft werden.[443] Zudem würde die Ausrichtung eines entsprechenden Straftatbestandes an der Norm des § 299 StGB – so der Vorschlag – vor dem Hintergrund der Korruptionsdefinitionen auch nicht mit dem in Rede stehenden und zu kriminalisierenden Verhalten übereinstimmen, da insoweit die Voraussetzung der Unrechts- / Manipulationsvereinbarung gerade nicht notwendig wäre, um eine reine Manipulationshandlung zu begehen.

ε) Zwischenergebnis

Nach dem zuvor dargelegten ist somit festzuhalten, dass nach der hier vertretenen Ansicht ausschließlich die Manipulationsvereinbarungen zwischen dem Manipulierenden und dem Dritten durch die Einführung eines neuen Straftatbestandes kriminalisiert werden sollten. Unter Zugrundelegung der dargelegten dogmatischen Schwierigkeiten der strafrechtlichen Subsumtion des Wettbetruges unter § 263 StGB und der aufgeworfenen Strafbarkeitslücke in den Fällen, in denen Vermögensinteressen von Wettanbietern trotz Manipulation nicht tangiert sind, ist eine solche Strafnorm geeignet aber auch erforderlich um diese Strafbarkeitslücke zu schließen.

Hieraus folgt jedoch auch, dass nicht jede „Manipulation“ von sportlichen Wettbewerben der Kriminalisierung bedarf und durchaus ein gewisser Raum verbleibt, der dem Strafrecht entzogen sein sollte.[444] Dies betrifft insbesondere solche Regelwidrigkeiten und -verletzungen, die nicht auf einer konkreten Manipulationsabsprache beruhen. In diesem Fall verbietet bereits der „ultima-ratio-Grundsatz“ den legitimen Einsatz des Strafrechts, so dass die Handhabung solcher Fälle dem Sport – also den Sportverbänden – überlassen bleiben soll. Wenn folglich beispielsweise ein Tennisspieler absichtlich verliert, so kann dies – nach der hier vertretenen Ansicht – nur dann strafbar sein, wenn er dies entweder zuvor mit einem Dritten (als Gegenleistung für einen Vorteil) abgesprochen

443 *Saliger*, in: „Schriftliche Antworten zum Fragenkatalog zum Expertentreffen am 19. Mai 2014 im Bundesministerium des Innern“ vom 4. Juli 2014 (abrufbar unter: https://www.bmi.bund.de/SharedDocs/downloads/DE/veroeffentlichungen/2014/stellungnahmen-experten-spielmanipulation.html, zuletzt abgerufen am 3. Juli 2023).

444 So auch *Rössner*, in: Adolphsen/Nolte/Lehner/Gerlinger, Rn. 1727.

(dann strafbar nach dem neu einzuführenden Straftatbestand) oder selbst auf seine eigene Niederlage gewettet hat (in diesem Fall verbleibt es bei der Anwendbarkeit des § 263 StGB). Sofern die Motivation für eine absichtliche Niederlage einen anderen Hintergrund hat, wäre dieses Verhalten nach der hier vertretenen Ansicht nicht strafbar, da weder der freie Wettbewerb noch die Vermögensinteressen Dritter tangiert werden.[445]

ζ) Konkrete Ausgestaltung des einzuführenden Straftatbestandes

Wie bereits angemerkt, sollte sich der einzuführende Straftatbestand im Hinblick auf die Kriminalisierung der Manipulationsvereinbarung an § 299 StGB orientieren. Hierzu sind in der Vergangenheit bereits konkrete Vorschläge zur Umsetzung gemacht worden, die nachfolgend aufgegriffen werden sollen.

Mit Blick auf die bestehende Gesetzeslücke hat das Bayerische Justizministerium in der Vergangenheit mehrfach Entwürfe für ein Gesetz zur Bekämpfung des Dopings und der Korruption im Sport vorgestellt. Der aktuelle Entwurf des „Gesetzes zum Schutz der Integrität des Sports" bzw. dem hierin enthaltenen „Sportschutzgesetz" stammt vom 12. März 2014.[446] Der Entwurf des Sportschutzgesetzes (SportSG-E) enthält dabei folgenden Tatbestand:

§ 4 Bestechlichkeit und Bestechung im Sport

(1) *Wer einen Vorteil für sich oder einen Dritten als Gegenleistung dafür fordert, sich versprechen lässt oder annimmt, dass er als Sportler, Trainer eines Sportlers oder Schiedsrichter in einem Wettkampf des organisierten Sports, an dem Mitglieder eines nationalen Sportkaders, einer Mannschaft einer nationalen Liga oder einer Nationalmannschaft oder an dem Personen, die aus ihrer sportlichen Betätigung ein regelmäßiges Einkommen erzielen, teilnehmen, dessen Ergebnis oder Verlauf in unlauterer Weise beeinflusse, wird mit Freiheitsstrafe bis zu fünf Jahren oder mit Geldstrafe bestraft.*

(2) *Ebenso wird bestraft, wer einem anderen einen Vorteil für diesen oder einen Dritten als Gegenleistung dafür anbietet, verspricht oder gewährt, dass er als Sportler, Trainer eines Sportlers oder Schiedsrichter in einem Wettkampf des organisierten Sports, an dem Mitglieder eines nationalen Sportkaders, einer Mannschaft einer nationalen Liga oder einer Nationalmannschaft oder an dem Personen, die aus ihrer sportlichen Betätigung ein regelmäßiges Einkommen erzielen, teilnehmen, dessen Ergebnis oder Verlauf in unlauterer Weise beeinflusse.*

---

445 In aller Regel dürfte eine absichtliche Niederlage jedoch auf einem der genannten Gründe beruhen.

446 Abrufbar unter: https://www.justiz.bayern.de/media/pdf/gesetze/sport.pdf (zuletzt abgerufen am: 3. Juli 2023).

(3) Die Absätze 1 und 2 gelten auch für Handlungen in einem Wettkampf des organisierten Sports im Ausland.

(4) In besonders schweren Fällen ist die Strafe Freiheitsstrafe von sechs Monaten bis zu zehn Jahren. Ein besonders schwerer Fall liegt in der Regel vor, wenn

1. sich die Tat auf einen Vorteil großen Ausmaßes bezieht oder

2. der Täter gewerbsmäßig oder als Mitglied einer Bande handelt, die sich zur fortgesetzten Begehung solcher Taten zusammengeschlossen hat.

Um die Manipulation sportlicher Wettbewerbe in jeglichen Sachverhaltskonstellationen unter dem Aspekt der Verletzung des sportlichen Gedankens bestrafen zu können, wurde bereits im Jahr 2005 die Einführung neuer Straftatbestände durch die Rechtskommission des Sports gegen Doping gefordert.[447] Aufgrund der Parallelität der Strukturen der Manipulation von Wettkampfergebnissen zur Wettbewerbsverzerrung durch wettbewerbsbeschränkende Absprachen bei Ausschreibungen gemäß § 298 StGB und der Bestechlichkeit und Bestechung im geschäftlichen Verkehr gemäß § 299 StGB kamen hier ebenfalls Ergänzungen dieser Straftatbestände und somit eine Reform des 26. Abschnitts der „Straftaten gegen den Wettbewerb" in Betracht.[448] Vor dem Hintergrund, dass hierbei jedoch im Rahmen des vorgeschlagenen § 298a StGB auch die konkrete Manipulationshandlung unter Strafe gestellt werden soll (auf diese Handlung nimmt der Vorschlag des § 299a StGB hinsichtlich der Manipulationsabrede Bezug), wird auf eine Darstellung verzichtet, da es einer entsprechenden Kriminalisierung nach der hier vertretenen Auffassung gerade nicht bedarf.

(1) Täterkreis der Manipulierenden

Der Entwurf des SportSG versucht den Täterkreis der Manipulierenden und Vorteilsnehmer auf den Bereich des „Spitzensports"[449] einzugrenzen. Dies sind nach Ansicht des Bayerischen Justizministeriums Wettkämpfe des organisierten

---

447 *Hauptmann*, SpuRt 2005, 198 (198 ff.); *ders.*, SpuRt 2005, 239 (239 ff).

448 *Hauptmann*, SpuRt 2005, 239 (242 ff.); ähnlich auch: *Bannenberg*, SpuRt 2007, 155 (156); *dies.*, in: Wabnitz/Janovsky, Kap. 12, Rn. 110; *Bannenberg/Rössner*, in: Weinreich, S. 214 (225 f.); *Pragal*, in: Weinreich, S. 206 (211 f.); auf Manipulation durch Doping bezogen bereits: *Fritzweiler*, SpuRt 1998, 234 (234 f.); *Cherkeh/Momsen*, NJW 2001, 1745 (1745 ff.); vgl. auch BT-Drs. 16/5938.

449 *Mühlbauer*, in: „Schriftliche Antworten zum Fragenkatalog zum Expertentreffen am 19. Mai 2014 im Bundesministerium des Innern" vom 4. Juli 2014 (abrufbar unter: https://www.bmi.bund.de/SharedDocs/downloads/DE/veroeffentlichungen/2014/stellungnahmen-experten-spielmanipulation.html, zuletzt abgerufen am 3. Juli 2023).

Sports, an denen Mitglieder eines nationalen Sportkaders, Mitglieder einer Mannschaft einer nationalen Liga, Mitglieder einer Nationalmannschaft und Personen, die aus ihrer sportlichen Betätigung ein regelmäßiges Einkommen erzielen, teilnehmen.[450]

Vor dem Hintergrund, dass der Bayerische Entwurf als schützenswertes Rechtsgut die Integrität des Sports ansieht, mag die gewählte Abgrenzung zwischen Spitzensport und Breitensport konsequent sein. Nach der hier vertretenen Auffassung ist jedoch die Wettbewerbsfreiheit im kommerzialisierten Berufssport als zu schützendes Rechtsgut anzusehen. Insofern stellt sich die Frage, ob eine Unterscheidung zwischen Spitzen- und Breitensport auch in diesem Zusammenhang mit Blick auf das konkrete Rechtsgut sinnvoll ist.

Sofern hinsichtlich der Wettbewerbsfreiheit auf den (kommerziellen) Berufssport abzustellen ist, ist ein einzuführender Tatbestand jedenfalls auf die Gruppe der Sportler, die aus ihrer sportlichen Betätigung ein regelmäßiges Einkommen erzielen, zu erstrecken. Das Abstellen auf Mitglieder nationaler Kader, Nationalmannschaften und Mannschaften nationaler Ligen ist jedoch kein geeignetes Kriterium den Berufssport vom Amateursport abzugrenzen. Insoweit existieren durchaus Randsportarten, welche in nationalen Ligen organisiert sind bzw. in denen nationale Kader und Nationalmannschaften zusammengestellt werden[451] und die Sportler für die Ausübung des Sports lediglich eine Aufwandsentschädigung erhalten. Gerade die Teilnehmer solcher Randsportarten, die für die Ausübung ihrer Sportart jedenfalls kein regelmäßiges Einkommen erzielen, müssen von einem einzuführenden Tatbestand zum Schutz der Wettbewerbsfreiheit im Berufssport ausgenommen sein. Die Abgrenzung zwischen Spitzen- und Breitensport ist daher nach hier vertretener Auffassung nicht mit der Unterscheidung zwischen Berufs- und Amateursport gleichzusetzen und insofern nicht vorzunehmen.

Vielmehr sollte ausschließlich auf die Sportler abgestellt werden, die ein regelmäßiges Einkommen durch den Sport erzielen.

---

450 *Mühlbauer*, in: „Schriftliche Antworten zum Fragenkatalog zum Expertentreffen am 19. Mai 2014 im Bundesministerium des Innern" vom 4. Juli 2014 (abrufbar unter: https://www.bmi.bund.de/SharedDocs/downloads/DE/veroeffentlichungen/2014/stellungnahmen-experten-spielmanipulation.html, zuletzt abgerufen am 3. Juli 2023).

451 Vgl. nur die anerkannte Hallenfußballvariante „Futsal", in der (als eigene Sportart) nationale Meisterschaften ausgetragen werden.

(2) Höhe der Strafandrohung

Der Strafrahmen des Bayerischen Entwurfs sah bereits in der älteren Fassung von 2009 (hier noch § 6 SportSG) eine Freiheitsstrafe von bis zu fünf Jahren vor. Bereits zu diesem Entwurf wurde eingewandt, dass eine solche hohe Strafandrohung im Vergleich zur Norm des § 299 StGB nicht überzeugen könne.[452]

Eine erhöhte Strafandrohung im Vergleich zu § 299 StGB zu rechtfertigen, erscheint – auch im Hinblick auf den neuen Entwurf – nach der hier vertretenen Ansicht ebenfalls nicht sachgerecht. Insbesondere unter Berücksichtigung der oben dargelegten Vergleichbarkeit der Sozialschädlichkeit der Verhaltensweisen wären vielmehr identische Strafmaße anzusetzen. Insofern erscheint eine Strafandrohung in Höhe von bis zu drei Jahren bzw. bis zu fünf Jahre für schwere Fälle angebracht.[453]

bb) Intensivierung und Verbesserung der Strafverfolgung

In Bezug auf die Intensivierung und Verbesserung der Strafverfolgung wurden in der Vergangenheit eine Reihe weiterer Aufklärungsmaßnahmen aus der Praxis gefordert. Einige der vorgeschlagenen Maßnahmen wurden mittlerweile vom Gesetzgeber berücksichtigt und umgesetzt.

α) Telefonüberwachung der Verdächtigten

Wegen der konspirativen Vorgehensweise der Täter bei Wirtschaftsdelikten und der hierdurch erschwerten Aufdeckung, wurde vehement die Zulassung der Telefonüberwachung durch Aufnahme der Wirtschaftsstraftaten, insbesondere der Korruptionsdelikte, in § 100a StPO gefordert.[454] Eine entsprechende Umsetzung erfolgte durch das Gesetz zur Neuregelung der Telekommunikationsüberwachung vom 21. Dezember 2007, welches am 1. Januar 2008 in Kraft getreten ist. In den Anlasstatenkatalog von § 100a StPO wurden hierdurch unter anderem die folgenden Straftatbestände der Wirtschaftskriminalität aufgenommen:

- Abgeordnetenbestechung, § 108e StGB;

---

452 *Krack*, ZIS 2011, 475 (480); andere Ansicht: *König*, SpuRt 2010, 106 (107).

453 So auch *Saliger*, in: „Schriftliche Antworten zum Fragenkatalog zum Expertentreffen am 19. Mai 2014 im Bundesministerium des Innern" vom 4. Juli 2014 (abrufbar unter: https://www.bmi.bund.de/SharedDocs/downloads/DE/veroeffentlichungen/2014/stellungnahmen-experten-spielmanipulation.html, zuletzt abgerufen am 3. Juli 2023).

454 *Schaupensteiner*, in: von Arnim, S. 177 (186); *König*, DRiZ 1996, 357 (365); *Kerner/Rixen*, GA 1996, 355 (392); *Bannenberg*, Kriminalistik 2005, 468 (475).

- Betrug unter den in § 263 Abs. 3 S. 2 StGB genannten Voraussetzungen und im Falle des § 263 Abs. 5 StGB;
- Wettbewerbsbeschränkende Absprachen bei Ausschreibungen, § 298 StGB;
- Besonders schwere Fälle der Bestechlichkeit und Bestechung im geschäftlichen Verkehr nach § 299 StGB unter den in § 300 S. 2 StGB genannten Voraussetzungen;
- Bestechlichkeit und Bestechung, §§ 332, 334 StGB.[455]

Nach der Gesetzesbegründung trägt diese Gesetzesreformierung „dem Umstand Rechnung, dass schon für den intensiveren Eingriff der akustischen Wohnraumüberwachung die besonders schweren Fälle der Bestechlichkeit und Bestechung nach § 335 Abs. 1 unter den in § 335 Abs. 2 Nr. 1 bis 3 StGB genannten Voraussetzungen vorgesehen sind. Zum anderen sind die jetzt darüber hinaus aufgenommenen Korruptionsdelikte jeweils dadurch gekennzeichnet, dass sie typischerweise heimlich zwischen den Tatbeteiligten begangen werden und nach außen nicht in Erscheinung treten. Regelmäßig sind auch keine Zeugen vorhanden, die das Tatgeschehen beobachten und zur Anzeige bringen können. Zur Aufklärung solcher Kriminalitätsformen ist der Einsatz verdeckter Ermittlungsmaßnahmen auch in Form der Telekommunikationsüberwachung erforderlich und wird aus der Praxis seit langem gefordert.“[456] Hinsichtlich des Tatbestandes des Betruges in Fällen des § 263 Abs. 3 S. 2 StGB führt die Gesetzesbegründung an, dass die Ausdehnung der Telekommunikationsüberwachung die Möglichkeit bieten wird, in organisierte und meist abgeschottete Kommunikationsstrukturen einzudringen.[457]

Der Gesetzgeber hat folglich die Notwendigkeit der Telefonüberwachung zur Aufklärung von Wirtschaftsstraftaten erkannt und dies entsprechend umgesetzt. Nach den Vorgaben des Gesetzgebers können gemäß der in Art. 13 Abs. 3 S. 1 GG vorausgesetzten besonders schweren Straftaten grundsätzlich nur solche Straftaten als Anlasstaten im Sinne des § 100a Abs. 2 StPO verstanden werden, die eine Mindesthöchststrafe von fünf Jahren aufweisen.[458] Allerdings kann in Einzelfällen auch eine geringere Mindesthöchststrafe ausreichend sein, wenn dies die besondere Bedeutung des geschützten Rechtsguts oder das besondere öffentliche Interesse an der Strafverfolgung gebietet.[459]

---

455 Vgl. BT-Drs. 16/5846, S. 41.
456 BT-Drs. 16/5846, S. 41.
457 BT-Drs. 16/5846, S. 42.
458 BT-Drs. 16/5846, S. 40.
459 BT-Drs. 16/5846, S. 40.

Aufgrund der Tatsache, dass sich die Telekommunikationsüberwachung insbesondere im Bereich der Wirtschaftskriminalität als effektives und effizientes Aufklärungsmittel erwiesen hat[460], wurden die oben aufgeführten Katalogstraftaten daher trotz ihrer geringeren Mindeststrafandrohung ebenso wie der Tatbestand des Betruges nach § 263 StGB in den Fällen des § 263 Abs. 3 S. 2 StGB in § 100a Abs. 2 StPO aufgenommen.

Im Rahmen des dargestellten Sachverhaltes kommt nach der geltenden Rechtslage lediglich die Erfüllung des Straftatbestandes des Betrugs nach § 263 StGB unter den Voraussetzungen des § 263 Abs. 3 S. 2 StGB in Betracht. Für die Rechtmäßigkeit der Anordnung der Telefonüberwachung reicht hierbei bereits der qualifizierte Verdacht aus, auch wenn sich dieser im späteren Verfahrenslauf nicht bestätigt.[461] Beispielsweise hätte auch die Telekommunikation der Schiedsrichter Hoyzer und Marks als Teilnehmer überwacht werden können, da die Teilnahme an einer Anlasstat einer solchen gleichgestellt ist.[462] Auch der Versuch einer Katalogtat ist der Vollendung einer solchen gleichgestellt.[463]

Insofern ist festzuhalten, dass in den in Rede stehenden Sachverhalten – seit der Gesetzesreform im Jahre 2008 – die Maßnahme der Telefonüberwachung in Betracht kommt, da eine gewerbsmäßige Begehung des Betruges – sofern man der Ansicht des Bundesgerichtshofs folgt – regelmäßig vorliegt.

In Anbetracht der oben bereits propagierten Einführung eines neuen Straftatbestandes, sollte dieser – bei einer Einführung – zumindest in der Form der Begehung als schwerer Fall ebenfalls in den Katalog der Anlasstaten aufgenommen werden. Entsprechend wurden vom Gesetzgeber in § 100a Abs. 2 Nr. 3 StPO gerade auch Fälle der Begehung von besonders schweren Dopingstraftaten nach § 95 Abs. 1 Nr. 2 a) AMG i.V.m. § 95 Abs. 3 S. 2 Nr. 2 b) AMG aufgenommen. Hierdurch „soll die Verfolgung der gewerbs- oder bandenmäßig organisierten Dopingkriminalität sowie der Schutz der Volksgesundheit verbessert werden" und damit ein effektiveres Vorgehen gegen organisierte Dopingnetzwerke ermöglicht werden.[464] Um ein effektives Vorgehen auch gegen organisierte Korruptionsnetzwerke und damit die lückenlose Bekämpfung der Kriminalität im Sport zu gewährleisten, wäre damit auch der entsprechende Straftatbestand in § 100a StPO aufzunehmen.

---

460 BT-Drs. 16/5846, S. 40.

461 KK/StPO – *Bruns*, § 100a, Rn. 32.

462 Graf – *Graf*, § 100a, Rn. 36.

463 KK/StPO – *Bruns*, § 100a, Rn. 31; Graf – *Graf*, § 100a, Rn. 36.

464 BT-Drs. 16/5846, S. 42 f.

β) Einführung einer Kronzeugenregelung

Weiterhin wurde in der Literatur zur Prävention von Wirtschaftskriminalität vermehrt die Einführung einer Kronzeugenregelung zur Erhöhung der Aufdeckungswahrscheinlichkeit gefordert.[465]

Mit Wirkung zum 1. September 2009 ist daraufhin das „Gesetz zur Änderung des Strafgesetzbuches – Strafzumessung bei Aufklärungs- und Präventionshilfe" in Kraft getreten. Hierdurch wurde § 46b StGB neu eingeführt. Mit Hilfe dieser Kronzeugenregelung soll insbesondere in Fällen der schweren Wirtschaftskriminalität die Möglichkeit geschaffen werden, kriminelle Verflechtungen aufzubrechen und ansonsten nicht zu erreichende Ermittlungserfolge erzielen zu können.[466]

Adressaten des § 46b StGB sind hierbei Täter und Teilnehmer[467] einer mittleren oder schweren Straftat, also solchen Straftaten die mit einer im Mindestmaß erhöhten Freiheitsstrafe oder mit lebenslanger Freiheitsstrafe bedroht sind. Tauglicher Kronzeuge ist daher beispielsweise auch der Täter einer Bestechung in besonders schwerem Fall.[468] Der Kronzeuge muss ferner durch freiwilliges Offenbaren seines Wissens wesentlich dazu beitragen, dass eine Tat nach § 100a Abs. 2 StPO aufgedeckt oder verhindert werden kann.[469] Nach der Ausgestaltung der Norm bis zum 46. StrÄndG musste hierbei zwischen der dem Beschuldigten vorgeworfenen Tat und der von ihm nach § 46b StGB offenbarten Tat eines Dritten kein innerer Zusammenhang bestehen.[470]

Insbesondere dieses fehlende Konnexitätserfordernis wurde in der Literatur kritisiert.[471] Mit dem 46. StrÄndG ist mit Wirkung vom 1. August 2013 nunmehr ein entsprechendes Konnexitätsprinzip eingeführt worden, so dass die Katalogtat mit der Tat des Aufklärungsgehilfen im Zusammenhang stehen muss.[472]

Außer Frage steht, dass die Einführung von Kronzeugenregelungen im Hinblick auf Wirtschaftsstraftaten durchaus die Aufdeckungswahrscheinlichkeit und damit die Prävention von Wirtschaftskriminalität fördert. In jedem Fall bedeutet die Einführung der sog. „großen Kronzeugenregelung"[473] auch für juristische

---

465 *Schaupensteiner*, in: von Arnim, S. 177 (186); *König*, DRiZ 1996, 357 (363 f.).
466 BT-Drs. 16/6268, S. 1 f.
467 BT-Drs. 16/6268, S. 12.
468 *Sahan/Berndt*, BB 2010, 647 (647).
469 *Sahan/Berndt*, BB 2010, 647 (647).
470 *Sahan/Berndt*, BB 2010, 647 (647).
471 Vgl. nur *Frank/Titz*, ZRP 2009, 137 (139); *König*, NJW 2009, 2481 (2482).
472 Schönke/Schröder – *Kinzig*, § 46b, Rn. 7a.
473 *König*, NJW 2009, 2481 (2481 ff.).

Personen, dass eine Aufklärung bereits vergangener Compliance-Fälle zwingend notwendig ist, da jeder Angestellte, der von diesen Vorfällen Kenntnis besitzt, diese Kenntnis in einem gegen ihn geführten Strafverfahren im Sinne des § 46b StGB nutzen kann (sofern ein entsprechender Zusammenhang besteht) und somit ein Risiko für die juristische Person darstellt.[474]

Wie bereits im Hinblick auf die Telefonüberwachung nach § 100a StPO festgestellt, kommt im Rahmen des dargestellten Sachverhaltes durchaus eine Gewerbsmäßigkeit im Sinne von § 263 Abs. 3 S. 2 Nr. 1 StGB in Betracht, so dass die Kronzeugenregelung des § 46b StGB dem Grunde nach – bei sonstigem Vorliegen der Voraussetzungen – anwendbar wäre.

Die Aufnahme neuer Straftatbestände in § 100a Abs. 2 StPO würde auch dazu führen, dass die Kronzeugenregelung des § 46b StGB auch auf diese Straftatbestände – im Fall des Vorliegens eines schweren Falles – Anwendung finden würde.

Die Durchführung der hier vorgeschlagenen Maßnahmen – Einführung neuer Straftatbestände und Aufnahme in § 100a Abs. 2 StPO – würde daher dazu führen, dass Fälle der Ergebnismanipulation durch Beeinflussung der Schiedsrichter nicht nur dogmatisch sauber unter den vorgeschlagenen Straftatbestand subsumiert werden könnten, sondern sich auch unmittelbar auf mögliche Strafverfolgungs- und Aufdeckungsmaßnahmen durchschlagen.

γ) Einsatz eines agent provocateur

Im Hinblick auf die Intensivierung der Strafverfolgung könnte letztlich auch an den Einsatz eines sog. agent provocateur gedacht werden. Dieser Begriff umschreibt Sachverhalte, in denen ein verdeckt ermittelnder Polizeibeamter oder eine sonst mit Strafverfolgungsbehörden kooperierende Vertrauensperson einen Verdächtigen zur Begehung einer Straftat verleitet, um ihn wegen dieses Verhaltens überführen zu können.[475] Nach der Rechtsprechung des Bundesgerichtshofs ist eine solche Maßnahme der Strafverfolgungsbehörde zur Aufklärung und Bekämpfung schwerer und organisierter Kriminalität geboten und rechtmäßig.[476] Allerdings dürfen solche Lockspitzel und verdeckt ermittelnde Polizeibeamte nur gegen Personen eingesetzt werden, gegen die ohnehin schon ein Verdacht im Sinne des § 160 Abs. 1 StPO besteht, entsprechende Straftaten zu planen oder darin verwickelt zu sein.[477] Die Nichtbeachtung dieses

474 *Sahan/Berndt*, BB 2010, 647 (652).
475 *Deiters*, JuS 2006, 302 (302).
476 Vgl. nur BGH NJW 1981, 1626 (1626).
477 BGH NStZ 1995, 206 (206).

Zulässigkeitserfordernisses führt zwar nicht zur Hinderung der Strafverfolgung, jedoch ist darin ein Verstoß gegen den Grundsatz des fairen Verfahrens nach Art. 6 Abs. 1 S. 1 EMRK zu sehen, der sich mildernd auf das Strafmaß auswirkt.[478]

Ein solcher Lockspitzel könnte daher in der Art und Weise eingesetzt werden, dass er Schiedsrichter zur Manipulation von Wettkampfergebnissen verleitet. Die Vornahme dieser Maßnahme könnte damit zum einen der Aufklärung von Straftaten wie auch der Abschreckung dienen.

Der Einsatz eines agent provocateur im Rahmen der in Rede stehenden Sachverhaltskonstellationen ist – nach derzeitiger Rechtslage – jedoch nicht möglich.

Nach der dargelegten rechtlichen Bewertung des „Hoyzer-Falles" kommt vorliegend lediglich die Begehung eines Betruges durch den jeweiligen Wettspieler in Betracht. Die Strafbarkeit der Schiedsrichter ergibt sich sodann aus der Beihilfehandlung hierzu. Sofern die Schiedsrichter eine entsprechende Haupttat durch Beeinflussung des Wettkampfergebnisses nicht begehen können, scheidet ein Verleiten hierzu entsprechend aus. Auch ein Verleiten von tatgeneigten Wettspielern, die gerade die Haupttat begehen können, ist regelmäßig auszuschließen, da diese Personen – im Gegensatz zu den Schiedsrichtern – unbekannt sind.

Nach Einführung eines – zuvor vorgeschlagenen – entsprechenden Straftatbestandes, der an die Manipulationsvereinbarung anknüpft, wäre der Einsatz von verdeckten Ermittlern zwar aus tatsächlichen Gesichtspunkten möglich, da der Schiedsrichter hierbei selbst Haupttäter sein kann. Es bleibt aber selbst dann zu beachten, dass ein solcher Einsatz nur zur Aufklärung schwerer und organisierter Kriminalität zulässig ist. Insofern könnte dieses Mittel der Strafverfolgung bei Vorliegen dieser Voraussetzungen im konkreten Einzelfall durchaus in Betracht zu ziehen sein und eine flankierende Maßnahme zur Sachverhaltsaufklärung darstellen.

b) „Innensteuerung" – Reform des Vereinsrechts

Ferner kommen auch Maßnahmen des Gesetzgebers zur Verbesserung der Effektivität der Innensteuerung im Rahmen der maßgeblichen Sachverhaltskonstellationen in Betracht. Wie festgestellt existieren im Vereinsrecht keine den §§ 91 Abs. 2, 93 Abs. 1 S. 1 AktG und § 43 Abs. 2 GmbHG entsprechenden Normen. Der Verein, wie zum Beispiel der DFB, hat daher keinen Anspruch gegen seine Organe auf Schadensersatz bei Verletzung der entsprechenden Aufsichts- und Überwachungspflichten.

478 BGH NStZ 1995, 206 (206); BGH NJW 2000, 1123 (1123).

Insofern könnte hierbei das geltende Vereinsrecht in der Weise reformiert werden, dass ein entsprechender Haftungstatbestand für die Verletzung von Aufsichts- und Überwachungspflichten aufgenommen wird. Die entsprechende Ausnahmeregelung des § 31a BGB sollte auch auf diesen Haftungstatbestand Anwendung finden. Nach dieser Norm haftet ein Vorstand, der unentgeltlich tätig ist oder für seine Tätigkeit eine Vergütung erhält, die 500,– EUR jährlich nicht übersteigt, für einen in Wahrnehmung seiner Vorstandspflichten verursachten Schaden nur bei Vorliegen von Vorsatz oder grober Fahrlässigkeit. Bei Übertragung dieser Ausnahmeregelung auf die Haftung für die Verletzung von Aufsichts- und Überwachungspflichten und einer weitergehenden Beschränkung auf eine bloße Haftung für vorsätzliches Unterlassen würde die Arbeit der vielen ehrenamtlichen Vereinsvorstände durch ein solches Haftungsrisiko nicht erschwert werden.

c) Sonstiges

Letztlich kommt als Maßnahme zur Bekämpfung der Beeinflussung von Wettkampfergebnissen auch die Beschränkung des Wettangebots durch den Gesetzgeber in Betracht. Aufgrund der Tatsache, dass das Glücksspielrecht gerade in den vergangenen Jahren sowohl durch die nationale wie auch europäische Rechtsprechung maßgeblich beeinflusst wurde, sind zunächst Historie[479] und aktuelle Rechtslage zu skizzieren.

aa) Geltende Rechtslage im Bereich des Glücksspielrechts

Mit dem am 1. Juli 2004 in Kraft getretenen Lotteriestaatsvertrag[480] haben die Bundesländer erstmals ein bundeseinheitliches Monopol für die Veranstaltung von Lotterien und Sportwetten geschaffen. Als Ziel des Staatsvertrages und damit auch Rechtfertigung des Eingriffs in die von Art. 12 GG geschützte Berufsfreiheit privater Veranstalter bestimmte § 1 Lotteriestaatsvertrag insbesondere den natürlichen Spieltrieb der Bevölkerung in geordnete und überwachte Bahnen zu lenken, die Verhinderung übermäßiger Spielanreize und das Ausschließen der Ausnutzung des Spieltriebs zu privaten oder gewerblichen Gewinnzwecken.

Nach Einreichen einer Verfassungsbeschwerde durch eine Münchener Buchmacherin erklärte das Bundesverfassungsgericht mit Urteil vom 28. März 2006[481] das im Lotteriestaatsvertrag und dem aus diesem resultierenden Bayerischen

---

479 Vgl. zur Historie zusammenfassend: *Dhom*, ZUM 2011, 98 (98 ff.).

480 Staatsvertrag zum Lotteriewesen in Deutschland (Lotteriestaatsvertrag), BayGVBl. 2004, S. 230.

481 BVerfG NJW 2006, 1261 (1261 ff.).

Staatslotteriegesetz verankerte Wettmonopol der Länder für unvereinbar mit der Berufsfreiheit nach Art. 12 GG. Nach Ansicht des Bundesverfassungsgerichts liegt dem staatlichen Wettmonopol mit der Bekämpfung der Spiel- und Wettsucht, der Verhinderung der Ausnutzung des Spieltriebs, dem Verbraucherschutz und der Bekämpfung von Folge- und Begleitkriminalität zwar durchaus ein den Eingriff legitimierendes Gemeinwohlziel vor.[482] Insbesondere die im Vergleich zu privaten Wettunternehmen effektivere Suchtbekämpfung durch ein staatlich verantwortetes Wettangebot macht den Eingriff in Art. 12 GG durch das Wettmonopol darüber hinaus auch erforderlich.[483] Allerdings stelle das staatliche Wettmonopol in seiner tatsächlichen Ausgestaltung einen unverhältnismäßigen Eingriff in die Berufsfreiheit dar, da die Regelungen „nicht konsequent am Ziel der Begrenzung der Wettleidenschaft und Bekämpfung der Wettsucht ausgerichtet" seien.[484] Insbesondere beanstandete das Bundesverfassungsgericht, dass eine ausdrückliche Normierung aktiver Maßnahmen zur Suchtprävention im Lotteriestaatsvertrag ebenso fehle wie die Begrenzung von Werbung und Betriebswegen.[485] Darüber hinaus verfolge die Veranstaltung der staatlichen Sportwette „Oddset" auch erkennbar fiskalische Zwecke.[486] Insofern wurde der Gesetzgeber angehalten, den Bereich der Sportwette neu zu regulieren und das staatliche Wettmonopol konsequent am Ziel der Suchtprävention auszurichten.[487]

Da sich die Länder für die Beibehaltung des staatlichen Wettmonopols entschieden haben, trat am 1. Januar 2008 der Glücksspielstaatsvertrag[488] in Kraft, in dem die Anforderungen des Bundesverfassungsgerichts umgesetzt wurden.

Im Jahr 2010 wurden dem Europäischen Gerichtshof Fragen zur Vereinbarkeit des Glücksspielstaatsvertrags mit der Niederlassungsfreiheit nach Art. 43 EG und der Dienstleistungsfreiheit nach Art. 49 EG zur Entscheidung vorgelegt. In den Urteilen in Sachen „Markus Stoß"[489] und „Carmen Media"[490] hat der Europäische Gerichtshof seine bisherige Auffassung bestätigt, dass es Sache des jeweiligen Mitgliedsstaates sei, sowohl Ziele als auch Maßnahmen zum Erreichen

---

482 BVerfG NJW 2006, 1261 (1263).
483 BVerfG NJW 2006, 1261 (1264).
484 BVerfG NJW 2006, 1261 (1264).
485 BVerfG NJW 2006, 1261 (1265 f.).
486 BVerfG NJW 2006, 1261 (1266).
487 BVerfG NJW 2006, 1261 (1267).
488 BayGVBl. 2007, S. 906.
489 EuGH WRP 2010, 1338 (1338 ff.).
490 EuGH ZUM 2010, 946 (946 ff.).

dieser Ziele im Glücksspielbereich festzulegen. Komme der entsprechende Mitgliedsstaat zu der Einschätzung, dass sich das legitime Ziel der Suchtprävention mit einem staatlichen Monopol wirksamer verfolgen lasse als mit der Erteilung von Konzessionen an private Anbieter, so sei dies nicht zu beanstanden.[491] Ein solches Monopol sei jedoch nur dann geeignet, wenn es widerspruchsfrei und konsequent die Gelegenheit zum Spielen verringere.[492] Dies sah der Europäische Gerichtshof in Bezug auf den Glücksspielstaatsvertrag allerdings als nicht gewahrt an, da zum einen durch die staatlichen Lotterien intensive Werbemaßnahmen zur Gewinnsteigerung durchgeführt würden und zum anderen Geldspielautomaten und Spielbanken – welche ein höheres Suchtpotential aufweisen als Sportwetten – durch private Veranstalter betrieben werden dürften.[493] Insofern könne das staatliche Wettmonopol im Hinblick auf die Niederlassungsfreiheit und die Dienstleistungsfreiheit nicht gerechtfertigt werden.

Infolgedessen unterzeichneten alle Bundesländer mit Ausnahme von Schleswig-Holstein am 15. Dezember 2011 den Ersten Glücksspieländerungsstaatsvertrag, welcher jedoch zunächst der EU-Kommission vorgelegt wurde.[494] Nach erfolgter Stellungnahme durch die EU-Kommission und entsprechenden Anpassungen trat mit Verkündung des Ersten Glücksspieländerungsstaatsvertrags (GlüÄndStV)[495] sodann der der neue Glücksspielstaatsvertrag (GlüStV) zum 1. Juli 2012 in Kraft.[496]

Als neu eingefügtes Ziel enthält § 1 Nr. 5 GlüStV die Vorbeugung vor Gefahren für die Integrität des sportlichen Wettbewerbs beim Veranstalten und Vermitteln von Sportwetten. Ausweislich der bereits im Dezember 2011 veröffentlichten Erläuterung zur damaligen Entwurfsfassung[497] soll diese Regelung – angesichts der in der Vergangenheit bekannt gewordenen Wettskandale – zum Schutz der Integrität von Sportveranstaltungen beitragen.[498] Diese Regelung wird darüber hinaus

491 EuGH WRP 2010, 1338 (1346); EuGH ZUM 2010, 946 (950).

492 EuGH WRP 2010, 1338 (1349); EuGH ZUM 2010, 946 (952).

493 EuGH WRP 2010, 1338 (1349); EuGH ZUM 2010, 946 (952).

494 Vgl. nur: *Heeg/Levermann*, MMR 2012, 726 (726).

495 BayGVBl. 2012, 318.

496 Aktuell gilt der GlüStV 2021, der von allen Bundesländern unterzeichnet wurde.

497 Vgl. Erläuterungen zur Entwurfsfassung des Ersten Glücksspieländerungsstaatsvertrag (abrufbar unter: https://innen.hessen.de/sites/innen.hessen.de/files/2021-06/111207_erlaeuterungen_erster_glueaendstv_0.pdf, zuletzt abgerufen 3. Juli 2023).

498 Vgl. Erläuterungen zur Entwurfsfassung des Ersten Glücksspieländerungsstaatsvertrag, S. 15 (abrufbar unter: https://innen.hessen.de/sites/innen.hessen.de/files/2021-06/111207_erlaeuterungen_erster_glueaendstv_0.pdf, zuletzt abgerufen 3. Juli 2023).

durch entsprechende Normierungen in § 21 Abs. 3 S. 2 und 3 GlüStV konkretisiert. § 21 Abs. 3 S. 2 GlüStV enthält hierbei ein Wettverbot für Personen, die direkt oder indirekt Einfluss auf den Ausgang eines Wettereignisses nehmen können sowie von diesen Personen beauftragte Dritte. Nach § 21 Abs. 3 S. 3 GlüStV kann die zuständige Behörde darüber hinaus weitere Maßnahmen zur Vermeidung von Wettmanipulationen – wie zum Beispiel die Errichtung eines Frühwarnsystems – verlangen. Zwar sei es weiterhin Aufgabe der Sportler, Sportveranstalter und nationaler sowie internationaler Sportverbände die Integrität des Sports zu sichern, jedoch sollten die Maßnahmen des § 21 Abs. 3 GlüStV dieses Ziel flankierend unterstützen.[499]

In korruptionspräventiver Hinsicht ist allerdings insbesondere die Regelung des § 21 Abs. 1 GlüStV zu betrachten. Hierdurch wird bestimmt:

> *„§ 21 Sportwetten*
>
> *(1) Wetten können als Kombinationswetten oder Einzelwetten auf den Ausgang von Sportereignissen oder Abschnitten von Sportereignissen erlaubt werden. In der Erlaubnis sind Art und Zuschnitt der Sportwetten im Einzelnen zu regeln.*
>
> *(...)“*

Zum einen sollen durch die Regelung des § 21 Abs. 1 S. 1 GlüStV jegliche Ereigniswetten – wie zum Beispiel Wetten auf das nächste Foulspiel oder die Anzahl gelber Karten – ausgeschlossen werden, da diese im besonderen Maße von Einzelnen beeinflusst werden können.[500] Wie bereits angeführt[501] führt die Manipulation von Ereigniswetten gerade bei den betroffenen Vereinen nicht zu einem unmittelbaren Vermögensnachteil, so dass die Erkennung und dementsprechend auch die Verfolgung einer solchen Manipulation regelmäßig nicht erfolgten werden. Insofern ist es nach der hier vertretenen Ansicht durchaus sinnvoll, den Abschluss solcher Ereigniswetten von vornherein zu unterbinden.

---

499 Vgl. Erläuterungen zur Entwurfsfassung des Ersten Glücksspieländerungsstaatsvertrag, S. 40 (abrufbar unter: https://innen.hessen.de/sites/innen.hessen.de/files/2021-06/111207_erlaeuterungen_erster_glueaendstv_0.pdf, zuletzt abgerufen 3. Juli 2023).

500 Vgl. Erläuterungen zur Entwurfsfassung des Ersten Glücksspieländerungsstaatsvertrag, S. 39 (abrufbar unter: https://innen.hessen.de/sites/innen.hessen.de/files/2021-06/111207_erlaeuterungen_erster_glueaendstv_0.pdf, zuletzt abgerufen 3. Juli 2023).

501 Vgl. oben unter: 2. Kapitel A. IV. 1. a) aa) γ) (2).

bb) *Eigener Ansatz zur Effektivitätssteigerung der Korruptionsprävention im Bereich der Manipulation von Wettergebnissen*

Sofern im Rahmen der Erlaubnis gemäß § 21 Abs. 1 S. 2 GlüStV[502] auch Art und Zuschnitt der Sportwetten geregelt werden können, ist im Hinblick auf eine wirksame Korruptionsbekämpfung und die Zielsetzung nach § 1 Abs. 5 GlüStV insbesondere die Beschränkung des Wettangebots auf hochrangige und medial überregional beachtete Sportereignisse in Betracht zu ziehen. Insbesondere in Bezug auf das Wettangebot von Fußballspielen lässt sich hierbei feststellen, dass regelmäßig Wetten auf Testspiele, Begegnungen in niedrigen Spielklassen und Partien von Jugendmannschaften angeboten werden, welche besonders manipulationsanfällig sind, wie beispielhaft die Verdachtsmomente bezüglich der Vereine FC Bayern Alzenau[503], FC Bremerhaven[504] oder SV Wilhelmshaven II[505] zeigen.

Die Manipulationsanfälligkeit solcher Sportereignisse ist aus den folgenden Gründen erhöht: Zum einen sind sowohl die Sportler (zumindest solche, die in niedrigen Spielklassen oder Jugendmannschaften aktiv sind) als auch die Schiedsrichter, aufgrund der im Vergleich zum Profibereich deutlich verringerten Vergütungszahlungen, regelmäßig leichter durch Geldzahlungen zu beeinflussen. Zum anderen wird die Aufdeckungswahrscheinlichkeit durch die Anwesenheit vieler Zuschauer und einem hohen Medienaufkommen (insbesondere beim Einsatz von Fernsehkameras) deutlich erhöht. Insofern käme – zumindest für den Fußballsport, der traditionell sowohl ein höheres Gehaltsniveau als auch ein höheres mediales Interesse als andere Sportarten vorweisen kann – die Beschränkung auf den regulären Spielbetrieb (insofern also nur Pflicht- und gerade keine Testspiele) im Profibereich in Betracht.

---

502 § 21 Abs. 5 GlüStV n.F.

503 Vgl. Spiegel-Online vom 13. September 2010, „Manipulationen im Fußball: Wettskandal weitet sich aus" (abrufbar unter: http://www.spiegel.de/sport/fussball/manipulationen-im-fussball-wettskandal-weitet-sich-aus-a-717181.html; zuletzt abgerufen am 3. Juli 2023).

504 Vgl. Spiegel-Online vom 15. März 2009, „Bremerhavens Clubchef nimmt Spieler in Schutz" (abrufbar unter: http://www.spiegel.de/sport/fussball/verdacht-auf-wettmanipulation-bremerhavens-clubchef-nimmt-spieler-in-schutz-a-613436.html; zuletzt abgerufen am 3. Juli 2023).

505 Vgl. Spiegel-Online vom 22. April 2009, „Spieler sollen auf eigene Niederlage gewettet haben" (abrufbar unter: https://www.spiegel.de/sport/fussball/manipulationsverdacht-spieler-sollen-auf-eigene-niederlage-gewettet-haben-a-620595.html; zuletzt abgerufen am 3. Juli 2023).

Sowohl die Beschränkung des Wettangebots auf den Ausgang von Abschnitten von Sportereignissen als auch die Beschränkung auf hochrangige Sportereignisse mit hohem medialem Aufkommen bzw. auf den regulären Spielbetrieb im Profibereich sind zur Bekämpfung der Manipulation von Wettkampfergebnissen insofern nur bedingt effektiv als entsprechende Wetten selbstverständlich auch im Ausland (insbesondere bei illegalen Wettbüros) platziert werden können. Jedoch kann die Einführung entsprechender Beschränkungen auch als Vorbild für andere Länder dienen und somit zu einem positiven Dominoeffekt führen. In jedem Fall sollten entsprechende Maßnahmen – trotz der Möglichkeit entsprechende Wetten im Ausland abzuschließen – nicht mit der Argumentation ihrer Ineffektivität verworfen werden.

d) Zwischenergebnis

Im Hinblick auf die durch den Gesetzgeber vorzunehmenden Maßnahmen kommen vorliegend zur Prävention von Wirtschaftskriminalität im Sport die Einführung eines entsprechenden Straftatbestandes, die Aufnahme dieses Straftatbestandes in § 100a StPO (welche unmittelbar zur Anwendbarkeit der Kronzeugenregelung des § 46b StGB führt) und die Aufnahme eines den §§ 91 Abs. 2, 93 Abs. 1 S. 1 AktG und § 43 Abs. 2 GmbHG entsprechenden Haftungstatbestandes in das BGB für Vereinsorgane in Betracht. Da sich diese Maßnahmen gerade nicht nur auf den Fußballsport beschränken, würden diese sich auch unmittelbar auf jegliche Manipulationen von sportlichen Wettkämpfen im kommerziellen Bereich auswirken.

Ferner ist die in § 21 Abs. 1 GlüStV vorgesehene Beschränkung von Wettangeboten insbesondere im Hinblick auf Ereigniswetten und den Bereich des Profisports zu beschränken. Die obigen Ausführungen zu einer Beschränkung auf solche sportlichen Bereiche des (Fußball-)Sports, die aufgrund ihrer Einkommensstruktur und des medialen Interesses manipulationsunanfälliger sind, gelten insoweit nur für den Fußballsport. Hinsichtlich weiterer Sportarten wäre insoweit bzgl. konkreter Beschränkungsvorschläge eine Entscheidung im Einzelfall (unter Maßgabe der Verdienstmöglichkeiten und des öffentlichen Interesses) vorzunehmen.

2. Maßnahmen des DFB / der DFL im Rahmen der „Innensteuerung"

Auch dem DFB und der DFL als Veranstaltern von Fußballspielen stehen vielzählige Maßnahmen zur Prävention von Wirtschaftskriminalität zur Verfügung.

Neben den in der allgemeinen Compliance-Diskussion üblicherweise vorgebrachten Maßnahmen, wie z.B. der Jobrotation[506] und des Vier-Augen-Prinzips[507], ergeben sich insbesondere aus der Eigenart des (Fußball-)Sports spezielle, hierauf bezogene Mittel zur Bekämpfung der Beeinflussung von Wettkampfergebnissen. Da die Darstellung eines umfangreichen Compliance-Systems den Rahmen der vorliegenden Ausarbeitung sprengen würde, ist der Fokus daher ausschließlich auf Maßnahmen zur Verhinderung der Ergebnismanipulation durch Schiedsrichter im Rahmen der oben dargestellten Sachverhaltskonstellation zu legen. Im Hinblick auf ein umfassendes Compliance-System kommen insofern selbstverständlich weitere Maßnahmen in Betracht.

a) Informierung der Angestellten und Beauftragten

Zunächst kommen Maßnahmen in Betracht, welche der Informierung der Schiedsrichter dienen. Der transparente und öffentliche Umgang mit der Bekämpfung von Wirtschaftsstraftaten ist grundsätzlich ein elementarer Bestandteil der Prävention von Wirtschaftskriminalität in Unternehmen hinsichtlich aller Angestellten. Eine Übertragbarkeit dieser Compliance-Maßnahmen auf den Bereich der Ergebnismanipulation durch Schiedsrichter ist vorliegend durchaus möglich.

aa) Erstellen von Ehrenkodizes und Ethikrichtlinien

Grundbaustein eines jeden Compliance-Programms zur Bekämpfung von Wirtschaftsstrafsachen ist die Implementierung von Richtlinien oder ähnlichen verbindlichen Anweisungen[508], mit Hilfe derer die Unternehmensangehörigen informiert und für das Problem der Wirtschaftskriminalität sensibilisiert werden sollen.[509] Ferner soll durch entsprechende Richtlinien Einfluss auf die gelebte und von den Organen vorgegebene Unternehmenskultur genommen[510]

---

506 *Bannenberg*, Korruption in Deutschland und ihre strafrechtliche Kontrolle, S. 454; *Leinemann*, Rn. 1972; *Bekemann*, S. 33 ff.; *Ax/Schneider/Scheffen*, Rn. 22; *König*, DRiZ 1996, 357 (358).

507 Vgl. nur *Bannenberg*, Korruption in Deutschland und ihre strafrechtliche Kontrolle, S. 454; *Leinemann*, Rn. 1973; *Bekemann*, S. 29 ff.; *Ax/Schneider/Scheffen*, Rn. 26; *König*, DRiZ 1996, 357 (358); *Hauschka/Greeve*, BB 2007, 165 (168); *Bock*, ZIS 2009, 68 (77).

508 Auch „Codes of Conduct“, „Codes of Ethics“, „Mission Statement“ oder„Policy Statement“ genannt, vgl. nur *Hauschka*, in: ders., § 1, Rn. 35; *Meyer*, NJW 2006, 3605 (3605); *Bock*, ZIS 2009, 68 (77).

509 *Bekemann*, S. 29; *Kremer/Klahold*, ZGR 2010, 113 (128).

510 *Pies*, S. 171; *Bock*, ZIS 2009, 68 (77).

und den Mitarbeitern die Grenzen des rechtlich zulässigen Handelns aufgezeigt werden.[511] Nach *Hauschka* hängt die Effizienz einer Compliance-Organisation „wesentlich von der klaren Botschaft der Unternehmensspitze ab, dass sich die Unternehmensleitung vorbehaltlos und uneingeschränkt dazu bekennt, Missstände im Unternehmen abzustellen und bestimmte Praktiken nicht mehr zu dulden".[512]

Im Rahmen der sportpolitischen Aufarbeitung des „Hoyzer-Skandals" wurden im Rahmen des außerordentlichen Verbandstags des DFB am 28. April 2005 Änderungen der geltenden Satzungen und Ordnungen vorgenommen. Mit Einführung von § 6a DFB-Rechts- und Verfahrensordnung (nachfolgend: RuVO) wird nunmehr der Begriff der Spielmanipulation im Rahmen eines Sportstraftatbestandes wie folgt definiert:

> *„Spielmanipulation*
>
> 1. *Wer es, insbesondere als Spieler, Schiedsrichter, Trainer oder Funktionsträger, unternimmt, auf den Verlauf und/oder das Ergebnis eines Fußballspiels und/oder den sportlichen Wettbewerb durch wissentlich falsche Entscheidungen oder andere unbefugte Beeinflussung einzuwirken in der Absicht, sich oder einem anderen einen Vorteil zu verschaffen, macht sich der Spielmanipulation schuldig. Dies gilt nicht für Spieler, die beim Spiel oder im Zusammenhang mit diesem durch Verletzung einer Fußballregel ausschließlich einen spielbezogenen sportlichen Vorteil anstreben; die Möglichkeit der Bestrafung als unsportliches Verhalten gemäß § 1 Nr. 4 bleibt insoweit unberührt.*
> 2. *Eine Spielmanipulation wird als unsportliches Verhalten gemäß § 1 Nr. 4 geahndet (§ 44 der Satzung des DFB)."*

Gleichzeitig wurde im Rahmen des § 1 Nr. 2, 3 RuVO auch ein direktes und indirektes Wettverbot für Spieler, Trainer und Funktionsträger für Spiele, an denen sie beteiligt sind und für Schiedsrichter für alle Spiele in Ligen, in denen sie aktiv sind, eingeführt.

Die Erarbeitung einer Ethikrichtlinie wurde durch den DFB bislang allerdings noch nicht vorgenommen. Insofern wird kritisiert, dass in Fußballverbänden zwar Kodizes für das Verhalten auf dem Spielfeld existieren, nicht jedoch für das Verhalten von Sportlern und Funktionären untereinander sowie in Bezug auf Externe wie Sponsoringpartner und Medien.[513] Eine derartige Richtlinie wurde beispielsweise als „FIFA-Ethikreglement" vom Weltverband des Fußballs, der

---

511 *Itzen*, BB-Special 5/2008, 12, (15 f.); *Kremer/Klahold*, ZGR 2010, 113 (128).

512 *Hauschka*, in: ders., § 1, Rn. 35.

513 *Koch/Maennig*, Der Bürger im Staat 56, 50 (56); so auch *Pragal*, in: Weinreich, S. 206 (210 f.).

Fédération Internationale de Football Association (nachfolgend: FIFA), erarbeitet. Insbesondere regelt Ziff. 25 FIFA-Ethikreglement ebenfalls ein unmittelbares und mittelbares Wettverbot für Offizielle (hierunter fallen auch Schiedsrichter), Spieler und Spielerberater.

In Anbetracht der erörterten Rechtslage im Bereich der Wettkampfmanipulation durch Schiedsrichter sollte der DFB zunächst eine – beispielsweise dem „FIFA-Ethikreglement" entsprechende – Ethikrichtlinie ausarbeiten und veröffentlichen, um eine Sensibilisierung der Offiziellen, Schiedsrichter und Spieler im Rahmen des organisierten Fußballsports in Deutschland zu verstärken und die Botschaft zu vermitteln, dass der Vorstand des DFB Missstände im organisierten Fußball – insbesondere die Begehung von Wirtschaftsdelikten – nicht duldet, sondern vielmehr aktiv an der Bekämpfung der Wettkampfmanipulation teilnimmt.

Auch wenn mit der Einführung des § 6a RuVO ein Tatbestand zur Bestrafung von Schiedsrichtern in Fällen der Spielmanipulation geschaffen wurde und das Ethikreglement der FIFA ohnehin für alle seine Mitglieder, wozu auch der DFB gehört, verbindlich ist, so hat die Erstellung eines eigenen Ethik-Kodex auch unter sportpolitischen Gesichtspunkten eine gehobene Bedeutung, zumal hiermit auch weitere Verstöße gegen ethische Grundsätze normiert werden könnten. Im Rahmen der eingeführten Kampagne „Dein Sport. Deine Karriere. Deine Verantwortung." des DFB[514] wurde zwar auch ein Verhaltenskodex erstellt, der sich an Spieler, Trainer, Schiedsrichter und Clubmitglieder richtet. Allerdings weist dieser Kodex lediglich unverbindlich und deklaratorisch auf das nach der RuVO bereits bestehende Wettverbot hin und gibt Handlungsempfehlungen im Umgang mit entsprechenden Situationen. Einem umfassenden (und insbesondere nicht nur auf die Manipulation von Fußballspielen zur Erzielung von Wettgewinnen beschränkten) Ethikkodex ist dies jedoch nicht gleichzustellen.

Die in der Literatur zur Implementierung von Compliance-Richtlinien aufgekommene Frage, auf welcher arbeitsrechtlichen Grundlage[515] diese zulässig eingeführt werden können (zum Beispiel durch Arbeitsvertrag, Direktionsrecht oder Betriebsvereinbarung), stellt sich im Hinblick auf Richtlinien zur Prävention von Ergebnismanipulationen durch Schiedsrichter im Übrigen nicht. Dem DFB, als Auftraggeber der Schiedsrichter, ist es als Verein als Ausfluss

---

514 Abrufbar unter: https://www.dfb.de/news/detail/gemeinsam-gegen-spielmanipulation-163789/ (zuletzt abgerufen am 3. Juli 2023).

515 Vgl. nur *Schuster/Darsow*, NZA 2005, 273 (273 ff.); *Meyer*, NJW 2006, 3605 (3605 ff.); *Mengel/Hagemeister*, BB 2007, 1386 (1387); *Schreiber*, NZA-RR 2010, 617 (617 ff.).

der Vereins- oder Verbandsautonomie gemäß Art. 9 Abs. 1 GG gestattet, sich in freier Selbstbestimmung durch Satzungen und Verordnungen eine innere Ordnung zu geben.[516] Das sich hieraus ergebende „selbst gesetzte Recht des Sports“[517] umfasst hierbei insbesondere eine Satzung, eine Spielordnung sowie eine Rechts- und Verfahrensordnung.[518]

Unabhängig von der Frage, ob der DFB mit den Schiedsrichtern einen Geschäftsbesorgungsvertrag mit dienstvertraglichen Elementen nach §§ 675, 611 BGB abschließt[519] oder der Schiedsrichter als freier Unternehmer[520] eingeordnet wird, unterliegen die Schiedsrichter aufgrund ihrer notwendigen Mitgliedschaft in einem Fußballverein den genannten Satzungen und Ordnungen des DFB und der für sie zuständigen Landesverbände. Aufgrund der Verbandsautonomie würde die Erstellung eines entsprechenden Ethik-Kodex daher ohnehin für die Schiedsrichter gelten, ohne dass es auf die Problematik der Reichweite des Weisungsrechts des Arbeitgebers nach § 106 GewO[521] oder weitere arbeitsrechtliche Probleme ankäme.[522]

Entsprechende Rechte stehen zwar auch dem Ligaverband als eingetragenem Verein zu. Da der Ligaverband jedoch selber Mitglied im DFB ist, ist dieser den Satzungen und Ordnungen des DFB ohnehin unterworfen.[523] Da der Ligaverband auch über kein eigenes Schiedsrichterwesen verfügt und auch in Rechtsangelegenheiten die Einrichtungen des DFB zuständig sind, ist in diesem konkreten Zusammenhang nicht auf den Erlass eines Ethik-Kodex durch den Ligaverband bzw. die DFL einzugehen.

bb) Schulungen für Schiedsrichter

Als Ergänzung zu der Implementierung von Verhaltensrichtlinien ist die Schulung von Mitarbeitern ein weiterer elementarer Bestandteil eines wirksamen

---

516 *Adolphsen/Hoefer/Nolte*, in: Adolphsen/Nolte/Lehner/Gerlinger, Rn. 132 ff.; *Schwab*, NJW 2005, 938 (938.

517 *Reuter*, NJW 1983, 649 (652).

518 *Schwab*, NJW 2005, 938 (938).

519 *Kuhn*, S. 73 ff.; dem zustimmend *Heermann*, CaS 2005, 4 (5); *ders.*, in: WFV 2007, S. 45 (51).

520 Alternativ erwähnt bei *Heermann*, in: WFV, S. 45 (51).

521 Vgl. nur *Schreiber*, NZA-RR 2010, 617 (617 f.).

522 Dies wäre hinsichtlich der Arbeitnehmer des DFB zu bedenken, worauf jedoch im Rahmen der Ausarbeitung nicht einzugehen ist.

523 Vgl. § 3 Nr. 2 DFL-Satzung.

Compliance-Systems.[524] Das Ziel solcher Schulungen ist es, die zuvor aufgestellten Verhaltensvorschriften zu verdeutlichen und ein Bewusstsein für unternehmensspezifische Risikobereiche zu schaffen bzw. die erforderliche Sensibilität für das Thema zu wecken.[525]

In Übertragung auf den Sportbereich – insbesondere im Hinblick auf die Ergebnismanipulation durch Schiedsrichter – bietet es sich an, entsprechende Schulungen für Schiedsrichter im Rahmen eines Lehrganges jährlich vor dem Beginn einer Saison zu veranstalten. Auf diese Weise lässt sich eine stetige Sensibilisierung – vor allem unerfahrener Schiedsrichter – gewährleisten. Zur Erzielung einer Abschreckungswirkung sollten die Schiedsrichter insbesondere auch auf die straf- und zivilrechtlichen Folgen einer entsprechenden Manipulation hingewiesen werden.

Auf die bekannt gewordenen Fälle der Spielmanipulationen im Fußball haben sowohl der DFB als auch die FIFA zwischenzeitlich reagiert und entsprechende Maßnahmen zur Sensibilisierung von Schiedsrichtern getroffen. So hat beispielsweise die FIFA im Januar 2013 die Einführung des „FIFA Sensibilisierungs-Programms“ angekündigt, in dessen Rahmen Schiedsrichter für alle FIFA-Turniere (insbesondere bereits den FIFA Konföderationen-Pokal 2013 in Brasilien) und die FIFA Fußball-Weltmeisterschaft 2014 in Brasilien, entsprechend zu schulen und sensibilisieren sind.[526] Auch der DFB hat im Rahmen der Kampagne „Dein Sport. Deine Karriere. Deine Verantwortung“ die Abhaltungen von Schulungen durch den zuständigen Ombudsmann *Carsten Thiel von Herff*, einen externen Rechtsanwalt, eingeführt. Nach Auskunft von *Carsten Thiel von Herff* finden diese Schulungen allerdings vorrangig im Bereich von Nachwuchsmannschaften und insoweit nicht für Schiedsrichter statt.[527]

Neben der Aufklärung der Schiedsrichter über juristische Risiken kommt zudem die Aufklärung über tatsächliche Abläufe und Risiken der Eingehung einer Beziehung mit Wettmanipulatoren in Betracht.[528] Entsprechende Schulungen existieren bereits für Spieler in der nordamerikanischen National Collegiate Athletic Association (NCAA), einem Verband, über den viele Colleges

524 *Lampert*, in: Hauschka, § 9, Rn. 27 ff.; *Hauschka/Greeve*, BB 2007, 165 (168); *Liese*, BB-Special 5/2008, 17 (21 f.); *Kremer/Klahold*, ZGR 2010, 113 (130).

525 *Zimmer/Stetter*, BB 2006, 1445 (1451); *Itzen*, BB-Special 5/2008, 12 (16); *Liese*, BB-Special 5/2008, 17 (22).

526 Vgl. Mitteilung der FIFA vom 17. Januar 2013.

527 *Carsten Thiel von Herff*, Ombudsmann des DFB und der DFL, im telefonischen Gespräch mit dem Verfasser, 5. Februar 2013.

528 *Pragal*, in: Weinreich, S. 206 (210).

und Universitäten der USA ihre Sportprogramme organisieren. Hierbei werden die Spieler von ehemaligen Mafiamitgliedern über die Arbeitsweise und Gedankengänge der Wettspieler unterrichtet. Ferner wird erläutert, auf welche Weise Sportler angesprochen und „geködert“ werden und welche Risiken sich aus einer solchen Beziehung ergeben können.[529]

Eine regelmäßige und nachhaltige Schulung der Schiedsrichter – kombiniert aus Vermittlung der Grundwerte und Aufklärung über rechtliche und tatsächliche Risiken – verspricht hierbei den maximalen Grad an Sensibilisierung und Abschreckung. Nach Auskunft des ehemaligen Bundesliga-Schiedsrichters und aktuellem Mitglied der DFB – Schiedsrichterkommission *Lutz Wagner*, existieren bislang jedoch keine Schulungsmaßnahmen bzw. anderweitige Maßnahmen zur Sensibilisierung der Schiedsrichter, auch wenn das Bewusstsein für die Problematik seit dem Wettskandal um Robert Hoyzer bei den Schiedsrichtern sicherlich geschärft sei.[530]

In Anbetracht der bestehenden ordnungswidrigkeitsrechtlichen Aufsichts- und Überwachungspflichten der DFB-Organe kann allein das gesteigerte Bewusstsein durch die (Medien)Präsenz des „Hoyzer-Falles“ – insbesondere vor dem Hintergrund der notwendigen Nachhaltigkeit einer Sensibilisierung – aber entsprechende jährliche Schulungsmaßnahmen nicht ersetzen. Insofern ist neben der Aufstellung von Verhaltensrichtlinien zwingend zur Einführung von Schulungen zu raten bzw. sind die bereits bestehenden Schulungsveranstaltungen auf den Personenkreis der Schiedsrichter zu erweitern.

b) Identifizieren von strafbaren Handlungen

Im Bereich der „Innensteuerung“ durch DFB/DFL kommen des Weiteren Maßnahmen in Betracht, die zu einer höheren Identifizierung von strafbaren Handlungen führen können. Insbesondere dienen solche Instrumente einer gesteigerten Abschreckungswirkung und haben hierdurch einen positiven Effekt auf die Prävention von Wirtschaftskriminalität.

aa) Einrichtung von internen oder externen Stellen zur Hinweislieferung

Im Rahmen der Sachverhaltsaufklärung und der Identifizierung von Wirtschaftsstraftaten sind Unternehmen häufig auf die Unterstützung ihrer Mitarbeiter angewiesen.[531] Die Erfahrung zeigt hierbei, dass es in der Regel die Mitarbeiter

---

529 *Hill*, S. 200.

530 *Lutz Wagner*, ehemaliger Bundesliga-Schiedsrichter und Mitglied der DFB-Schiedsrichterkommission, im Gespräch mit dem Verfasser, Hofheim, 31. Januar 2013.

531 *Inderst*, in: Görling/Inderst/Bannenberg, Kap. 4, Rn. 34.

sind, die von Fehlverhalten im Unternehmen oder dessen Umfeld erfahren, dies jedoch aus Angst nicht an die Unternehmensführung weitertragen.[532]

Als zusätzliches Element eines effektiven Compliance-Systems kommt daher als Instrument zur Informationsgewinnung und Aufklärung zunehmend die Einrichtung einer sog. Whistleblower-Hotline in Betracht.[533] Hierbei handelt es sich um ein unternehmensinternes (anonymes) Hinweisgebersystem, bei dem Unternehmensmitarbeiter Rechtsverstöße innerhalb der Organisation melden können.[534] Charakteristisch für das Whistleblowing ist hierbei, dass eine Person, die unmittelbar selbst in das Organisationsgeschehen eingebunden ist, illegale, unmoralische oder illegitime Praktiken anderer, ebenfalls der Organisation angehöriger Personen erkennt und diese Information einer geeigneten Stelle offenlegt.[535]

Bei dieser geeigneten Stelle ist zwischen einer internen und einer externen Lösung zu differenzieren.[536] Im Rahmen einer internen Lösung wird dem Whistleblower die Möglichkeit geboten, sich an eine unternehmensinterne Stelle, wie zum Beispiel eine Compliance-Abteilung oder die Rechts- bzw. Revisionsabteilung, zu wenden.[537] Des Weiteren besteht alternativ die Möglichkeit eine externe Meldestelle einzurichten.[538] Aufgrund der beruflichen Verpflichtung zur Verschwiegenheit handelt es sich hierbei in der Regel um einen Rechtsanwalt, der für das beauftragende Unternehmen als Whistleblowing-Anwalt oder Ombudsmann tätig wird.[539] Durch die Einrichtung einer externen Stelle

532 *Inderst*, in: Görling/Inderst/Bannenberg, Kap. 4, Rn. 34.

533 Vgl. hierzu umfassend: *Berndt/Hoppler*, BB 2005, 2623 (2623 ff.); *Wisskirchen/Körber/Bissels*, BB 2006, 1567 (1567 ff.); hierzu auch: *Inderst*, in: Görling/Inderst/Bannenberg, Kap. 4, Rn. 34 ff.; *Schneider*, ZIP 2003, 645 (650); *Hauschka*, ZIP 2004, 877 (881 f.); *Schuster/Darsow*, NZA 2005, 273 (276); *Bürkle*, BB 2005, 565 (566); *Mengel/Hagemeister*, BB 2007, 1386 (1389); *Kort*, NZG 2008, 81 (85); *Kremer/Klahold*, ZGR 2010, 113 (133 ff.); *Passarge*, DStR 2010 1675 (1677 f.); *Wiederholt/Walter*, BB 2011, 968 (971 f.); *Schulz*, BB 2011, 629 (629 ff.); *Schaupensteiner*, NZA-Beil. 2011, 8 (10 f.).

534 *Passarge*, DStR 2010, 1675 (1677).

535 *Berndt/Hoppler*, BB 2005, 2623 (2624); *Schulz*, BB 2011, 629 (630).

536 *Kremer/Klahold*, ZGR 2010, 113 (133).

537 *Kremer/Klahold*, ZGR 2010, 113 (133 f.).

538 Hierbei handelt es sich dennoch um sog. „internes Whistleblowing“ und ist zu unterscheiden vom „externen Whistleblowing“ bei dem sich der Whistleblower bspw. an Aufsichtsbehörden, Strafverfolgungsorgane oder Medien wendet; vgl. *Schulz*, BB 2011, 629 (630).

539 *Kremer/Klahold*, ZGR 2010, 113 (134); *Passarge*, DStR 2010, 1675 (1678); *Wiederholt/Walter*, BB 2011, 968 (971 f.); *Schaupensteiner*, NZA-Beil. 2011, 8 (10).

kann hierbei die Hemmschwelle des Whistleblowers, Compliance-Verstöße zu melden, im Vergleich zu einem internen Meldesystem möglicherweise etwas gesenkt werden.[540]

Die in anderen Wirtschaftsbereichen durchaus häufig genutzte Möglichkeit der Sachverhaltsaufdeckung und -aufklärung durch die Einrichtung eines solchen Hinweisgebersystems lässt sich vorliegend ebenfalls auf den organisierten Profisport übertragen und im Rahmen der Ergebnismanipulation durch Schiedsrichter sinnvoll einsetzen.[541] Auf etwaige arbeits- und datenschutzrechtliche Einschränkungen – wie etwa der Frage, ob Mitarbeiter eines Unternehmens zur Informationsweitergabe verpflichtet werden können bzw. in welchem Umfang dies zulässig ist – kann im Zusammenhang mit der vorliegenden Arbeit lediglich hingewiesen werden.[542]

Insbesondere bei dem in Rede stehenden Sachverhalt bestand im Verlauf der Manipulationen der Schiedsrichter Hoyzer und Marks mehrfach die Möglichkeit von Schiedsrichtern, Mitarbeitern des DFB und Externen den Sachverhalt bei einer entsprechend geeigneten Stelle anzuzeigen und so die Aufklärung zu bewirken bzw. anzustoßen:

Im Rahmen der von Hoyzer manipulierten Begegnung zwischen dem Wuppertaler SV und den Amateuren des SV Werder Bremen bot Hoyzer dem damaligen Schiedsrichter-Assistenten Felix Zwayer 300,– EUR für die Unterstützung zur Ergebnismanipulation an.[543] Obwohl sich dieses Angebot bereits am 30. Mai 2004 ereignete, vertraute sich Zwayer indes erst Anfang des Jahres 2005 der Gruppe seiner Schiedsrichterkollegen um Lutz Michael Fröhlich an, der die Information schließlich an den DFB weitergab. Ferner gingen – wie dargelegt – am 23. August 2004 Verdachtsanzeigen seitens der Staatlichen Lotterieverwaltung sowohl telefonisch als auch schriftlich beim DFB ein. Es wurden aber weder interne Ermittlungsmaßnahmen eingeleitet noch wurde die Erstattung einer Strafanzeige in Betracht gezogen. Vielmehr wurde dies den Verantwortlichen der Staatlichen Lotterieverwaltung überlassen mit der Folge, dass eine Strafanzeige überhaupt nicht gestellt wurde.

---

540 *Inderst*, in: Görling/Inderst/Bannenberg, Kap. 4, Rn. 64; *Hild*, AnwBl 2010, 641 (641).

541 Nach der Einführung des HinSchG dürften die Beteiligten mittlerweile ohnehin verpflichtet sein, eine entsprechende Meldestelle zu implementieren.

542 Vgl. nur *Herbert/Oberrath*, NZA 2005, 193 (193 ff.); *Mengel/Hagemeister*, BB 2007, 1386 (1389); *Göpfert/Landauer*, NZA-Beil. 2011, 16 (20 f.); zur Problematik bzgl. „externen Whistleblowings": *Müller*, NZA 2002, 424 (424 ff.).

543 *Sellin*, S. 242; Der Spiegel 6/2005, Die Akte Hoyzer, S. 146.

Bei Beauftragung eines externen Rechtsanwalts als Whistleblower-Anwalt oder Ombudsmann hätte eine solche Entwicklung durchaus früher aufgedeckt werden können. Zum einen hätte Schiedsrichter-Assistent Zwayer hierdurch ein zur Verschwiegenheit verpflichteter Rechtsbeistand auch beratend zur Seite stehen können, so dass durchaus vermutet werden kann, dass sich Zwayer mit seinem Wissen früher an eine solche Stelle gewendet hätte. Darüber hinaus hätten sich auch die Verantwortlichen der Staatlichen Lotterieverwaltung unmittelbar an eine solche Stelle wenden können.

Letztlich entfaltet die Errichtung eines solchen Hinweisgebersystems – insbesondere in Verbindung mit der Verpflichtung zur Informationsweitergabe für einen bestimmten Personenkreis – auch abschreckende Wirkung[544], so dass die „Anwerbung" weiterer Schiedsrichter durch Hoyzer – wie im Falle des Schiedsrichters Marks – durchaus erschwert worden wäre.

Das Erfordernis der Implementierung von Whistleblower-Systemen im organisierten Profisport ist zumindest im Bereich des Fußballs sowohl auf nationaler als auch auf internationaler Ebene erkannt worden. So haben der Ligaverband und die DFL im Mai 2011 einen externen Rechtsanwalt, als Ombudsmann benannt.[545] Dieser steht als Ansprechpartner für geplante oder verabredete Spielmanipulationen für Hinweisgeber zur Verfügung und berät Trainer, Spieler und Offizielle in Fragen zum Umgang mit etwaigen Verdachtsmomenten.[546] Der DFB hat im Rahmen der Kampagne „Dein Sport. Deine Karriere. Deine Verantwortung" ebenfalls einen Ombudsmann benannt.[547] Auch die FIFA hat im Januar 2013 die Einrichtung einer Whistleblower-Hotline angekündigt „an die sich jeder per E-Mail wenden kann".[548]

bb) Einrichtung von internen Stellen zur Ermittlung

Eine weitere Möglichkeit zur Identifizierung strafbarer Handlungen bietet die Einrichtung von internen Ermittlungs- bzw. Sicherheitsabteilungen.

---

544 *Bussmann/Matschke*, CCZ 2009, 132 (136).

545 Pressemitteilung der DFL vom 4. Mai 2011, „Ligaverband und DFL benennen Dr. Carsten Thiel von Herff als Ombudsmann".

546 Pressemitteilung der DFL vom 4. Mai 2011, „Ligaverband und DFL benennen Dr. Carsten Thiel von Herff als Ombudsmann".

547 Vgl. https://www.dfb.de/news/detail/gemeinsam-gegen-spielmanipulation-163789/ (zuletzt abgerufen am 3. Juli 2023).

548 Vgl. Mitteilung der FIFA vom 17. Januar 2013.

Die Implementierung von Ermittlungs- und Sicherheitsabteilungen gehört in den nordamerikanischen Sportprofiligen – wie etwa im Football, Eishockey oder Basketball – zum Standard der Bekämpfung von Wettkampfmanipulationen.[549] In solchen sog. „Security Departements" sind ehemalige Polizisten und FBI-Agenten angestellt, die ausschließlich zur Überwachung und Ermittlung eingesetzt werden.[550] Auch die FIFA hat im Juni 2012 eine neue sog. Sicherheitsdivision gegründet deren Leitung dem ehemaligen leitenden Direktor beim Bundeskriminalamt und ehemaligen Interpol-Direktor Ralf Mutschke übertragen wurde.[551]

Die entsprechende Implementierung einer solchen Sicherheitsabteilung würde daher auch für den DFB – insbesondere vor dem Hintergrund der Möglichkeit einer engen Zusammenarbeit mit der Sicherheitsdivision der FIFA – zur Vermeidung der Ergebnismanipulation eine sinnvolle Maßnahme darstellen.

Zu diskutieren wäre in diesem Zusammenhang auch, ob der bereits im Hinblick auf die Intensivierung der Strafverfolgung angesprochene Einsatz eines *agent provocateur* in Betracht zu ziehen ist. Die interne Sicherheitsabteilung könnte hierbei ebenfalls Lockspitzel entsenden und hierdurch die Abschreckungswirkung erhöhen.

In arbeitsrechtlicher Hinsicht ist die Durchführung von Zuverlässigkeitstests zur Überführung illoyaler Mitarbeiter als Mittel zur Prävention von Wirtschaftskriminalität durchaus anerkannt und zulässig.[552] Zu beachten ist jedoch, dass diese Maßnahme ihre Grenze in der Anstiftung des Arbeitnehmers zu strafbaren Handlungen durch den Arbeitgeber findet.[553] Insofern darf der Mitarbeiter nicht mit dem Ziel auf die Probe gestellt werden ihn hereinzulegen.[554] Wie festgestellt, ist die reine Spielmanipulation durch den Schiedsrichter nach herrschender Ansicht zwar nicht strafbar. Sofern vorliegend jedoch gerade die Einführung eines Straftatbestandes, der bereits die Manipulationsvereinbarung kriminalisiert, vertreten wird, würde spätestens in diesem Zeitpunkt die Sittenwidrigkeit

---

549 *Hill*, S. 200; vgl. auch Süddeutsche Zeitung – Online vom 17. Mai 2008, „Die Liga braucht Cops" (abrufbar unter: http://www.sueddeutsche.de/sport/manipulation-im-fussball-die-liga-braucht-cops-1.699636; zuletzt abgerufen am 3. Juli 2023).

550 *Hill*, S. 200 f.

551 Mitteilung der FIFA vom 2 März 2012.

552 BGH NJW 1992, 2292 (2293); *Maschmann*, NZA 2002, 13 (13 ff.); *Zimmer/Stetter*, BB 2006, 1445 (1452).

553 BGH NJW 1992, 2292 (2293); *Maschmann*, NZA 2002, 13 (16).

554 BGH NJW 1992, 2292 (2293); *Maschmann*, NZA 2002, 13 (16).

des Zuverlässigkeitstests vorliegen, da der Schiedsrichter dann denknotwendig zur Begehung eine Straftat angestiftet werden müsste, um ihn zu testen.

Zwar handelt es sich bei den vertraglichen Beziehungen zwischen dem DFB und Schiedsrichtern gerade nicht um solche des Arbeitsrechts. Allerdings sollte der DFB diese arbeitsrechtlichen Grundsätze in diesem Zusammenhang gleichwohl berücksichtigen. Dies gilt nicht zuletzt vor dem Hintergrund, dass die Durchführung der hier in Rede stehenden Zuverlässigkeitstests ein Klima des Misstrauens zwischen DFB und den überwiegend redlichen Schiedsrichtern schafft, welches aus tatsächlichen Gründen zwingend vermieden werden sollte. Insofern ist die Maßnahme des internen Einsatzes von Lockspitzeln zur Erhöhung der Aufdeckungswahrscheinlichkeit und Abschreckung grundsätzlich abzulehnen.

cc) Einrichtung eines Frühwarnsystems

Ferner kommt die Identifizierung von manipulierten Spielen über die Einrichtung eines Frühwarnsystems in Betracht.

Im Rahmen der Aufarbeitung des Wettskandals um Robert Hoyzer haben der DFB und die DFL mit dem bereits bestehenden bracheninternen Frühwarndienst „Betradar“ eine Kooperationsvereinbarung abgeschlossen.[555]

Die von dem Unternehmen zu erbringende Dienstleistung besteht darin, die mit ihm kooperierenden Wettanbieter und Fußballverbände auf auftretende Unregelmäßigkeiten im Wettverhalten aufmerksam zu machen. Hierzu melden alle verbundenen Wettanbieter aus dem In- und Ausland die Daten der bei ihnen abgeschlossenen Spielverträge. Betradar sorgt sodann für den Informationsabgleich über die Entwicklung bestimmter Sportwetten und sendet Warnmeldungen an alle Wettanbieter, sobald die Entwicklungen auf eine Manipulation hindeuten. Durch die Warnmeldungen an die Fußballverbände werden diese in die Lage versetzt, auf etwaige Verdachtsfälle mit intensiver Beobachtung oder einem Austausch der Schiedsrichter reagieren zu können.[556]

Obwohl sich dem Frühwarnsystem mittlerweile mehrere hunderte Wettanbieter angeschlossen haben[557], kann hierdurch nicht die lückenlose Überprüfung des Wettmarktes gewährleistet werden. Ein Manipulator könnte beispielsweise den beeinflussten Schiedsrichter anweisen, für einen Sieg der ohnehin favorisierten

555 Vgl. nur *Hilpert*, § 1 RuVO, Rn. 11.
556 Vgl. zum Gesamten: *Giebel*, SpuRt 2006, 7 (8).
557 Vgl. Angaben des Internetauftritts unter: https://www.betradar.com; zuletzt abgerufen 3. Juli 2023.

Mannschaft zu sorgen und bei verschiedenen Wettanbietern verstreut – insbesondere über weitere Mittelsmänner – auf einen Sieg der favorisierten Mannschaft wetten. Je nach Höhe des Gesamteinsatzes werden sich die Quoten hierbei zwar verändern, allerdings weist diese Veränderung in die Richtung der Mannschaft von der gerade erwartet wird, dass sie gewinnt, so dass diese Quotenveränderung keine ungewöhnliche Entwicklung darstellen würde.[558] Eine solche Manipulation könnte von einem Frühwarnsystem folglich nicht erkannt werden. Des Weiteren können nur Wetten bei Wettanbietern erfasst werden, die sich dem Frühwarnsystem angeschlossen haben. Insbesondere wird daher der Wettverlauf bei Wetten auf dem (illegalen) asiatischen Wettmarkt nicht beeinflusst, so dass auch diese Manipulationen nicht vom Frühwarnsystem erkannt werden können.

Auch wenn es wirtschaftlich lukrativer erscheint, beispielsweise für einen Sieg des Außenseiters zu sorgen und hierauf zu wetten, so birgt dies aufgrund des Frühwarnsystems ein gewisses Entdeckungsrisiko. Insofern ist die Errichtung eines Frühwarnsystems durchaus sinnvoll und erschwert die Ergebnismanipulation bzw. auch die Manipulation von Ereigniswetten.

c) Behandlung von Wirtschaftsstraftaten

Weiterhin ist in diesem Zusammenhang auf den Umgang mit Wirtschaftsdelikten einzugehen. Insbesondere dann, wenn ein solcher Fall in einer Strafanzeige münden soll, erlangt die Sachverhaltsaufklärung besondere Bedeutung.[559] Die enge Zusammenarbeit mit der Staatsanwaltschaft ist daher hinsichtlich der Aufklärung ein eminent wichtiger Bestandteil der Korruptionsbekämpfung.[560] Insofern erwarten die Behörden in Wirtschaftsstrafsachen sogar eine aktive Mitarbeit des geschädigten Unternehmens.[561] Eine konstruktive Zusammenarbeit, die zu einem raschen Aufdecken der begangenen Straftaten führt, entfaltet hierbei durchaus auch abschreckende Wirkung.[562]

Insbesondere die Erfahrungen aus dem „Hoyzer-Fall“ haben gezeigt, dass eine enge Zusammenarbeit des DFB mit der Staatsanwaltschaft bereits wesentlich früher zur Aufdeckung des relevanten Sachverhalts hätte führen können, sofern die entsprechende Erstattung einer Strafanzeige – nach Meldung der Verdachtsmomente durch die Staatliche Lotterieverwaltung am 23. August 2004 – von den

---

558 Vgl. hierzu *Hill*, S. 188.
559 *Görling*, in: Görling/Inderst/Bannenberg, Kap. 6, Rn. 20 ff.
560 *Koch/Maennig*, Der Bürger im Staat 56, 50 (57).
561 *Görling*, in: Görling/Inderst/Bannenberg, Kap. 6, Rn. 20.
562 *Koch/Maennig*, Der Bürger im Staat 56, 50 (57).

Verantwortlichen des DFB vorgenommen worden wäre. Dementsprechend hat der DFB bereits angekündigt, dass die neu gegründete Nachhaltigkeitskommission die Verbesserung der Kooperation zwischen den Staatsanwaltschaften und dem Verband zum Ziel hat.[563]

Entsprechende Ermittlungen sind darüber hinaus transparent und öffentlich zu machen, sobald ein konkreter Tatverdacht besteht, da der mediale Aufschrei und die Verurteilung durch die öffentliche Meinung ebenfalls eine abschreckende Wirkung haben können.[564]

d) Sonstiges

Letztlich kommen sport- bzw. fußballspezifische Maßnahmen zur Prävention in Betracht. Hierbei handelt es sich um Maßnahmen, die den Besonderheiten des Fußballsports – insbesondere der Sportregeln und der konkreten Ausgestaltung der maßgeblichen Vertragsbeziehungen – Rechnung tragen und insofern nicht unmittelbar aus der allgemeinen compliance- bzw. wirtschaftsstrafrechtlichen Präventionsforschung übertragen werden können.

Dem DFB kommt aufgrund der ihm zustehenden Vereins- oder Verbandsautonomie als Ausfluss des Art. 9 Abs. 1 GG insbesondere die Möglichkeit zu, durch Einführung entsprechender Normen positiv auf die Prävention von Wirtschaftskriminalität einzuwirken. Insbesondere mit Einführung der §§ 1 Nr. 2 und 3, 6a RuVO hat der DFB nach Aufdeckung der „Hoyzer-Affäre" auf die Bekämpfung der Spielmanipulation reagiert. Die Vorschrift des § 1 Nr. 2 und 3 RuVO untersagt hierbei das Wetten der am jeweiligen Spiel Beteiligten (selbst oder über Dritte) und ist (wie teilweise in der Literatur[565] gefordert) daher mit den „Insider-Regeln" des § 14 WpHG vergleichbar.[566]

Die – im Hinblick auf die Prävention – effektive Wirkungsweise dieser neu eingeführten Regelung ist nachfolgend unter anderem zu untersuchen und hierbei gegebenenfalls Vorschläge zur weiteren Erhöhung der Effektivität zu unterbreiten.

---

563 Focus-Online vom 15. April 2013, „DFB investiert zwei Millionen in Nachhaltigkeit" (abrufbar unter: https://www.focus.de/sport/fussball/zwei-millionen-euro-fuer-die-nachhaltigkeit-dfb_id_2099486.html; zuletzt abgerufen am: 3. Juli 2023).

564 *Koch/Maennig*, Der Bürger im Staat 56, 50 (57).

565 *Fischer*, SpuRt 2005, 45 (46).

566 *Hilpert*, § 1 RuVO, Rn. 11.

aa) Erhöhung der Geldstrafen

Nachdem die Handlungen der Beteiligten des „Hoyzer-Skandals" noch unter die Generalklausel des unsportlichen Verhaltens gemäß § 1 Nr. 4 RuVO subsumiert werden mussten, wurde im Jahr 2005 der Tatbestand des § 6a RuVO neu eingeführt. Täter der neu eingeführten Norm der „Spielmanipulation" können alle Personen sein, die auf den Verlauf von Fußballspielen Einfluss nehmen können, insbesondere daher auch Schiedsrichter, Spieler und Vereinsfunktionäre.

Als Tathandlung des § 6a RuVO werden hierbei zum einen bewusst unrichtige Entscheidungen von Schiedsrichtern bzw. deren Assistenten und zum anderen (bei Spielern) die Einwirkung durch nicht erlaubte Beeinflussung erfasst, sofern diese einen „Wetthintergrund" aufweisen.[567] Auch ist nach § 6a RuVO bereits der Versuch strafbar.[568]

Als Sanktionen für eine begangene Spielmanipulation nach § 6a RuVO stehen über den Verweis in § 6a Nr. 2 RuVO auf § 1 Nr. 4 RuVO die Maßnahmen des § 44 DFB-Satzung zur Verfügung. Im Hinblick auf die Bestrafung des tatbestandsmäßigen Verhaltens von Schiedsrichtern kommen hierbei die Geldstrafe (in Höhe von bis zu 250.000,– EUR) sowie der (dauerhafte) Ausschluss in Betracht.

Unter dem Aspekt der Steigerung der Effektivität sollte zunächst die Erhöhung der Geldstrafen für eine begangene Spielmanipulation gemäß § 6a RuVO i.V.m. §§ 1 Nr. 4 RuVO; 44 DFB-Satzung angedacht werden. Die Wirkung einer solchen Maßnahme stößt allerdings relativ schnell an die Grenze seiner rechtlichen Möglichkeiten. Der Schiedsrichter unterliegt nämlich nur so lange der DFB-Sportgerichtsbarkeit wie er auch über seine lokale Vereinsmitgliedschaft Mitglied des DFB ist. Um daher einer Geldstrafe zu entgehen, können sich manipulierende Schiedsrichter der Verbandsgerichtsbarkeit durch den Austritt aus ihrem jeweiligen Mitgliedsverein ohne weiteres entziehen.[569] Dementsprechend konnte der Schiedsrichter Dominik Marks nicht von der DFB-Sportgerichtsbarkeit für die von ihm vorgenommenen Spielmanipulationen bestraft werden, da er zuvor aus seinem Mitgliedsverein ausgetreten ist.[570]

---

567 *Hilpert*, § 6a RuVO, Rn. 46.

568 *Hilpert*, § 6a RuVO, Rn. 46.

569 *Koch/Maennig*, Der Bürger im Staat 56, 50 (55).

570 *Koch/Maennig*, Der Bürger im Staat 56, 50 (55).

bb) Modifikation der Verträge

Um die – durch Vereinsaustritt – fehlende Möglichkeit der Verhängung einer Geldstrafe zu kompensieren, kommt ferner die Modifikation der Verträge zwischen dem DFB und den Schiedsrichtern in Betracht. Unabhängig von der Ausgestaltung des entsprechenden Vertrages[571] kann hierbei eine Vertragsstrafenregelung für den Fall der Spielmanipulation aufgenommen werden.[572] Einer entsprechenden Geltendmachung dieses Anspruchs könnte sich der Schiedsrichter vor allem nicht durch Vereinsaustritt entziehen. Nach Aussage von *Lutz Wagner* existieren entsprechende Vertragsstrafenregelungen im Rahmen der Vereinbarungen zwischen Schiedsrichter und DFB nicht.[573] Insofern ist anzuraten, eine entsprechende Klausel in die Standardverträge des DFB mit den Schiedsrichtern aufzunehmen.

cc) Erhöhung der Einkommen der Schiedsrichter

Als weitere, der Prävention dienende Maßnahme, kommt die Erhöhung des Schiedsrichtereinkommens in Betracht.

Insofern wurde von FIFA-Präsident Joseph S. Blatter die „Professionalisierung des Schiedsrichterwesens"[574] vorgeschlagen. Hiernach sollten Schiedsrichter der obersten Ligen von ihren nationalen Verbänden fest angestellt werden und ein festes Gehalt beziehen.[575] Das Gehalt sollte hierbei entsprechend angehoben werden und nach der Vorstellung Blatters ca. 100.000,– EUR pro Jahr betragen.[576]

Mit Hilfe dieser Maßnahme wird die Erschwerung der Beeinflussung eines solchen Profi-Schiedsrichters bedingt durch das höhere Einkommen verfolgt. Es muss hierbei jedoch hinterfragt werden, ob es sich um eine Maßnahme handelt,

571 Vgl. oben unter: 2. Kapitel A. IV. 2. a) aa).

572 *Fischer*, NJW 2005, 1028 (1029).

573 *Lutz Wagner*, ehemaliger Bundesliga-Schiedsrichter und Mitglied der DFB-Schiedsrichterkommission, im Gespräch mit dem Verfasser, Hofheim, 31. Januar 2013.

574 Spiegel-Online vom 8. März 2005, „Blatter fordert Profi-Schiedsrichter" (abrufbar unter: http://www.spiegel.de/sport/fussball/0,1518,345404,00.html; zuletzt abgerufen am: 3. Juli 2023).

575 Spiegel-Online vom 8. März 2005, „Blatter fordert Profi-Schiedsrichter" (abrufbar unter: http://www.spiegel.de/sport/fussball/0,1518,345404,00.html; zuletzt abgerufen am: 3. Juli 2023).

576 Vgl. Der Tagesspiegel vom 26. Februar 2005, „Der Tag, an dem der Schiri richtig Kasse macht"; *Koch/Maennig*, Der Bürger im Staat 56, 50 (57).

die der effektiven Prävention von Ergebnismanipulation dienen kann. Dies ist aus den folgenden Gründen zu bezweifeln:

Zum einen hat die bisherige Schiedsrichtervergütung des DFB bereits eine Größenordnung erreicht, welche es den Schiedsrichtern ermöglicht, mit Einsätzen in der 1. und 2. Bundesliga, DFB-Pokal und eventuellen internationalen Einsätzen durchaus Vergütungen in der vorgeschlagenen Größenordnung zu erreichen.[577] Die Senkung der Beeinflussungsanfälligkeit ist daher mit der Größenordnung in Höhe von 100.000,– EUR pro Jahr nicht effektiv zu erreichen.[578] Die Erhöhung der Vergütung müsste hierbei deutlich größer ausfallen.

Zum anderen stehen die eingesetzten Schiedsrichter in aller Regel in einem festen Arbeitsverhältnis, im Rahmen dessen sie ebenfalls eine regelmäßige Einnahmequelle haben. Die Tätigkeit als Schiedsrichter wird in der Regel nebenberuflich ausgeübt. Auch wenn der Einsatz als Schiedsrichter eine Vollzeitanstellung nur schwer möglich macht, so kehren die Schiedsrichter nach Überschreiten der offiziellen Altersgrenze des DFB regelmäßig in eine Vollzeitanstellung zurück. Die Schiedsrichter müssten bei einer Anstellung durch den DFB ihre bisherige Anstellung jedoch aufgeben, so dass bei Erreichen der für Schiedsrichter geltenden Altersgrenze die Arbeitslosigkeit drohen würde.[579] Nach Aussage des ehemaligen Bundesliga-Schiedsrichters und Mitglied der DFB-Schiedsrichterkommission *Lutz Wagner* stellt dies ein zu hohes Risiko für die Schiedsrichter dar, so dass er von der Einführung eines Profi-Schiedsrichters abrät.[580] Zudem sei nach seiner Ansicht die soziale Absicherung des Schiedsrichters bei Verletzung oder infolge eines Abstieges in eine untere Spielklasse gefährdet.[581]

dd) Modifikation der Vergütungszahlung an die Schiedsrichter

Neben der Erhöhung des Einkommens soll nach einem Vorschlag von *Maennig*[582] parallel das System der Vergütungszahlungen an die Schiedsrichter zum

---

577 Vgl. Tab. 2: Schiedsrichtervergütung im DFB in: *Koch/Maennig*, Der Bürger im Staat 56, 50 (55).

578 So auch *Fischer*, SpuRt 2005, 45 (46).

579 *Lutz Wagner*, ehemaliger Bundesliga-Schiedsrichter und Mitglied der DFB-Schiedsrichterkommission, im Gespräch mit dem Verfasser, Hofheim, 31. Januar 2013.

580 *Lutz Wagner*, ehemaliger Bundesliga-Schiedsrichter und Mitglied der DFB-Schiedsrichterkommission, im Gespräch mit dem Verfasser, Hofheim, 31. Januar 2013.

581 *Lutz Wagner*, ehemaliger Bundesliga-Schiedsrichter und Mitglied der DFB-Schiedsrichterkommission, im Gespräch mit dem Verfasser, Hofheim, 31. Januar 2013.

582 *Koch/Maennig*, Der Bürger im Staat 56, 50 (54); *Maennig*, Vierteljahreshefte zur Wirtschaftsforschung 73 (2004), 263 (282).

Zwecke der Prävention von Ergebnismanipulation modifiziert werden. Der Vorschlag sieht hierbei vor, dass nur ein Teil (z.B. die Hälfte) der Schiedsrichtervergütung laufend ausgezahlt werden solle. Der andere Teil solle in einen Fonds zur Alterssicherung eingezahlt werden. Die Ansprüche des Schiedsrichters aus dem Fonds verwirke dieser jedoch, wenn er zuvor „unehrenhaft“ aus seinem Amt ausscheide.[583]

Ein solches Vorgehen hätte den positiven Effekt, dass die Strafe unabhängig vom Dienstalter des Schiedsrichters wirkt und somit sowohl für Schiedsrichter, die am Anfang einer vielversprechenden Karriere stehen als auch für Ältere die gleichen negativen Auswirkungen hätte. Für junge Schiedsrichter würde ein Ausschluss aus dem Schiedsrichteramt mit erheblichen zukünftigen Einkommensverlusten verbunden sein. Im Gegensatz hierzu würde der Wegfall zukünftiger Vergütung hinsichtlich dienstälterer Schiedsrichter nur noch geringfügig ins Gewicht fallen. Der Wegfall der angesparten Fondsgelder hingegen würde diese Schiedsrichter erheblich treffen.[584]

Die von *Maennig* vorgeschlagene Modifikation des Vergütungssystems kann – unter Umständen auch als Ersatz zur Aufnahme von Vertragsstrafenregelungen – durchaus als effektive Maßnahme zur Bekämpfung der Ergebnismanipulation von Schiedsrichtern angesehen werden.

ee) Reduktion der Ermessensspielräume der Schiedsrichter

Hinsichtlich der Modifikation der Spielregeln besteht des Weiteren die Möglichkeit der Reduktion der Ermessensspielräume der Schiedsrichter zur Prävention von Ergebnismanipulation. Eine solche Reduktion kann hierbei durch den verstärkten Einsatz technischer Mittel zur Überprüfung des Schiedsrichterverhaltens bzw. zur Ersetzung von Schiedsrichterentscheidungen erreicht werden.[585] In Betracht kommen der zur Korrektur von Schiedsrichterentscheidungen dienende Video-Beweis, den zur Torprüfung mit einem elektronischen Chip ausgestatteten Ball oder die Funkverbindung zu einem Ober- oder Zweitschiedsrichter.[586] Weiterhin wären automatische Abseitsmeldungen mittels Minisendern im Fußball und in den Schienbeinschonern möglich.[587]

---

583 *Koch/Maennig*, Der Bürger im Staat 56, 50 (54); *Maennig*, Vierteljahreshefte zur Wirtschaftsforschung 73 (2004), 263 (282).

584 *Koch/Maennig*, Der Bürger im Staat 56, 50 (54); *Maennig*, Vierteljahreshefte zur Wirtschaftsforschung 73 (2004), 263 (282).

585 *Koch/Maennig*, Der Bürger im Staat 56, 50 (55 f.).

586 *Fischer*, SpuRt 2005, 45 (46).

587 *Koch/Maennig*, Der Bürger im Staat 56, 50 (55).

Der Einsatz technischer Mittel zur Reduktion des Ermessenspielraums ist durchaus geeignet, eine effektive Prävention zu gewährleisten. Durch den Einsatz von Mikrochips ist es dem Schiedsrichter verwehrt, durch bewusst falsche Tor- oder Abseitsentscheidungen den Spielverlauf unlauter zu beeinflussen. Die Einführung des Video-Beweises würde darüber hinaus weitere bewusste Fehlentscheidungen – wie zum Beispiel die Entscheidungen von Hoyzer auf Strafstoß im oben dargestellten Sachverhalt – erheblich erschweren, da hierbei umgehend korrigierend eingegriffen werden könnte.[588] Verdeutlicht wird die Auswirkung eines solchen reduzierten Ermessensspielraums am erstmaligen Versuch Hoyzers das Spiel zwischen dem SC Paderborn und dem Chemnitzer FC am 22. Mai 2004 zu manipulieren. Beim Stand von 0:0 sah Hoyzer kurz vor der Halbzeit die Möglichkeit auf Strafstoß für Paderborn zu entscheiden. Nachdem seine Assistentin Inka Müller jedoch intervenierte, nahm Hoyzer – trotz Letztentscheidungsbefugnis – von dem Versuch der Manipulation Abstand.[589]

Wie Hoyzer nach Aufdeckung der Manipulationen selber bei der Staatsanwaltschaft zu Protokoll gab, half der ihm zustehende Ermessensspielraum bei den Manipulationen deutlich, so dass er diesen „eben voll ausgenutzt habe“[590]. Um sich von keinen weiteren Interventionen von Außen mehr abhängig zu machen, versuchte Hoyzer – wie bereits erwähnt – seinen Assistenten Zwayer als Komplizen zu gewinnen.[591]

Obwohl die genannten Maßnahmen daher durchaus geeignet erscheinen, zu einer effektiven Bekämpfung im Bereich der Ergebnismanipulation durch Schiedsrichter beizutragen, wird die Einführung dieser technischen Mittel bislang weitestgehend abgelehnt.[592] Insbesondere wird hierbei eingewandt, dass ein Gleichlauf der Fußballregeln auf allen Liganiveaus gewährleistet sein müsse.[593] Weiterhin dürfe das Prinzip der Tatsachenentscheidung, welches dem Schutz der Autorität des Schiedsrichters diene, nicht aufgeweicht werden.[594] Letztlich dürfe es auch nicht zu häufig zur Unterbrechung von Spielsituationen und damit des Spielflusses kommen.[595]

588 Der Videobeweis wurde im Fußballbereich zwischenzeitlich eingeführt.

589 Vgl. LG Berlin, Urteil vom 17. November 2005, Az.: (512) 68 Js 451-05 Kls (42/05), BeckRS 2006, 05289; Der Spiegel 6/2005, Die Akte Hoyzer, S. 146.

590 Der Spiegel 6/2005, Die Akte Hoyzer, S. 146.

591 *Sellin*, S. 242; Der Spiegel 6/2005, Die Akte Hoyzer, S. 146.

592 *Koch/Maennig*, Der Bürger im Staat 56, 50 (56).

593 *Koch/Maennig*, Der Bürger im Staat 56, 50 (55).

594 *Koch/Maennig*, Der Bürger im Staat 56, 50 (55).

595 *Koch/Maennig*, Der Bürger im Staat 56, 50 (55).

Ähnlich formuliert dies *Fischer*[596] auf die Frage, ob der Einsatz technischer Hilfsmittel tatsächlich geeignet sei, die Ergebnismanipulation durch Schiedsrichter zu bekämpfen: „Dann sollte man Fußballspiele gleich in Gerichtssälen austragen. Der Sport lebt doch gerade von der Unmittelbarkeit des Erlebens, der schnellen Entscheidungen, ohne Verkündungstermin. Was wäre der Sport ohne den Faktor Mensch, mit allen seinen Schwächen und Stärken: eine seelenlose Angelegenheit und damit ohne Reiz.“[597]

Entsprechend der dargestellten Ansicht hat auch die FIFA bislang weitestgehend auf die Einführung neuer Technologien zur Beschränkung des Ermessensspielraums des Schiedsrichters verzichtet. Einzig die Einführung der Torlinientechnologie, die gerade nicht in Ermessensspielräume eingreift, wurde im Juli 2012 von der FIFA beschlossen[598] und bei der Weltmeisterschaft 2014 in Brasilien umgesetzt.

ff) Kurzfristige Nominierung von Schiedsrichtern

Weiterhin wird vorgeschlagen, zur Erhöhung der Tatvorbereitungskosten und der Entdeckungswahrscheinlichkeit eine kurzfristige Nominierung und Bekanntgabe der Schiedsrichter für die jeweiligen Begegnungen einzuführen.[599] Die Planung der Manipulierenden würde durch eine kurzfristige Nominierung deutlich erschwert, da für eine Kontaktaufnahme zu dem Schiedsrichter, die Absprache des gewollten Ergebnisses und die eventuelle Verbindung mit weiteren Partien die wesentliche Vorbereitungszeit fehlt.

Allerdings ist die Ansetzung und Bekanntgabe von Schiedsrichtern mindestens 48 Stunden (so die derzeitige Regelung) vor Spielbeginn erforderlich, da dem jeweiligen Schiedsrichter ausreichend Zeit zur Anreise und Vorbereitung auf die konkrete Begegnung gewährleistet werden muss.[600] Insoweit wird daher von *Maennig*[601] vorgeschlagen, eine sehr kurzfristige Nominierung der

---

596 *Fischer*, SpuRt 2005, 45 (46).

597 Unter Beachtung der Tatsache, dass der Videobeweis im Fußball zwischenzeitlich eingeführt wurde, dürfte die kritische Auseinandersetzung als überholt angesehen werden.

598 Spiegel-Online vom 5. Juli 2012, „Ja zur Torlinientechnik: Die Revolution kommt – irgendwann“ (abrufbar unter: http://www.spiegel.de/sport/fussball/fussball-einfuehrung-der-torlinientechnologie-wirft-viele-fragen-auf-a-842782.html; zuletzt abgerufen am 13. Mai 2015).

599 Vgl. Die Welt vom 2. März 2005, „Maennigs Maßnahmenkatalog“.

600 *Lutz Wagner*, ehemaliger Bundesliga-Schiedsrichter und Mitglied der DFB-Schiedsrichterkommission, im Gespräch mit dem Verfasser, Hofheim, 31. Januar 2013.

601 Die Welt vom 2. März 2005, „Maennigs Maßnahmenkatalog“.

Schiedsrichter aus einem größeren Pool dergestalt vorzunehmen, dass mehrere Schiedsrichter auf ein Spiel angesetzt werden und erst kurz vor Spielbeginn der die Begegnung tatsächlich leitende Schiedsrichter bekannt gegeben wird.

Dies ist jedoch bereits aus organisatorischen Gründen nicht sinnvoll, da die jeweiligen Schiedsrichter bewusst und mit Bedacht für die entsprechenden Spiele ausgewählt werden. Hierbei muss der Leistungsgedanke im Vordergrund stehen und somit gewährleistet sein, dass auch tatsächlich der für das konkrete Spiel geeignetste Schiedsrichter angesetzt wird.[602] Zudem würden sich die für Schiedsrichter entfallenden Kosten hierdurch deutlich erhöhen, da auch der nicht eingesetzten Schiedsrichter zumindest zum Spiel anreisen müsste und insofern auch Anspruch auf Bezahlung und Auslagenersatz geltend machen würde.

Es ist daher festzustellen, dass eine kurzfristige Ansetzung von Schiedsrichtern durchaus eine sinnvolle und effektive Maßnahme ist, die Manipulation von Fußballspielen zu erschweren. Allerdings ist diese Maßnahme mit der Anordnung, Schiedsrichter erst 48 Stunden vor Spielbeginn zu nominieren, bereits ausgereizt worden.

gg) Schiedsrichterbeobachtung

Eine weitere in Betracht zu ziehende Maßnahme zur Überwachung der Schiedsrichter, ist die Beobachtung des Schiedsrichters vor Ort und die anschließende Beurteilung seiner Leistung.

Exemplarisch ist hierbei die Begegnung zwischen dem MSV Duisburg und der SpVgg Greuther Fürth im Rahmen des Hoyzer-Komplexes zu erwähnen. Für einen Duisburger Sieg wurden Hoyzer von Ante Sapina 5.000,– EUR versprochen. Nach späterer Aussage von Hoyzer habe dieser allerdings nicht in das Geschehen eingegriffen, so dass der Sieg der Duisburger (1:0) regulär zustande gekommen sei. Zur Begründung, warum Hoyzer nicht in das Spielgeschehen eingegriffen habe, führte dieser an, dass er sich nicht getraut habe, da er vom strengen Schiedsrichterbeobachter Dieter Pauly beobachtet worden sei.[603] Die Beurteilung der Leistung durch Schiedsrichterbeobachter stellt insofern ein durchaus geeignetes Mittel zur Abschreckung und Erhöhung der Entdeckungswahrscheinlichkeit dar.

Zur Beurteilung der Schiedsrichter, deren Gesamtergebnis über den Auf- oder Abstieg eines Schiedsrichters aus seiner höchsten Spielklasse entscheidet,

---

602 So auch *Lutz Wagner*, ehemaliger Bundesliga-Schiedsrichter und Mitglied der DFB-Schiedsrichterkommission, im Gespräch mit dem Verfasser, Hofheim, 31. Januar 2013.

603 Der Spiegel 6/2005, Die Akte Hoyzer, S. 149.

werden die Schiedsrichter bislang bis in die siebthöchste deutsche Spielklasse beobachtet.[604] Regelmäßig erfolgt eine solche Beobachtung in der höchsten Spielklasse in der der jeweilige Schiedsrichters zur Spielleitung befugt ist, vereinzelt werden jedoch auch Beobachtungen in unteren Spielklassen vorgenommen.[605] Aufgrund der Tatsache, dass Fußballspiele bevorzugt in niedrigen Ligen oder sogar im Jugendbereich manipuliert werden, sollte eine Beobachtung der Schiedsrichter zwingend auch auf diese Bereiche ausgedehnt werden und darüber hinaus gewährleistet sein, dass Schiedsrichter nicht nur in ihrer jeweils höchsten Spielklasse beobachtet werden. Im Rahmen einer effektiven Prävention wäre es zu begrüßen, wenn jede vom Schiedsrichter geleitete Begegnung einer Überwachung durch Schiedsrichterbeobachter unterworfen werden könnte und hierbei eine stichprobenartige Überwachung in unterschiedlichen Spielklassen des jeweiligen Schiedsrichters erfolgen würde. Wie der „Hoyzer-Fall" zeigt, wurden von den Schiedsrichtern Hoyzer und Marks vor allem Regionalliga-Begegnungen (die Regionalliga stellte gerade nicht die höchste Spielklasse der beteiligten Schiedsrichter dar) manipuliert. Eine regelmäßige Schiedsrichterbeobachtung von Spielen in unteren Spielklassen (zumindest in den Spielklassen, in denen Wetten angeboten werden) ist daher durchaus geeignet präventiv zu wirken.

hh) Personalrotation bzgl. des Schiedsrichtergespanns

Wie bereits erwähnt, ist die Jobrotation im Rahmen von Compliance-Programmen eine häufig angewendete Maßnahme zur Bekämpfung von Wirtschaftskriminalität.[606] Als Nutzen einer solchen Personalrotation werden beispielsweise folgende Aspekte angeführt: „Wenn der Mitarbeiter von Anfang an weiß, dass sein Einsatz in einem bestimmten Bereich nur von begrenzter Dauer ist und eventuelle Unregelmäßigkeiten von einem Nachfolger schnell aufgedeckt werden können, wird seine Bereitschaft, beispielsweise ein Korruptionsangebot anzunehmen, sehr gering sein. Hinzu kommt, dass bei einer begrenzten Verweildauer in einem entsprechenden Arbeitsgebiet nicht so sehr die Gefahr

---

604 *Lutz Wagner*, ehemaliger Bundesliga-Schiedsrichter und Mitglied der DFB-Schiedsrichterkommission, im Gespräch mit dem Verfasser, Hofheim, 31. Januar 2013.

605 *Lutz Wagner*, ehemaliger Bundesliga-Schiedsrichter und Mitglied der DFB-Schiedsrichterkommission, im Gespräch mit dem Verfasser, Hofheim, 31. Januar 2013.

606 Vgl. insbesondere zur Jobrotation in Bezug auf den organisierten Sport: *Koch/Maennig*, Der Bürger im Staat 56, 50 (54); Die Welt vom 2. März 2005, „Maennigs Maßnahmenkatalog".

besteht, dass enge Verbindungen zwischen dem Mitarbeiter und z.B. Auftragnehmern der Behörde aufgebaut und die nötige Distanz abgebaut werden".[607]

Diese Argumentation bzw. die Vorgehensweise der Personalrotation wäre vorliegend dergestalt zu modifizieren, dass die Schiedsrichter zwar denknotwendig immer im selben Bereich bzw. demselben Aufgabengebiet – nämlich der Spielleitung – eingesetzt werden, jedoch insofern rotieren, als die Schiedsrichterassistenten keinem festen Schiedsrichter zugeordnet werden. Hierdurch könnte gerade die zitierte und abzuwendende „enge Verbindung" – hier aber zwischen mehreren „Mitarbeitern" und nicht zwischen „Mitarbeiter" und „Auftragnehmer" – verhindert werden. Der dargestellte Sachverhalt hat gezeigt, dass Robert Hoyzer nach Angaben seines Assistenten Felix Zwayer mehrmals versucht hat, diesen zur Unterstützung der Manipulation zu bewegen. Ein regelmäßiges Zusammenarbeiten desselben Schiedsrichtergespanns – wie es bislang praktiziert wird – kann insofern zu einer Vertrautheit führen, die Absprachen zwischen dem Schiedsrichter und dessen Assistenten begünstigt. Die Entdeckungswahrscheinlichkeit (und damit die Abschreckungswirkung) nimmt bei ständig wechselndem Gespann zu und kann daher auch als sinnvolle Maßnahme zur Prävention angesehen werden. Auch insoweit soll nochmals beispielhaft auf die Intervention der Assistentin Inka Müller und deren Auswirkung auf das Verhalten von Robert Hoyzer hingewiesen werden.[608]

Die konkrete Praxis der Schiedsrichteransetzung geht grundsätzlich vom Leistungsgedanken aus und setzt weitestgehend fest bestimmte Gespanne aus Gründen der Eingespieltheit und der erforderlichen Abstimmung untereinander an. Um jedoch die Leistung der Gespanne hochzuhalten und einen Leistungsabfall durch festgefahrene Strukturen zu vermeiden, findet regelmäßig ein bewusster Austausch der Gespanne für einzelne Spiele statt.[609]

Sofern daher bereits Personalrotationen im Rahmen der Schiedsrichteransetzungen vorgenommen werden, so ist dies im Hinblick auf die Prävention von Ergebnismanipulation zu begrüßen, auch wenn die Rotation nicht primär aus diesem Grund stattfindet. Im Hinblick auf eine noch häufigere Rotation der Gespanne zur Prävention von Beeinflussungen ist diese Maßnahme immer vor dem Hintergrund des Leistungsgedanken zu betrachten und eine Abwägung vorzunehmen. Selbstverständlich darf die Prävention von Ergebnismanipulation

607 *Korte*, in: Dölling, Kap. 6, Rn. 16.

608 Vgl. oben unter: 2. Kapitel A. IV. 2. d) ee) α).

609 *Lutz Wagner*, ehemaliger Bundesliga-Schiedsrichter und Mitglied der DFB-Schiedsrichterkommission, im Gespräch mit dem Verfasser, Hofheim, 31. Januar 2013.

nicht zu einem Leistungsabfall der Schiedsrichter führen, so dass die vorzunehmende Rotation immer auch eine Einzelfallentscheidung darstellen muss.

V. Zwischenergebnis

Im Hinblick auf die Prävention im Bereich der Beeinflussung von Schiedsrichtern durch Dritte ist zusammenfassend Folgendes festzuhalten:

Im Handlungsbereich des Gesetzgebers kommen mit der Einführung eines Straftatbestandes (anknüpfend an die Manipulationsvereinbarung), der Aufnahme dieser Tatbestände in den Katalog des § 100a StPO und der weiteren Regulierung des Wettmarktes durchaus Maßnahmen in Betracht, um eine Steigerung der Effektivität der Prävention herbeizuführen.

Im Bereich der Fußballverbände ist hingegen festzustellen, dass hier bereits eine rasante Entwicklung stattgefunden hat, die konsequent auf die Verhinderung weiterer Fälle von Spielmanipulationen abzielt und sich hierbei bewährter Compliance-Instrumente bedient, die auf die Verbandsarbeit übertragen wurden. Insbesondere die Sensibilisierung der Angestellten durch das Erstellen von Ethikkodizes und das Abhalten von Schulungen sowie die Einführung von Instrumenten zur frühzeitigen Erkennung (wie eines Ombudsmannes bzw. einer Whistleblower-Hotline, einer Sicherheitsabteilung und Frühwarnsystemen) sind hierbei als effiziente Mittel erkannt und (teilweise) umgesetzt worden.

Bei den zuvor genannten Maßnahmen handelt es sich insbesondere um solche, die gerade nicht auf den Fußballsport zu beschränken sind und im Hinblick auf das umfangreiche Wettangebot auf jede Sportart übertragen werden können. Insofern ist jedem Sportverband anzuraten, sich – insbesondere im Hinblick auf die bestehenden Haftungsrisiken – mit der Einführung dieser Präventionsmaßnahmen zu beschäftigen.

Handlungsbedarf besteht nach dem soeben Dargestellten noch im Bereich der sog. „sonstigen Maßnahmen" die gerade auf die Eigenarten des Fußballsports und dessen Spielregeln bezogen sind. Hierbei handelt es sich um Maßnahmen, die nicht ohne weiteres durch andere Sportverbände für jegliche Sportarten übernommen werden können, sondern eine konkrete Betrachtung im Einzelfall erforderlich machen.

B. Beeinflussung von Spielern und Trainern durch Dritte

Neben der Manipulation von Sportereignissen durch Beeinflussung der Neutralität der Schiedsrichter, kommt auch die Manipulation durch Beeinflussung von beteiligten Spielern oder Trainern durch außenstehende Dritte in Betracht.

Nachfolgend sind zunächst insoweit einschlägige Sachverhalte darzustellen, die dann im Fortgang der Untersuchung einer rechtlichen Bewertung unterzogen werden.

I. Phänomenologie

1. *„Fußball-Wettskandal 2005"*

Bereits bevor Ante Sapina Kontakt zu Robert Hoyzer und Dominik Marks aufnahm, suchte er Kontakte in Fußballerkreisen. Hierzu knüpfte er im Jahr 2004 unter anderem Kontakt zu den Spielern Steffen Karl und Marcus Ahlf des Chemnitzer FC mit denen er in mehreren Fällen eine Prämienzahlung für den Fall vereinbarte, dass der Chemnitzer FC verliert.[610]

Neben dieser Beeinflussung von Spielern in der Hinsicht, dass diese für eine Niederlage der eigenen Mannschaft sorgen sollten, zahlte Ante Sapina auch Gelder als „Motivationshilfe". So ließ er der Mannschaft von Dynamo Dresden im Regionalliga-Spiel gegen Preußen Münster für einen 3:2 Sieg 15.000,– EUR als Siegprämie zukommen und stellte sich der Mannschaft nach dem Spiel in der Kabine sogar als Sponsor vor.[611]

Wie bereits dargestellt, zahlte Sapina auch in dem von Hoyzer manipulierten DFB-Pokal-Spiel zwischen dem Regionalligisten SC Paderborn gegen den Bundesligisten Hamburger SV dem Paderborner Mannschaftskapitän Thijs Waterink bereits vor dem Spiel 10.000,– EUR als Siegprämie für die gesamte Paderborner Mannschaft.[612]

2. *Fall „Bee Wah Lim"*

Ein weiterer Fall der Manipulation von Fußballspielen in Deutschland durch Beeinflussung von Spielern ereignete sich in den Jahren 2005/2006 um den Malaysier William Bee Wah Lim, der gemeinsam mit drei Komplizen, die ihm als sogenannte „Runner" den Kontakt zu beeinflussbaren Fußballern herstellten

610 LG Berlin, Urteil vom 17. November 2005 – (512) 68 Js 451-05 Kls (42/05), BeckRS 2006, 05289.

611 Spiegel-Online vom 20. Oktober 2005, „Wettschwindel-Prozess – Sapina belastet Hoyzer schwer" (abrufbar unter: https://www.spiegel.de/sport/fussball/wettschwindel-prozess-sapina-belastet-hoyzer-schwer-a-380760.html; zuletzt abgerufen am 3. Juli 2023).

612 LG Berlin, Urteil vom 17. November 2005 – (512) 68 Js 451-05 Kls (42/05), BeckRS 2006, 05289.

(unter anderem der ehemalige Fußballprofi des 1. FC Köln Dragan Antic), im März 2006 nach einem missglückten Beeinflussungsversuchs verhaftet wurde.[613] Dieser Verhaftung ging die versuchte Manipulation der Begegnung zwischen dem 1. FC Eschborn und dem FC Augsburg in der Regionalliga-Süd voraus. Hierbei sollte der senegalesische Spieler Ousseynou Dione vom 1. FC Eschborn durch eine Zahlung in Höhe von 40.000,– EUR dazu verleitet werden, für eine Niederlage seiner Mannschaft zu sorgen.

Da bei dem maßgeblichen Anruf jedoch vergessen wurde, die Rufnummer zu unterdrücken, konnte der Anrufer ermittelt werden.[614] Der Spieler berichtete seinem Vereinsvorstand von dem Anruf, welcher umgehend den DFB kontaktierte. Der DFB wiederum erstattete im Dezember 2005 Strafanzeige bei der Staatsanwaltschaft Frankfurt am Main.[615] Das hessische Landeskriminalamt überwachte in den folgenden zwei Wochen die Telefonate Lims. Bei Wohnungsdurchsuchungen konnten darüber hinaus Notizbücher Lims mit Telefonnummern mehrerer in Deutschland spielender Fußballprofis sichergestellt werden. Auf den sichergestellten Mobiltelefonen seiner Komplizen befanden sich hunderte Rufnummern, die Fußballern in ganz Europa zugeordnet werden konnten.[616]

Verhandelt wurde vor dem Landgericht Frankfurt am Main in der Folge die Manipulation von Spielen der damaligen Regionalliga-Vereine SpVgg Bayreuth, Rot-Weiß Erfurt, SC Paderborn, Eintracht Trier und die Manipulation von zwei Begegnungen der ersten österreichischen Liga. Hierbei handelt es sich ausschließlich um Partien, die Gegenstand der abgehörten Telefonate waren und in diesem Zeitraum oder kurz danach stattfanden.[617]

Am 1. Juni 2007 wurde William Bee Wah Lim vor dem Landgericht Frankfurt am Main wegen gewerbs- und bandenmäßigen Betrugs sowie wegen versuchten gewerbs- und bandenmäßigen Betrugs zu einer Freiheitsstrafe von zwei Jahren und fünf Monaten verurteilt.[618]

---

613 Der Spiegel 36/2008, Die Spielverderber, S. 117.

614 Vgl. Welt am Sonntag vom 12. März 2006, „Telefonnummer entlarvt Drahtzieher des Wettskandals – Bestechungsversuche offenbar missglückt“.

615 Der Spiegel 36/2008, Die Spielverderber, S. 117.

616 Der Spiegel 36/2008, Die Spielverderber, S. 117.

617 Der Spiegel 36/2008, Die Spielverderber, S. 118.

618 LG Frankfurt am Main, Urteil vom 1. Juni 2007, Az.: 6350 Js 246513/05.

II. Strafrechtliche Würdigung

Hinsichtlich der strafrechtlichen Würdigung ist in Anbetracht der dargestellten Sachverhalte zwischen der Beeinflussung von Spielern und Trainern durch Zahlung sog. „Verlustprämien"[619] und durch das Gewähren von „Siegprämien"[620] zu differenzieren. Zwar beinhalten die dargestellten und nachfolgend zu bewertenden Sachverhalte keine Beeinflussung eines Trainers. Die folgenden Ausführungen gelten aber in gleichem Umfang auch für diese Personengruppe.

1. Strafrechtliche Einordnung des Täterverhaltens bei Zahlung einer Verlustprämie

Im Rahmen der strafrechtlichen Einordnung ist auch hier wiederum zwischen der Strafbarkeit der betroffenen Spieler im Hinblick auf die konkrete Ergebnismanipulation („reine Spielmanipulation") und der Strafbarkeit zu Lasten von Personen, die außerhalb des Sportbereichs stehen – namentlich der Wettanbieter – durch andere Tathandlungen („Manipulation zu weiterführenden finanziellen Vorteilen") zu unterscheiden.[621]

a) Strafbarkeit der reinen Spielmanipulation

Hinsichtlich der Strafbarkeit der reinen Spielmanipulation werden in der Literatur unterschiedliche Betrugs- und Untreuekonstellationen in Betracht gezogen, die nachfolgend darzustellen sind. Die entsprechenden Straftatbestände waren allerdings – soweit ersichtlich – nie Gegenstand eines entsprechenden Strafurteils.

aa) Betrug der Spieler gemäß § 263 StGB zulasten des eigenen Vereins

In Betracht kommt hierbei zunächst das Vorliegen eines Betruges der jeweiligen Spieler nach § 263 StGB zum Nachteil des eigenen Vereins. Nach ganz herrschender Meinung sind Berufsfußballer Arbeitnehmer der jeweiligen Fußballvereine, für die sie tätig sind.[622] Hinsichtlich einer Strafbarkeit eines Spielers wegen

619 Vgl. zu diesem Begriff nur *Triffterer*, NJW 1975, 612 (612).

620 Vgl. zu diesem Begriff nur *Triffterer*, NJW 1975, 612 (612).

621 Da die Normen der §§ 265c, 265d StGB zum Zeitpunkt der Ausarbeitung noch nicht in Kraft waren, orientiert sich die nachfolgende Darstellung nicht an diesen Straftatbeständen.

622 BAG NJW 1971, 855; BAG, Urteil vom 24. Februar 1972, AP Nr. 10 zu § 11 BurlG; BAG, Urteil vom 17. Januar 1979, AP Nr. 2 zu § 611 BGB; BAG RdA 1982, 68 ff.; BAG

Betruges zum Nachteil des Vereins, bei dem dieser angestellt ist, wird teilweise zwischen dem Fall einer Beeinflussung während des laufenden Arbeitsvertrags und dem Fall der Verlustprämienzahlung vor Eingehung eines Arbeitsverhältnisses unterschieden.[623] Da die entsprechende Konstellation der Verlustprämienzahlung vor Eingehung des Arbeitsverhältnisses tatsächlich jedoch nur in sehr seltenen Ausnahmefällen vorkommen wird und auch in den dargestellten Sachverhalten nicht von Relevanz ist, kann die Prüfung dieser Fallkonstellation unterbleiben.[624]

α) Täuschung

Nach herrschender Ansicht liegt die Täuschung der die Verlustprämie annehmenden Spieler darin, dass sie dem Gegner die Möglichkeit eröffnen das Spiel zu gewinnen, gegenüber ihrem Verein hingegen den Eindruck erwecken, als würden sie den vertraglich geschuldeten optimalen Einsatz erbringen.[625] Die Täuschung wird somit in der Spielhandlung selbst gesehen.[626] Nach Ansicht von *Valerius*[627] liegt eine betrugsrelevante Täuschungshandlung hingegen nicht vor, da es am erforderlichen Erklärungsinhalt, der Spieler würde nicht in manipulativer Weise tätig werden, mangele.[628]

β) Irrtum

Das Vorliegen einer Täuschungshandlung – der herrschenden Ansicht folgend – vorausgesetzt, entsteht hierdurch beim Verein die Fehlvorstellung, dass das Spiel trotz optimalem Einsatz und unter regulären Wettkampfbedingungen verloren wurde.[629] Der entsprechende Irrtum über die Tatsachen liegt hierbei zumindest in der Form des sachgedanklichen Mitbewusstseins vor.[630]

NJW 1980, 470; LAG Berlin NJW 1979, 2582; ArbG Gelsenkirchen NJW 1977, 598; dem anschließend: *Paringer*, S. 210 f.; *Schattmann*, S. 132.

623 *Paringer*, S. 212.

624 Vgl. *Schattmann*, S. 132.

625 *Paringer*, S. 212; *Schattmann*, S. 132; *Triffterer*, NJW 1975, 612 (615).

626 Vgl. auch *Schattmann*, S. 132.

627 *Valerius*, SpuRt 2005, 90 (90 f.).

628 *Valerius*, SpuRt 2005, 90 (91).

629 *Paringer*, S. 212; *Triffterer*, NJW 1975, 612 (615).

630 *Schattmann*, S. 133.

γ) Vermögensverfügung

Hinsichtlich der Vermögensverfügung ist umstritten, ob eine solche in diesen Sachverhaltskonstellationen vorliegen kann:

Nach der Ansicht *Triffterers* und *Paringers* ist die vermögensmindernde Verfügung darin zu sehen, dass der Verein es irrtumsbedingt unterlasse, gegen den jeweiligen Spieler Ersatzansprüche wegen vertragswidrigen Verhaltens geltend zu machen.[631] Ein Abstellen auf die laufende Gehaltszahlung des Vereins an den Spieler könne hingegen unterbleiben, da diese Vermögensverfügung – wie bereits erwähnt – nur dann kausal auf der Täuschung beruhen würde, wenn der Spieler bereits vor Vertragsschluss entschlossen war, nicht seine optimale Leistung abzurufen.[632]

Nach Ansicht *Schattmanns* lasse sich aufgrund der Täuschung durch das Verschweigen der Manipulation hingegen keine vermögensmindernde Verfügung begründen.[633] Würde man die Nichtgeltendmachung eines Schadensersatzanspruchs, welcher erst aus der Schlechtleistung entstehe, als eine solche vermögensmindernde Verfügung anerkennen, so würde sich dies auf jegliche zivilrechtliche Schlechtleistungskonstellation auswirken. Insofern könne in jeglicher vertraglicher Schlechtleistung zugleich eine Vermögensverfügung im Sinne des § 263 StGB gesehen werden, wenn diese dem Vertragspartner verheimlicht werde.[634] Insofern könne nach Ansicht *Schattmanns* auch die von *Paringer* angeführte Rechtsprechung[635] nicht als Begründung für das Vorliegen einer Vermögensverfügung dienen, da hierbei die Vermögensverfügung auf der Täuschung bei späterem Nachfragen der Berechtigten beruhe.

δ) Vorliegen weiterer Tatbestandsmerkmale nach der Ansicht Triffterers *und* Paringers

Sofern man der Ansicht *Triffterers* und *Paringers* folgt, sind die weiteren objektiven und subjektiven Tatbestandsmerkmale ebenfalls erfüllt.[636] Hierbei ist jedoch zu berücksichtigen, dass im Rahmen des Strafverfahrens gegen den Spieler Steffen Karl weder vom Landgericht Berlin[637] noch vom Bundesgerichtshof[638] auf

631 *Paringer*, S. 213; *Triffterer*, NJW 1975, 612 (615).
632 *Paringer*, S. 213.
633 *Schattmann*, S. 135.
634 *Schattmann*, S. 134.
635 RGSt 76, 170 (173).
636 *Paringer*, S. 213 ff.; *Triffterer*, NJW 1975, 612 (615).
637 LG Berlin, Urteil vom 8. Dezember 2005, Az.: 68 Js 451/05 KLs.
638 BGH, Urteil vom 15. Dezember 2006, Az.: 5 StR 182/06.

die Erfüllung eines entsprechenden Betrugstatbestandes eingegangen wurde. Insofern wurde der Spieler Karl ebenso wie die Schiedsrichter Hoyzer und Marks wegen Beihilfe zum Betrug von Ante Sapina zu Lasten der Wettanbieter zu einer Gesamtfreiheitsstrafe von neun Monaten verurteilt.[639]

bb) Betrug der Spieler gemäß § 263 StGB gegenüber dem veranstaltenden Verband zulasten der konkurrierenden Vereine

Eine Strafbarkeit der Spieler wegen Betruges gemäß § 263 StGB gegenüber dem veranstaltenden Verband zum Nachteil der konkurrierenden Vereine kommt vorliegend nicht in Betracht. Wie bereits festgestellt ist fraglich, ob überhaupt eine Täuschungshandlung der Spieler (hier gegenüber dem veranstaltenden Verband) angenommen werden kann. Diese wird von der herrschenden Literaturansicht in der Wettkampfhandlung der Spieler als solche gesehen.[640]

Im Hinblick auf die Person des Getäuschten stellen *von Komorowski/Bredemeier*[641] auf die Person des Schiedsrichters ab. Nach Ansicht von *Schattmann*[642] kann die Täuschung des Schiedsrichters jedoch noch keine irrtumsbedingte Vermögensverfügung bewirken, so dass dieser lediglich als „ein Glied der in Gang gesetzten Täuschungskette“ anzusehen sei. Vielmehr bewirke erst die Erklärung des Schiedsrichters, dass das Ergebnis ohne Beanstandungen zustande gekommen sei, eine solche Vermögensverfügung durch die spielleitende Stelle. Zwar werde der Spielbericht durch die beteiligten Vereine vor Absendung gegengezeichnet, jedoch diene diese Gegenzeichnung lediglich der Bestätigung der Kenntnisnahme aller Eintragungen.[643] Da sich die Vereine daher die Erklärungen des Schiedsrichters nicht zu eigen machten, sei auf die Täuschung der spielleitenden Stelle – über die Person des Schiedsrichters – durch die Spieler abzustellen.[644] Im Ergebnis ist allerdings in der vorliegenden Fallkonstellation nach beiden Ansichten von einer Täuschungshandlung der Spieler auszugehen.

Wie bereits festgestellt, erfordert die Annahme einer Vermögensverfügung durch Punktevergabe der spielleitenden Stelle eine dreifache Kausalität.[645] Da

639 BGH, Urteil vom 15. Dezember 2006, Az.: 5 StR 182/06; LG Berlin, Urteil vom 8. Dezember 2005, Az.: 68 Js 451/05 KLs.

640 Vgl. *Paringer*, S. 212; *Schattmann*, S. 132; *Triffterer*, NJW 1975, 612 (615); a.A.: *Valerius*, SpuRt 2005, 90 (91).

641 *von Komorowski/Bredemeier*, SpuRt 2005, 227 (228).

642 *Schattmann*, S. 116.

643 § 4 Nr. 2 der Richtlinien zur SpOL des Ligaverbandes.

644 *Schattmann*, S. 116.

645 Vgl. oben unter: 2. Kapitel A. II. 1. a) bb).

in den vorliegend dargestellten Fällen der Annahme einer Verlustprämie jedoch kein konkurrierender Verein aufgrund der Manipulationshandlung der einzelnen Spieler in der Weise betroffen war, dass dies zu einem Abstieg in die untere Spielklasse bzw. zu einem Nichtaufstieg in die höhere Spielklasse geführt hat, konnte die spielleitende Stelle nicht über das Vermögen der betroffenen Vereine verfügen. Mangels Vermögensverfügung scheidet die Strafbarkeit des Betruges daher vorliegend aus.

cc) Betrug der Spieler gemäß § 263 StGB zulasten der eigenen Mitspieler

Ein Betrug der manipulierenden Spieler nach § 263 StGB zu Lasten der eigenen Mitspieler kommt nach einhelliger Ansicht, wenn auch mit unterschiedlicher Begründung, nicht in Betracht:

Sofern *Paringer* hinsichtlich des Betruges des Spielers zu Lasten des eigenen Vereines von einer Vermögensverfügung in der Form ausgeht, dass der Verein etwaige Ansprüche aus Vertragsverletzung nicht geltend mache, wird ein Betrug zu Lasten der Mitspieler aus dem Grund abgelehnt, dass die Mitspieler nicht vermögensmindernd verfügen können. Im Gegensatz zum Verein, bestehe zu den Mitspielern gerade keine vertragliche Beziehung, so dass entsprechende Ansprüche ausscheiden. Hinsichtlich deliktischer Ansprüche der Mitspieler komme zwar ein Anspruch wegen vorsätzlicher sittenwidriger Schädigung nach § 826 BGB in Betracht, allerdings könne ein Schaden nur dadurch entstehen, dass die Mitspieler infolge der Niederlage keine Punkt- oder Siegprämie erhielten. Es sei jedoch regelmäßig nicht nachzuweisen, dass die Mannschaft das Spiel bei optimalem Einsatz des beeinflussten Spielers gewonnen hätte, so dass ein Kausalitätsnachweis zwischen dem Verhalten des Spielers und dem eingetretenen Schaden seiner Mitspieler nicht zu führen sei.[646]

Sofern *Schattmann* hinsichtlich des Betruges zu Lasten des eigenen Vereins davon ausgeht, dass in der Nichtgeltendmachung von Ersatzansprüchen keine vermögensmindernde Verfügung gesehen werden könne, so gelte diese Argumentation bezüglich eines Betruges zu Lasten der Mitspieler entsprechend.[647]

dd) Betrug der Spieler gemäß § 263 StGB zulasten der Zuschauer

Entsprechend den Ausführungen zur Strafbarkeit des Schiedsrichters bei Ergebnismanipulation wegen Betruges nach § 263 StGB zu Lasten der Zuschauer,

646 Vgl. zum gesamten: *Paringer*, S. 226 ff.
647 *Schattmann*, S. 135.

scheitert auch hier die Strafbarkeit der manipulierenden Spieler zumindest an der mangelnden Stoffgleichheit.[648]

ee) Untreue der Spieler gemäß § 266 StGB zum Nachteil des eigenen Vereins

Eine Strafbarkeit der manipulierenden Spieler wegen Untreue aus § 266 StGB zum Nachteil des eigenen Vereins wird lediglich von *Schattmann*[649] kurz angesprochen. Allerdings ist diese aufgrund der fehlenden Vermögensbetreuungspflicht und damit mangelnder Tätereigenschaft gegenüber einem Vermögensträger als besonderem persönlichen Merkmal im Sinne des § 14 StGB in jedem Fall abzulehnen.

ff) Bestechlichkeit der Spieler gemäß § 299 Abs. 1 StGB

Zuletzt kommt eine Strafbarkeit der manipulierenden Spieler wegen Bestechlichkeit gemäß § 299 Abs. 1 StGB in Betracht. Wie bereits festgestellt, sind Berufsfußballer als Arbeitnehmer ihres Vereins bzw. der ausgegliederten Gesellschaften anzusehen.[650] Insofern sind die Spieler in den organisatorischen Betrieb ihres Geschäftsherrn eingegliedert sowie dessen Weisungen unterworfen[651] und somit als Angestellte im Sinne des § 299 StGB anzusehen.[652] Der jeweilige Verein bzw. die ausgegliederte Gesellschaft ist darüber hinaus als „geschäftlicher Betrieb" im Sinne des § 299 StGB einzuordnen.[653] Die Tätigkeit der Fußballvereine oder Kapitalgesellschaften ist hierbei nicht nur auf die Förderung der körperlichen Ertüchtigung beschränkt, vielmehr stehen wirtschaftliche Interessen im Vordergrund.[654] Von einer „auf Dauer betriebenen Tätigkeit im Wirtschaftsleben, die sich durch Austausch von Leistungen und Gegenleistungen vollzieht"[655], wie sie für die Bestimmung des geschäftlichen Betriebes im Sinne des § 299 StGB erforderlich ist, ist daher vorliegend auszugehen.

---

648 Vgl. oben unter: 2. Kapitel A. II. 1. a) cc); so auch ausdrücklich zu dieser Fallkonstellation *Schild*, in Wagner/Wolf, 158 (170).

649 *Schattmann*, S. 107.

650 Vgl. oben unter: 2. Kapitel B. II. 1. a) aa).

651 Vgl. *Fischer*, § 299, Rn. 9.

652 Vgl. *Paringer*, S. 238 f.; wohl zustimmend *Schattmann*, S. 107.

653 *Paringer*, S. 239.

654 *Paringer*, S. 239.

655 BGHSt 2, 396 (403); BGHSt 10, 358 (366); *Fischer*, § 299, Rn. 4.

Die Anwendbarkeit des Tatbestandes des § 299 Abs. 1 StGB scheitert allerdings an dem mangelnden „Bezug von Waren oder gewerblichen Leistungen". Hierunter ist zu verstehen, was dem Erhalt der Warenlieferung oder Leistung dient, also Bestellung, Lieferung, Abnahme, Prüfung oder Bezahlung.[656] Die Austragung sportlicher Wettkämpfe fällt jedoch nach einhelliger Ansicht nicht unter diese Definition, da ein entsprechender Bezug nicht stattfindet.[657]

b) Spielmanipulation zur Erlangung weiterführender finanzieller Vorteile

Auch im Rahmen dieser Fallkonstellation ist auf den weiterführenden finanziellen Vorteil von Personen außerhalb des Sportbereiches abzustellen und eine Strafbarkeit dieser Personen zu untersuchen.

aa) Betrug der Wettspieler gemäß § 263 StGB zum Nachteil anderer Wettteilnehmer

Hinsichtlich einer Strafbarkeit der Wettspieler Sapina und Bee Wah Lim aus den unter Ziffer B. I. 1. und B. I. 2. dargestellten Sachverhalten kann im Rahmen der Prüfung des Betruges nach § 263 StGB zum Nachteil der anderen Wettteilnehmer vollumfänglich auf die obigen Ausführungen[658] zur Beeinflussung von Schiedsrichtern verwiesen werden.[659]

bb) Betrug der Wettspieler gemäß § 263 StGB zum Nachteil der Wettanbieter

Auch hinsichtlich der Strafbarkeit der Wettspieler Sapina und Bee Wah Lim wegen Betruges nach § 263 StGB zum Nachteil der Wettanbieter kann insbesondere hinsichtlich der umstrittenen Tatbestandsmerkmale der Täuschung und des Vermögensschadens auf die obigen Ausführungen[660] verwiesen werden. Insoweit führt die Beeinflussung von Schiedsrichtern oder Spielern nicht zu unterschiedlichen Ergebnissen.

---

656 LK – *Tiedemann*, § 299, Rn. 31; so auch *Fischer*, § 299, Rn. 14.

657 *Paringer*, S. 242; *Schattmann*, S. 107; *Schild*, in: Wagner/Wolf, 158 (167); so auch Schönke/Schröder – *Heine/Eisele*, § 299, Rn. 22; LK – *Tiedemann*, § 299, Rn. 32a.

658 Vgl. oben unter: 2. Kapitel A. II. 1. b) aa).

659 Zum Betrug bei früher verbreiteten sog. „Toto-Wetten" (im Gegensatz zur vorliegend maßgeblichen „Oddset-Wette") vgl. *Triffterer*, NJW 1975, 612 (615 ff.).

660 Vgl. oben unter: 2. Kapitel A. II. 1. b) bb).

cc) Beihilfe der Spieler zum Betrug der Wettspieler zum Nachteil der Wettanbieter gemäß §§ 263, 27 StGB

Hinsichtlich der Strafbarkeit der beeinflussten Spieler kommt ebenfalls (wie in der Fallgruppe der Schiedsrichter) eine Strafbarkeit aufgrund der Beihilfe zum Betrug der Wettspieler zum Nachteil der Wettanbieter nach §§ 263, 27 StGB in Betracht. Es ist hierbei unerheblich, ob die Manipulation durch einen Schiedsrichter oder einen beteiligten Spieler erfolgt. Insofern wurde der Spieler Steffen Karl im Zusammenhang mit den Spielmanipulationen des Schiedsrichters Hoyzer wegen Beihilfe zum Betrug in zwei Fällen vor dem Landgericht Berlin zu einer Gesamtfreiheitsstrafe von neun Monaten verurteilt.[661] Dieses Urteil wurde vom Bundesgerichtshof bestätigt.[662]

2. Strafrechtliche Einordnung des Täterverhaltens bei Zahlung einer Siegprämie

Sofern den dargestellten Sachverhalten außerdem die Konstellation der Zahlung einer Siegprämie an Fußballspieler zugrunde liegt, ist auch diese Sachverhaltskonstellation einer rechtlichen Bewertung zu unterziehen.

a) Strafbarkeit der reinen Spielmanipulation

Obwohl die Strafbarkeit der manipulierenden Spieler bereits hinsichtlich der reinen Spielmanipulation – wie oben dargelegt – in der Regel nicht in Betracht kommt bzw. nur schwerlich begründet werden kann und insofern auch von der Rechtsprechung[663] erst gar nicht in Erwägung gezogen wurde, sollen die maßgeblichen in Betracht kommenden Straftatbestände dennoch in der gebotenen Kürze dargestellt werden.

aa) Betrug der Spieler gemäß § 263 StGB

Die Verwirklichung des Straftatbestandes des § 263 StGB durch die Spieler scheitert vorliegend bereits an der fehlenden Täuschungshandlung. Trotz – oder gerade wegen – der Annahme der Siegprämie wird der Spieler gerade nicht bewusst weniger Leistung erbringen, als er dazu in der Lage wäre. Der Charakter der sportlichen Begegnung als Leistungswettbewerb bleibt daher auch bei

---

661 Vgl. LG Berlin, Urteil vom 8. Dezember 2005, Az.: 68 Js 451/05 KLs.

662 Vgl. BGH, Urteil vom 15. Dezember 2006, Az.: 5 StR 182/06.

663 BGH, Urteil vom 15. Dezember 2006, Az.: 5 StR 182/06; LG Berlin, Urteil vom 8. Dezember 2005, Az.: 68 Js 451/05 KLs.

Annahme einer Siegprämie bestehen.[664] Insofern werden weder konkurrierende Vereine noch der eigene Verein bzw. die eigenen Mitspieler durch die die Siegprämie annehmenden Spieler über die Erbringung des optimalen Einsatzes getäuscht.

bb) Untreue der Spieler gemäß § 266 StGB und Bestechlichkeit gemäß § 299 StGB

Die Verwirklichung der Straftatbestände der Untreue nach § 266 StGB und der Bestechlichkeit gemäß § 299 StGB kommt bereits bei Annahme einer Verlustprämie nicht in Betracht. Die Annahme einer Strafbarkeit scheitert im Hinblick auf die Annahme einer Siegprämie aus denselben Gründen.

b) Spielmanipulation zu weiterführenden finanziellen Vorteilen

Auch eine Strafbarkeit des die Siegprämie zahlenden Wettspielers wegen Betruges gemäß § 263 StGB ist vorliegend nicht gegeben. Wie festgestellt, liegt keine Manipulation des sportlichen Wettkampfs durch den die Prämie annehmenden Spieler vor. Insofern kann der Wettspieler durch die Zahlung der Prämie auch nicht den ordnungsgemäßen Ablauf des sportlichen Wettkampfs verhindern. Daher kann er auch nicht das Risiko des Spielvertrages zu seinen Gunsten beeinflussen und so den Wettanbieter hierüber täuschen.[665]

In den dargestellten Sachverhalten kommt eine Strafbarkeit des Ante Sapina gemäß § 263 StGB aufgrund der Zahlung der Siegprämien an Spieler von Dynamo Dresden und dem SC Paderborn damit nicht in Betracht.

Zu beachten ist hierbei allerdings folgender Umstand: Sofern der Paderborner Spieler Thijs Waterink von der Manipulation durch den Schiedsrichter Hoyzer wusste, kann auch das Annehmen einer Siegprämie den Tatbestand der Beihilfe zum Betrug verwirklichen. Insbesondere wenn der Spieler hierbei die Manipulationshandlungen Hoyzers zugunsten des SC Paderborn kannte, kann er diese durch bewusste Einflussnahme – zum Beispiel Vortäuschen eines Foulspiels, also eine sog. „Schwalbe" – erleichtern. Hierbei stellt sich sodann nur die Frage des Gehilfenvorsatzes des jeweiligen Spielers.

664 *Paringer*, S. 189; *Schattmann*, S. 114 f.

665 Vgl. *Bach*, JR 2008, 57 (58).

3. *Zwischenergebnis*

Hinsichtlich der Strafbarkeit der beteiligten Spieler und Wettspieler im Rahmen der Zahlung von Verlustprämien bestehen somit keine wesentlichen Unterschiede zur Fallkonstellation der Schiedsrichterbeeinflussung.

Hinsichtlich der Strafbarkeit der reinen Spielmanipulation durch die Spieler kommt insoweit lediglich ein Betrug gemäß § 263 StGB zum Nachteil des eigenen Vereins als Arbeitgeber in Betracht. Die Ansichten der Literatur hierzu sind – wie dargestellt – allerdings umstritten. Die entsprechenden Urteile des Landgerichts Berlin und des Bundesgerichtshofs gehen auf eine solche Strafbarkeit insoweit überhaupt nicht ein.

Eine einheitliche Beurteilung des strafbaren Verhaltens der Wettspieler Sapina und Lim und einer Beihilfehandlung der beteiligten Spieler ist auch in diesen Fallkonstellationen nicht möglich. Je nach Argumentation lassen sich auch hier sowohl hinsichtlich einer Strafbarkeit Sapinas und Lims als Haupttäter als auch bezüglich einer Strafbarkeit der Spieler als deren Gehilfen unterschiedliche Ergebnisse begründen.

Die Zahlung und Annahme von Siegprämien ist hingegen nach allgemeiner Ansicht straflos.

III. Effektivität der Prävention von Wirtschaftskriminalität

Nachfolgend ist wiederum darzustellen, ob die geltenden Normen zur Prävention von Wirtschaftskriminalität als effektiv und ausreichend anzusehen sind bzw. an welchen Punkten sie Schwachstellen aufweisen und somit Änderungsbedarf besteht.

1. *Effektivität bezogen auf natürliche Personen (Strafrecht)*

Hinsichtlich der Effektivität der strafrechtlichen Normen in den Fällen der Beeinflussung von Spielern und Trainern durch Dritte ist wiederum zwischen dem Zahlen einer Verlust- und dem Zahlen einer Siegprämie zu unterscheiden.

Wie erörtert, führt die Zahlung einer Verlustprämie an Spieler nach herrschender Ansicht – parallel zur Beeinflussung von Schiedsrichtern zwecks Wettgewinns – zu einer Strafbarkeit der Spieler wegen Beihilfe zum Betrug zu Lasten des jeweiligen Wettanbieters gemäß §§ 263, 27 StGB. Insoweit ist aber auch hier festzustellen, dass eine einheitliche Beurteilung der in Rede stehenden Sachverhalte nicht möglich ist. Die Ergebnisse der jeweils vertretenen Ansichten reichen auch hier von einer Strafbarkeit der Wettspieler wegen vollendeten Betruges bis hin zur Straflosigkeit.

Insofern besteht auch im Rahmen dieser Sachverhaltskonstellation die Kritik an der Rechtsprechung des Bundesgerichtshofs „um jeden Preis eine Strafbarkeit begründen zu wollen".[666] Vor allem lässt sich wiederum feststellen, dass in der öffentlichen Wahrnehmung die Manipulation des Wettkampfes den Unrechtskern der begangenen Taten bildet. Der Bundesgerichtshof bestraft die Beteiligten jedoch wegen der Verletzung des Vermögens der Wettanbieter. Eine so begründende Strafbarkeit geht also nicht mit der moralischen Auffassung der breiten Öffentlichkeit konform.

Darüber hinaus können die strafrechtlichen Normen auch hier nur dann eine abschreckende Wirkung entfalten, wenn der umstrittenen Argumentation des Bundesgerichtshofs bzw. der umstrittenen Literaturansichten gefolgt wird.

Im Fall der Zahlung einer Siegprämie kommt eine Strafbarkeit der annehmenden Spieler lediglich dann in Betracht, wenn hierdurch die Manipulation des Schiedsrichters bzw. der Spieler der gegnerischen Mannschaft, die eine Verlustprämie angenommen haben, erleichtert werden soll und die die Siegprämie annehmenden Spieler hiervon wissen. Die bloße Annahme einer Siegprämie ist hingegen nicht geeignet, den ordnungsgemäßen Wettkampf zu verhindern oder das Wettrisiko des Wettspielers zu seinen Gunsten zu beeinflussen.[667] Da also hierdurch weder das Vermögen der Wettanbieter verletzt noch der sportliche Wettkampf manipuliert werden kann, ist eine Strafbarkeit der beteiligten Personen nicht zweckmäßig und daher auch nicht erforderlich.

2. *Effektivität bezogen auf juristische Personen („Innensteuerung")*

Hinsichtlich der Einschlägigkeit der einleitend dargestellten Verbote und Organisationsgebote kommt es im Rahmen dieser Fallgruppe zunächst auf die konkrete Organisationsstruktur des jeweiligen Vereins an.

Der DFB hat auf seinem 36. Bundestag am 24. Oktober 1998 eine Reform seiner Statuten beschlossen und ermöglichte somit die Umwandlung bzw. Ausgliederung der Lizenzspielerabteilung in eine Kapitalgesellschaft.[668] Allerdings ist weiterhin in § 16c Abs. 2 DFB-Satzung und § 8 Abs. 2 DFL-Satzung normiert, dass eine Kapitalgesellschaft nur eine Lizenz für die Lizenzligen und damit die Mitgliedschaft im Ligaverband erwerben kann, „wenn ein Verein mehrheitlich an ihr beteiligt ist, der über eine eigene Fußballabteilung verfügt".

---

666 *Schäfers*, ZfWG 2008, 236 (236).

667 *Schattmann*, S. 114; *Bach*, JR 2008, 57 (58).

668 *Heermann/Schießl*, Der Idealverein als Konzernspitze, S. 3; *Klees*, EuZW 2008, 391 (391).

Eine mehrheitliche Beteiligung liegt dann vor, wenn der Verein an der Gesellschaft „über 50 % der Stimmenanteile zuzüglich mindestens eines weiteren Stimmenanteils in der Versammlung der Anteilseigner verfügt".

Mittlerweile haben etwa bislang die Hälfte aller Vereine der Bundesliga und der 2. Bundesliga ihre Lizenzspielerabteilungen auf eine Kapitalgesellschaft ausgegliedert.[669] So hat etwa der Verein Borussia Dortmund e.V. im Oktober 2000 eine Ausgliederung des Lizenzspielerbereichs auf die Borussia Dortmund GmbH & Co. KGaA mit anschließendem Börsengang vollzogen.[670] Auch der FC Bayern München e.V. vollzog im Jahr 2002 die Ausgliederung des Lizenzspielerbereichs auf die FC Bayern München AG.[671] Hingegen haben andere Vereine wie beispielsweise der VfB Stuttgart e.V. ihre Lizenzspielerabteilung bislang noch nicht ausgegliedert.

Insofern muss bei der Anwendbarkeit der Normen – die zur „Innensteuerung" der Korruptionsprävention dienen – zwischen Vereinen, die ihre Lizenzspielerabteilung auf eine Kapitalgesellschaft ausgegliedert haben und solchen, die eine solche Ausgliederung bislang noch nicht vorgenommen haben, differenziert werden.

Hinsichtlich der Lizenzspielerabteilungen, die auf eine Kapitalgesellschaft ausgegliedert wurden, kommen die einleitend dargestellten gesellschaftsrechtlichen Organisationspflichten des AktG und des GmbHG in Betracht. So treffen die Leitungsorgane von Lizenzspielerabteilungen, die in der Rechtsform einer AG organisiert sind, die Pflichten aus §§ 91 Abs. 2, 93 Abs. 1 S. 1 AktG unmittelbar. Aber auch Leitungsorgane von Lizenzspielerabteilungen, die auf die Rechtsform der GmbH & Co. KGaA ausgegliedert wurden – wie zum Beispiel der Borussia Dortmund GmbH & Co. KGaA –, werden von diesen Pflichten erfasst. Unter der Rechtsform der GmbH & Co. KGaA wird nämlich eine KG auf Aktien nach §§ 278 ff. AktG verstanden, deren Komplementär eine GmbH ist.[672] Über die Vorschrift des § 278 Abs. 3 AktG sind daher auch die Normen der §§ 91, 93 AktG auf die KG auf Aktien anwendbar.[673] Durch analoge Anwendung der §§ 91, 93 AktG auf die GmbH[674] treffen die Leitungsorgane der Komplementär-GmbH bzw. Lizenzspielerabteilungen, die in der Rechtsform einer GmbH ausgestaltet

669 *Küting/Strauß*, DB 2010, 793 (795).
670 *Heermann/Schießl*, Der Idealverein als Konzernspitze, S. 3.
671 *Heermann/Schießl*, Der Idealverein als Konzernspitze, S. 4.
672 *Binz/Sorg*, § 26, Rn. 1.
673 Vgl. nur *Spindler*, in: Fleischer, § 19, Rn. 4.
674 Vgl. oben unter: 1. Kapitel B. II. 2. a) cc).

sind, die entsprechenden Pflichten ebenfalls. Eine persönliche Haftung des Vereinsvorstandes gegenüber dem Verein für Aufsichtspflichtverletzungen besteht hingegen nicht.

Darüber hinaus ist auch die einleitend dargestellte „Geschäftsherrenhaftung“[675] hinsichtlich der in Rede stehenden Kapitalgesellschaften möglich, so dass eine Strafbarkeit der Unternehmensführung wegen Unterlassens der Verhinderung von Straftaten durch Unternehmensmitarbeiter – also der Lizenzspieler und Trainer – durchaus in Betracht gezogen werden könnte.

Des Weiteren gelten sowohl für Lizenzspielerabteilungen, die auf eine Kapitalgesellschaft ausgegliedert wurden, als auch für solche, die diesen Schritt bislang nicht vollzogen haben, die Normen des OWiG. Kapitalgesellschaften wie auch rechtsfähige Vereine können hierbei Inhaber eines Betriebes im Sinne des § 130 OWiG sein und fallen in den Anwendungsbereich des § 30 OWiG. Insofern können die durch Spieler oder Trainer begangenen Betrugstaten, die als Allgemeindelikte bei Vorliegen der Betriebsbezogenheit (die bei Manipulation von Fußballspielen gerade vorliegt) durchaus zu einer Haftung der anstellenden Kapitalgesellschaft bzw. des anstellenden Vereins führen.

Wie festgestellt, sind die Normen des Aktien- und GmbH-Rechts anwendbar, sofern die Lizenzspielerabteilungen auf eine Kapitalgesellschaft übertragen wurden. Insofern ist die Einrichtung einer Compliance-Abteilung insbesondere für solche Gesellschaften zweckmäßig, um die Haftung der Gesellschaft nach dem OWiG und die persönliche Haftung der Geschäftsführer nach OWiG, AktG und GmbHG zu vermeiden.

Im Hinblick auf Vereine, die eine Ausgliederung bislang nicht vorgenommen haben, sind die Normen der §§ 91 Abs. 2, 93 Abs. 1 S. 1 AktG, 43 GmbHG – wie bereits in Bezug auf den DFB festgestellt – nicht anwendbar. Für den Vereinsvorstand bestehen daher keine zivilrechtlichen Haftungsrisiken bei Verletzung von Aufsichts- und Überwachungspflichten. Wie festgestellt, sind jedoch auch im Hinblick auf Vereine die Normen des OWiG anwendbar. Die Einführung von Compliance-Maßnahmen bietet sich daher aufgrund des nicht zu unterschätzenden Haftungsrisikos des Vereins dennoch an.

---

675 Vgl. oben unter: 1. Kapitel B. III. 2.

IV. Maßnahmen zur effektiven Prävention von Wirtschaftskriminalität

Unter Berücksichtigung der Anwendbarkeit präventiv wirkender Normen und der erörterten Effektivität, ist auch hier im Folgenden darzustellen, welche Maßnahmen zur Steigerung der Effektivität in Betracht kommen. Hierbei ist wiederum zwischen den möglichen Maßnahmen des Gesetzgebers und den zu ergreifenden Maßnahmen der jeweiligen Vereine zur Innensteuerung zu differenzieren. Aufgrund der Tatsache, dass sich der DFB in freier Selbstbestimmung durch Satzungen und Verordnungen eine innere Ordnung geben kann, ist darüber hinaus zu erörtern, welche Maßnahmen dem DFB als Satzungs- und Verordnungsgeber im Rahmen dieser Fallkonstellation zur Verfügung stehen, um die Vereine zur effizienten Überwachung zu bewegen.

1. Maßnahmen des Gesetzgebers

Die zur Prävention der Beeinflussung von Spielern und Trainern durch Dritte in Betracht kommenden Maßnahmen des Gesetzgebers sind größtenteils mit denen identisch, die bereits im Rahmen der Beeinflussung von Schiedsrichtern durch Dritte dargestellt wurden. Der Vollständigkeit halber, werden diese Maßnahmen daher lediglich kurz erwähnt.

a) Strafrecht

Auch im Rahmen dieser Sachverhaltskonstellation können Abschreckungswirkung und Entdeckungswahrscheinlichkeit durch eine Reformierung des Strafrechts erhöht werden. Angesichts der Tatsache, dass die strafrechtliche Bewertung in dieser Sachverhaltsvariante keinen Unterschied zur Fallkonstellation der Ergebnismanipulation durch Schiedsrichter zwecks Wettgewinns aufweist, ist auch insoweit insbesondere die Einführung eines neuen Straftatbestandes[676] sowie deren Aufnahme in den Katalog des § 100a StPO[677] zu empfehlen.

Die bereits unterbreiteten Vorschläge neuer Straftatbestände erfassen hierbei insbesondere auch Spieler und Trainer als taugliche Täter, so dass diese in der dargestellten Form auch im Rahmen dieser Fallkonstellation anwendbar wären.[678]

---

676 Vgl. oben unter: 2. Kapitel A. IV. 1. a) aa).
677 Vgl. oben unter: 2. Kapitel A. IV. 1. a) bb) α).
678 Wie dargelegt, ist dies zwischenzeitlich durch die Einführung von §§ 265c, 265d StGB umgesetzt worden.

Die Effektivität der Aufnahme des entsprechenden Straftatbestandes in den Katalog des § 100a StPO lässt sich vorliegend auch am Fall des Wettspielers William Bee Wah Lim verdeutlich: So wurden die Telefonate von William Bee Wah Lim nach Erstattung der Strafanzeige über einen Zeitraum von zwei Wochen abgehört. Die Protokolle der Telefonüberwachung stellten im Strafverfahren ein relevantes Beweismittel dar.[679] Diese in Rede stehende Telefonüberwachung konnte hierbei erfolgen, da ein entsprechender Tatverdacht des Betruges im besonders schweren Fall bestand. Dies gilt jedoch gerade in abweichenden Fallkonstellationen nicht, in denen ein Betrug nach ganz herrschender Meinung nicht in Betracht kommt. Die Einführung eines Straftatbestandes und die Aufnahme in den Katalog des § 100a StPO erscheint daher vor diesem Hintergrund zweckdienlich.

b) „Innensteuerung" – Reform des Vereinsrechts

Vor dem Hintergrund der Möglichkeit der Ausgliederung von Lizenzspielerabteilungen auf Kapitalgesellschaften und der daraus resultierenden persönlichen Haftung der Leitungsorgane gegenüber der Gesellschaft bietet sich auch hier die – oben bereits dargelegte – Reform des Vereinsrechts an. Die Einhaltung erforderlicher Aufsichts- und Überwachungsmaßnahmen wird durch ein zivilrechtliches Haftungsrisiko der Vereinsorgane gegenüber ihrem Verein durchaus gefördert. Unter Berücksichtigung der Bilanz- und Umsatzzahlen der Vereine des Profifußballs ist eine solche Gleichstellung zu anderen Gesellschaftsformen auch gerechtfertigt. Ausweislich der „Deloitte Football Money League" – einer Rangliste der weltweit einkommensstärksten Fußballvereine, die jährlich von der Wirtschaftsprüfungsgesellschaft Deloitte herausgegeben wird – kam die FC Bayern München AG in der Saison 2013/2014 auf einen Umsatz in Höhe von 487,5 Mio. EUR.[680] Der FC Schalke 04 – als Verein ohne Ausgliederung der Lizenzspielerabteilung – kommt hiernach auf einen Umsatz in Höhe von 213,9 Mio. EUR und war damit die viertstärkste deutsche Mannschaft nach Umsatzzahlen.[681] Die deutschen Spitzenvereine befinden sich daher in Umsatzregionen,

---

679 Vgl. LG Frankfurt am Main, Urteil vom 1. Juni 2007, Az.: 6350 Js 246513/05.

680 Vgl. „Deloitte Football Money League (abrufbar unter: http://www2.deloitte.com/content/dam/Deloitte/uk/Documents/sports-business-group/deloitte-football-money-league-2015.PDF; zuletzt abgerufen am 3. Juli 2023).

681 Vgl. „Deloitte Football Money League (abrufbar unter: http://www2.deloitte.com/content/dam/Deloitte/uk/Documents/sports-business-group/deloitte-football-money-league-2015.PDF; zuletzt abgerufen am 3. Juli 2023).

die zumindest von den umsatzschwächsten im Aktienindex SDAX gelisteten Unternehmen[682] erreicht werden und sind auf Umsatzebene somit mit größeren börsennotierten deutschen Unternehmen vergleichbar. Eine entsprechende Vergleichbarkeit im Hinblick auf Aufsichtspflichten und Haftungsrisiken sollte demnach ebenfalls bestehen und nicht unter dem „Deckmantel" des Vereinsrechts und dessen Idealvorstellung der Gemeinnützigkeit umgangen werden können. Entsprechend überspitzt formulieren *Küting/Strauß*: „Trotz der Eigenschaft typischer Wirtschaftsunternehmen und den Größenmerkmalen mittelgroßer und großer Kapitalgesellschaften findet auf die eingetragenen Vereine der Bundesligen zunächst lediglich das z.B. für Kegelclubs, Taubenzüchter- oder Briefmarkenvereine gedachte Vereinsrecht nach BGB Anwendung".[683]

c) Sonstiges

Wie zuvor bereits festgestellt, stellt die Beschränkung des Wettangebots auf den Ausgang von Spielabschnitten und hochrangige Sportereignisse durchaus eine in Betracht zu ziehende Maßnahme zur Bekämpfung von Ergebnismanipulation dar.[684] Die Effizienz dieser Maßnahme ist hierbei jedoch stark davon abhängig, dass diese möglichst global umgesetzt wird, um eine umfassende Beschränkung des Wettangebots zu gewährleisten.

2. Maßnahmen des DFB als rechtsetzendem Verband

Des Weiteren kommt dem DFB als rechtsetzendem Verband im Wege der Vereins- bzw. Verbandsautonomie nach Art. 9 Abs. 1 GG die Möglichkeit zu, effektiv auf die Prävention von Spielmanipulationen durch Spieler und Trainer einzuwirken.

Wie bereits im Zusammenhang mit der Spielmanipulation durch Schiedsrichter aufgrund der Beeinflussung von Wettspielern dargelegt[685], hat der DFB mit Einführung des Wettverbotes – insbesondere auch für Spieler und Trainer – in § 1 Nr. 2 und 3 RuVO und der Schaffung eines entsprechenden Straftatbestandes der „Spielmanipulation" nach § 6a RuVO auf die Fallvariante der wettbedingten

---

682 So erzielte die Amadeus Fire AG z.B. im Jahr 2013 einen Umsatz in Höhe von ca. 140 Mio. EUR (vgl. Geschäftsbericht 2011, abrufbar unter: http://www.amadeus-fire.de/fileadmin/Amadeus_FiRe/Berichte/Geschaeftsbericht_2013.pdf; zuletzt abgerufen am 3. Juli 2023).

683 *Küting/Strauß*, DB 2010, 793 (795).

684 Vgl. oben unter: 2. Kapitel A. IV. 1. c).

685 Vgl. oben unter: 2. Kapitel A. IV. 2. a) aa).

Ergebnismanipulation reagiert. Zu untersuchen ist daher nachfolgend, ob die geltenden Vorschriften eine effektive Prävention der Ergebnismanipulation gewährleisten können bzw. ob diese im Hinblick auf eine Effizienzsteigerung modifiziert werden können.

a) Bestrafung der beteiligten Spieler und Trainer durch den DFB

Dem DFB steht zur Bestrafung von Tätern im Sinne des § 6a RuVO über den Verweis in § 6a Nr. 2 RuVO auf § 1 Nr. 4 RuVO der Maßnahmenkatalog des § 44 DFB-Satzung zur Verfügung. Im Unterschied zur strafrechtlichen Bewertung der Zahlung von sog. Siegprämien ist im Rahmen des § 6a RuVO vor allem anerkannt, dass auch diese den Tatbestand erfüllen und somit eine Strafe des die Prämie annehmenden Spielers zur Folge haben.[686]

Als empfindlichste Maßnahmen für die Bestrafung von manipulierenden Spielern und Trainern kommen hierbei die Geldstrafe (bis zu 100.000,– EUR) nach § 44 Nr. 2 lit. c) DFB-Satzung, die (dauerhafte) Sperre für Pflichtspiele nach § 44 Nr. 2 lit. f) DFB-Satzung und der (dauerhafte) Ausschluss aus dem Verband nach § 44 Nr. 2 lit. g) DFB-Satzung bzw. der (dauerhafte) Entzug der Trainerlizenz nach § 44 Nr. 2 lit. j) DFB-Satzung in Betracht.

Aufgrund des starken Einkommensgefälles zwischen den jeweiligen Fußballligen kommt es für die Höhe der Abschreckungswirkung der einzelnen Maßnahmen insbesondere darauf an, in welcher Liga der jeweilige Spieler bzw. Trainer tätig ist:

So wird die Androhung einer Geldstrafe von maximal 100.000,– EUR für einen Spieler der 1. Bundesliga – der hierbei durchaus einen Jahresverdienst von mehreren Millionen EUR erreichen kann – eine deutlich geringere Abschreckungswirkung haben als die Androhung einer langen – unter Umständen sogar mehrjährigen – Pflichtspielsperre. Insbesondere wird der arbeitgebende Verein gegen einen solchen Spieler arbeitsrechtliche Maßnahmen, wie zum Beispiel der Vertragsstrafe oder der Vertragsauflösung, ergreifen. Der finanzielle Nachteil für einen solchen Spieler läge in diesem Fall weit über der Grenze von 100.000,– EUR.

Andererseits wird die Androhung der Geldstrafe für einen Spieler im Amateurbereich – der nur in Ausnahmefällen einen Jahresverdienst in Höhe von 100.000,–EUR aufweisen kann – deutlich abschreckender wirken, als eine Pflichtspielsperre.

686 *Hilpert*, Vorbemerkungen §§ 6–12 RuVO, Rn. 24.

Der Maßnahmenkatalog des § 44 DFB-Satzung ist daher aufgrund seiner Flexibilität insgesamt durchaus geeignet, eine abschreckende Wirkung im Hinblick auf die Prävention von Ergebnismanipulation zu entfalten. Die jeweiligen Maßnahmen sollten hierbei jedoch auf die konkreten Einkommensverhältnisse des betreffenden Spielers abgestimmt sein.

Letztlich gilt jedoch auch hierbei, dass sich Spieler und Trainer – zumindest solche im Amateurbereich, die in keiner arbeitsvertraglichen Beziehung zu ihrem Verein stehen – durch einen Austritt aus ihrem Mitgliedsverein der DFB-Rechtsprechung entziehen können. Insoweit ist die Effektivität der Strafandrohung durch den DFB für den Amateurbereich begrenzt.

Für den Profi-Bereich – insbesondere im Hinblick auf Spieler der 1. Bundesliga – ist die Abschreckungswirkung durch die Strafandrohung wesentlich höher. Wie dargestellt führt eine lange Pflichtspielsperre zu einem immensen Vermögensnachteil des manipulierenden Spielers. Dies gilt ebenfalls für einen etwaigen Verbandsaustritt, da der Spieler dann ebenfalls nicht mehr spielberechtigt wäre. Die von den Wettspielern aufgewendete Geldzahlung zur Beeinflussung müsste daher deutlich erhöht ausfallen, um den Spieler überhaupt zur Eingehung eines solchen Risikos zu bewegen.

Zusammenfassend sind die dem DFB zur Bestrafung verfügbaren Maßnahmen als durchaus effektives Mittel zur Abschreckung anzusehen. Insbesondere im Amateurbereich ist die abschreckende Wirkung jedoch durch die Möglichkeit des Vereinsaustritts begrenzt, so dass sich durch Erhöhung der jeweiligen Strafen in § 44 DFB-Satzung auch keine Steigerung der Effektivität erreichen lässt.

Hinzuweisen ist in diesem Zusammenhang auch auf die Vorschrift des § 8 Nr. 1 lit. j) RuVO, wonach für Spieler beim Vorliegen einer „aktiven oder passiven Bestechung" eine „Sperre von drei Monaten bis zu zwei Jahren" in Betracht zu ziehen ist. Aus dem Rechtsgedanken dieser Norm in Verbindung mit der Parallelvorschrift des § 7 Nr. 1 lit. j) RuVO (der eine entsprechende Strafe für Vereine normiert) ergibt sich, dass „Adressat dieser Vorschrift ein „Amtsträger" ist, der eine Funktion im Verband/Verein mit einer darauf zurückzuführenden Entscheidungsbefugnis hat"[687]. Eine entsprechende Eigenschaft wird einem Spieler nicht zugeschrieben werden können, so dass letztlich fraglich ist, wie sich ein Spieler nach § 8 Nr. 1 lit. j) RuVO der passiven Bestechung (die insofern mit den strafrechtlichen Begriffen der „Vorteilsannahme" und der „Bestechlichkeit"

687 *Hilpert*, § 8 RuVO, Rn. 63 i.V.m. 7 RuVO, Rn. 54.

gleichzusetzen ist[688]) strafbar machen kann, ohne überhaupt Tätereigenschaft aufweisen zu können.

Insofern macht auch *Hilpert* im Rahmen seiner Kommentierung zur RuVO lediglich Ausführungen zu einer aktiven Bestechung eines Spielers und führt den Fall an, dass ein Sportler nach positiver A-Probe einem Mitarbeiter des Dopinginstituts Geld für die Verfälschung der B-Probe anbietet.[689] Die Einflussnahme auf einen Angestellten eines mit der Doping-Probe beauftragten Instituts, welches ein durch den DFB beliehenes Unternehmen darstelle, sei als aktive Bestechung sportrechtlich zu ahnden.[690] Sofern in diesem Zusammenhang daher auf den Angestellten des Dopinginstituts als „Amtsträger" mit Entscheidungsbefugnis abgestellt wird, so ist das Vorliegen einer aktiven Bestechung zwar unstreitig zu bejahen. Dies zeigt jedoch, dass auf den Spieler als Normadressat nicht abgestellt werden kann, so dass der Fall der passiven Bestechung eines Spielers letztlich nicht in Betracht kommen dürfte.

Wie aufgezeigt, ist dies im Ergebnis jedoch unschädlich, da die Bestrafung des Spielers – auch hinsichtlich einer Spielsperre – jedenfalls über § 6a RuVO in Verbindung mit § 44 DFB-Satzung in Betracht kommt.

b) Bestrafung des Mitgliedsvereins

Des Weiteren kommt auch die Bestrafung des Mitgliedsvereins des manipulierenden Spielers in Betracht. Da § 6a RuVO ausschließlich natürliche Personen erfasst, enthält § 7 Nr. 1 lit. j) RuVO die Strafandrohung einer Geldstrafe für Vereine in Höhe von bis zu 250.000,– EUR bei Vorliegen einer aktiven oder passiven Bestechung.

Zu klären ist hierbei jedoch vorab, was im Sinne der RuVO unter den Begriffen der aktiven und passiven Bestechung zu verstehen ist bzw. welche Verhaltensweisen der Vereine unter den Tatbestand subsumiert werden können:

Abgeleitet vom Rechtsgedanken der §§ 331 ff. StGB muss es sich beim Adressaten der Vorschrift des § 7 Nr. 1 lit. j) RuVO ebenfalls um eine Person handeln, die als „Amtsträger" (im sportrechtlichen Sinne) anzusehen ist. Dies trifft auf solche Personen zu, die eine Funktion im Verband bzw. Verein mit einer darauf zurückzuführenden Entscheidungsbefugnis innehaben.[691] Erfasst sind insofern beispielsweise Schiedsrichter (im Bereich des DFB) oder Vereinsfunktionäre.

---

688 *Hilpert*, § 7 RuVO, Rn. 54.
689 *Hilpert*, § 8 RuVO, Rn. 63.
690 *Hilpert*, § 8 RuVO, Rn. 63.
691 *Hilpert*, § 7 RuVO, Rn. 54.

Die Tathandlung im Sinne des § 7 Nr. 1 lit. j) RuVO ist in der Annahme, dem Fordern oder dem Versprechenlassen eines Vorteils als Gegenleistung für ein Handeln oder Unterlassen, welches zum Pflichtbereich des „Amtsträgers" gehört, zu sehen.[692]

Sofern es sich in den vorliegenden Fallkonstellationen ausschließlich um einzelne Spieler handelt, die die Tathandlung der „passiven Bestechung" im Sinne des § 7 Nr. 1 lit. j) RuVO erfüllt haben, kommt eine Geldstrafe für den Mitgliedsverein mangels Vorliegens der erforderlichen Funktion im Verein („Amtsträgereigenschaft") nicht in Betracht. Anders wären diese Fälle nur dann zu beurteilen, wenn ein Vereinsfunktionär die Geldzahlung für die Beeinflussung des Ergebnisses angenommen hätte.[693]

Im Sinne einer effizienten und umfassenden Prävention von Ergebnismanipulationen und der Einführung von Kontrollmaßnahmen zur Erhöhung der Aufdeckungswahrscheinlichkeit sowie der Abschreckungswirkung ist insbesondere die Einführung eines neuen Tatbestandes zur Bestrafung der Vereine vorzuschlagen. Dieser könnte beispielsweise lauten:

> „*§ 7a RuVO*
> 1. Vereine und Tochtergesellschaften, die vorsätzlich oder fahrlässig die Aufsichtsmaßnahmen unterlassen, die erforderlich sind, um Zuwiderhandlungen ihrer Spieler, Trainer oder Funktionsträger gegen § 6a RuVO zu verhindern, handeln strafbar, wenn eine solche Zuwiderhandlung begangen wird, die durch gehörige Aufsicht verhindert oder wesentlich erschwert worden wäre.
> 2. Die Aufsichtspflichtverletzung wird mit den in § 44 der Satzung des DFB aufgeführten Strafen geahndet."

Basierend auf dem Rechtsgedanken der §§ 9, 30, 130 OWiG sollte durch Einführung eines neuen Tatbestandes, der bei Erfüllung der Voraussetzungen des § 6a RuVO durch einen Spieler, Trainer oder Funktionär und gleichzeitigem Unterlassen der Ergreifung von Aufsichtsmaßnahmen des Vereins, die geeignet und erforderlich gewesen wären um die Verletzung des § 6a RuVO zu verhindern oder erschweren, eine Möglichkeit zur Sanktionierung des Vereins/der Kapitalgesellschaft geboten werden. Entsprechend der für § 130 OWiG geforderten Maßnahmen wären demnach Maßnahmen zur Aufklärung und Schulung seiner Angestellten sowie zur Überwachung und Kontrolle durch den Verein einzuführen.

---

692 *Hilpert*, § 7 RuVO, Rn. 54.
693 *Hilpert*, § 7 RuVO, Rn 54.

Die hierbei vorgesehenen Sanktionierungsmöglichkeiten sollten dabei über die in § 7 Nr. 1 lit. j) RuVO vorgesehene Geldstrafe von bis zu 250.000,– EUR hinausgehen und dabei den Maßnahmenkatalog des § 44 DFB-Satzung umfassen. Insbesondere die Maßnahmen des Lizenzentzuges nach § 44 Nr. 2 lit. h) DFB-Satzung als ultima ratio sowie die Verhängung von Punktabzügen nach § 44 Nr. 2 lit. l) DFB-Satzung und die Versetzung in eine tiefere Spielklasse nach § 44 Nr. 2 lit. m) DFB-Satzung bieten hierbei eine – im Vergleich zur Geldstrafe – erhöhte Abschreckungswirkung.

Die Einführung von – nachfolgend noch zu erörternden – Compliance-Maßnahmen ist aufgrund der Anwendbarkeit der §§ 9, 30, 130 OWiG auf Vereine bzw. Kapitalgesellschaften und der damit drohenden Geldbuße nach der hier vertretenen Ansicht ohnehin zwingend erforderlich. Die Durchführung entsprechender Maßnahmen stellt vor diesem Hintergrund auch keine unverhältnismäßige Belastung für die Vereine dar. Die drohende Gefahr einer Geldbuße nach dem OWiG und einer – im Vergleich zur Geldbuße im Zweifel intensiveren – parallelen Auswirkung auf den laufenden Spielbetrieb sind hierbei jedoch geeignet den Anreiz zur Einführung von Compliance-Maßnahmen für Vereine deutlich zu erhöhen.

Die Einführung einer solchen Strafnorm erscheint bei Betrachtung weiterer, dem Verein drohender Sanktionen insbesondere auch geboten. So ist der Verein nach § 9a Nr. 1 RuVO für das Verhalten seiner Spieler, Offiziellen, Mitarbeiter und Erfüllungsgehilfen, aber auch seiner Mitglieder, Anhänger und Zuschauer verantwortlich und haftet nach § 9a Nr. 2 RuVO vor, während und nach dem Spiel für Zwischenfälle im Stadionbereich jeglicher Art. Die sich hieraus ergebende Verantwortlichkeit schlägt sich in den Strafnormen des § 7 Nr. 1 lit. c) und d) RuVO nieder[694], welche die nicht ordnungsgemäße Platzherrichtung bzw. den nicht ausreichenden Ordnungsdienst sowie den mangelnden Schutz des Schiedsrichters, des Schiedsrichter-Assistenten oder des Gegners unter Strafe stellen. Wenn der Verein aufgrund seiner Aufsichtspflichtverletzung in Bezug auf Verfehlungen seiner Zuschauer verantwortlich gemacht wird, so muss dies dann erst recht für die mangelnde Aufsichtspflichtverletzung bei Fehlverhalten seiner Spieler im Sinne des § 6a RuVO gelten.

c) Identifizieren von strafbaren Handlungen

Auch im Zusammenhang mit der Beeinflussung von Spielern und Trainern durch Wettspieler bietet sich wiederum die Möglichkeit, Maßnahmen zur

---

694 *Hilpert*, § 7 RuVO, Rn. 54.

Identifizierung von strafbaren Handlungen zu ergreifen. Hier sind insbesondere die bereits dargestellten Maßnahmen der Einrichtung von internen Stellen zur Ermittlung (Sicherheitsabteilung) und der Einrichtung eines Frühwarnsystems als effiziente Mittel zur Früherkennung von manipulierten Spielen zu erwähnen. Insoweit kann hierbei umfassend auf die bereits zur Fallgruppe der Beeinflussung von Schiedsrichtern durch Wettspieler gemachten Ausführungen verwiesen werden.[695]

3. *Maßnahmen der Vereine im Rahmen der „Innensteuerung"*

Wie bereits im Hinblick auf die vorgeschlagene Einführung eines sportrechtlichen Tatbestandes zur Sanktionierung von Vereinen bei Unterlassen von Aufsichtsmaßnahmen angedeutet, ist nachfolgend auf die den Vereinen zur Verfügung stehenden Präventionsmöglichkeiten im Wege der „Innensteuerung" einzugehen.

Hierbei ergeben sich jedoch keine wesentlichen Unterschiede zu den dargestellten, vom Verband gegebenenfalls einzuführenden Maßnahmen im Bereich der Ergebnismanipulation durch Schiedsrichter.

a) Informierung der Angestellten und Beauftragen

Als elementarer Bestandteil der Bekämpfung von Wirtschaftskriminalität ist auch auf Vereinsebene der transparente und öffentliche Umgang mit Präventionsmaßnahmen erforderlich. Insbesondere der – im Hinblick auf die Ergebnismanipulation – anfällige Bereich der Spieler und Trainer ist hierbei aktiv in die Umsetzung der Prävention von Wirtschaftskriminalität einzubinden.

Insofern sind – entsprechend den Ausführungen zu den seitens des DFB zu ergreifenden Maßnahmen – auch hier Ehrenkodizes und Ethikrichtlinien von den Vereinen zu erstellen und regelmäßige Schulungen abzuhalten.[696] Hinzuweisen ist in diesem Zusammenhang, dass auch der DFB im Rahmen seiner Kampagne „Dein Sport. Deine Karriere. Deine Verantwortung" entsprechende Schulungen für Spieler im Nachwuchsbereich abhält[697]. In Anbetracht der bestehenden Haftungsrisiken sollte dies auch entsprechend von den Vereinen selbst wiederholt umgesetzt werden.

---

695 Vgl. oben unter: 2. Kapitel A. IV. 2. b) bb) und cc).

696 Vgl. hierzu oben unter: 2. Kapitel A. IV. 2. a).

697 *Carsten Thiel von Herff*, Ombudsmann des DFB und der DFL, im telefonischen Gespräch mit dem Verfasser, 5. Februar 2013.

Insbesondere ist im Rahmen der Schulungen auch hierbei Wert darauf zu legen, die jeweiligen Angestellten sowohl über die rechtlichen als auch über die tatsächlichen Risiken des Umgangs mit Wettmanipulatoren aufzuklären, um hierbei eine umfassende Abschreckungswirkung zu erzielen.

Der zu erwartende positive Präventionseffekt, der von der Unterstützung durch die Spieler bei der Aufklärung ausgeht, lässt sich anhand der dargestellten Sachverhalte verdeutlichen:

Ante Sapina nutzte seine immer weitergehenden Kontakte zu Spielern nämlich gerade auch dazu, um sein Netzwerk zu erweitern. So rief der Spieler Steffen Karl im Mai 2004 im Auftrag von Sapina beim ehemaligen Torwart von Energie Cottbus, Georg Koch, an und bot ihm 20.000,– EUR, falls er für eine Niederlage seiner Mannschaft gegen Jahn Regensburg sorge. Koch lehnte das Angebot zwar ab, teilte den Vorgang dem DFB jedoch erst nach Aufdeckung des Wettskandals mit.[698] Während der Spieler Dione vom FC Eschborn seinem Vereinsvorstand also unmittelbar von der versuchten Beeinflussung durch Bee Wah Lim berichtete, wodurch der Sachverhalt erst aufgeklärt werden konnte, unterrichtete der Torwart Georg Koch den DFB erst nach Aufdeckung der Betrugshandlungen von Sapina und Hoyzer über eine versuchte Einflussnahme.

Die Offenlegung von versuchten Einflussnahmen durch Spieler spielt daher eine maßgebliche Rolle bei der Aufklärung von entsprechenden Sachverhalten. Daneben entfaltet eine allgemein gelebte Kultur der Offenlegung durch Spieler auch eine nicht zu unterschätzende Abschreckungswirkung im Hinblick auf zukünftige Einflussnahmen. Auf die in der Literatur zur Implementierung von Compliance-Richtlinien aufgekommene Frage, auf welcher arbeitsrechtlichen Grundlage diese einzuführen sind, kann vorliegend lediglich hingewiesen werden.[699]

b) Identifizieren von strafbaren Handlungen

Im Hinblick auf die Identifizierung von strafbaren Handlungen im Unternehmen kommt auch hier die Einführung einer Whistleblower-Hotline bzw. die Implementierung eines externen Ombudsmannes in Betracht.[700]

Wie bereits im Rahmen der Information der Angestellten und Beauftragten erwähnt, ist die Offenlegung durch die Spieler ein effektives Instrument zur

---

698 Spiegel 6/2005, Die Akte Hoyzer, S. 151.

699 Vgl. nur *Schuster/Darsow*, NZA 2005, 273 (273 ff.); *Meyer*, NJW 2006, 3605 (3605 ff.); *Mengel/Hagemeister*, BB 2007, 1386 (1387); *Schreiber*, NZA-RR 2010, 617 (617 ff.).

700 Vgl. hierzu oben unter: 2. Kapitel A. IV. 2. b) aa).

Aufklärung betreffender Sachverhaltskonstellationen. Sofern daher die Information über Ethikrichtlinien und Mitarbeiterschulungen der Aufklärung und Sensibilisierung der Spieler dient, bietet die Einrichtung von Whistleblower-Hotlines und Ombudsleuten den zur Offenlegung bereiten Spielern eine seriöse Anlaufstelle für die – gegebenenfalls anonyme – Informationsweitergabe. Es ist hierbei davon auszugehen, dass die Bereitschaft der angesprochenen Spieler zur Offenlegung des ihnen unterbreiteten Angebots bei Möglichkeit einer anonymen Weitergabe bzw. der Weitergabe an einen zur Verschwiegenheit verpflichteten Rechtsanwalt durchaus gesteigert ist, und der Aufbau eines Netzwerks beeinflussbarer Spieler hierdurch erschwert wird. Insofern ist den Vereinen daher ebenfalls zur Implementierung von Ombudsleuten bzw. Whistleblower-Hotlines zu raten.[701]

Die im Hinblick auf den DFB vorgeschlagenen Maßnahmen der Einrichtung interner Ermittlungs- und Sicherheitsabteilungen bzw. der Einrichtung eines Frühwarnsystems kommen im Rahmen der vorliegenden Fallkonstellation allerdings nicht in Betracht. Es besteht hierbei – nicht zuletzt unter Berücksichtigung des Interesses aller Beteiligten, die Kosten der Prävention von Spielmanipulationen möglichst gering zu halten – keine Notwendigkeit, dass jeder Verein eigenständige Ermittlungsabteilungen und Frühwarnsysteme einrichtet. Es erscheint ausreichend, dass diese Maßnahmen zentral durch den DFB und/oder die DFL eingerichtet und durchgeführt werden. Im Falle eines Manipulationsverdachts müssen die aufgrund dieser Maßnahmen gewonnenen Erkenntnisse jedoch mit den betroffenen Vereinen geteilt werden, um gemeinsam an der Aufklärung arbeiten zu können. Eine entsprechende Verpflichtung des DFB und/oder der DFL könnte hierbei in die bereits vorgeschlagene Ethikrichtlinie aufgenommen werden.

c) Behandlung von Wirtschaftsstraftaten

Auch die enge Zusammenarbeit mit der Staatsanwaltschaft ist in diesem Zusammenhang ein eminent wichtiger Bestandteil der Bekämpfung von Wirtschaftsstraftaten.[702] Insofern gilt auch hier, dass im Falle eines Tatverdachts eine rasche und effektive Kooperation zwischen der zuständigen Stelle im Verein und der Staatsanwaltschaft zwingend erforderlich ist.

---

701 Mit Blick auf das zwischenzeitlich eingeführte HinSchG dürfte die Einrichtung einer Meldestelle für die hier in Rede stehenden Beteiligten nunmehr ohnehin verpflichtend sein.

702 Vgl. hierzu oben unter: 2. Kapitel A. IV. 2. c).

Ebenso ist auch eine enge Zusammenarbeit mit der entsprechend zuständigen Stelle des DFB notwendig, um sowohl die Aufklärung des konkreten Verdachts als auch die Aufdeckung weiterer Manipulationen und – eventuell weitläufig angelegter und etablierter – Organisationsstrukturen zu fördern.

Exemplarisch für den Erfolg einer entsprechend engen Zusammenarbeit zwischen Verein, DFB und Staatsanwaltschaft ist hierbei der dargestellte Sachverhalt um den Wettspieler William Bee Wah Lim. Nachdem Lim versuchte, den Spieler Dione telefonisch durch das Versprechen zur Zahlung von 40.000,– EUR zur Manipulation zu bewegen, hierbei jedoch vergaß seine Rufnummer zu unterdrücken, konnten die Straftaten durch eine rasche Informationsweitergabe und effektive Zusammenarbeit aufgeklärt werden. Die staatsanwaltschaftlichen Ermittlungen ergaben, dass es sich nicht um einen Einzelfall handelte, so dass eine breit angelegte Manipulationsstruktur „aufgebrochen" werden konnte.

Um die Abschreckungswirkung durch die „Verurteilung der Öffentlichkeit" zu erhöhen, sind die entsprechenden Ermittlungen daher transparent zu gestalten und öffentlich zu machen.

d) Sonstiges

Im Hinblick auf sonstige – insbesondere den Besonderheiten des Fußballsports entsprechende – Maßnahmen ist zu prüfen, ob solche im Verhältnis zwischen Spieler und Verein effektiv zur Bekämpfung von Spielmanipulation eingesetzt werden können.

aa) Vertragsstrafen

Wie auch im Hinblick auf die entsprechende vertragliche Beziehung zwischen dem DFB und den Schiedsrichtern bereits empfohlen, ist im Rahmen des Abschlusses von Arbeitsverträgen zwischen den Vereinen und Spielern unbedingt eine Regelung zur Zahlung einer Vertragsstrafe bei Erfüllung des Tatbestandes des § 6a RuVO aufzunehmen.

Der vom DFB entworfene Mustervertrag für Vertragsspieler[703] sieht in § 5[704] ein Wettverbot für den Spieler oder von ihm beauftragte oder angestiftete Dritte vor. Ferner normiert § 6 des Mustervertrages[705] eine Anzeigepflicht des Spielers

---

703 Mustervertrag für Vertragsspieler (Stand 7/2012) (aktuelle Fassung 12/2016 abrufbar unter: https://www.dfb.de/fileadmin/_dfbdam/126460-Mustervertrag_Vertragsspieler_12-2016.pdf; zuletzt abgerufen am 3. Juli 2023).

704 Nunmehr in § 1 Nr. 5 Mustervertrag.

705 Nunmehr in § 1 Nr. 6 Mustervertrag.

beim Verein und dem DFB, wenn ihm von Dritter Seite Geldversprechen oder Geldzahlungen für die Manipulation angeboten werden. Bei einem Verstoß gegen diese Pflichten ist in § 14 des Mustervertrages eine Vertragsstrafenvereinbarung normiert. Den Vereinen ist vorliegend anzuraten, zumindest die erwähnten Klauseln dieses lediglich unverbindlichen Vorschlags des DFB in ihre Verträge standardmäßig zu übernehmen.[706]

bb) Kontrolle der privaten Bekanntschaften während des Spiels und des Trainings

Nach den Aussagen des ehemaligen Bundesligaspielers Sean Dundee wurde dieser von einem sog. „Runner“ (Kontaktleute der Wettspieler) auf dem Trainingsgelände nach Abschluss des Trainings angesprochen.[707]

Insofern könnte ein gewisses Maß an Überwachung dadurch gewährleistet werden, dass private Bekanntschaften von Spielern die sich vor, während oder nach Spielen im Stadionbereich bzw. nach Trainingseinheiten auf dem Trainingsgelände aufhalten, kontrolliert werden. Zwar können die Vereine nicht das Privatleben ihrer Spieler überwachen, jedoch im Hinblick auf das ihnen zustehende Hausrecht auf dem Stadion- bzw. Trainingsgelände durchaus von Besuchern verlangen, sich entsprechend auszuweisen. Durch eine solche Einlasskontrolle oder stichprobenartige Überprüfung lässt sich hierbei zum einen die Abschreckungswirkung steigern, da weder Wettspieler noch „Runner“ bei den Vereinen namentlich bekannt sein wollen. Zum anderen lässt sich unter Umständen eine spätere Aufklärung von Manipulationsfällen aufgrund einer dokumentierten Besucherliste erleichtern bzw. sogar um bislang unbekannte Fälle erweitern.

cc) Erhöhung des Einkommens der Spieler

Eine – wie im Hinblick auf die Beeinflussung von Schiedsrichtern bereits erörterte[708] – Erhöhung des Einkommens der Spieler kommt vorliegend nicht in Betracht. Zwar erschwert ein höheres Einkommen der Spieler die Beeinflussung naturgemäß, da der Beeinflussende entsprechende höhere Geldzahlungen aufwenden muss. Jedoch ist dies vorliegend bereits marktwirtschaftlich nicht möglich, da die Gehaltszahlung an die Spieler durch Angebot und Nachfrage bestimmt wird und die Vereine im Hinblick auf die ihnen zustehenden Budgets

---

706 Zur Bestimmtheit der Vertragsstrafenregelung siehe *Wüterich/Breucker*, in: Adolphsen/Nolte/Lehner/Gerlinger, Rn. 614.

707 Der Spiegel 36/2008, Die Spielverderber, S. 118.

708 Vgl. oben unter: 2. Kapitel A. IV. 2. c) cc).

bereits wirtschaftlich sinnvoll handeln müssen. Eine nochmals erhöhte Gehaltszahlung zu Zwecken der Prävention von Wirtschaftskriminalität ist aus wirtschaftlicher Sicht sinnlos und daher abzulehnen.

V. Zwischenergebnis

Im Hinblick auf die Prävention im Bereich der Beeinflussung von Spielern und Trainern durch Dritte ist nach dem zuvor Dargelegten das Folgende festzuhalten:

Im Handlungsbereich des Gesetzgebers kommen zur Steigerung der Effektivität der Prävention von Spielmanipulation mit der Einführung eines entsprechenden Straftatbestandes, Aufnahme dieser Tatbestände in den Katalog des § 100a StPO und der weiteren Regulierung des Wettmarktes grundsätzlich dieselben Maßnahmen in Betracht, die sich auch schon im Bereich der Beeinflussung von Schiedsrichtern durch Dritte als zielführend erwiesen haben.[709]

Der DFB als rechtsetzender Verband hat im Rahmen dieser Fallkonstellation die Möglichkeit, durch die Einführung von Sportstraftatbeständen auf das Verhalten der Spieler, Trainer und vor allem Vereine einzuwirken. Hinsichtlich der Spieler und Trainer ist dies mit Einführung des § 6a RuVO auch bereits geschehen. Über die Einführung eines weiteren Straftatbestandes, der die mangelnde Aufsicht der Vereine bei Begehung einer Tat nach § 6a RuVO durch Spieler und Trainer ahndet, sollte zur weiteren Steigerung der Effektivität der Präventionsmaßnahmen ein sportrechtlich sanktioniertes Verbot analog den Vorschriften der §§ 9, 30, 130 OWiG für Vereine geschaffen werden.

Die hier vorgeschlagenen Maßnahmen sind ebenfalls nicht auf den Fußballsport beschränkt und können von jedem Sportverband auf alle Sportarten übertragen werden.

Den Vereinen als Arbeitgeber der Spieler und Trainer kommen in diesem Zusammenhang weitere Möglichkeiten der Sensibilisierung und Identifizierung durch Ethikrichtlinien, Schulungen und Hinweisgeberstellen zu. Auch die Abschreckungswirkung durch Aufnahme von Vertragsstrafen kann durch die Vereine positiv beeinflusst werden.

Auch diese Maßnahmen sind nicht auf die Eigenarten des Fußballsports beschränkt und können durch jegliche Sportvereine unmittelbar übernommen werden.

---

709 Zwischenzeitlich durch Einführung der §§ 265c, 265d StGB bereits umgesetzt.

C. Beeinflussung von Schiedsrichtern durch Vereinsfunktionäre

Neben der Manipulation von Sportereignissen durch Wettspieler kommt vor allem die Beeinflussung von Spielergebnissen durch Vereinsfunktionäre als weitere Fallgruppe in Betracht. Auch hierbei ist wiederum zwischen Schiedsrichtern auf der einen Seite und Spielern bzw. Trainern auf der anderen Seite als beeinflusste Personen zu unterscheiden. Insofern ist daher zunächst auf die Beeinflussung von Schiedsrichtern durch Vereinsfunktionäre einzugehen.

Ein solcher Fall der Beeinflussung von Schiedsrichtern ist, soweit ersichtlich, im deutschen Fußball[710] bislang noch nicht bekannt geworden. Ein durch die Medien durchaus weit verbreitetes Fallbeispiel dieser Sachverhaltskonstellation liefert allerdings der Handballsport. Wie auch bereits das angeführte Beispiel der Schiedsrichterbeeinflussung durch Vereinsfunktionäre im italienischen Fußball[711] zeigt, handelt es sich bei dieser Fallkonstellation nicht um eine für den Fußballsport fern liegende Sachverhaltsvariante. Der nachfolgend darzustellende Sachverhalt ist daher für die weitere rechtliche Beurteilung und im Hinblick auf eine effektive Prävention auf den Fußballsport zu übertragen.

I. Phänomenologie

Nachdem im Juni 2008 der Verdacht an die Öffentlichkeit gelangte, der deutsche Handball-Bundesligist die THW Kiel Handball-Bundesliga GmbH & Co. KG (nachfolgend: THW Kiel) habe seinen Sieg in der Champions-League mittels Beeinflussung von Schiedsrichtern durch den ehemaligen Geschäftsführer Uwe Schwenker und den ehemaligen Trainer Zvonimir Serdarusic erlangt, leitete die Staatsanwaltschaft Kiel auf Antrag des Gesellschafters des THW Kiel, Georg Wegner, ein Ermittlungsverfahren ein.[712]

Den Ergebnissen der staatsanwaltlichen Ermittlungen zufolge sollen dabei unter anderem 92.000,– EUR in zwei Tranchen an den kroatischen Geschäftsmann Nenad Volarevic überwiesen worden sein.[713]

---

710 Im italienischen Fußball ist die Einflussnahme auf Schiedsrichter durch Vereinsfunktionäre im Rahmen des sog. „Calciopoli-Skandals" bekannt geworden, vgl. *Boeri/Severgnini*, The Italian Job, S. 2 ff.

711 sog. „Calciopoli-Skandal", vgl. *Boeri/Severgnini*, The Italian Job, S. 2 ff.

712 Spiegel-Online vom 8. März 2009, „THW Kiel bittet Staatsanwalt um Ermittlungen" (abrufbar unter: http://www.spiegel.de/sport/sonst/0,1518,612066,00.html; zuletzt abgerufen am 3. Juli 2023).

713 LG Kiel, Urteil vom 26. Januar 2012, Az.: 5 KLs 1/10.

Nach Ansicht der Staatsanwaltschaft sei es zu vermuten, dass Volarevic als Schmiergeldbote des THW Kiel fungierte. Dies soll unter anderem die Reiseroute Volarevics zum Champions League-Finale am 29. April 2007 in Hamburg belegen: Die erste Tranche in Höhe von 56.400,– EUR erhielt er am 25. April 2007. Am 27. April 2007 flog er um 6:30 Uhr von Zagreb über München nach Warschau und flog sodann um 16:10 Uhr weiter nach Hamburg, um sich am 29. April das Finale anzusehen. Es besteht der Verdacht, dass Volarevic sich mit einem der beiden polnischen Schiedsrichtern des Finales, Miroslaw Baum, getroffen und diesem das Geld dafür übergeben haben soll, dass er und sein Schiedsrichterkollege, Marek Goralczyk, für einen Sieg des THW Kiel sorgen.[714]

II. Strafrechtliche Würdigung

Der vorstehend dargestellte Sachverhalt war Gegenstand eines Hauptverfahrens vor dem Landgericht Kiel. Während die Anklage der Staatsanwaltschaft Kiel auf Untreue zu Lasten des THW Kiel und auf Betrug zu Lasten der Europäischen Handballföderation (EHF) sowie auf Betrug zu Lasten des Finalgegners, der SG Flensburg-Handewitt, lautete[715], hat die zu erkennende Kammer des Landgerichts Kiel im Zwischenverfahren einen hinreichenden Tatverdacht zwar angenommen, hierbei jedoch die Begehung eines Betruges abgelehnt und stattdessen die Anwendung des von der Staatsanwaltschaft nicht angeklagten § 299 Abs. 2 StGB bejaht.[716] Am 26. Januar 2012 wurden die Angeklagten Schwenker und Serdarusic aus tatsächlichen Gründen freigesprochen.[717] Auf die Revision der Staatsanwaltschaft wurde das Urteil des Landgerichts Kiel mit Urteil des Bundesgerichtshofs vom 28. November 2012 aufgehoben, soweit der Angeklagte Schwenker im Zusammenhang mit den Zahlungen von insgesamt 60.000,– EUR an den vormalig Mitangeklagten Serdarusic im April und Mai 2008 freigesprochen worden ist.[718] Die hier in Rede stehenden Manipulationshandlungen waren insoweit jedoch nicht Gegenstand der Revision.

714 LG Kiel, Urteil vom 26. Januar 2012, Az.: 5 KLs 1/10.

715 LG Kiel, Urteil vom 26. Januar 2012, Az.: 5 KLs 1/10; vgl. auch *Krack*, ZIS 2011, 475 (475).

716 LG Kiel, Urteil vom 26. Januar 2012, Az.: 5 KLs 1/10; vgl. auch *Krack*, ZIS 2011, 475 (475).

717 LG Kiel, Urteil vom 26. Januar 2012, Az.: 5 KLs 1/10.

718 BGH, Urteil vom 28. November 2012, Az.: 5 StR 328/12.

1. Strafrechtliche Einordnung des Täterverhaltens

Da die dargestellten Fallkonstellationen so weit als möglich vergleichbar sein sollen, ist der in Rede stehende Sachverhalt auf den Fußballsport zu übertragen, so dass im Rahmen der nachfolgenden Darstellung der strafrechtlichen Würdigung von einer entsprechenden Beeinflussung eines Fußballschiedsrichters durch den Vereinsfunktionär eines Fußballvereins in Bezug auf eine Begegnung in einem nationalen Wettbewerb auszugehen ist.

a) Strafbarkeit des Schiedsrichters

aa) Betrug des Schiedsrichters gemäß § 263 StGB zum Nachteil des DFB bzw. der DFL

In Betracht kommt zunächst die Erfüllung des Betrugstatbestandes nach § 263 StGB zum Nachteil des DFB bzw. der DFL durch den beteiligten Schiedsrichter. Hierbei kann auf die bereits dargestellte Strafbarkeit der Schiedsrichter wegen Betruges zum Nachteil des DFB bzw. der DFL im Fall der Beeinflussung durch Wettspieler verwiesen werden.[719]

Insofern ist die Erfüllung des objektiven Tatbestandes aufgrund der Täuschung über die Neutralitätsverletzung auf dem Spielbericht nach allgemeiner Literaturansicht erfüllt. Umstritten ist insoweit lediglich, ob der subjektive Tatbestand erfüllt ist. Nach den in der Literatur vertretenen Ansichten wird hierbei zum einen von der Erfüllung des Betrugstatbestands durch den Schiedsrichter zum Nachteil des DFB bzw. der DFL (allerdings nur in Höhe der Vergütungszahlung), aber auch zum anderen von einer Nichterfüllung des subjektiven Tatbestandes ausgegangen.[720]

bb) Betrug des Schiedsrichters gemäß § 263 StGB zum Nachteil des unterlegenen Vereins

Des Weiteren kommt die Begehung eines Betruges durch den Schiedsrichter nach § 263 StGB gegenüber der spielleitenden Stelle zum Nachteil des unterlegenen Vereins in Betracht.

Im Hinblick auf den objektiven Tatbestand kann ebenfalls vollumfänglich auf die Prüfung der Strafbarkeit der Schiedsrichter Hoyzer und Marks gemäß § 263 StGB zum Nachteil der beteiligten Vereine verwiesen werden.[721] Insbesondere

---

719 Vgl. oben unter: 2. Kapitel A. II. 1. a) aa).
720 Vgl. oben unter: 2. Kapitel A. II. 1. a) aa).
721 Vgl. oben unter: 2. Kapitel A. II. 1. a) bb).

müssen also auch hier die für die irrtumsbedingte Vermögensverfügung erforderlichen Voraussetzungen im Sinne einer dreifachen Unmittelbarkeit vorliegen. Dies ist insoweit nur dann anzunehmen, wenn die täuschungsbedingte Punktevergabe durch die spielleitende Stelle unmittelbar zum Abstieg des benachteiligten Vereins in die untere Spielklasse oder – wie im konkreten Beispiel – zum Sieg bzw. zum Weiterkommen in einem Pokalwettbewerb führt.

In subjektiver Hinsicht liegt die erforderliche Bereicherungsabsicht des Schiedsrichters im Hinblick auf die Erlangung der Geldzahlung durch den Vereinsfunktionär und damit die Absicht der eigenen Bereicherung unzweifelhaft vor.

Fraglich ist insoweit jedoch, ob hierbei auch eine Bereicherung eines Dritten, namentlich des bevorzugten Vereins, von dem Schiedsrichter beabsichtigt ist. Hierbei kommt es vor allem darauf an, ob die Geldzahlung an den Schiedsrichter in jedem Fall erfolgen wird oder nur dann, wenn das gewünschte Ergebnis tatsächlich eintritt. Sofern eine Geldzahlung an den Schiedsrichter nach der Absprache in jedem Fall erfolgen soll, wird er zu dem bezweckten Ereignis keine oder wenn nur eine untergeordnete subjektive Beziehung haben und insofern nur als unvermeidbare Nebenfolge ansehen.[722] Anders wäre die Drittbereicherungsabsicht jedoch zu beurteilen, wenn die Geldzahlung des Vereinsfunktionärs vom Erfolg der Manipulation abhängig gemacht wird, da die Bereicherung des Vereins sodann ein notwendiges Zwischenziel darstellen würde.[723]

Sofern vorliegend in jedem Fall die Bereicherungsabsicht des Schiedsrichters hinsichtlich der Erlangung der Verlustprämie bejaht werden kann (in Abgrenzung zur Absicht der Bereicherung eines Dritten), müsste wiederum die erforderliche Stoffgleichheit zwischen Vermögensvorteil und Vermögensschaden vorliegen. Eine entsprechende Prüfung müsste vorliegend auch dann erfolgen, wenn eine Drittbereicherungsabsicht des Schiedsrichters hinsichtlich der Gewinnaussichten des beeinflussenden Vereinsfunktionärs vorliegt.

Der vom Schiedsrichter erstrebte eigene Vermögensvorteil der Erlangung der Verlustprämie und der beim benachteiligten Verein entstandene Schaden, sind dabei vorliegend unzweifelhaft nicht aufgrund derselben Vermögensverfügung erfolgt und damit auch nicht stoffgleich, da die Verlustprämie aus dem Vermögen des bevorzugten Vereines stammt, der Vermögensschaden hingegen auf der fälschlichen Entscheidung der spielleitenden Stelle beruht.[724]

---

722 Vgl. *Paringer*, S. 126 f., *Schattmann*, S. 129.

723 *Schattmann*, S. 129.

724 *Paringer*, S. 131 f.; *Schattmann*, S. 130; so im Ergebnis auch LK – *Tiedemann*, § 263, Rn. 258.

Sofern eine Drittbereicherungsabsicht des Schiedsrichters – bei Abhängigkeit der Geldzahlung vom Manipulationserfolg – vorliegt, beruhe der Vermögensvorteil des bevorzugten Vereins und der Vermögensschadens des benachteiligten Vereins jedoch auf derselben Vermögensverfügung und sei damit stoffgleich, da sich der Vorteil des einen Vereins zwingend aus dem Nachteil des anderen Vereins ableite[725], wobei eine vollständige Deckung zwischen Schaden und Vorteil der Höhe nach gerade nicht erforderlich sei.[726] Dieselbe Vermögensverfügung in Form der Entscheidung der spielleitenden Stelle habe daher sowohl den Schaden als auch den Vermögensvorteil herbeigeführt.[727]

Zusammenfassend kommt eine Strafbarkeit des Schiedsrichters nach Ansicht der Literatur dann in Betracht, wenn er – je nach konkreter Absprache im Einzelfall – ein gewisses Eigeninteresse an der Drittbereicherung des bevorzugten Vereines aufweist und diese Bereicherung daher ein notwendiges Zwischenziel für ihn darstellt, da nur in diesem Fall die erforderliche Stoffgleichheit vorliegt. Ein Abstellen auf die Absicht der eigenen Bereicherung durch Erlangung der Geldzahlung kann allerdings nicht zu einer Strafbarkeit führen, da es hier immer an der erforderlichen Stoffgleichheit mangele.

b) Strafbarkeit des Vereinsfunktionärs

aa) Betrug des Vereinsfunktionärs gemäß § 263 StGB zum Nachteil des unterlegenen Vereins

In Betracht kommt zunächst die Strafbarkeit des Vereinsfunktionärs wegen Betruges zu Lasten des unterlegenen Vereins.

Eine Täuschung der spielleitenden Stelle durch den Vereinsfunktionär kann vorliegend nur in einer konkludenten Erklärung aus dem Spielbericht liegen. Nach Ansicht *Paringers*[728] ist diese konkludente Erklärung in der Gegenzeichnung des Spielberichtsbogens durch die beteiligten Vereine zu erblicken. Sofern hierbei die Manipulationen nicht festgehalten würden, werde die spielleitende Stelle hierdurch getäuscht. Wie jedoch bereits festgestellt[729], kann eine Täuschung der spielleitenden Stelle nach der vorzugswürdigen Ansicht *Schattmanns*[730] gerade nur über die Person des Schiedsrichters erfolgen. Die Vereine

725 *Schattmann*, S. 130 ff.

726 Vgl. nur BGHSt 34, 379 (391).

727 *Schattmann*, S. 132.

728 *Paringer*, S. 108 zur vergleichbaren Konstellation im Fußball.

729 Vgl. oben unter: 2. Kapitel B. II. 1. a) bb)

730 Vgl. *Schattmann*, S. 116.

machen sich durch Kenntnisnahme und Unterschrift des Spielberichts die Aussagen des Schiedsrichters gerade nicht zu eigen. Der Schiedsrichter hingegen könne nach dieser Ansicht lediglich durch die Wettkampfhandlung als solche getäuscht werden. Da der Schiedsrichter in den in Rede stehenden Fallkonstellationen allerdings selber in die Manipulationen eingeweiht ist, kann er überhaupt keiner Täuschung unterliegen und der Vereinsfunktionär demnach keine Täuschungshandlung begehen.

Diese Ansicht wird insbesondere durch das Urteil des Landgerichts Kiel im dargestellten Sachverhalt bestätigt. Auch nach Ansicht der erkennenden Kammer sei eine ausdrückliche oder konkludente Erklärung über eine falsche Tatsache nicht ersichtlich und liege insbesondere auch nicht in etwaigen Erklärungen anlässlich von Vorbesprechungen mit den Vereinsvertretern.[731]

Sofern eine Strafbarkeit des beteiligten Schiedsrichters angenommen wird, kommt allerdings eine Strafbarkeit des Vereinsfunktionärs wegen Anstiftung zum Betrug nach § 263 StGB in Betracht.

bb) Betrug des Vereinsfunktionärs gemäß § 263 StGB zum Nachteil der Zuschauer und/oder Rundfunkanstalten

Im Hinblick auf eine Strafbarkeit des Vereinsfunktionärs wegen Betruges zum Nachteil der Zuschauer und/oder der Rundfunkanstalten, ist auf die obigen Prüfungen in den anderen Sachverhaltskonstellationen zu verweisen.[732] Insofern liegt eine entsprechende Täuschungshandlung bereits nicht vor. Jedenfalls mangelt es auch hierbei wiederum an der erforderlichen Stoffgleichheit.

cc) Untreue des Vereinsfunktionärs gemäß § 266 StGB zum Nachteil des eigenen Vereins

Der Vereinsfunktionär kann sich des Weiteren aufgrund der Beeinflussung des Schiedsrichters durch Geldzahlung der Untreue gemäß § 266 StGB strafbar gemacht haben.

Rechtsprechung und Literatur haben zur vergleichbaren Fallkonstellation des sog. Bundesligaskandals 1970/71[733] im Rahmen der juristischen Aufarbeitung dieser Fälle bereits ausführlich Stellung genommen, allerdings mit uneinheitlichen Ergebnissen.

---

731 LG Kiel, Urteil vom 26. Januar 2012, Az.: 5 KLs 1/10.

732 Vgl. 2. Kapitel A. II 1. a) cc) und dd); 2. Kapitel B. II. 1. a) dd).

733 Vgl. hierzu unten: 2. Kapitel D. I.

α) Missbrauchstatbestand

Der Missbrauchstatbestand „setzt zunächst voraus, dass der Täter die ihm durch Gesetz, behördlichen Auftrag oder Rechtsgeschäft eingeräumte Befugnis, über fremdes Vermögen zu verfügen oder einen anderen zu verpflichten, missbraucht".[734] Dem Vereinsvorstand sind diese Befugnisse nach § 26 Abs. 2 BGB ebenso unzweifelhaft nach Gesetz eingeräumt, wie dem Geschäftsführer einer GmbH nach § 35 GmbHG oder Vorstand einer Aktiengesellschaft nach § 78 AktG.[735]

Weitere Voraussetzung der Missbrauchsalternative ist, dass durch rechtsgeschäftliche Verfügung oder Verpflichtung wirksam Gebrauch von der eingeräumten Befugnis gemacht wurde.[736] Einer solchen wirksamen Verpflichtung oder Verfügung kann hierbei bereits § 138 BGB entgegenstehen.[737] Vorliegend wird der Schiedsrichter durch Geldzahlung zur Verletzung seiner Neutralitätspflichten gegenüber dem DFB bzw. der DFL verleitet. Eine solche Abrede, die den Schiedsrichter zum Vertragsbruch gegenüber seinem Auftraggeber verleitet, ist hierbei nach § 138 BGB sittenwidrig und damit nichtig.[738] Insofern liegt in dem Verhalten des Vereinsfunktionärs kein Verhalten, das die Missbrauchsalternative des § 266 StGB erfüllt.

β) Treubruchtatbestand

Sofern der Missbrauchstatbestand nicht erfüllt ist, kann jedoch die Treubruchalternative verwirklicht worden sein. Das Bestehen einer Vermögensbetreuungspflicht für Organe von Kapitalgesellschaften ist unstreitig anerkannt.[739] Auch für Organe eines rechtsfähigen Vereins wird die Pflicht zur Wahrung der Vermögensinteressen des Vereins als eine der wesentlichen Aufgaben einhellig angesehen.[740] Diese Vermögensbetreuungspflicht müsste der Vereinsfunktionär verletzt haben. Eine entsprechende Tathandlung ist in der Geldleistung an den Schiedsrichter zum Zwecke der unlauteren Einflussnahme zu sehen. Diese Tathandlung müsste ferner pflichtwidrig gewesen sein. Umfang und Grenzen der

734 Schönke/Schröder – *Perron*, § 266, Rn. 3.
735 Schönke/Schröder – *Perron*, § 266, Rn. 8.
736 Vgl. nur BGH NStZ 2006, 210 (213); *Fischer*, § 266, Rn. 25.
737 BGH NStZ 2006, 210 (213).
738 Vgl. BGH NJW 1999, 2588 (2589); Bamberger/Roth – *Wendtland*, § 138, Rn. 76.
739 Vgl. nur: Schönke/Schröder – *Perron*, § 266, Rn. 25.
740 BGH NJW 1975, 1234 (1234); *Triffterer*, NJW 1975, 612 (613); *Schreiber/Beulke*, JuS 1977, 656 (657 f.).

Pflichten richten sich hierbei nach dem zugrunde liegenden Rechtsverhältnis, so dass es auf den konkreten Einzelfall ankommt.[741]

Im Rahmen der vorliegenden Sachverhaltskonstellationen kann die Pflichtwidrigkeit des Vereinsfunktionärs in der Verletzung der vom DFB durch Satzung aufgegebenen Mitgliederpflichten gesehen werden:

Eine Verletzung der Vermögensbetreuungspflicht durch die Funktionäre des rechtsfähigen Vereins wird in einer Missachtung der Vereinssatzung gesehen.[742] Die Vereinssatzungen untersagen jeglichen Gebrauch von Vereinsmitteln zu vereinswidrigen Zwecken.[743] Vereinszweck ist die Pflege und Förderung des Sports innerhalb des Vereins.[744] Darüber hinaus verpflichtet § 1 RuVO, der wie die Satzung des DFB Bestandteil der jeweiligen Vereinssatzung ist[745], den Verein und jedes Einzelmitglied zur Einhaltung der Grundsätze der Integrität, Loyalität, Solidarität und Fairness sowie dazu, für Ordnung und Recht im Fußballsport zu sorgen.[746] Die Zahlung von Verlustprämien verstößt daher sowohl gegen den Vereinszweck als auch gegen die Bestimmungen des DFB und stellt somit eine pflichtwidrige Verletzung der Vermögensbetreuungspflicht dar.[747]

Da auch die Kapitalgesellschaften über ihre Mitgliedschaft im Ligaverband Mitglieder des DFB sind, gelten die Verpflichtungen zur Einhaltung der dargestellten Grundsätze und zur Sorge für Recht und Ordnung auch für diese.[748] Insofern verstößt die Zahlung von Verlustprämien durch Organe dieser Kapitalgesellschaften ebenfalls gegen die Bestimmungen des DFB und ist damit als Verstoß gegen die Vermögensbetreuungspflicht anzusehen.

Indem der Vereinsfunktionär also Geldzahlungen leistet, die darauf angelegt sind, einen sportlich offenen Wettkampf zu verhindern, verstößt er gegen den

---

741 *Fischer*, § 266, Rn. 39 ff.

742 BGH NJW 1975, 1234 (1234 f.); *Triffterer*, NJW 1975, 612 (613); *Schreiber/Beulke*, JuS 1977, 656, (658).

743 *Triffterer*, NJW 1975, 612 (613).

744 Vgl. nur § 2 der Satzung des Hamburger SV, der seine Lizenzspielerabteilung erst im Jahr 2014 ausgegliedert hat.

745 *Triffterer*, NJW 1975, 612 (613).

746 Dies bestimmen auch §§ 4, 5 DFB-Satzung.

747 BGH NJW 1975, 1234 (1234 f.); *Triffterer*, NJW 1975, 612 (613); *Schreiber/Beulke*, JuS 1977, 656 (658).

748 Insofern bestimmt § 1 RuVO, dass diese Verpflichtungen auch für Tochtergesellschaften der Mitgliedsvereine gelten.

Vereinszweck und die Statuten des DFB und begeht hierdurch eine Pflichtverletzung gegenüber seinem Treugeber.[749]

γ) Vermögensnachteil

Letztlich muss die Tathandlung des Vereinsfunktionärs beim eigenen Verein auch zu einem Vermögensnachteil führen. Insofern ist fraglich, ob die dem Schiedsrichter gezahlte Summe als Vermögensnachteil durch einen entsprechenden Vermögensvorteil kompensiert werden kann. Hierbei ist jeder Vorteil zu berücksichtigen, der durch die pflichtwidrige Handlung erzielt werden konnte.[750]

Ein solcher Vorteil kann darin zu sehen sein, dass dem Verein aufgrund der Manipulation Vermögenswerte (etwa in Form einer Siegprämie im Rahmen eines Pokalwettbewerbes oder in Form von Vorteilen infolge des Klassenerhalts) zufließen, die er sonst nicht erhalten hätte. Dieser Vorteil ist allerdings nicht zur Kompensation des Vermögensnachteils geeignet, da er nicht gleichzeitig mit diesem, sondern regelmäßig erst zeitlich nach der Zahlung an den Schiedsrichter eintritt.[751]

Des Weiteren kann der Vermögensvorteil jedoch auch in der begründeten Aussicht auf den Erhalt des Vermögensvorteils liegen, der durch die Beeinflussung des Schiedsrichters herbeigeführt wurde.[752] Wie bereits oben dargestellt[753], sind derartige begründete Aussichten bzw. Exspektanzen als Vermögensbestandteil anerkannt, wenn sie wegen der hohen Wahrscheinlichkeit ihres Eintretens bereits einen Vermögenswert darstellen.[754] Auch hierbei müssen der Vorteil in Form der hinreichend wahrscheinlichen Exspektanz und der Nachteil gleichzeitig eintreten. Die Gleichzeitigkeit ist bei der Manipulation von Sportereignissen jedoch zu bejahen, da die Manipulationszahlungen in der Regel das Ergebnis bestimmen und daher unmittelbar eine Exspektanz besteht.[755]

Insofern ist fraglich, ob durch die Beeinflussung des Schiedsrichters auch die erforderliche hohe Wahrscheinlichkeit der begründeten Aussicht auf

---

749 Zur vergleichbaren Fallkonstellation im Rahmen des Bundesligaskandals 1970/71: *Triffterer*, NJW 1975, 612 (613); *Schreiber/Beulke*, JuS 1977, 656 (658).

750 BGH NJW 1975, 1234 (1235).

751 Vgl. *Triffterer*, NJW 1975, 612 (613); *Schreiber/Beulke*, JuS 1977, 656 (659); *Bringewat*, JZ 1977, 667 (671).

752 Vgl. *Triffterer*, NJW 1975, 612 (613).

753 Vgl. oben unter: 2. Kapitel A. II. 1. a) bb).

754 BGH NJW 1975, 1234 (1236); *Triffterer*, NJW 1975, 612 (613).

755 *Triffterer*, NJW 1975, 612 (614); *Schreiber/Beulke*, JuS 1977, 656 (659).

Vermögensmehrung bewirkt wird. Nach Ansicht des Bundesgerichtshofs kommt es bei dieser Beurteilung darauf an, „ob bei wirtschaftlich vernünftiger, alle bekannten äußeren Umstände berücksichtigender Gesamtbetrachtung die Gefahr eines Verlustgeschäfts wahrscheinlicher ist als die Aussicht auf Gewinnzuwachs".[756]

Nach Ansicht der Rechtsprechung besteht eine hinreichende Wahrscheinlichkeit auf einen Vermögenszuwachses bei Verbleib in der Bundesliga insbesondere aufgrund der im Vergleich deutlich höheren Zuschauereinnahmen.[757] Auch die Marktwerte der einzelnen Spieler würden bei einem Abstieg sinken.[758] Eine Aufdeckung der Manipulationen und ein damit verbundener Lizenzentzug, die bei der Beurteilung eines Vermögensnachteils zu berücksichtigen gewesen wären, seien im zu entscheidenden Fall – nach Auffassung der Rechtsprechung – nicht zu befürchten gewesen.[759] Da nach Ansicht der Rechtsprechung bei wirtschaftlicher Betrachtungsweise der Klassenerhalt mit hinreichender Wahrscheinlichkeit zu einem gravierenden Vermögenszuwachs führt, ist der Vermögensnachteil zu kompensieren.[760]

Dem Ergebnis der Rechtsprechung entspricht grundsätzlich auch die Ansicht *Triffterers*[761] . Allerdings weist dieser ausdrücklicher darauf hin, dass eine hohe Wahrscheinlichkeit nur dann zu bejahen sei, wenn durch die Manipulation die entscheidenden Punkte zur Verhinderung des Abstiegs gesichert werden sollen.[762] Sofern der Klassenerhalt jedoch nach erfolgreicher Manipulation noch vom ungewissen Ausgang weiterer Spiele abhing, so sei der Nachweis der erforderlichen hohen Wahrscheinlichkeit des Vermögenszuwachses nicht zu führen.[763]

Nach weiter Ansicht von *Schreiber/Beulke*[764] ist der Rechtsprechung im Hinblick auf den erforderlichen Grad der Wahrscheinlichkeit des Vermögenszuwachses zu widersprechen. So sei nach Ansicht des Bundesgerichtshofs darauf abzustellen, „ob bei wirtschaftlich vernünftiger, alle bekannten äußeren Umstände berücksichtigender Gesamtbetrachtung die Gefahr eines

756 BGH NJW 1975, 1234 (1236).
757 LG Bielefeld JZ 1977, 692 (693) nennt hierbei einen Betrag von über 1,3 Millionen DM.
758 BGH NJW 1975, 1234 (1236); LG Bielefeld JZ 1977, 692 (693 f.).
759 BGH NJW 1975, 1234 (1235); LG Bielefeld JZ 1977, 692 (693).
760 LG Bielefeld JZ 1977, 692 (694).
761 *Triffterer*, NJW 1975, 612 (614); so auch *Weise*, S. 321.
762 *Triffterer*, NJW 1975, 612 (614).
763 *Triffterer*, NJW 1975, 612 (614); im Ergebnis wohl auch *Weise*, S. 307 f.
764 *Schreiber/Beulke*, JuS 1977, 656 (659 f.).

Verlustgeschäftes wahrscheinlicher ist, als die Aussicht auf Gewinnzuwachs"[765], was nach *Schreiber/Beulke* bedeutet, dass eine Wahrscheinlichkeit von 51 % genüge. Da jedoch gerade eine hohe Wahrscheinlichkeit gefordert wird, könne dieser Ansicht nicht gefolgt werden.[766] Insofern wird hierbei neben den von der Rechtsprechung bereits aufgeführten Vermögensvorteilen eines Klassenerhalts auch auf Vermögensrisiken – wie zum Beispiel Ausfall guter Spieler durch Verletzungen, schlechte Witterungsbedingungen, die sich auf die Zuschauereinnahmen auswirken – abgestellt und im Ergebnis festgestellt, dass „bei so vielen Faktoren die für und gegen einen Gewinn sprechen", die Entscheidung des Überwiegens einer Möglichkeit zum „Lotteriespiel" wird.[767] Nach dieser Ansicht ließe die Fülle an Unsicherheitsfaktoren nur den Schluss zu, dass von einer Aussicht auf Vermögenszuwachs bzw. Exspektanz nicht gesprochen werden könne.[768] Auch die Gefahr der Aufdeckung der Beeinflussung könne hiernach der hohen Wahrscheinlichkeit des Zuwachses entgegenstehen. Die sich hieraus ergebenden Konsequenzen seien ebenfalls zu berücksichtigen.[769] Ein Risiko der Aufdeckung geht in der Regel allerdings nur von unbeteiligten Dritten aus. Nach Ansicht *Paringers*[770] ist dieses Risiko im Fall der Ergebnismanipulation als gering einzustufen, da in diesen Fällen nur ein kleiner Kreis involvierter Personen und gerade kein unbeteiligter Dritter von den Manipulationen Kenntnis erlange. Der Grad der Wahrscheinlichkeit des Vermögenszuwachses könne demnach hierdurch nicht signifikant beeinflusst werden.[771]

Lediglich *Bringewat*[772] kritisiert bereits grundsätzlich die Anwendung der Schadenskompensation. Insbesondere sei der erlangte Vermögensvorteil in Form der Exspektanz nicht zur Kompensation geeignet, da diese unredlich erlangt worden sei.[773] Ein Nachteil dürfe nach dieser Ansicht niemals durch den Erfolg einer groben Unredlichkeit, die mit der Untreuehandlung verbunden ist, aufgewogen werden.[774] Eine Kompensation des Vermögensnachteils ist nach dieser Ansicht in Fällen der Ergebnismanipulation damit generell ausgeschlossen.

---

765 BGH NJW 1975, 1234 (1236).
766 *Schreiber/Beulke*, JuS 1977, 656 (660).
767 *Schreiber/Beulke*, JuS 1977, 656 (660).
768 *Schreiber/Beulke*, JuS 1977, 656 (660).
769 Vgl. *Schreiber/Beulke*, JuS 1977, 656 (660).
770 Vgl. *Paringer*, S. 119 f. zur rechtlichen Bewertung des Bundesligaskandals 1970/71.
771 *Paringer*, S. 120.
772 *Bringewat*, JZ 1977, 667 (670 ff.).
773 *Bringewat*, JZ 1977, 667 (672).
774 *Bringewat*, JZ 1977, 667 (672) unter Verweis auf RGSt 71, 344 (346).

Im Hinblick auf die Subsumtion der hierzu vertretenen und dargestellten Ansichten unter die in Rede stehende Fallgruppe der Schiedsrichterbeeinflussung durch Vereinsfunktionäre ist zwischen Spielen im Rahmen einer Punktrunde (also im Ligabetrieb) und Pokalspielen in Form der sog. „K.O.-Runde“ zu differenzieren:

Hinsichtlich solcher Spiele die im Rahmen einer Punktrunde zu absolvieren sind, herrscht insoweit unter den vertretenen Ansichten zumindest dahingehend Einigkeit (zumindest dürfte auch so die Rechtsprechung zu verstehen sein, die sich mit dieser Fallkonstellation nicht ausdrücklich auseinander setzen musste), dass die Manipulation solcher Spiele, die nicht unmittelbar zur Sicherung des Klassenerhalts führen – also insbesondere Spiele am Anfang einer Punktrunde – mangels hinreichend sicherer Wahrscheinlichkeit des Klassenerhalts keine Schadenskompensation herbeiführen und damit ein Vermögensschaden in Betracht kommt. Im Rahmen solcher Ergebnismanipulationen, die unmittelbar einen drohenden Abstieg in die tiefere Spielklasse verhindern, scheidet eine Schadenskompensation lediglich nach der Ansicht *Bringewats* aus. Nach den anderen vertretenen Ansichten ist dies jedoch bezüglich der Beurteilung der Wahrscheinlichkeit des Gewinnzuwachses eine Entscheidung im Einzelfall.

Bei Manipulation von Pokalspielen kann die Beurteilung der Höhe der Wahrscheinlichkeit hingegen deutlich klarer getroffen werden. So schreibt der veranstaltende Verband bei Erreichen der nächsten Pokalrunde oder des Gesamtsiegs – wie zum Beispiel für den Sieg der Champions League im dargestellten Sachverhalt, aber auch im Hinblick von Begegnungen des DFB-Pokals[775] – eine Prämie aus. Der Vermögenszuwachs hängt daher nicht von weiteren, unsicheren Faktoren ab, sondern kann unmittelbar durch die Manipulation bewirkt werden. Insofern ist eine Kompensation des Vermögensnachteils lediglich nach Ansicht *Bringewats* auch in diesen Fällen wegen der unredlichen Weise der Erlangung von vornherein auszuschließen. Nach Ansicht von *Schreiber/Beulke* wäre jedoch die Gefahr der Aufdeckung im Hinblick auf die mögliche Schadenskompensation zu berücksichtigen.

Zusammenfassend ist festzuhalten, dass die Strafbarkeit des Vereinsfunktionärs nach Ansicht in Rechtsprechung und Lehre nicht einheitlich beurteilt wird, so dass – je nach gefolgter Ansicht – ein Vermögensnachteil und damit das Vorliegen einer Untreuestrafbarkeit anzunehmen sein kann oder jedoch von einer Schadenskompensation und einem Entfallen des objektiven Tatbestandes des § 266 StGB ausgegangen werden kann. Eine Schadenskompensation scheidet

---

775 Vgl. oben unter: 2. Kapitel A. II.1. a) bb).

nach allgemeiner Ansicht dann aus, wenn die Manipulation nicht unmittelbar zur Verhinderung des Klassenerhalts führt.

In der eingangs geschilderten Fallkonstellation hatte das Landgericht Kiel über die Frage des Vorliegens eines Vermögensnachteils im Sinne des § 266 StGB nicht zu entscheiden. Insofern ließ sich nämlich im Rahmen der Hauptverhandlung nicht aufklären, welchem tatsächlichen Zweck die nach Kroatien transferierten Gelder in Höhe von 92.000,– EUR dienen sollten, so dass eine Strafbarkeit bereits an der Feststellung eines pflichtwidrigen Verhaltens scheiterte.[776]

dd) Bestechung durch den Vereinsfunktionär gemäß § 299 Abs. 2 StGB

Wie bereits dargestellt, sind die Schiedsrichter als Beauftragte des spielveranstaltenden Verbandes und damit als Beauftragte eines geschäftlichen Betriebes im Sinne von § 299 StGB anzusehen.[777] Die Leitung eines Spiels diene nach Ansicht *Kracks*[778] jedoch gerade nicht der Förderung der geschäftlichen Zwecke des Verbandes, so dass sich die vorliegend getroffene Unrechtsvereinbarung nicht auf eine Tätigkeit des Schiedsrichters „im geschäftlichen Verkehr" beziehe. Jedenfalls scheitert die Anwendung des § 299 StGB auf sportliche Wettbewerbe an dem fehlenden „Bezug von Waren oder gewerblichen Leistungen". Insofern kommt eine Strafbarkeit des Schiedsrichters aus § 299 Abs. 2 StGB nach ganz herrschender Ansicht vorliegend nicht in Betracht.[779]

Das Landgericht Kiel hat in dem in Rede stehenden Verfahren allerdings die Anwendbarkeit des § 299 Abs. 2 StGB grundsätzlich in Betracht gezogen und insoweit die Angeklagten aus tatsächlichen Gründen freigesprochen.[780] Nach den Feststellungen der Hauptverhandlung sei es insofern nämlich nicht zu einer Kontaktaufnahme des Nenad Volarevic mit den Schiedsrichtern der Finalbegegnung gekommen.[781]

Vor dem Hintergrund der zuvor dargelegten und insoweit auch überzeugenden herrschenden Auffassung in der Literatur ist die Ansicht des Landgerichts Kiel insofern äußerst überraschend.[782]

---

776 LG Kiel, Urteil vom 26. Januar 2012, Az.: 5 KLs 1/10.

777 Vgl. oben unter: 2. Kapitel A. II. 1. a) gg).

778 *Krack*, ZIS 2011, 475 (478).

779 Schönke/Schröder – *Heine/Eisele*, § 299, Rn. 9a; *Paringer*, S. 241 f.; *Schattmann*, S. 107; *Wolters/Schmitz*, in: Nolte/Horst, Kap. H, S. 272 f.; *Krack*, ZIS 2011, 475 (481).

780 LG Kiel, Urteil vom 26. Januar 2012, Az.: 5 KLs 1/10.

781 LG Kiel, Urteil vom 26. Januar 2012, Az.: 5 KLs 1/10.

782 So auch *Krack*, ZIS 2011, 475 (475) bezogen auf die Entscheidung im Zwischenverfahren.

2. Zwischenergebnis

Hinsichtlich der Strafbarkeit der Spielmanipulation durch die Beeinflussung des Schiedsrichters kommt – wie auch im Rahmen der Sachverhaltsvariante der Beeinflussung des Schiedsrichters durch Wettspieler[783] – ein Betrug zum Nachteil des DFB bzw. der DFL als Auftraggeber in Höhe der Vergütungszahlung in Betracht. Dies ist jedoch – wie dargestellt – innerhalb der Literatur umstritten. Sofern die Leistung durch den Vereinsfunktionär an den Schiedsrichter vom Manipulationserfolg abhängig ist, kann darüber hinaus auch eine Strafbarkeit nach § 263 StGB zum Nachteil des benachteiligten Vereins vorliegen. Dies gilt allerdings nur dann, wenn die Benachteiligung unmittelbar zum Abstieg in die untere Spielklasse oder zum Ausscheiden in einem Pokalwettbewerb geführt hat.

Bei Annahme einer Strafbarkeit des Schiedsrichters nach § 263 StGB, hätte sich der beeinflussende Vereinsfunktionär der Anstiftung hierzu strafbar gemacht. Hinsichtlich der Strafbarkeit des Vereinsfunktionärs nach § 266 StGB zum Nachteil des eigenen Vereins kommen die Ansichten in Rechtsprechung und Literatur zu unterschiedlichen Ergebnissen, so dass je nach Argumentation im Einzelfall von einer Schadenskompensation (und damit dem Wegfall eines Vermögensnachteils) bzw. vom Vorliegen eines Vermögensnachteils ausgegangen werden kann. Eine einheitliche Beurteilung der Strafbarkeit ist daher auch im Rahmen dieser Fallvariante nicht möglich.

III. Effektivität der Prävention von Wirtschaftskriminalität

Auch in diesem Zusammenhang ist nachfolgend darzulegen, ob die geltenden Normen einer effektiven Prävention von Wirtschaftskriminalität dienen.

1. Effektivität bezogen auf natürliche Personen (Strafrecht)

Die strafrechtliche Bewertung der Sachverhaltsvariante hat zum einen deutlich gemacht, dass eine einheitliche strafrechtliche Bewertung des Verhaltens der Schiedsrichter und Vereinsfunktionäre in Rechtsprechung und Literatur nicht vorliegt. Je nach Argumentation reichen auch hier die Ergebnisse von einer Straflosigkeit bis hin zur Erfüllung des Betruges bzw. der Anstiftung hierzu und der Untreue in mehreren Fällen.

Zum anderen führt das zwingende Erfordernis eines Vermögensschadens des benachteiligten Vereins im Rahmen der Strafbarkeit nach § 263 StGB bzw.

783 Vgl. oben unter: 2. Kapitel A. II.1. a) aa).

eines Vermögensnachteils des bevorzugten Vereins hinsichtlich der Strafbarkeit nach § 266 StGB zu dem Ergebnis, dass der Unrechtskern der Manipulation auf der Beeinträchtigung fremden Vermögens liegt und gerade nicht in der Verletzung des Wettbewerbs im Profisport. Die Manipulationsvereinbarungen der Beteiligten wären daher straflos, sofern die Verletzung fremder Vermögensinteressen ausgeschlossen werden kann. Dies wäre zum Beispiel dann der Fall, wenn der Vereinsfunktionär bereits zu Beginn einer Saison durch Beeinflussung des Schiedsrichters für die zum Klassenerhalt erforderlichen Punkte sorgt. Ein Betrug zum Nachteil der benachteiligten Vereine kommt mangels Vermögensschadens nicht in Betracht.

Umgekehrt kommt zwar gerade aus diesem Grund eine Strafbarkeit des Vereinsfunktionärs wegen Untreue in Betracht, da der Vermögensnachteil zu Beginn der Saison nach allgemeiner Ansicht nicht durch die Erlangung von Exspektanzen zu kompensieren ist. Allerdings kann eine Strafbarkeit nach § 266 StGB insofern umgangen werden, indem die Zahlungen an den Schiedsrichter aus dem Privatvermögen des Vereinsfunktionärs oder einer anderen natürlichen Person geleistet werden.[784] In diesem Fall würde die Manipulation durch den Schiedsrichter keinen Straftatbestand erfüllen.

Die geltenden Strafnormen sind daher nicht in jedem Fall geeignet, die Manipulation von Wettkampfergebnissen durch den Schiedsrichter aufgrund einer Beeinflussung durch Vereinsfunktionäre zu erfassen. Für Vereinsfunktionäre und Schiedsrichter besteht – bei entsprechender Gestaltung des Vorgehens – durchaus (nach ganz allgemeiner Ansicht) die Möglichkeit zur Manipulation von Fußballbegegnungen, ohne einen Straftatbestand zu erfüllen.

2. *Effektivität bezogen auf juristische Personen („Innensteuerung“)*

Im Hinblick auf die Prävention von Wirtschaftskriminalität durch „Innensteuerung“ ist hinsichtlich der in Rede stehenden Sachverhaltsvariante zum einen auf Maßnahmen des DFB bzw. der DFL als Auftraggeber der Schiedsrichter abzustellen. Zum anderen sind die Verpflichtungen der Vereine zur Verhinderung der Begehung von Straftaten durch ihre Funktionäre in Betracht zu ziehen.

Wie zuvor umfassend dargestellt, unterliegen sowohl der DFB und die DFL als auch die Fußballvereine – insbesondere auch die als Kapitalgesellschaften ausgegliederten Lizenzspielerabteilungen – den Überwachungspflichten der

784 Vgl. *Krack*, ZIS 2011, 475 (481).

§§ 9, 30, 130 OWiG.[785] Auch die Unterlassensstrafbarkeit des Vorstandes aufgrund von Organisationsmängeln kann hierbei in Betracht gezogen werden.

Die geltenden Überwachungspflichten und Haftungstatbestände aus §§ 91, 93 AktG und § 43 GmbHG treffen insoweit jedoch gerade nicht den Vereinsvorstand und sind damit nicht auf den DFB und solche Vereine anwendbar, die ihre Lizenzspielerabteilungen bislang noch nicht ausgegliedert haben. Dies ist gerade nur für Kapitalgesellschaften der Fall.

Im Hinblick auf die Effektivität der Normen, die der Korruptionsprävention durch „Innensteuerung“ dienen, kann vollumfänglich auf die Ausführungen zu den Sachverhaltskonstellationen der Beeinflussung von Schiedsrichtern und Spielern durch Wettspieler verwiesen werden.[786]

Wie festgestellt, bestehen für den Vereinsvorstand keine zivilrechtlichen Haftungsrisiken bei Verletzung der Aufsichts- und Überwachungspflichten. Da jedoch auch die Normen des OWiG auf Vereine anwendbar sind, sollten Compliance-Maßnahmen sowohl durch den DFB als auch durch die Vereine, die ihre Lizenzspielerabteilung bislang noch nicht ausgegliedert haben, dennoch eingeführt werden.

IV. Maßnahmen zur effektiven Prävention von Wirtschaftskriminalität

Nachfolgend sind die in Betracht kommenden Maßnahmen zur Steigerung der Effektivität der Prävention von Wirtschaftskriminalität darzustellen. Auch hierbei ist wiederum zwischen Maßnahmen des Gesetzgebers, des DFB als rechtssetzendem Verband und Auftraggeber der Schiedsrichter sowie der Vereine als Arbeitgeber der Vereinsfunktionäre zu differenzieren. Der vorgeschlagene Maßnahmenkatalog kombiniert (aufgrund der aktiven Beteiligung von Schiedsrichtern als DFB-Beauftragten und Vereinsfunktionären als Angestellten) die zur Beeinflussung von Schiedsrichtern und Spielern durch Wettspieler bereits angeführten Vorschläge zur Effektivitätssteigerung.

1. Maßnahmen des Gesetzgebers

Im Hinblick auf die möglichen – durch den Gesetzgeber zu ergreifenden – Maßnahmen kommen vorliegend die bereits zur Bekämpfung der Beeinflussung von

785 Vgl. oben unter: 2. Kapitel A. III. 2. und 2. Kapitel B. III. 2.

786 Vgl. oben unter: 2. Kapitel A. III. 2. und 2. Kapitel B. III. 2.

Schiedsrichtern und Spielern durch Wettspieler angeführten Möglichkeiten in Betracht.

a) Strafrecht

Insbesondere auf die Erhöhung der Abschreckungswirkung und der Entdeckungswahrscheinlichkeit kann maßgeblich durch strafrechtliche Normen eingewirkt werden.

Entsprechend der obigen Darstellung setzt die Strafbarkeit von Schiedsrichtern und Vereinsfunktionären im Rahmen der in Rede stehenden Sachverhaltsvariante das Vorliegen der Verletzung von Vermögensinteressen voraus. Dies hat zur Folge, dass eine Strafbarkeit unter gewissen Umständen trotz vereinbarter Manipulation von Fußballspielen durch Schiedsrichter nicht in Betracht kommt.

Der dargestellte Vorschlag der Einführung eines eigenen Straftatbestandes der „Bestechlichkeit und Bestechung im Sport“[787] kommt daher auch in dieser Fallkonstellation als Maßnahme zur Steigerung der Effektivität der Prävention von Wirtschaftskriminalität in Betracht.[788]

Den konkreten Vorschlägen für die Einführung eines entsprechenden Gesetzes folgend, ist bereits die Manipulationsvereinbarung als solche strafbar – ohne die Verletzung von Vermögensinteressen hierbei unmittelbar als Tatbestandsmerkmal vorauszusetzen. Insofern käme es bei Einführung eines entsprechenden Straftatbestandes nicht mehr auf das Vorliegen eines Vermögensschadens für den benachteiligten Verein bzw. eines Vermögensnachteils für den eigenen Verein an (dies entspräche gerade nicht dem zu schützenden Rechtsgut der Wettbewerbsfreiheit im Profisport), so dass insbesondere auch privat finanzierte Manipulationen von Begegnungen zu Anfang einer Spielzeit durch Schiedsrichter strafbar wären. Die bereits festgestellten bestehenden Strafbarkeitslücken könnten daher durch Einführung eines eigenen Straftatbestandes geschlossen und somit die Abschreckungswirkung der Manipulation von Wettkampfergebnissen erhöht werden.

In Kombination mit der Einführung eines eigenen Straftatbestandes der „Bestechlichkeit und Bestechung im Sport“ könnten – wie bereits zuvor hinsichtlich anderer Sachverhaltsvarianten dargestellt[789] – die Telefonüberwachung nach § 100a StPO und die Kronzeugenregelung nach § 46b StGB als Maßnahmen zur

---

787 Vgl. oben unter: 2. Kapitel A. IV. 1. a) aa).

788 [776] Wie zuvor dargelegt, ist dies mit der Einführung der §§ 265c, 265d StGB zwischenzeitlich geschehen.

789 Vgl. oben unter: 2. Kapitel A. IV. 1. a) und 2. Kapitel B. IV. 1. a).

Intensivierung und Verbesserung der Strafverfolgung auch im Rahmen dieser Sachverhaltsvariante effektiver eingesetzt werden und so die Entdeckungswahrscheinlichkeit und damit die Abschreckungswirkung weiter gesteigert werden.

b) „Innensteuerung" – Reform des Vereinsrechts

Im Hinblick einer bereits vorgeschlagenen Reform des Vereinsrechts zur Verbesserung der „Innensteuerung" durch die Vereine ist auf die oben bereits angeführten Vorschläge zu verweisen.[790]

2. Maßnahmen des DFB als rechtsetzendem Verband

Wie bereits dargestellt[791], hat der DFB mit der Einführung des Straftatbestandes der „Spielmanipulation" nach § 6a RuVO eine entsprechende Strafnorm geschaffen, um die unlautere Einflussnahme von Schiedsrichtern und Funktionären auf den sportlichen Wettbewerb ahnden zu können. Zu untersuchen ist daher nachfolgend, ob die geltenden Vorschriften eine effektive Prävention von Spielmanipulationen im Hinblick auf Vereinsfunktionäre und deren Mitgliedsvereine gewährleisten können bzw. ob diese im Hinblick auf eine Effizienzsteigerung modifiziert werden sollten. Die Bestrafung der Schiedsrichter ist durch den DFB wiederum im Rahmen der Innensteuerung zu regeln.

a) Bestrafung der beteiligten Vereinsfunktionäre durch den DFB

Dem DFB steht zur Bestrafung von Tätern im Sinne des § 6a RuVO über den Verweis in § 6a Nr. 2 RuVO auf § 1 Nr. 4 RuVO der Maßnahmenkatalog des § 44 DFB-Satzung zur Verfügung.

Als empfindliche und offensichtlich einzige Maßnahmen für die Bestrafung von manipulierenden Funktionären kommt hierbei nach § 44 Nr. 2 lit. e) DFB-Satzung das Verbot auf Zeit (längstens drei Jahre) oder Dauer in Betracht, ein Amt in Vereinen oder Kapitalgesellschaften zu bekleiden. Eine Geldstrafe ist insoweit ausdrücklich nur für Spieler vorgesehen.

Aufgrund der durchaus intensiven Strafandrohung für Vereinsfunktionäre erscheint die Norm des § 6a RuVO durchaus geeignet, eine abschreckende Wirkung im Hinblick auf die Bekämpfung der Spielmanipulation zu entfalten.

---

790 Vgl. oben unter: 2. Kapitel A. IV. 1. b) und 2. Kapitel B IV. 1. b).

791 Vgl. oben unter: 2. Kapitel A. IV. 2. a) aa).

b) Bestrafung der Mitgliedsvereine durch den DFB

Anders als bei der Beeinflussung eines Spielers durch Dritte, kommt in der in Rede stehenden Fallkonstellation die Anwendung des § 7 Nr. 1 lit. j) RuVO in Betracht. Hierbei handelt es sich um einen Grundtatbestand, der die Strafandrohung des § 44 DFB-Satzung konkretisiert und der Grundentscheidung in der Satzung „Leben und Farbe“[792] verleiht.

Adressaten der Norm sind insoweit solche Personen, die eine Funktion im Verband bzw. Verein mit einer darauf zurückzuführenden Entscheidungsbefugnis innehaben.[793] Erfasst sind daher insbesondere auch Vereinsfunktionäre, so dass der Anwendungsbereich der Norm erfüllt ist.

Die Tathandlung im Sinne des § 7 Nr. 1 lit. j) RuVO besteht in der Annahme eines (geldwerten) Vorteils als Gegenleistung für eine Handlung oder ein Unterlassen.[794] Die Norm spricht insoweit lediglich von einer „aktiven“ oder „passiven Bestechung“. Sofern der Vereinsfunktionär daher dem Schiedsrichter einer anstehenden Partie einen geldwerten Vorteil zukommen lässt, um diesen zur Spielmanipulation zu bewegen, ist hierin unzweifelhaft eine aktive Bestechung des Vereinsfunktionärs zu sehen.

Ist der Tatbestand des § 7 Nr. 1 lit. j) RuVO erfüllt, kann diese Tathandlung mit einer Strafe für den Mitgliedsverein (oder dessen Tochtergesellschaft) in Höhe von bis zu 250.000,– EUR geahndet werden. Insbesondere über die Norm des § 7 Nr. 4 RuVO können schwerwiegende Verstöße von Vereinen auch weitaus drastischere Folgen nach sich ziehen. Die Norm des § 7 Nr. 4 RuVO bestimmt insoweit, dass bei Vergehen, die mit einer höheren Geldstrafe als 2.500,– EUR bedroht sind (was in Anbetracht der Strafandrohung von 250.000,– EUR ohne Weiteres gegeben ist), in schwerwiegenden Fällen an Stelle oder neben der Geldstrafe eine weitergehende Strafe nach § 44 DFB-Satzung verhängt werden kann. Gleiches gilt in Wiederholungsfällen und in Fällen der Tatmehrheit. Als weitergehende Strafe im Sinne der Norm kommen vor allem der Ausschluss von der Nutzung der Einrichtung des DFB einschließlich Lizenzentzug nach § 44 Nr. lit. h) DFB-Satzung, die Platzsperre oder Spielaustragung unter Ausschluss der Öffentlichkeit nach § 44 Nr. 2 lit. k) DFB-Satzung, die Aberkennung von Punkten nach § 44 Nr. 2 lit. l) DFB-Satzung oder die Versetzung in einer tiefere Spielklasse nach § 44 Nr. 2 lit. m) DFB-Satzung in Betracht.

792 *Hilpert*, § 7 RuVO, Rn. 53.
793 *Hilpert*, § 7 RuVO, Rn. 54.
794 *Hilpert*, § 7 RuVO, Rn. 54.

Angesichts der weitreichenden Folgen für den Verein sind die geltenden sportstrafrechtlichen Normen durchaus als geeignet anzusehen, um eine präventive Wirkung zu entfalten und die Vereine anzuhalten, entsprechende Überwachungsmaßahmen zu treffen.

Die oben bereits vorgeschlagene Einführung eines neuen (Sport)Straftatbestandes[795] wäre insofern grundsätzlich nicht mehr erforderlich, sollte aber in Anbetracht des engen Anwendungsbereichs des § 7 RuVO dennoch in Betracht gezogen werden. Wie zuvor dargestellt, kann die Strafnorm des § 7 RuVO nämlich gerade nicht angewendet werden, wenn ein Dritter auf die Spieler des eigenen Vereines Einfluss nimmt und diese hierdurch Manipulationshandlungen vornehmen oder wenn ein Spieler des eigenen Vereines einen Spieler der gegnerischen Mannschaft zur Ergebnismanipulation beeinflusst. Auch in diesen Fällen ist eine Verantwortung des Vereins, entsprechendes Verhalten der eigenen Spieler zu verhindern, durchaus anzuerkennen. Ein Verstoß gegen diese Organisationspflicht sollte daher sportstrafrechtlich (im Umfang des zuvor vorgeschlagenen Straftatbestandes) zu ahnden sein.

3. *Maßnahmen des DFB / der DFL im Rahmen der „Innensteuerung"*

Im Hinblick auf durch den DFB bzw. die DFL zu ergreifende Maßnahmen zur Innensteuerung kommen solche in Betracht, die bereits hinsichtlich der Fallvariante der Beeinflussung von Schiedsrichtern durch Wettspieler aufgeführt wurden. Insofern kann mit Ausnahme der Einführung eines Frühwarnsystems vollumfänglich auf die bereits dargestellten Maßnahmen zum „Hoyzer-Fall" verwiesen werden.[796] Die im Hinblick auf die Beeinflussung von Schiedsrichtern durch Wettspieler vorgeschlagene Maßnahme der Einrichtung eines Frühwarnsystems[797] ist hingegen im Rahmen der hier zugrunde liegenden Fallvariante nicht effektiv, da die Manipulation durch den Vereinsfunktionär gerade nicht der Erzielung eines Wettgewinns dient und insofern über den Verlauf der Wettkurven nicht indiziert werden kann. Die Sinnhaftigkeit der möglichst kurzfristigen Schiedsrichteransetzung kann dabei an dem zugrunde liegenden Sachverhalt verdeutlicht werden: In diesem Fall wurde die Schiedsrichteransetzungen den Vereinen bereits zwei Wochen vor dem Spiel bekannt gegeben.[798] Auch wenn eine Manipulationshandlung in diesem Fall tatsächlich nicht vorgenommen

795 Vgl. oben unter: 2. Kapitel B. IV. 2. b).
796 Vgl. oben unter: 2. Kapitel A. IV. 2.
797 Vgl. oben unter: 2. Kapitel A. IV. 2. b) cc).
798 LG Kiel, Urteil vom 26. Januar 2012, Az.: 5 KLs 1/10.

wurde, so lässt sich dies gerade nicht für die Zukunft ausschließen. Die kurzfristige Ansetzung von Schiedsrichtern kann eine solche Manipulationshandlung insofern erheblich erschweren. Eine gegenteilige Notwendigkeit der frühen Ansetzung ist insoweit auch nicht ersichtlich.

4. Maßnahmen der Vereine

Parallel zu den durch den DFB bzw. die DFL zu ergreifenden Maßnahmen, können auch die Vereine durch Implementierung von Compliance-Maßnahmen positiv auf die Prävention der Beeinflussung von Schiedsrichtern durch ihre Funktionäre einwirken.

Insofern kann an dieser Stelle vollumfänglich auf die bereits dargelegten und vorgeschlagenen Maßnahmen zur Prävention der Beeinflussung von Spielern und Trainern verwiesen werden[799], da diese Maßnahmen ebenso für die eigenen Funktionäre eine effektive Prävention bewirken können. Insbesondere ist in diesem Zusammenhang auch auf die Aufnahme einer Vertragsstrafenregelung im Anstellungsvertrag hinzuweisen.[800]

V. Zwischenergebnis

Im Hinblick auf die Prävention im Bereich der Beeinflussung von Schiedsrichtern durch Vereinsfunktionäre ist somit Folgendes festzuhalten:

Im Handlungsbereich des Gesetzgebers kommen mit der Einführung eines Straftatbestandes sowie der Aufnahme dieses Tatbestandes in den Katalog des § 100a StPO grundsätzlich dieselben Maßnahmen in Betracht, um eine Steigerung der Effektivität der Prävention von Wirtschaftskriminalität im Sport herbeizuführen wie auch schon im Bereich der Beeinflussung von Schiedsrichtern und Spielern durch Dritte. Lediglich eine Regulierung des Wettmarktes stellt in diesem Zusammenhang denknotwendig keine effektive Maßnahme dar.

Durch die Einführung des § 6a RuVO und die Norm des § 7 Nr. 1 lit. j), Nr. 4 RuVO hat der DFB insbesondere Straftatbestände geschaffen, die durchaus eine Abschreckungswirkung bewirken und insofern zur Prävention beitragen.

Die hier vorgeschlagenen Maßnahmen sind nicht auf den Fußballsport beschränkt und sollten von jedem anderen Sportverband ebenfalls zwingend eingeführt werden, soweit dies noch nicht geschehen ist. Insbesondere die

799 Vgl. oben unter: 2. Kapitel B. IV. 3.
800 Vgl. oben unter: 2. Kapitel B. IV. 3. d) aa).

sportstrafrechtlich drohenden Strafen für Vereine und Funktionäre sind hierbei als abschreckende Maßnahmen zu erwägen.

Weiterhin stehen dem DFB als Auftraggeber der Schiedsrichter sowie den Vereinen als Arbeitgeber der Funktionäre weitere Möglichkeiten der Sensibilisierung und Identifizierung durch Ethikrichtlinien, Schulungen und Hinweisgeberstellen zur Verfügung. Auch hier kann die Abschreckungswirkung durch Aufnahme von Vertragsstrafen durch die Vereine positiv beeinflusst werden.

Auch diese Maßnahmen sind nicht auf die Eigenarten des Fußballsports beschränkt und können durch jeden Sportverein unmittelbar übernommen werden.

D. Beeinflussung von Spielern und Trainern durch Vereinsfunktionäre

Zuletzt ist im Rahmen der Ergebnismanipulation noch die Fallgruppe der Manipulation von Spielern und Trainern durch Beeinflussung von Vereinsfunktionären zu prüfen.

Der hierbei bekannteste Fall aus dem deutschen Profifußball ereignete sich bereits in der Bundesligasaison 1970/71 und ging als „Bundesligaskandal 1970/71", der nachfolgend stark verkürzt darzustellen ist, in die Sportgeschichte ein.

I. Phänomenologie

Zum Ende der Bundesligasaison 1970/71 befanden sich die Mannschaften der Kickers Offenbach, Rot-Weiß Oberhausen, Eintracht Frankfurt und Arminia Bielefeld im Kampf um den Abstieg aus der 1. Bundesliga. Der drohende Abstieg verleitete die Vereinsfunktionäre dazu, Spieler anderer Vereine – vornehmlich solche, für die es zum Saisonende weder um den Abstieg noch um den Gewinn der Meisterschaft ging[801] – mittels Geldzahlung zur Manipulation der Ergebnisse zu bewegen. Insgesamt wurden von den 72 Spielen der letzten acht Spieltage 18 Spiele durch die Zahlung von Verlust- und Siegprämien manipuliert bzw. versucht zu manipulieren.[802]

Exemplarisch für die Vorgehensweise der Vereinsfunktionäre und Spieler dient hierbei die als sog. „Geldspiel"[803] benannte Partie zwischen dem FC Schalke

801 Der Spiegel 18/1972, „Boss, wir müssen Spiele kaufen", S. 122.

802 Der Spiegel 18/1972, „Boss, wir müssen Spiele kaufen", S. 122.

803 Spiegel-Online vom 23. Januar 2005, „Der Bundesliga-Skandal von 1971"(abrufbar unter: http://www.spiegel.de/sport/fussball/0,1518,338187,00.html; zuletzt abgerufen am 3. Juli 2023).

04 und Arminia Bielefeld am 17. April 1971: Der Bielefelder Spieler Waldemar Slomiany, der in der Saison zuvor noch für den FC Schalke 04 spielte, stellte im Auftrag seiner Vereinsvorsitzenden den Kontakt zu den Spielern des FC Schalke 04 her und vereinbarte in einer geheimen Absprache mit acht Schalker Spielern die Manipulation der anstehenden Begegnungen der Vereine. Kurz vor dem Spiel brachte Slomiany den Schalker Spielern 40.000,– DM in Bar und übergab sie an den Schalker-Ersatzmann Klaus Senger. Das Spiel endete aus Schalker Sicht absprachegemäß mit 0:1 für die Gäste aus Bielefeld.[804]

Am letzten Spieltag der Saison konnte sich Arminia Bielefeld den Klassenerhalt durch die Beeinflussung der letzten Begegnung sichern. Leidtragender waren die Kickers Offenbach, die nach einer Niederlage in Köln mit 2:4 absteigen mussten. Vor dem letzten Spieltag stellte sich die Tabellensituation der drei Mannschaften der maßgeblich beeinflussenden Vereinsfunktionäre wie folgt dar:

Neben dem bereits sicher abgestiegenen Verein Rot-Weiss Essen trennten Rot-Weiß Oberhausen, Arminia Bielefeld und Kickers Offenbach lediglich ein Punkt und eine Tordifferenz von maximal sechs Toren. Rot-Weiß Oberhausen musste am letzten Spieltag bei Eintracht Braunschweig antreten. Arminia Bielefeld spielte bei Hertha BSC Berlin und die Kickers Offenbach mussten beim 1. FC Köln antreten.

Vor diesen drei Begegnungen erhielten die Offenbacher Vereinsfunktionäre zunächst einen Anruf von Kölns Torhüter Manglitz. Dieser teilte mit, dass er von einer Manipulation der Berliner Spieler zugunsten von Arminia Bielefeld wisse und bot an, dass Offenbach gegen Zahlung in Höhe von 100.000,– DM auch in Köln gewinnen könne.[805] Kurz darauf meldeten sich die Berliner Spieler Patzke und Wild und machten das Angebot gegen Zahlung von 120.000,– DM das Spiel gegen Bielefeld nicht absichtlich verlieren zu werden.[806] Der Präsident der Offenbacher Kickers, Horst-Gregorio Canellas, entschloss sich, auf die eingegangenen Angebote zum Schein einzugehen und den entsprechenden Spielern eine Falle zu stellen. Hierzu zeichnete er die folgenden telefonischen Verhandlungen auf Tonband auf.[807] Eine Aufklärung durch den DFB vor den Begegnungen erfolgte jedoch nicht.

---

804 Vgl. ausführlicher zu dieser Begegnung: Der Spiegel 19/1972, „Boss, wir müssen Spiele kaufen“, S. 131.

805 Der Spiegel 18/1972, „Boss, wir müssen Spiele kaufen“, S. 129.

806 Der Spiegel 18/1972, „Boss, wir müssen Spiele kaufen“, S. 132.

807 Der Spiegel 18/1972, „Boss, wir müssen Spiele kaufen“, S. 132.

Da Canellas die mit dem Kölner Manglitz abgesprochene Geldzahlung vor dem Spiel nicht leistete, verlor Offenbach in Köln mit 2:4.[808]

Auch die mit den Berliner Spielern Wild und Patzke letztendlich vereinbarte Zahlung über 140.000,– DM erfolgte nicht. Vielmehr zahlten die Verantwortlichen von Arminia Bielefeld insgesamt 250.000,– DM an die Berliner Spieler aus und konnten in Berlin mit 1:0 gewinnen.[809]

In Braunschweig endete das Spiel mit 1:1, so dass Offenbach als Absteiger feststand.

II. Strafrechtliche Würdigung

Hinsichtlich der strafrechtlichen Würdigung ist angesichts des dargelegten Sachverhaltes auch im Rahmen dieser Fallkonstellation zwischen der Zahlung von Verlust- und dem Gewähren von Siegprämien zu unterscheiden.

Zwar wurden von den 18 Spielen der Bundesligasaison 1970/71, die einen Manipulationshintergrund aufwiesen, nur ein Teil exemplarisch dargestellt, jedoch bestehen im Hinblick auf die weiteren Manipulationen keine wesentlichen Unterschiede, so dass die nachfolgenden Ausführungen für die gesamten Manipulationsfälle des Bundesligaskandals gelten.

Vor den Strafgerichten kam es fast ausschließlich zu Anklagen wegen falscher uneidlicher Aussage und Meineids. Gegen die Bielefelder Verantwortlichen wurde zwar auch Anklage wegen Untreue erhoben, ein erstinstanzliches Urteil jedoch in der Rechtsmittelinstanz wieder aufgehoben.[810]

1. Strafrechtliche Einordnung des Täterverhaltens

Nachfolgend ist das Verhalten der beteiligten Spieler und Funktionäre strafrechtlich zu beurteilen.

a) Strafbarkeit der Spieler wegen Annahme einer Verlustprämie

Zunächst ist darzustellen, wie sich die Annahme einer Verlustprämie durch die Spieler strafrechtlich auswirken kann.

808 Der Spiegel 18/1972, „Boss, wir müssen Spiele kaufen“, S. 134.

809 Der Spiegel 18/1972, „Boss, wir müssen Spiele kaufen“, S. 134; Der Spiegel 19/1972, „Boss, wir müssen Spiele kaufen“, S. 124.

810 BGH NJW 1975, 1234 (1234).

aa) Betrug der Spieler gemäß § 263 StGB zum Nachteil des eigenen Vereins

Zunächst kommt hier ebenfalls die Strafbarkeit der Spieler wegen Betruges zum Nachteil des eigenen Vereins in Betracht. Hierbei kann auf die obige Prüfung zur Fallkonstellation der Beeinflussung von Spielern durch Dritte verwiesen werden.[811]

Insofern ist wiederum lediglich auf die Fallkonstellation abzustellen, dass eine Beeinflussung während des laufenden Arbeitsvertrages erfolgt. Der herrschenden Ansicht folgend, ist eine Täuschung in der Spielhandlung selbst zu sehen.[812] Hierdurch entsteht beim Verein die Fehlvorstellung, dass das Spiel trotz optimalem Einsatz und unter regulären Wettkampfbedingungen verloren wurde.[813]

Wie dargestellt, ist das Vorliegen einer Vermögensverfügung nach Ansicht von *Schattmann*[814] abzulehnen. Nach Ansicht *Triffterers* und *Paringers* ist die vermögensmindernde Verfügung allerdings darin zu sehen, dass der Verein es irrtumsbedingt unterlässt, gegen den jeweiligen Spieler Ersatzansprüche wegen vertragswidrigen Verhaltens geltend zu machen.[815] Das Vorliegen einer Strafbarkeit läge nach Ansicht *Triffterers* und *Paringers* damit vor.

bb) Betrug der Spieler gemäß § 263 StGB gegenüber dem veranstaltenden Verband zum Nachteil des konkurrierenden Vereins

Ferner kommt die Strafbarkeit der Spieler wegen Betruges nach § 263 StGB gegenüber dem veranstaltenden Verband zum Nachteil des konkurrierenden Vereins in Betracht.

Sofern – wie bereits zur Fallkonstellation der Beeinflussung von Spielern durch Dritte dargestellt[816] – mit der herrschenden Ansicht davon ausgegangen wird, dass der Wettkampfhandlung der Spieler ein Erklärungsinhalt beizumessen ist, ist vorliegend auch eine Täuschungshandlung der Spieler zu bejahen.[817] Hierdurch wurde auch ein Irrtum bei der spielleitenden Stelle[818] oder beim entsprechenden Schiedsrichter[819] erregt.

---

811 Vgl. oben unter: 2. Kapitel B. II. 1. a) bb).

812 *Schattmann*, S. 132.

813 *Paringer*, S. 212; *Triffterer*, NJW 1975, 612 (615).

814 *Schattmann*, S. 135.

815 *Paringer*, S. 213; *Triffterer*, NJW 1975, 612 (615).

816 Vgl. oben unter: 2. Kapitel B. II. 1. a) aa).

817 *Schattmann*, S. 116; *von Komorowski/Bredemeier*, SpuRt 2005, 227 (228).

818 Nach Ansicht von *Schattmann*, S. 116.

819 Nach Ansicht von *von Komorowski/Bredemeier*, SpuRt 2005, 227 (228).

Eine kausale Vermögensverfügung durch den Getäuschten kann nur dann angenommen werden, wenn die Manipulationshandlung im Spiel unmittelbar zum entsprechend veränderten Spielausgang geführt hat, die entsprechende Punktvergabe damit unmittelbare Folge des täuschungsbedingten Irrtums geworden ist und dies wiederum unmittelbar zum Abstieg in die untere Spielklasse geführt hat.[820] Im Hinblick auf die dargestellten Einzelfälle des Bundesligaskandals ist diese Anforderung allerdings lediglich hinsichtlich der Begegnung zwischen Hertha BSC Berlin und Arminia Bielefeld am 34. Spieltag erfüllt. Ohne den Sieg in Berlin wäre Bielefeld bei den Endresultaten der anderen Partien abgestiegen. Die Manipulationshandlung war damit kausal für den Abstieg der Offenbacher Kickers. Im Hinblick auf die ebenfalls dargestellte Manipulation der Begegnung zwischen dem FC Schalke 04 und Arminia Bielefeld sind die Anforderungen an die Unmittelbarkeit jedoch gerade nicht erfüllt, da diese Partie bereits am 28. Spieltag stattfand und die Punktevergabe an Bielefeld gerade nicht unmittelbar zum Abstieg eines konkurrierenden Vereins geführt hatte.

Eine Vermögensminderung der Kickers Offenbach im Sinne einer kausalen Vermögensverfügung kommt auch hier wieder in Form der Exspektanzen in Betracht. Hierbei ist allgemein anerkannt, dass solche Gewinnaussichten vom Vermögensbegriff umfasst sind, sofern diese insoweit konkretisiert sind, dass ihnen ein wirtschaftlicher Wert beigemessen wird, weil sie mit hinreichender Wahrscheinlichkeit einen Vermögenszuwachs erwarten lassen.[821]

Daher ist vorliegend die Frage maßgeblich, ob Exspektanzen bestanden haben, deren Verfügung bereits im Zeitpunkt des Abstiegs unmittelbar eine vermögensschädigende Auswirkung hatte:

Hierbei wird auf mehrere unterschiedliche Vermögenspositionen abgestellt, die bei einem Verbleib in der Bundesliga einen höheren Vermögenszuwachs versprechen. So sind die Preise für Einzel- und Dauerkarten in der höheren Spielklasse für gewöhnlich höher.[822] Außerdem wirke sich ein Abstieg aus der Bundesliga regelmäßig negativ auf den Verkauf von Fanartikeln aus.[823] Auch der Marktwert des Spielerkaders sinkt in der Regel bei einem Abstieg merklich.[824] Am deutlichsten werden die Unterschiede in der Einnahmesituation jedoch mit Blick auf den Verkauf der Fernsehübertragungsrechte.[825] Die Einnahmen

---

820 *Schattmann*, S. 117.

821 Vgl. nur BGHSt 2, 364 (367); BGHSt 17, 147 (148); LK – *Tiedemann*, § 263, Rn. 136.

822 *Weise*, S. 312; *Paringer*, S. 117; *Schattmann*, S. 120.

823 *Paringer*, S. 117; *Schattmann*, S. 120.

824 *Weise*, S. 312; *Paringer*, S. 117; *Schattmann*, S. 120.

825 *Schattmann*, S. 120.

aus dem Verkauf der Übertragungsrechte durch die DFL betragen ab der Saison 2013/2014 ca. 628 Millionen EUR.[826] Diese Erlöse werden zwischen den Vereinen der Bundesliga und der 2. Bundesliga im Verhältnis von 80 % zu 20 % aufgeteilt.[827] Insofern entfällt auf die Vereine der Bundesliga die Summe von 502,40 Millionen EUR, wohingegen sich die Vereine der 2. Bundesliga 125,60 Millionen EUR aufteilen. Anzurechnen sind hierbei zwar auch die durch den Verbleib in der Bundesliga entstehenden höheren Kosten – insbesondere für Spielergehälter[828] –, jedoch machen diese im Vergleich zu den zu erwartenden Vermögensvorteilen lediglich einen geringen Anteil aus.[829] Durch den Abstieg wird daher nach allgemeiner Ansicht die sichere Exspektanz auf höhere Einnahmen – insbesondere solche aus dem Verkauf der Fernsehübertragungsrechte – zerstört.[830] Eine Vermögensverfügung liegt damit vor.

Die Voraussetzungen eines Dreiecksbetruges sind – entsprechend den Ausführungen zur Beeinflussung von Schiedsrichtern durch Dritte[831] – auch hier gegeben. Durch den Eintritt des Abstiegs ist der unmittelbare Vermögensverlust sodann auch nicht mehr kompensationsfähig, so dass auch ein Vermögensschaden der Kickers Offenbach vorliegt.[832]

In subjektiver Hinsicht liegt die erforderliche Bereicherungsabsicht der Spieler im Hinblick auf die Geldzahlung durch die Vereinsfunktionäre von Arminia Bielefeld unzweifelhaft vor. Fraglich ist insoweit – wie schon im Rahmen der Fallkonstellation der Beeinflussung von Schiedsrichtern durch Vereinsfunktionäre[833] – auch hier, ob die Spieler von Hertha BSC Berlin auch mit der Absicht der Bereicherung eines Dritten, namentlich Arminia Bielefeld, handelten. Insofern ist darauf abzustellen, ob die Geldzahlung vom Erfolg der Manipulation abhängig gemacht wurde. Die Bereicherung würde sodann ein notwendiges

826 Mitteilung der DFL vom 17. April 2012, „Rekord-Erlöse für die Bundesliga: 2,5 Milliarden Euro durch neue Medienverträge" (abrufbar unter: https://media.dfl.de/sites/2/2018/11/2012_Pressemitteilung_18_Vergabe-audiovisuelle-Verwertungsrechte.pdf; zuletzt abgerufen am 3. Juli 2023).

827 Mitteilung der DFL vom 14. November 2012, „Ligavorstand beschließt Verteiler-Schlüssel" (abrufbar unter: https://media.dfl.de/sites/2/2018/11/2012_Pressemitteilung_50_Pressemitteilung-Verteilerschluessel.pdf; zuletzt abgerufen am 3. Juli 2023).

828 *Weise*, S. 314.

829 BGH NJW 1975, 1234 (1236); *Paringer*, S. 118; *Schattmann*, S. 121.

830 *Schattmann*, S. 122.

831 Vgl. oben unter: 2. Kapitel A. II. 1. a) bb).

832 Vgl. *Paringer*, S. 124; *Schattmann*, S. 125.

833 Vgl. oben unter: 2. Kapitel C. II. 1. a) bb).

Zwischenziel darstellen.[834] Andernfalls wäre diese lediglich als unvermeidbare Nebenfolge[835] anzusehen, so dass keine Drittbereicherungsabsicht vorläge. In den dargestellten Einzelfällen aus dem Tatkomplex des Bundesligaskandals 1970/71 in denen Verlustprämien gezahlt wurden, wurde der jeweilige Betrag bereits vor Spielbeginn geleistet. Dies verdeutlicht insbesondere die geplante scheinbare Manipulationszahlung vor dem Spiel zwischen dem 1. FC Köln und den Offenbacher Kickers. Da der Präsident der Offenbacher nicht bereit war, die Zahlung vor Spielbeginn zu leisten, erfolgte auch keine Manipulation der Kölner Spieler. Ob die gewährten Summen zurückgewährt worden wären, wenn die Manipulation erfolglos geblieben wären, lässt sich nicht mit Sicherheit feststellen.[836]

Insofern ist daher auch hier die erforderliche Stoffgleichheit nur gegeben, wenn die Drittbereicherungsabsicht der Spieler – aufgrund der Abhängigkeit der Zahlung vom Manipulationserfolg – bejaht werden könnte, da nur dann der Vermögensvorteil von Arminia Bielefeld und der Vermögensschaden von Kickers Offenbach auf derselben Vermögensverfügung beruhen würden. Der Vermögensvorteil der Berliner Spieler durch Erlangung der Geldzahlung der Bielefelder Vereinsfunktionäre und der bei Kickers Offenbach eingetretene Vermögensschaden, sind jedenfalls nicht aufgrund derselben Vermögensverfügung erfolgt und damit auch nicht stoffgleich.[837]

Im Ergebnis hängt die Strafbarkeit der Spieler wegen Betruges nach § 263 StGB damit auch hier von der Unrechtsvereinbarung zwischen den Spielern und den Vereinsfunktionären ab. Nur bei einer Abhängigkeit der Zahlung vom Erfolg der Manipulation kann das Vorliegen eines Betruges bejaht werden. Dies kommt darüber hinaus nur für die Begegnung in Betracht, die letztendlich unmittelbar zum Abstieg des benachteiligten Vereines geführt hat.

cc) Betrug der Spieler gemäß § 263 StGB zum Nachteil der eigenen Mitspieler

Die Verwirklichung des Tatbestands des Betruges der manipulierenden Spieler nach § 263 StGB zu Lasten der eigenen Mitspieler kommt, wie bereits dargestellt, nach einhelliger Ansicht nicht in Betracht.[838]

---

834 *Schattmann*, S. 129.
835 Vgl. *Paringer*, S. 126 f., *Schattmann*, S. 129.
836 Auch wenn *Schattmann*, S. 129 hiervon ausgeht.
837 Vgl. hierzu insbesondere *Paringer*, S. 126 ff.; *Schattmann*, S. 130 ff.
838 Vgl. oben unter: 2. Kapitel B. II. 1. a) cc).

dd) Betrug der Spieler gemäß § 263 StGB zum Nachteil der Zuschauer

Die Strafbarkeit der manipulierenden Spieler wegen Betruges nach § 263 StGB zu Lasten der Zuschauer scheitert auch hierbei jedenfalls an der mangelnden Stoffgleichheit.[839]

ee) Untreue der Spieler gemäß § 266 StGB zum Nachteil des eigenen Vereins

Eine Strafbarkeit der Spieler wegen Untreue gemäß § 266 StGB scheitert vorliegend bereits an der fehlenden Vermögensbetreuungspflicht.[840]

ff) Bestechlichkeit der Spieler gemäß § 299 Abs. 1 StGB

Wie ebenfalls dargelegt, ist der Tatbestand des § 299 Abs. 1 StGB auf die vorliegenden Fallkonstellationen nicht anwendbar, da es hierbei am Tatbestandsmerkmal des „Bezugs von Waren oder gewerblichen Leistungen" mangelt.[841]

b) Strafbarkeit der Spieler wegen Annahme einer Siegprämie

Die Strafbarkeit der Spieler wegen Annahme einer Siegprämie kommt vorliegend nicht in Betracht.[842]

Die Verwirklichung des Straftatbestandes des § 263 StGB durch die Spieler scheitert hierbei bereits an der fehlenden Täuschungshandlung.[843] Die Verwirklichung der Straftatbestände der Untreue nach § 266 StGB und der Bestechlichkeit gemäß § 299 Abs. 1 StGB scheitert vorliegend aus denselben Gründen, die bereits bei Annahme einer Verlustprämie dargelegt wurden.

c) Strafbarkeit der Vereinsfunktionäre wegen Zahlung einer Verlustprämie

Des Weiteren kommt die Strafbarkeit der jeweiligen Vereinsfunktionäre aufgrund der Geldzahlung an die Spieler zum Zweck der Spielmanipulation in Betracht.

---

839 Vgl. oben unter: 2. Kapitel A. II. 1. a) cc).
840 Vgl. oben unter: 2. Kapitel B. II. 1. a) ee).
841 Vgl. oben unter: 2. Kapitel B. II. 1. a) ff).
842 Vgl. oben unter: 2. Kapitel B. II. 2.
843 *Paringer*, S. 189; *Schattmann*, S. 114 f.

aa) Betrug der Funktionäre gemäß § 263 StGB gegenüber dem veranstaltenden Verband zum Nachteil des konkurrierenden Vereins

Zu prüfen ist zunächst die Strafbarkeit der Vereinsfunktionäre von Arminia Bielefeld wegen Betruges nach § 263 StGB gegenüber dem veranstaltenden Verband zum Nachteil von Kickers Offenbach.

Wie bereits im Hinblick auf die Fallkonstellation der Beeinflussung von Schiedsrichtern durch Vereinsfunktionäre festgestellt[844], wird die Täuschungshandlung der Vereinsfunktionäre nach Ansicht *Paringers*[845] in der Gegenzeichnung des Spielberichtsbogens gesehen. Sofern dieser Ansicht gefolgt wird, kann im Hinblick auf die Verwirklichung des objektiven Tatbestandes auf die Darstellung der Strafbarkeit der beteiligten Spieler wegen Betruges gegenüber dem veranstaltenden Verband zum Nachteil des konkurrierenden Vereins verwiesen werden.[846] Lediglich in subjektiver Hinsicht ergibt sich hierbei der Unterschied, dass die Bereicherungsabsicht des Vereinsfunktionärs im Hinblick auf die Vermögensmehrung des eigenen Vereins unzweifelhaft angenommen werden kann. Insofern wäre hierbei auch die erforderliche Stoffgleichheit zu bejahen.[847] Im Ergebnis läge die Strafbarkeit der Vereinsfunktionäre damit vor.[848]

Nach vorzugswürdiger Ansicht *Schattmanns*[849] kann in der Unterzeichnung des Spielberichtsbogens jedoch gerade keine Täuschungshandlung erblickt werden, da sich die Vereine hierdurch die Erklärung des Schiedsrichters gerade nicht zu eigen machen. Insofern können die Schiedsrichter nur durch die Wettkampfhandlung als solche getäuscht werden und als Glied der Täuschungskette hierdurch eine Täuschung der spielleitenden Stelle bewirken. Daher käme eine Strafbarkeit der Vereinsfunktionäre nach dieser Ansicht nur im Wege der Anstiftung zum Betrug nach § 263 StGB durch die Spieler von Hertha BSC Berlin in Betracht.[850] Hierzu müsste eine teilnahmefähige Haupttat vorliegen und somit

844 Vgl. oben unter: 2. Kapitel C. II. 1. b) aa).

845 *Paringer*, S. 108.

846 Vgl. oben unter: 2. Kapitel D. II. 1. a) bb).

847 Im Hinblick auf die Ausführungen von *Paringer*, S. 174 zu grundsätzlichen Problemen des Merkmals der Stoffgleichheit kann in diesem Zusammenhang lediglich hingewiesen werden.

848 *Paringer*, S. 185.

849 Vgl. *Schattmann*, S. 116.

850 Vgl. hierzu auch *Triffterer*, NJW 1975, 612 (614), der zwar grundsätzlich von einer Strafbarkeit der Vereinsfunktionäre ausgeht, in Fn. 29 jedoch selber andeutet, dass durchaus anderen Beteiligungsformen als der Täterschaft in Betracht kommen.

der Betrugstatbestand – insbesondere in subjektiver Hinsicht[851] – durch die Spieler verwirklicht worden sein.

bb) *Betrug der Funktionäre gemäß § 263 StGB zum Nachteil der Zuschauer*

Im Hinblick auf eine Strafbarkeit der Vereinsfunktionäre wegen Betruges zum Nachteil der Zuschauer ist auch hier auf die obigen Prüfungen in den anderen Sachverhaltskonstellationen zu verweisen.[852] Eine entsprechende Täuschungshandlung liegt bereits nicht vor. Jedenfalls mangelt es aber auch hier wiederum an der erforderlichen Stoffgleichheit.

cc) *Untreue der Funktionäre gemäß § 266 StGB zum Nachteil des eigenen Vereins*

Darüber hinaus könnten sich die Vereinsfunktionäre im dargestellten Sachverhalt aufgrund der Beeinflussung der gegnerischen Spieler durch Geldzahlung der Untreue gemäß § 266 StGB strafbar gemacht haben. Hierbei ist davon auszugehen, dass die gezahlten Gelder zumindest teilweise aus dem Vereinsvermögen stammten.[853]

Auch in diesem Zusammenhang kommt vorliegend die Tatbestandsalternative des Treubruchs in Betracht.[854] Hierbei ist im Hinblick auf das Bestehen einer Vermögensbetreuungspflicht zu differenzieren:

Da eine Ausgliederung der Lizenzspielerabteilung auf Kapitalgesellschaften erst durch eine Änderung der Statuten im Jahre 1998 ermöglicht wurde[855], agierten im Rahmen des konkret in Rede stehenden Sachverhaltes ausschließlich Vereinsfunktionäre eingetragener Vereine nach § 21 BGB. Seit den Reformen im Jahre 1998 erfolgte jedoch eine Vielzahl an Ausgliederungen der Lizenzspielerabteilungen auf eine Kapitalgesellschaft. Insofern ist nachfolgend sowohl auf Vereinsfunktionäre als auch auf Organe von Kapitalgesellschaften abzustellen.

Im Hinblick auf die Organe von Kapitalgesellschaften ist eine Vermögensbetreuungspflicht unproblematisch anzunehmen.[856] Aber auch für Organe eines

851 Vgl. zu dieser Problematik oben unter: 2. Kapitel D. II. 1. a) bb).
852 Vgl. oben unter: 2. Kapitel A. II. 1. a) cc) und dd); 2. Kapitel B. II. 1. a) dd).
853 Vgl. Sachverhaltsdarstellung bei *Schreiber/Beulke*, JuS 1977, 656 (656).
854 Vgl. oben unter: 2. Kapitel C. II. 1. b) cc).
855 Vgl. oben unter: 2. Kapitel B. III. 2.
856 Vgl. nur Schönke/Schröder – *Perron*, § 266, Rn. 25.

rechtsfähigen Vereins wird die Pflicht zur Wahrung der Vermögensinteressen des Vereins einhellig als eine der wesentlichen Aufgaben angesehen.[857]

Wie bereits festgestellt[858], verstößt die Zahlung von Verlustprämien sowohl gegen den Vereinszweck als auch die Bestimmungen des DFB und stellt somit eine pflichtwidrige Verletzung der Vermögensbetreuungspflicht dar.[859] Auch für Kapitalgesellschaften gelten die Verpflichtungen zur Einhaltung der dargestellten Grundsätze und zur Sorge für Recht und Ordnung, da diese über ihre Mitgliedschaft im Ligaverband Mitglieder des DFB sind.[860]

Insbesondere umstritten ist, ob der durch die Vereinsfunktionäre herbeigeführte Vermögensnachteil durch etwaige Vermögensvorteile kompensiert werden kann.[861] Ein solcher Vorteil kommt hierbei lediglich in Form der begründeten Aussicht auf einen zukünftigen Vermögenszuwachs in Betracht. Derartige Exspektanzen sind als Vermögensbestandteil anerkannt, wenn sie wegen der hohen Wahrscheinlichkeit ihres Eintretens bereits einen Vermögenswert darstellen.[862]

Es stellt sich also auch hier die Frage, ob der – durch Beeinflussung der Gegenspieler gesicherte – Verbleib in der Bundesliga den Vermögensnachteil in Form der Beeinflussungszahlung kompensieren kann bzw. ob durch den Klassenerhalt die erforderliche hohe Wahrscheinlichkeit des Vermögenszuwachses gegeben ist.

Unter den oben bereits dargelegten Literaturansichten[863] herrscht insoweit Einigkeit, dass eine Kompensation des Vermögensnachteils dann nicht in Betracht kommt, wenn die Manipulation der konkreten Begegnung nicht unmittelbar zum Klassenerhalt des jeweiligen Vereins führt. Der Bundesgerichtshof lässt dies insoweit offen, da hierbei lediglich die Begegnung des letzten Spieltages Gegenstand der Strafverhandlung war.[864] Umstritten ist die Beurteilung

---

857 BGH NJW 1975, 1234 (1234); *Triffterer*, NJW 1975, 612 (613); *Schreiber/Beulke*, JuS 1977, 656 (657 f.); vgl. auch oben unter: 2. Kapitel C. II. 1. b) cc).

858 Vgl. oben unter: 2. Kapitel C. II. 1. b) cc).

859 BGH NJW 1975, 1234 (1234 f.); *Triffterer*, NJW 1975, 612 (613); *Schreiber/Beulke*, JuS 1977, 656 (658).

860 Insofern bestimmt § 1 RuVO, dass diese Verpflichtungen auch für Tochtergesellschaften der Mitgliedsvereine gelten.

861 Vgl. oben unter: 2. Kapitel C. II. 1. b) cc).

862 BGH NJW 1975, 1234 (1236); *Triffterer*, NJW 1975, 612 (613).

863 *Weise*, S. 307 f.; *Paringer*, S. 120; *Triffterer*, NJW 1975, 612 (614); *Bringewat*, JZ 1977, 667 (670 ff.).*Schreiber/Beulke*, JuS 1977, 656 (659 f.).

864 Vgl. BGH NJW 1975, 1234 (1234 f.).

im Rahmen der in Rede stehenden Fallkonstellation jedoch gerade dann, wenn die Manipulation der konkreten Begegnung unmittelbar zum Erhalt der Klasse führt. Nach Ansicht der Rechtsprechung ist der Vermögensnachteil hierbei zu kompensieren, so dass die Strafbarkeit des Vereinsfunktionärs wegen Untreue nicht in Betracht kommt.[865]

Der Ansicht der Rechtsprechung folgt die Ansicht *Triffterers*[866], nach der es maßgeblich auf den Zeitpunkt der Manipulation – im Hinblick auf die unmittelbare Auswirkung der erlangten Punkte – ankommt. Bei Manipulation der Begegnung des letzten Spieltages ist damit zwangsläufig die erforderlich hohe Wahrscheinlichkeit der Kompensation gegeben.

Nach weiterer Ansicht von *Weise*[867] und *Schreiber/Beulke*[868] kommt es für die Beurteilung der hohen Wahrscheinlichkeit auf den maßgeblichen Einzelfall an. Regelmäßig gerate eine Entscheidung im Hinblick auf die Vielzahl der zu beachtenden Faktoren jedoch zu einem „Lotteriespiel"[869], so dass hiernach die Kompensation des Vermögensnachteils wohl eher abgelehnt wird.

Wie bereits dargelegt[870], kritisiert *Bringewat*[871] bereits grundsätzlich die Anwendung der Schadenskompensation. Ein Nachteil dürfe hiernach niemals durch den Erfolg einer groben Unredlichkeit, die mit der Untreuehandlung verbunden ist, aufgewogen werden.[872] Eine Kompensation des Vermögensnachteils ist demnach generell ausgeschlossen.

Im Ergebnis ist die Strafbarkeit der Vereinsfunktionäre im Hinblick auf die vertretenen Ansichten nicht einheitlich zu bewerten. Nach der herrschenden Ansicht ist jedoch ein Vermögensnachteil durch Kompensation aufgrund der Erlangung von Exspektanzen ausgeschlossen. Dies gilt aber lediglich für den Fall, dass die Manipulation unmittelbar zur Verhinderung des Abstiegs diente. Hinsichtlich zeitlich früherer Manipulationen kommt nach allen Ansichten grundsätzlich keine Schadenskompensation in Betracht.

865 BGH NJW 1975, 1234 (1234 f.); LG Bielefeld JZ 1977, 692 (694).
866 *Triffterer*, NJW 1975, 612 (614).
867 *Weise*, S. 321.
868 *Schreiber/Beulke*, JuS 1977, 656 (659 f.).
869 *Schreiber/Beulke*, JuS 1977, 656 (660).
870 Vgl. oben unter: 2. Kapitel C. II. 1. b) cc).
871 *Bringewat*, JZ 1977, 667 (670 ff.).
872 *Bringewat*, JZ 1977, 667 (672) unter Verweis auf RGSt 71, 344 (346).

dd) Bestechung der Spieler durch die Funktionäre gemäß § 299 Abs. 2 StGB

Die Anwendbarkeit des Tatbestandes des § 299 Abs. 2 StGB scheitert jedenfalls an dem mangelnden „Bezug von Waren oder gewerblichen Leistungen“.[873]

2. Zwischenergebnis

Hinsichtlich der manipulierenden Spieler kommt im Rahmen der in Rede stehenden Fallkonstellation die Strafbarkeit wegen Betruges zum Nachteil des eigenen Vereins in Betracht, da das Unterlassen der Geltendmachung von Ersatzansprüchen einen Vermögensschaden darstellt. Dies ist allerdings – wie dargestellt – in der Literatur umstritten und war auch insoweit nicht Gegenstand der einschlägigen Rechtsprechung. Auch die Strafbarkeit der Spieler wegen Betruges zum Nachteil des konkurrierenden Vereins wird vorliegend diskutiert. Hierbei ist jedoch festzustellen, dass eine Strafbarkeit nur im konkreten Einzelfall und im Hinblick auf die Tatbestandsmerkmale der Vermögensverfügung und der Stoffgleichheit unter gewissen Umständen in Betracht kommt. Die Strafbarkeit der Spieler war im Rahmen des Bundesligaskandals 1970/71 ebenfalls nicht Gegenstand entsprechender Strafverfahren.

Ob sich der das Geld zahlende Vereinsfunktionär wegen Betruges zum Nachteil des konkurrierenden Vereins strafbar gemacht hat, ist ebenfalls umstritten und kommt nach vorzugswürdiger Ansicht nur in der Form der Anstiftung bei entsprechender – umstrittener – Annahme einer Haupttat der beeinflussten Spieler in Betracht. Auch die Strafbarkeit des Vereinsfunktionärs wegen Untreue zum Nachteil des eigenen Vereins wird von Rechtsprechung und Literatur – zumindest bezogen auf die Begegnungen des letzten Spieltages – nicht einheitlich bewertet. Eine Verurteilung der in Rede stehenden Personen erfolgte insoweit jedenfalls nicht, da nach überwiegender Ansicht etwaige Vermögensnachteile kompensationsfähig sind.

III. Effektivität der Prävention von Wirtschaftskriminalität

1. Effektivität bezogen auf natürliche Personen (Strafrecht)

Wie bereits zur Fallvariante der Beeinflussung von Schiedsrichtern durch Vereinsfunktionäre festgestellt[874], kann auch hier konstatiert werden, dass eine

873 *Paringer*, S. 242; *Schattmann*, S. 107.

874 Vgl. oben unter: 2. Kapitel C. III. 1.

einheitliche strafrechtliche Bewertung des Verhaltens der Spieler und Vereinsfunktionäre nicht vorliegt.

Insbesondere besteht auch hier wiederum die Möglichkeit, Spieler konkurrierender Mannschaften bereits am Anfang der Saison aus privaten Mitteln Dritter zu beeinflussen. Hierbei würde mangels Vermögensschadens des konkurrierenden Vereines und mangels Vermögensnachteils des eigenen Vereins eine Strafbarkeit der Spieler und des Funktionärs ausscheiden. Insofern ist festzustellen, dass das Erfordernis eines Vermögensschadens – welchen die überhaupt anwendbaren Normen gerade voraussetzen – nicht mit dem Verständnis der Öffentlichkeit im Hinblick auf den Unrechtskern der in Rede stehenden Verhaltensweisen korrespondiert. Wie bereits zu den anderen Fallgruppen der Manipulation von Wettbewerbsergebnissen festgestellt, ist der Unrechtskern der begangenen Taten weniger in der Herbeiführung von Vermögensschäden als vielmehr in der Verletzung der Wettbewerbsfreiheit des Profisports zu sehen. Dies würde jedoch bei Manipulationen zu Beginn der Saison, welche aus privaten Mitteln finanziert werden, gerade nicht unter Strafe stehen.

2. Effektivität bezogen auf juristische Personen („Innensteuerung“)

Sowohl auf solche Vereine, die ihre Lizenzspielerabteilung bereits auf eine Kapitalgesellschaft ausgegliedert haben, als auch auf solche, die diesen Schritt bislang noch nicht vorgenommen haben, sind die Normen der §§ 9, 30, 130 OWiG bei Verletzung der Überwachungspflichten anwendbar.

Des Weiteren besteht die Gefahr für Vorstandsmitglieder der ausgegliederten Kapitalgesellschaften nach §§ 91 Abs. 2, 93 Abs. 1 AktG und § 43 GmbHG persönlich haftbar gemacht zu werden, sofern diese ihren Sorgfalts- und Überwachungspflichten nicht hinreichend nachgekommen sind.

Auch die Möglichkeit einer „Geschäftsherrenhaftung“ ist bezüglich der Kapitalgesellschaften in Betracht zu ziehen.

Im Hinblick auf die Effektivität der Normen, die der Prävention von Wirtschaftskriminalität durch „Innensteuerung“ dienen, kann hierbei vollumfänglich auf die obigen Ausführungen zu den bisher dargestellten Fallkonstellationen verwiesen werden.[875]

Wie festgestellt, bestehen für den Vereinsvorstand keine zivilrechtlichen Haftungsrisiken bei Verletzung der Aufsichts- und Überwachungspflichten. Da jedoch auch die Normen des Ordnungswidrigkeitenrechts auf Vereine

875 Vgl. oben unter: 2. Kapitel A. III. 2.; 2. Kapitel B. III. 2.; 2. Kapitel C III. 2.

anwendbar sind, sollte die Einführung von Compliance-Maßnahmen sowohl durch den DFB als auch durch die Vereine, die ihre Lizenzspielerabteilung bislang noch nicht ausgegliedert haben, dennoch vorgenommen werden.

IV. Maßnahmen zur effektiven Prävention von Wirtschaftskriminalität

Im Hinblick auf die zu ergreifenden Maßnahmen zur Steigerung der Effektivität der Prävention von Wirtschaftskriminalität ist nachfolgend wiederum zwischen Maßnahmen des Gesetzgebers, des DFB als rechtsetzenden Verbandes und des die Spieler und Funktionäre anstellenden Vereins zu unterscheiden.

1. Maßnahmen des Gesetzgebers

Hinsichtlich der Möglichkeiten des Gesetzgebers kommen auch im Rahmen der in Rede stehenden Sachverhaltskonstellation die bereits aufgeführten Maßnahmen in Betracht.

a) Strafrecht

Aufgrund der Tatsache, dass die in Betracht zu ziehenden strafrechtlichen Normen immer auch eine Verletzung von Vermögensinteressen (sowohl in Bezug auf die Verwirklichung eines Betruges nach § 263 StGB als auch im Hinblick auf die Begehung einer Untreue nach § 266 StGB) voraussetzen, kann die Manipulation von Fußballspielen durch Beeinflussung gegnerischer Spieler durch einen Vereinsfunktionär – wie dargelegt – straflos sein.

Der Vorschlag der Einführung eines eigenen Straftatbestandes der „Bestechlichkeit und Bestechung im Sport“[876] kann daher auch in der vorliegenden Fallkonstellation als Maßnahme zur Steigerung der Abschreckungswirkung angesehen werden. Insbesondere aufgrund der Tatsache, dass der vorgeschlagene Straftatbestand die Verletzung von Vermögensinteressen gerade nicht voraussetzt, käme es weder auf den Zeitpunkt der Manipulation noch die Person, welche die Manipulation finanziert, an. Der Unrechtskern der Manipulation von Wettkampfergebnissen – also die Verletzung der Wettbewerbsfreiheit – wäre hierbei vollumfänglich erfasst und ließe den Beteiligten keine strafrechtlichen „Schlupflöcher“.[877]

---

876 Vgl. Wortlaut oben unter: 2. Kapitel A. IV. 1. a) aa) α).

877 Wie zuvor dargelegt, ist dies mit der Einführung der §§ 265c, 265d StGB zwischenzeitlich geschehen.

Durch die Einführung des entsprechenden Straftatbestandes könnten – wie schon dargelegt – die Maßnahmen der Telefonüberwachung nach § 100a StPO und der Kronzeugenregelung nach § 46a StGB effektiver eingesetzt werden.[878] Die so erreichte Intensivierung der Strafverfolgung würde sich dabei positiv auf die Entdeckungswahrscheinlichkeit und damit auf die Abschreckungswirkung auswirken.

b) „Innensteuerung“ – Reform des Vereinsrechts

Im Hinblick auf die bereits vorgeschlagene Reform des Vereinsrechts zur Einführung der persönlichen Haftung von Vereinsvorständen für die Verletzung von Überwachung- und Sorgfaltspflichten und eine damit verbundene Steigerung der Effektivität der „Innensteuerung“ kann vollumfänglich auf die obigen Ausführungen zu den anderen Fallkonstellationen verwiesen werden.[879]

2. Maßnahmen des DFB als rechtsetzendem Verband

Mit der Einführung des Straftatbestandes der „Spielmanipulation“ nach § 6a RuVO hat der DFB eine entsprechende Strafnorm geschaffen, um die unlautere Einflussnahme von Spielern und Funktionären auf den sportlichen Wettbewerb ahnden zu können. Zu untersuchen ist daher nachfolgend, ob die geltenden Vorschriften eine effektive Prävention von Spielmanipulation im Hinblick auf Spieler, Vereinsfunktionäre und deren Mitgliedsvereine gewährleisten können bzw. ob diese im Hinblick auf eine Effizienzsteigerung modifiziert werden können.

Hinzuweisen ist in diesem Zusammenhang jedoch auch darauf, dass die entsprechenden Manipulationshandlungen der Spieler und Funktionäre nicht erst seit der Einführung des § 6a RuVO geahndet werden können. Vielmehr handelt es sich hierbei lediglich um einen die Generalklausel des § 1 Nr. 4 RuVO spezialisierenden Straftatbestand. Über die Norm des § 1 Nr. 4 RuVO war die Manipulation von Fußballspielen jedoch auch schon vorher strafbar.[880]

Nach Aufklärung der in Rede stehenden Sachverhalte wurde eine Vielzahl von Spielern, Trainern und Vereinsfunktionären mit Lizenzentzug durch den DFB bestraft. Der beteiligte Verein Arminia Bielefeld wurde zudem zum

---

878 Vgl. ausführlich oben unter: 2. Kapitel A. IV. 1. a) bb).

879 Vgl. nur oben unter: 2. Kapitel A. IV. 1. b).

880 *Hilpert*, § 1 RuVO, Rn. 10.

Zwangsabstieg verurteilt, die Kickers Offenbach hingegen mit einer Aufstiegssperre bestraft.[881]

a) *Bestrafung der beteiligten Spieler durch den DFB*

Wie bereits zuvor dargestellt[882], steht dem DFB zur Bestrafung von Tätern im Sinne des § 6a RuVO über den Verweis in § 6a Nr. 2 RuVO auf § 1 Nr. 4 RuVO der Maßnahmenkatalog des § 44 DFB-Satzung zur Verfügung.

Für die Bestrafung von manipulierenden Spielern und Trainern kommen hierbei als empfindlichste Maßnahmen die Geldstrafe (bis zu 100.000,– EUR) nach § 44 Nr. 2 lit. c) DFB-Satzung, die (dauerhafte) Sperre für Pflichtspiele nach § 44 Nr. 2 lit. f) DFB-Satzung und der (dauerhafte) Ausschluss aus dem Verband nach § 44 Nr. 2 lit. g) DFB-Satzung bzw. der (dauerhafte) Entzug der Trainerlizenz nach § 44 Nr. 2 lit. j) DFB-Satzung in Betracht.

Wie bereits festgehalten[883], sind die dem DFB zur Bestrafung zur Verfügung stehenden Maßnahmen als durchaus effektives Mittel zur Abschreckung anzusehen. Insbesondere im Amateurbereich ist die abschreckende Wirkung jedoch durch die Möglichkeit des Vereinsaustritts begrenzt. Auch eine Erhöhung der jeweiligen Strafen in § 44 DFB-Satzung ließe keine Steigerung der Effektivität erwarten.

b) *Bestrafung der beteiligten Vereinsfunktionäre durch den DFB*

Wie in der Fallvariante der Beeinflussung von Schiedsrichtern durch Vereinsfunktionäre bereits dargestellt[884], kommt als empfindliche und offensichtlich einzige Maßnahme für die Bestrafung von manipulierenden Funktionären das Verbot auf Zeit (längstens drei Jahre) oder Dauer nach § 44 Nr. 2 lit. e) DFB-Satzung, ein Amt in Vereinen und Kapitalgesellschaften zu bekleiden in Betracht. Eine Geldstrafe ist insoweit ausdrücklich nur für Spieler vorgesehen.

Aufgrund der durchaus intensiven Strafandrohung für Vereinsfunktionäre erscheint die Norm des § 6a RuVO durchaus geeignet eine abschreckende Wirkung zu entfalten.

---

881 *Paringer*, S. 22; Die Zeit vom 3. Februar 2005, „Die große Schiebung“ (abrufbar unter: http://www.zeit.de/2005/06/Fu_a7ball_2fBundesliga_1971; zuletzt abgerufen am 3. Juli 2023).

882 Vgl. oben unter: 2. Kapitel B. IV. 2. a).

883 Vgl. oben unter: 2. Kapitel B. IV. 2. a).

884 Vgl. oben unter: 2. Kapitel C. IV. 2. a).

c) Bestrafung der Mitgliedsvereine durch den DFB

Auch in der in Rede stehenden Fallvariante ist durch das Verhalten des Vereinsfunktionärs der Tatbestand des § 7 Nr. 1 lit. j) RuVO erfüllt. Diese Tathandlung kann mit einer Strafe für den Mitgliedsverein (oder dessen Tochtergesellschaft) in Höhe von bis zu 250.000,– EUR geahndet werden. Über die Vorschrift des § 7 Nr. 4 RuVO kommen in schwerwiegenden Fällen darüber hinaus insbesondere auch Punktabzüge, Lizenzentzug oder der zwangsweise Abstieg in Betracht. Dies gilt jedoch insoweit nur für die den Funktionär anstellenden Vereine. Wie zuvor jedoch festgestellt, kann das in Rede stehende Verhalten der Spieler den Vereinen nicht zugerechnet werden.[885] Insofern ist daher auch hier die Einführung eines neuen Tatbestandes des § 7a RuVO vorzuschlagen.[886]

3. Maßnahmen der Vereine

Auch die durch die Vereine zu ergreifenden Compliance-Maßnahmen unterscheiden sich in der vorliegenden Fallkonstellation nicht von den vorgeschlagenen Maßnahmen im Hinblick auf die Fallkonstellationen der Beeinflussung von Spielern durch Dritte[887] und der Beeinflussung von Schiedsrichtern durch Vereinsfunktionäre[888].

Insofern kann an dieser Stelle vollumfänglich auf die bereits dargestellten und vorgeschlagenen Maßnahmen zur Prävention verwiesen werden, da diese Maßnahmen ebenso für die eigenen Funktionäre eine effektive Prävention von Spielmanipulationen bewirken können.

Im Hinblick auf die Behandlung von erkannten Manipulationsfällen und der Gewährleistung einer umfassenden Aufklärung ist darüber hinaus unbedingt auf die effiziente Kooperation mit der zuständigen Staatsanwaltschaft und dem DFB bzw. der DFL zu verweisen.[889] Dass eine solche enge Zusammenarbeit zwingend erforderlich ist, um eine effiziente Aufklärung entsprechender Verdachtsfälle zu gewährleisten, lässt sich vor allem an dem in Rede stehenden Sachverhalt verdeutlichen: Der Präsident der Offenbacher Kickers Canellas unterrichtete vor dem letzten Spieltag den DFB von den geplanten Manipulationen und wollte dies anhand der gefertigten Tonbänder beweisen. Da jedoch DFB-Sekretär Straub und DFB-Generalsekretär Paßlack die Vermutungen von Canellas – ohne sich die Tonbänder

---

885 Vgl. oben unter: 2. Kapitel B IV. 2. b).
886 Vgl. oben unter: 2. Kapitel B IV. 2. b).
887 Vgl. oben unter: 2. Kapitel B. IV. 3.
888 Vgl. oben unter: 2. Kapitel C. IV. 4.
889 Vgl. oben unter: 2. Kapitel B. IV. 3. c).

angehört zu haben – für ziemlich vage erachteten, wurde ein vereinbartes Treffen mit Canellas zwecks Aufklärung nicht wahrgenommen.[890]

V. Zwischenergebnis

Im Hinblick auf die Prävention im Bereich der Beeinflussung von Spielern durch Vereinsfunktionäre ist nach dem zuvor Dargelegten festzuhalten:

Im Handlungsbereich des Gesetzgebers kommen mit der Einführung eines neuen Straftatbestandes zur Vermeidung von Strafbarkeitslücken und Aufnahme dieses Tatbestandes in den Katalog des § 100a StPO grundsätzlich dieselben Maßnahmen wie im Bereich der Beeinflussung von Spielern durch Dritte, in Betracht.

Durch die Einführung des § 6a RuVO und die Norm des § 7 Nr. 1 lit. j), Nr. 4 RuVO hat der DFB Tatbestände geschaffen, die der Abschreckungswirkung dienen und insofern zur Prävention beitragen. Um eine umfassende Bekämpfung von Spielmanipulation zu gewährleisten, sollte jedoch der weitere Sportstraftatbestand des § 7a RuVO eingeführt werden, um die mangelnde Aufsicht der Vereine bei Begehung einer Tat nach § 6a RuVO durch Spieler und Trainer ahnden zu können.

Sowohl die vorgeschlagenen als auch die vom DFB bereits umgesetzten Maßnahmen sind auch hier nicht auf den Fußballsport beschränkt und sollten unbedingt von jedem anderen Sportverband (soweit dies noch nicht geschehen ist) erlassen werden.

890 Der Spiegel 18/1972, „Boss, wir müssen Spiele kaufen", S. 132.

Drittes Kapitel: Unlautere Verflechtung innerhalb von Sportverbänden

In Abgrenzung zu den Sachverhaltskonstellationen der „Beeinflussung von Wettkampfergebnissen“ sind nachfolgend insbesondere solche Sachverhalte zu erörtern und zu bewerten, die sich unter der Überschrift „Unlautere Verflechtungen innerhalb von Sportverbänden“ zusammenfassen lassen.[891] Die maßgeblichen Sachverhalte zeichnen sich hierbei durch einen hohen Grad an Internationalisierung aus und weisen im Unterschied zu den Sachverhalten der Fallgruppe der „Beeinflussung von Wettkampfergebnissen“, die regelmäßig nach deutschem Recht zu beurteilen sind, in der Regel auch einen Bezug zu ausländischen Rechtsnormen auf.

Da die Beurteilung nach deutschen Rechtsnormen vorliegend den Kern dieser Arbeit bilden soll, sind die nachfolgend dargestellten Sachverhalte im Hinblick auf ihre rechtliche Bewertung dergestalt anzupassen, dass eine Anwendung ausländischer Rechtsnormen (soweit dies möglich ist) vermieden wird.

Unter der gewählten Überschrift sind im Folgenden Fälle der intransparenten oder unlauteren Verschaffung von Machtpositionen bzw. der sog. „internen Korruption“[892] (vgl. nachfolgend unter: A.) sowie Fälle des Ausnutzens entsprechender Machtpositionen zum eigenen Vorteil bzw. der sog. „externen Korruption“[893] (vgl. nachfolgend unter: B.) darzustellen.

A. Unlautere Verschaffung von Machtpositionen

Die Sachverhaltskonstellation der unlauteren Verschaffung von Machtpositionen wurde von der Öffentlichkeit in den vergangenen Jahren vermehrt im Rahmen der Wahlen zum Präsidenten des Weltfußballverbandes, der FIFA, wahrgenommen.

---

891 *Maennig*, Vierteljahreshefte zur Wirtschaftsforschung 73 (2004), 263 (265) beschreibt die „illegitime Beeinflussung von Entscheidungen von Sportgremien“ als „Veranstaltungskorruption“.

892 So *Reinhart*, SpuRt 2011, 241 (242).

893 So *Reinhart*, SpuRt 2011, 241 (242).

I. Phänomenologie

Am 8. Juni 1998, dem Vorabend der Fußball-Weltmeisterschaft 1998 in Frankreich, wählte die Legislative der FIFA, der FIFA-Kongress[894], in Paris den neuen FIFA-Präsidenten. Von den abgegebenen Stimmen fielen 111 auf den bisherigen Generalsekretär Joseph S. Blatter. 80 Stimmen entfielen auf dessen Kontrahenten, den schwedischen Präsidenten des europäischen Fußballverbandes, der Union of European Football Associations (nachfolgend: UEFA), Lennart Johannson.[895] Bereits kurz nach dieser Wahl erklärte der schottische FIFA-Vizepräsident David Will: „Einige afrikanische und osteuropäische Länder haben ihr Versprechen gebrochen und uns ein Messer in den Rücken gestochen.“[896] Nach Beschluss des Kongresses des kontinentalen Verbandes Confédération Africaine de Football (nachfolgend: CAF) sollten alle 51 Delegierten der afrikanischen Nationalverbände nämlich für Johansson stimmen, wobei jedoch 18 für Blatter gestimmt haben.[897] Laut Will wurden vor der Wahl unter den afrikanischen Delegierten Briefumschläge mit einem Inhalt von jeweils 50.000,– USD verteilt, was jedoch nicht „eidesstattlich zu beweisen“ sei.[898] Auch in einem Buch des britischen Autors *David Yallop* wurde unmittelbar nach dieser Wahl die Behauptung aufgestellt, dass das damalige katarische Mitglied des FIFA-Exekutivkomitees, Mohamed Bin Hammam, 15 bis 20 afrikanischen Delegierte des FIFA-Kongresses 50.000,– USD pro Votum für Blatter bezahlt habe.[899]

Mit Farah Addo, somalischer Delegierter und Vizepräsident des CAF, berichtete erstmals ein hoher Fußballfunktionär im Jahr 2002 über die angeblichen

894 Vgl. Ziff. 24 ff. FIFA-Statuten.

895 Bilanz vom 26. Mai 2004, „Joseph Blatter: Dribbeln, treten, treffen“ (abrufbar unter: http://www.handelszeitung.ch/unternehmen/joseph-blatter-dribbeln-treten-treffen; zuletzt abgerufen am 3. Juli 2023).

896 Berliner Zeitung vom 20. Juni 1998, „Schatten der Bestechung über der Blatter-Wahl“.

897 Berliner Zeitung vom 1. März 2002, „100.000 Dollar, wenn du dein Votum änderst“ (abrufbar unter: http://www.berliner-zeitung.de/newsticker/der-somalier-farah-addo-bezichtigt-joseph-blatter-und-dessen-anhaenger--sich-die-fifa-praesidentschaft-erkauft-zu-haben--100-000-dollar--wenn-du-dein-votum-aenderst-,10917074,9978350.html; zuletzt abgerufen am 3. Juli 2023).

898 Berliner Zeitung vom 20. Juni 1998, „Schatten der Bestechung über der Blatter-Wahl“.

899 *Yallop*, S. 379 ff.; vgl. auch Interview mit *Yallop*, in: Focus-Online vom 12. Oktober 1998, „Ich nenne das Korruption“ (abrufbar unter: http://www.focus.de/sport/mehrsport/sport-und-auto-ich-nenne-das-korruption_aid_173522.html; zuletzt abgerufen am 3. Juli 20123).

Hintergründe der Wahlen von 1998.[900] Addo erklärte hierbei, dass ihm im Frühjahr 1998 von Mittelsmännern 100.000,– USD dafür angeboten wurden, dass er bei der folgenden Wahl für Joseph Blatter stimme.[901] Der damalige Vizepräsident des somalischen Verbandes, Mohiadin Hassan Ali, bestätigte zudem, dass er 10.000,– USD von Bin Hammam bekommen habe um für Blatter zu stimmen.[902]

Im Zusammenhang mit der Wahl des FIFA-Präsidenten im Jahr 2011 kam sodann ein erneuter Verdachtsfall der Beeinflussung der FIFA-Delegierten mittels Geldzahlung auf.

Im Zentrum der Vorwürfe stand hierbei erneut das katarische Mitglied des FIFA-Exekutivkomitees Mohamed Bin Hammam, der sich – im Unterschied zu den Verdachtsfällen aus dem Jahr 1998 – jedoch mittlerweile gegen den amtierenden FIFA-Präsidenten Joseph Blatter gewendet hatte und nun bei der Wahl gegen diesen antreten wollte.[903] Am 10. Mai 2011 soll Bin Hammam im Anschluss an ein Rede den Vertretern von 25 Verbänden der Caribbean Football Union (CFU) jeweils Geldumschläge mit dem Inhalt von 40.000,– USD übergeben haben.[904] Nach Bekanntwerden dieser Vorfälle und der Einleitung von Ermittlungen durch die FIFA-Ethikkommission zog Bin Hammam seine Kandidatur

---

900 Berliner Zeitung vom 1. März 2002, „100.000 Dollar, wenn du dein Votum änderst" (abrufbar unter: http://www.berliner-zeitung.de/newsticker/der-somalier-farah-addo-bezichtigt-joseph-blatter-und-dessen-anhaenger--sich-die-fifa-praesidentschaft-erkauft-zu-haben--100-000-dollar--wenn-du-dein-votum-aenderst-,10917074,9978350.html; zuletzt abgerufen am 3. Juli 2023).

901 Berliner Zeitung vom 1. März 2002, „100.000 Dollar, wenn du dein Votum änderst" (abrufbar unter: http://www.berliner-zeitung.de/newsticker/der-somalier-farah-addo-bezichtigt-joseph-blatter-und-dessen-anhaenger--sich-die-fifa-praesidentschaft-erkauft-zu-haben--100-000-dollar--wenn-du-dein-votum-aenderst-,10917074,9978350.html; zuletzt abgerufen am 3. Juli 2023).

902 Berliner Zeitung vom 1. März 2002, „100.000 Dollar, wenn du dein Votum änderst" (abrufbar unter: http://www.berliner-zeitung.de/newsticker/der-somalier-farah-addo-bezichtigt-joseph-blatter-und-dessen-anhaenger--sich-die-fifa-praesidentschaft-erkauft-zu-haben--100-000-dollar--wenn-du-dein-votum-aenderst-,10917074,9978350.html; zuletzt abgerufen am 3. Juli 2023); RP-Online vom 1. März 2002, „Blatter: Uefa erwägt Untersuchungsausschuss" (abrufbar unter: http://www.rp-online.de/sport/fussball/Blatter-Uefa-erwaegt-Untersuchungsausschuss_aid_315739.html; zuletzt abgerufen am 3. Juli 2023).

903 Vgl. Spiegel-Online vom 18. März 2011, „Asiens Bin Hammam fordert Blatter heraus" (abrufbar unter: http://www.spiegel.de/sport/fussball/0,1518,751647,00.html; zuletzt abgerufen am 3. Juli 2023).

904 Der Spiegel 23/2011, Tiefe Taschen, S. 149.

zurück.[905] Nachdem Bin Hammam zunächst von der FIFA-Ethikkommission lebenslang gesperrt wurde, hob der internationale Sportgerichtshof, der „Court of Arbitration for Sport“ (nachfolgend: CAS), die Sperre im Juli 2012 wieder auf.[906]

Im Rahmen der rechtlichen Würdigung ist nachfolgend ausschließlich auf die Verdachtsmomente in Bezug auf die Wahl im Jahr 1998 abzustellen, da sich diese Sachverhaltskonstellation nicht bedeutend von den Verdachtsmomenten aus dem Jahr 2011 unterscheidet. Die Darstellung beider Sachverhalte erfolgte hierbei zum Beleg dafür, dass es sich bei dem Verdachtsfall aus dem Jahr 1998 nicht um einen Einzelfall gehandelt hat. Die Beeinflussung von Delegierten des FIFA-Kongresses (oder eines Organs eines anderen Sportverbandes) zur Verschaffung von Machtpositionen ist somit eine durchaus relevante Fallkonstellation, auch wenn die dargestellten Verdachtsmomente bislang nicht ohne Restzweifel aufgeklärt werden konnten.

Aufgrund der Tatsache, dass im Rahmen der vorliegenden Arbeit insbesondere Normen des deutschen Rechts im Vordergrund stehen sollen, ist der dargestellte Sachverhalt jedoch im Hinblick auf die rechtliche Würdigung anzupassen. Insofern ist nachfolgend davon auszugehen, dass sowohl der FIFA-Kongress bzw. die Wahl des FIFA-Präsidenten als auch die Beeinflussung der Delegierten in Deutschland stattgefunden haben. Da der FIFA-Kongress ohnehin an jährlich wechselnden Veranstaltungsorten stattfindet, ist es im Hinblick auf die Prävention von Wirtschaftskriminalität nicht maßgeblich, dass dieser im Jahr 1998 gerade in Frankreich stattgefunden hat.

II. Strafrechtliche Würdigung

In Anpassung des dargestellten Sachverhaltes ist – wie dargelegt – davon auszugehen, dass die entsprechenden Geldzahlungen und auch die Wahl des FIFA-Präsidenten im Jahre 1998 in Deutschland stattgefunden haben. Insofern ist gemäß §§ 3, 9 StGB deutsches Strafrecht anwendbar.

In Betracht zu ziehen sind vorliegend die Bestechungsdelikte der §§ 299, 331, 333, 108b, 108e StGB.

---

905 Spiegel-Online vom 29. Mai 2011, „Blatter-Rivale kapituliert im Kampf um die FIFA“ (abrufbar unter: http://www.spiegel.de/sport/fussball/0,1518,765514,00.html; zuletzt abgerufen am 3. Juli 2023).

906 CAS, Urteil vom 19. Juli 2012, Az.: 2011/A/2625 Mohamed Bin Hammam vs. FIFA (nachdem eine erneute Sperre ausgesprochen werden sollte, trat Bin Hammam Ende 2012 von allen Ämtern zurück).

1. Bestechlichkeit der Delegierten des FIFA-Kongresses gemäß § 299 Abs. 1 StGB

Die Delegierten des FIFA-Kongresses könnten sich in dieser Fallkonstellation wegen Bestechlichkeit nach § 299 Abs. 1 StGB strafbar gemacht haben.

Hierzu müsste es sich bei den Delegierten zunächst um taugliche Täter im Sinne des § 299 StGB, also um Angestellte oder Beauftragte eines geschäftlichen Betriebes handeln. Gemäß Ziff. 23 Abs. 1 FIFA-Statuten hat jeder Mitgliedsverband eine Stimme im Kongress und wird hierbei durch Delegierte vertreten. Dieser Delegierte muss nach Ziff. 23 Abs. 2 FIFA-Statuten dem Mitgliedsverband angehören, den er vertritt und vom zuständigen Organ dieses Verbands bestimmt worden sein. Insofern sind die Delegierten aufgrund ihrer Stellung berechtigt und verpflichtet für den sie entsendenden Verband zu handeln und somit als Beauftragte dieses Verbandes anzusehen. Die Mitgliedsverbände sind darüber hinaus auch als geschäftliche Betriebe im Sinne des § 299 StGB zu qualifizieren. Wie bereits dargestellt, verfolgt beispielsweise der DFB, trotz seiner Einordnung als Idealverein, im Hinblick auf seine Einnahmequellen wirtschaftliche Zwecke, so dass der aus diesem Grund als geschäftlicher Betrieb im Sinne des § 299 StGB anzusehen ist.[907] Dies gilt daher entsprechend für die anderen Mitgliedsverbände der FIFA im gleichen Maße.

Die Entgegennahme von Bargeld stellt des Weiteren unzweifelhaft einen Vorteil im Sinne der Norm dar.[908] Fraglich ist hierbei jedoch, ob dieser Vorteil als Gegenleistung für eine künftige unlautere Bevorzugung im Sinne des § 299 StGB angeboten bzw. versprochen wurde. Nach dem Sinn und Zweck der Vorschrift des § 299 StGB muss sich die Bevorzugung gerade auf den Bezug von Waren oder gewerblichen Leistungen im Wettbewerb beziehen.[909] Hiervon ist das gesamte, auf die Erlangung oder den Absatz von Waren bzw. Leistungen gerichtete Geschäft erfasst.[910] Unter den Begriff der Ware fallen alle wirtschaftlichen Güter, die Gegenstand des Handels sein können.[911] Gewerbliche Leistungen umfassen alle geldwerten Leistungen des gewerblichen oder geschäftlichen Lebens.[912] Die Stimmabgabe eines Delegierten des FIFA-Kongresses stellt weder eine Ware noch eine gewerbliche Leistung dar, die vom Beeinflussenden bezogen werden

---

907 Vgl. oben unter: 2. Kapitel A. II. 1. a) gg).

908 Vgl. nur *Fischer*, § 299, Rn. 7.

909 Schönke/Schröder – *Heine/Eisele*, § 299, Rn. 21; MüKo/StGB – *Krick*, § 299, Rn. 26.

910 BGHSt 10, 269 (270); so auch MüKo/StGB – *Krick*, § 299, Rn. 26.

911 Schönke/Schröder – *Heine/Eisele*, § 299, Rn. 22.

912 Schönke/Schröder – *Heine/Eisele*, § 299, Rn. 22.

kann.[913] Soweit daher Schutzzweck des § 299 StGB die Erhaltung des freien, wirtschaftlichen Wettbewerbs ist[914], ist die Beeinflussung der Stimmabgabe von Delegierten des FIFA-Kongresses von diesem Schutzbereich nicht erfasst. Eine Strafbarkeit nach § 299 Abs. 1 StGB kommt daher nicht in Betracht.[915]

2. *Bestechung durch den FIFA-Generalsekretär gemäß § 299 Abs. 2 StGB*

Sofern sich die Delegierten des FIFA-Kongresses nicht wegen Bestechlichkeit nach § 299 Abs. 1 StGB strafbar machen, kommt aufgrund des fehlenden Wettbewerbsverhältnisses auch eine Strafbarkeit des Beeinflussenden wegen Bestechung nach § 299 Abs. 2 StGB nicht in Betracht.

3. *Vorteilsannahme der Delegierten des FIFA-Kongresses gemäß § 331 Abs. 1 StGB*

Eine Strafbarkeit der Delegierten des FIFA-Kongresses wegen Vorteilsannahme nach § 331 Abs. 1 StGB scheitert bereits an der fehlenden tauglichen Tätereigenschaft. Der objektive Tatbestand des § 331 Abs. 1 StGB erfordert hierfür das Fordern, das Versprechenlassen oder die Annahme eines Vorteils durch einen Amtsträger oder für den öffentlichen Dienst besonders Verpflichteten.

Die Delegierten des FIFA-Kongresses stehen aufgrund ihrer Eigenschaft als Abgesandte ihres Mitgliedsverbandes unzweifelhaft in keinem Beamtenverhältnis oder nehmen sonst Aufgaben einer Behörde bzw. öffentlichen Stelle wahr. Mithin fallen sie nicht unter die in § 11 Abs. 1 Nr. 2 und 4 StGB aufgeführten Legaldefinitionen von „Amtsträger" bzw. „für den öffentlichen Dienst besonders Verpflichteter".[916] Selbst wenn es sich bei Delegierten des FIFA-Kongresses um Personen handelt, die die Verbandsfunktion nur nebenamtlich ausüben und in ihrem Hauptberuf Amtsträger nach § 11 Abs. 1 Nr. 2 und 4 StGB sind, wären die Voraussetzungen des § 331 StGB nicht erfüllt, da sich die Zuwendung dann nicht auf eine Diensthandlung des Amtsträgers beziehen würde.[917]

---

913 So auch *Reinhart*, SpuRt 2011, 241 (243).

914 Fischer, § 299, Rn. 2; MüKo/StGB – Krick, § 299, Rn. 2; Vgl. zum Begriff des „wirtschaftlichen Wettbewerbs: *Koepsel*, S. 36.

915 Vgl. auch *Reinhart*, SpuRt 2011, 241 (243).

916 Vgl. auch *Reinhart*, SpuRt 2011, 241 (242).

917 *Reinhart*, SpuRt 2011, 241 (242).

4. *Vorteilsgewährung durch den FIFA-Generalsekretär gemäß § 333 Abs. 1 StGB*

Da die Norm des § 333 StGB das „spiegelbildliche Gegenstück“[918] zu § 331 StGB darstellt und insofern ebenfalls die taugliche Tätereigenschaft des den Vorteil Annehmenden voraussetzt, kommt eine Strafbarkeit des FIFA-Generalsekretärs mithin ebenfalls nicht in Betracht.

5. *Abgeordnetenbestechung durch den FIFA-Generalsekretär gemäß § 108e StGB*

Eine Strafbarkeit des FIFA-Generalsekretärs wegen Abgeordnetenbestechung nach § 108e StGB scheidet vorliegend ebenfalls aus. Bezugsobjekt einer solchen Tat sind nur Wahlen und Abstimmungen in Volksvertretungen, also Europäisches Parlament, Bundestag, Länderparlament, Gemeindevertretungen oder Gemeindeverbände, und damit solchen Körperschaften, deren Mitglieder durch Urwahl des Volkes bestimmt werden.[919]

Da die FIFA unzweifelhaft keine Volksvertretung im benannten Sinne darstellt, unterfällt die Wahl zum FIFA-Präsidenten damit auch nicht dem Anwendungsbereich des § 108e StGB.[920]

6. *Wählerbestechung durch den FIFA-Generalsekretär gemäß § 108b StGB*

Auch der Straftatbestand der Wählerbestechung nach § 108b StGB ist vorliegend nicht einschlägig. Insofern enthält § 108d StGB eine Legaldefinition des Begriffs der Wahl, die für die Straftatbestände des Wahlstrafrechts (§§ 107 bis 108d StGB) einschlägig ist.[921] Nach dem Wortlaut der Norm des § 108d StGB ist § 108b StGB daher nur für Wahlen zu Volksvertretungen, der Abgeordneten des Europäischen Parlaments und sonstige Wahlen und Abstimmungen des Volkes im Bund, den Ländern, Gemeinden und Gemeindeverbänden sowie Urwahlen in der Sozialversicherung anwendbar.

---

918 Schönke/Schröder – *Heine/Eisele*, § 333, Rn. 1.

919 Lackner/Kühl – *Kühl*, § 108e, Rn. 2; von Heintschel-Heinegg – *Trüg*, § 108e, Rn. 4; Schönke/Schröder – *Eser*, § 108e, Rn. 2.

920 So auch *Reinhart*, SpuRt 2011, 241 (242).

921 Schönke/Schröder – *Eser*, § 108d, Rn. 1.

Die Wahl des FIFA-Präsidenten durch den FIFA-Kongress ist daher ebenfalls nicht vom Anwendungsbereich der Norm erfasst.[922]

7. Zwischenergebnis

Weder der FIFA-Generalsekretär noch die Delegierten des FIFA-Kongresses haben sich nach deutschem Recht strafbar gemacht.[923]

III. Einschlägigkeit von sanktionierten Verboten und Organisationsgeboten nach schweizerischem Recht („Innensteuerung“)

Die Anpassung des Sachverhaltes im Hinblick auf die Anwendbarkeit deutschen Rechts ist insoweit nur für den Handlungsort möglich und hat damit lediglich Auswirkungen für die Strafbarkeit der handelnden natürlichen Personen. Da es nachfolgend jedoch auf etwaige Organisationspflichten der FIFA ankommt, ist die Bewertung nach den geltenden Rechtsnormen des Sitzes dieses Vereins vorzunehmen. Eine fiktive Verlegung des Vereinssitzes nach Deutschland ist hierbei nicht sachgerecht.

Im Hinblick auf die Prävention von Wirtschaftskriminalität durch „Innensteuerung“ kommt als Anknüpfungspunkt dabei die FIFA als Verein nach Schweizerischem Recht gemäß Art. 60 ff. ZGB[924] in Betracht. Bei den im dargestellten Sachverhalt beteiligten Personen handelt es sich um den FIFA-Generalsekretär und Delegierte des FIFA-Kongresses. Ziff. 21 der FIFA-Statuten[925] bestimmt, dass es sich bei diesen Personen um Organe der FIFA handelt. Insofern können bei der Beeinflussung von Organmitgliedern des FIFA-Kongresses durch den FIFA-Generalsekretär oder anderen Mitgliedern des FIFA-Exekutivkomitees[926] Normen des Schweizerischen Rechts betreffend die Prävention durch sanktionierte Verbote oder Organisationsgebote berührt sein.

Insofern kommt insbesondere eine Strafbarkeit der FIFA nach Art. 102 Schweizerisches Strafgesetzbuch (nachfolgend: sStGB) in Betracht.

922 So auch *Reinhart*, SpuRt 2011, 241 (242).

923 Zusammenfassend auch *Reinhart*, SpuRt 2011, 241 (242 f.).

924 Vgl. Ziff. 1 Abs. 1 FIFA-Statuten.

925 Ziff. 24 FIFA-Statuten in der neuen Fassung von 2019.

926 Mittlerweile umbenannt in FIFA-Rat vgl. Ziff. 33 f. FIFA-Statuten n.F.

1. *Strafbarkeit der FIFA nach Art. 102 sStGB*

Die Norm des Art. 102 sStGB und damit die Strafbarkeit von Unternehmen wurde zum 1. Oktober 2003 in das Schweizerische Strafgesetzbuch eingeführt.[927] Da dem Unternehmen im Hinblick auf seine Strafbarkeit naturgemäß keine individuelle Verfehlung vorgeworfen werden kann, wird insofern auf den Vorwurf einer mangelhaften Organisation abgestellt.[928] Bei Vorliegen der Strafbarkeitsvoraussetzungen droht dem Unternehmen eine Geldstrafe in Höhe von bis zu fünf Millionen Franken.

Der Normaufbau des Art. 102 sStGB beruht auf drei Bausteinen: Zum einen ist Ansatzpunkt der Unternehmensstrafbarkeit immer das strafbare Primärverhalten – die sog. Anlasstat – von Personen, die dem Unternehmen zugerechnet werden können.[929] Zum anderen ist ein spezifischer Bezug zwischen der Anlasstat und dem Tätigkeitsbereich des Unternehmens erforderlich.[930] Letztlich haftet das Unternehmen nur, wenn es eine Organisationspflichtverletzung begeht. Eine solche kann entweder darin bestehen, dass das Delikt einer bestimmten Betriebsperson nicht zugerechnet werden kann (sog. subsidiäre Unternehmenshaftung[931] nach Art. 102 Abs. 1 sStGB) oder dass das Unternehmen die Begehung von Straftaten ermöglicht hat (sog. konkurrierende Unternehmenshaftung[932] nach Art. 102 Abs. 2 sStGB).[933] Der Gesetzgeber hat hierbei bewusst das Konzept der Kombination dieser Modelle der Unternehmensstrafbarkeit gewählt[934] und somit unterschiedliche Tatbestandsvoraussetzungen der Unternehmensstrafbarkeit geschaffen.

a) *Subsidiäre Unternehmenshaftung nach Art. 102 Abs. 1 sStGB*

Hinter der subsidiären Unternehmenshaftung nach Art. 102 Abs. 1 sStGB steht der Leitgedanke, dass „die Aufschlüsselung von im Unternehmen begangenen Straftaten in individuelle Verantwortungskreise Normalfall strafrechtlicher

927 Donatsch – *Donatsch*, Art. 102, Rn. 1.
928 Donatsch – *Donatsch*, Art. 102, Rn. 1.
929 *Forster*, S. 71.
930 *Forster*, S. 71.
931 Vgl. zu diesem Begriff *Meier*, S. 52; *Schmid*, in: FS-Forstmoser, 761 (778); *Niggli/Schmuki*, AR 2005, 347 (350 f.).
932 Vgl. zu diesem Begriff *Meier*, S. 52 f.; *Schmid*, in: FS-Forstmoser, 761 (781); *Niggli/Schmuki*, AR 2005, 347 (351).
933 *Forster*, S. 71; *Geiger*, S. 21.
934 *Meier*, S. 83; *Schmid*, in: FS-Forstmoser, 761 (767 f.).

Zurechnung bleiben soll".[935] Die Haftung des Unternehmens kommt hiernach nur dann in Frage, wenn die Anlasstat keiner natürlichen Person zugerechnet werden kann.[936] Der dem Unternehmen gemachte Vorwurf richtet sich dann darauf, dass wegen der mangelhaften Organisation keine verantwortliche natürliche Person durch die Strafverfolgungsbehörden ausfindig gemacht werden könne.[937] Die Anwendbarkeit der subsidiären Unternehmenshaftung ist im Hinblick auf die konkret zugrunde liegende Fallkonstellation jedoch auszuschließen. Im Falle der Beeinflussung von Entscheidungen des FIFA-Kongresses durch Geldzahlungen ist das Aufkommen eines entsprechenden Verdachts bzw. Vorwurfs denktheoretisch nur möglich, wenn die Beteiligten bekannt sind. Insofern kann die Zurechnung an eine natürliche Person in diesen – bekannt gewordenen – Fällen auch immer erfolgen. Eine Strafbarkeit der FIFA ist daher nach Art. 102 Abs. 1 sStGB auszuschließen.

b) Konkurrierende Unternehmenshaftung nach Art. 102 Abs. 2 sStGB

Allerdings könnte die Tatbestandsalternative der konkurrierenden Unternehmenshaftung nach Art. 102 Abs. 2 sStGB einschlägig sein.

Für bestimmte, abschließend aufgezählte Straftaten sieht Art. 102 Abs. 2 sStGB die konkurrierende Unternehmenshaftung vor. Anders als in Art. 102 Abs. 1 sStGB, in dessen Rahmen davon ausgegangen wird, dass strafbare Handlungen im Unternehmen vorkommen können und das Unternehmen lediglich dafür Sorge zu tragen hat, dass die Möglichkeit der Täterfeststellung besteht, geht Art. 102 Abs. 2 sStGB davon aus, dass diese aufgezählten Delikte in einem Unternehmen nicht vorkommen dürfen.[938] Die Unternehmensstrafbarkeit kann daher unabhängig von der strafrechtlichen Haftung natürlicher Personen eintreten, so dass die Bestrafung der für die Anlasstat verantwortlichen natürlichen Person nicht die Bestrafung des Unternehmens ausschließt.[939]

Bei den in Art. 102 Abs. 2 sStGB aufgezählten Anlasstaten handelt es sich um Straftaten aus dem Bereich des organisierten Verbrechens (Art. 260ter sStGB), der Terrorismusfinanzierung (Art. $260^{quinquies}$ sStGB), der Geldwäscherei

935 *Forster*, S. 203.

936 *Forster*, S. 203 f.

937 Donatsch – *Donatsch*, Art. 102, Rn. 12; zur Kritik an der Ausgestaltung dieser Tatbestandsalternative durch *Niggli/Schmuki*, AR 2005, 347 (350) kann in diesem Zusammenhang nur hingewiesen werden.

938 *Niggli/Schmuki*, AR 2005, 347 (351).

939 *Forster*, S. 84; vgl. auch: *Stratenwerth/Wohlers*, Art. 102, Rn. 6.

(Art. 305bis sStGB) und der Korruption (Art. 322ter, 322[quinquies], 322[septies] sStGB und Art. 4a Abs. 1 lit. a) Schweizerisches Gesetz gegen den unlauteren Wettbewerb [nachfolgend: sUWG]).[940]

Die tatbestandlichen Voraussetzungen von Art. 102 Abs. 2 sStGB müssten daher vorliegen:

aa) Unternehmen

Im Hinblick auf die Frage, welche Unternehmensformen von dem Unternehmensbegriff des Art. 102 Abs. 2 sStGB umfasst sind, umschreibt Art. 102 Abs. 4 sStGB den Kreis der hiervon erfassten Unternehmensformen näher.[941] Vereine sind grundsätzlich unter die in Art. 102 Abs. 4 lit. a) sStGB aufgeführten juristischen Personen des Privatrechts zu subsumieren, jedoch sind hierbei nach allgemeiner Ansicht nur solche Vereine erfasst, welche „tatsächlich einer wirtschaftlichen bzw. kaufmännischen Tätigkeit von einigem Gewicht nachgehen".[942] Dies umfasst Vereine, die sich nach Art. 61 Abs. 2 ZGB in das Handelsregister eintragen lassen müssen.[943] Die FIFA ist ein im Handelsregister eingetragener Verein[944] und fällt unzweifelhaft unter den Unternehmensbegriff des Art. 102 Abs. 2 sStGB.[945]

bb) Begehung eines Verbrechens oder Vergehens im Sinne einer Anlasstat nach Art. 102 Abs. 2 sStGB

Des Weiteren müsste ein Verbrechen oder Vergehen im Sinne einer Anlasstat nach Art. 102 Abs. 2 sStGB begangen worden sein. Eine Strafbarkeit nach Art. 322ter, 322[quinquies], 322[septies] sStGB kommt vorliegend nicht in Betracht, da die Delegierten des FIFA-Kongresses unzweifelhaft weder als Amtsträger im Sinne des Art. 110 Abs. 3 sStGB noch als Mitglied einer Behörde oder in Art. 322ter sStGB aufgezählte vergleichbare Person fungieren. Jedoch kann eine Anlasstat durch Verwirklichung des Straftatbestandes des Art. 4a sUWG vorliegen. Auf die Tatsache, dass die tatbestandsmäßigen Handlungen nicht in der Schweiz vorgenommen wurden und insofern die Anwendbarkeit des Schweizerischen Strafrechts durchaus fraglich ist, ist nachfolgend[946] ausführlicher einzugehen.

---

940 Vgl. auch *Schmid*, in: FS-Forstmoser, 761 (781).

941 *Meier*, S. 107.

942 *Meier*, S. 110; so auch: *Forster*, S. 106 f.; *Schmid*, in: FS-Forstmoser, 761 (769).

943 *Schmid*, in: FS-Forstmoser, 761 (769).

944 Vgl. Ziff. 1 Abs. 1 FIFA-Statuten.

945 So auch *Meier*, S. 110, Fn. 672; *Schmid*, in: FS-Forstmoser, 761 (769), Fn. 32.

946 Vgl. unten unter: 3. Kapitel A. III. 1. b) gg).

Nach Art. 4a Abs. 1 lit. a) sUWG handelt unlauter, wer „einem Arbeitnehmer, einem Gesellschafter, einem Beauftragten oder einer anderen Hilfsperson eines Dritten im privaten Sektor im Zusammenhang mit dessen dienstlicher oder geschäftlicher Tätigkeit für eine pflichtwidrige oder eine im Ermessen stehende Handlung oder Unterlassung zu dessen Gunsten oder zu Gunsten eines Dritten einen nicht gebührenden Vorteil anbietet, verspricht oder gewährt". Insofern ist zunächst zu klären, ob die Delegierten des FIFA-Kongresses als taugliche Täter im Sinne des Art. 4a sUWG in Betracht kommen, also als sog. „Agenten"[947] zu qualifizieren sind. In Analogie zum Verwaltungsrat der Aktiengesellschaft ist dies für den Vereinsvorstand unproblematisch zu bejahen, da dieser nach Art. 69 ZGB die Geschäfte des Vereins führt und auch vertretungsbefugt ist.[948] Ist ein Verein selbst Mitglied eines Verbandes und besteht als Vereinsorgan eine Delegiertenversammlung, so sind diese Delegierten ebenfalls als Agenten des sie entsendenden Vereins anzusehen.[949] Die Delegierten des FIFA-Kongresses, die von ihren Mitgliedsverbänden entsendet werden, die ihrerseits wiederum Mitglieder der FIFA sind, sind damit unzweifelhaft als Agenten im Sinne der Norm und damit als bestechungstauglich zu qualifizieren.[950]

Allerdings setzt bereits die Anwendung des sUWG eine Wettbewerbshandlung voraus.[951] Insofern ist eine wirtschaftsrelevante Betätigung außerhalb der eigenen Sphäre erforderlich, also eine Tätigkeit, die den Handel mit geldwerten Gütern oder Leistungen zum Inhalt hat oder sich auf die wirtschaftliche Tätigkeit anderer auswirkt.[952] Eine Wettbewerbshandlung liegt also dann vor, wenn sie den Erfolg von Wettbewerbsteilnehmern „im Kampf um Abnehmer verbessern oder vermindern, deren Marktanteile vergrößern oder verringern oder dazu objektiv geeignet sind".[953] Der vorliegende Sachverhalt betrifft jedoch gerade nicht den Handel mit geldwerten Gütern oder Leistungen, sondern die Stimmabgabe bei der Wahl des FIFA-Präsidenten und damit gerade keine wirtschaftsrelevante Betätigung. Die Beeinflussung der Stimmabgabe der Delegierten des FIFA-Kongresses unterfällt daher nicht Art. 4a sUWG.

947 Vgl. zu diesem Begriff: *Gfeller*, S. 7.
948 *Gfeller*, S. 124.
949 *Gfeller*, S. 124.
950 Vgl. *Gfeller*, S. 124.
951 *Gfeller*, S. 72.
952 *Gfeller*, S. 72.
953 Baudenbacher – *Baudenbacher*, Art. 2, Rn. 25; dem folgend: *Gfeller*, S. 72.

Insofern kommt die Strafbarkeit der FIFA mangels Begehung einer Anlasstat im Sinne des Art. 102 Abs. 2 sStGB auch nach dieser Tatbestandsalternative nicht in Betracht.

Im Hinblick auf die vom Gesetzgeber zu ergreifenden Maßnahmen zur Prävention von Wirtschaftskriminalität im Sport[954] ist jedoch nachfolgend fiktiv von der Verwirklichung einer Anlasstat im Sinne des Art. 102 Abs. 2 sStGB – hier also der des Art. 4a sUWG – auszugehen. Anhand dieser hilfsweisen Prüfung ist festzustellen, ob eine Strafbarkeit der FIFA dann in Betracht käme, wenn das Verhalten ihrer Organe den Straftatbestand einer erforderlichen Anlasstat erfüllt bzw. ob die Strafbarkeit der FIFA lediglich daran scheitert, dass die in Rede stehenden Verhaltensweise der natürlichen Personen nicht unter einen Straftatbestand zu subsumieren sind.

cc) In einem Unternehmen

Die – vorliegend unterstellte – Anlasstat muss darüber hinaus „im Unternehmen" begangen worden sein. Hiervon ist auszugehen, wenn Anlasstäter und Unternehmen in einer spezifischen Beziehung stehen, die hierarchisch-organisatorischer Natur ist.[955] Insofern kommen als Anlasstäter „sämtliche Funktionsträger in Betracht, die infolge organisatorischer Einordnung innerhalb des sozialen Systems „Unternehmen" handeln oder innerhalb dieses Systems hätten handeln sollen".[956] Somit kommen alle Personen in Betracht, die aufgrund rechtlicher oder faktischer Verbundenheit als Organ des Unternehmens anzusehen sind.[957] Da die in Rede stehenden beteiligten Personen – wie dargelegt – als Organe der FIFA anzusehen sind, ist dieses Erfordernis erfüllt.

dd) In Ausübung geschäftlicher Verrichtung im Rahmen des Unternehmenszwecks

Die Anlasstat muss des Weiteren „in Ausübung geschäftlicher Verrichtung im Rahmen des Unternehmenszwecks" erfolgen.[958] Durch diese Einschränkung sollen die ausufernde Anwendung der Unternehmensstrafbarkeit verhindert und solche Straftaten ausgeschlossen werden, die mit der konkreten

954 Vgl. unten unter: 3. Kapitel A. V. 1.
955 *Schmid*, in: FS-Forstmoser, 761 (772); dem folgend: *Forster*, S. 154; *Meier*, S. 97.
956 *Forster*, S. 154; vgl. auch Donatsch – *Donatsch*, Art. 102, Rn. 8.
957 Vgl. *Forster*, S. 155; Donatsch – *Donatsch*, Art. 102, Rn. 8.
958 Zur Kritik an diesem Tatbestandsmerkmal vgl. *Niggli/Schmuki*, AR 2005, 347 (349).

Unternehmenstätigkeit keinen Zusammenhang aufweisen.[959] Dieses Tatbestandsmerkmal darf jedoch auch nicht zu sehr tatbestandseinschränkend ausgelegt werden, so dass letztendlich nur „Geschäftsdelikte“ oder „Unternehmensdelikte“ im Sinne von Vermögens- oder Wirtschaftsstraftaten erfasst sind.[960] Verlangt wird hierbei vielmehr ein „funktionaler Zusammenhang zwischen dem deliktischen Verhalten und dem geschäftlichen Tätigkeitsbereich des Unternehmens“.[961] Die Anlasstat darf daher nicht bloß bei Gelegenheit der Geschäftstätigkeit begangen worden sein.[962] Somit fallen nur solche Delikte unter Art. 102 Abs. 2 sStGB, die in unternehmenstypischen Gefahrbereichen im normalen und legalen Rahmen der Unternehmenstätigkeit verübt werden.[963]

Im Sinne der vorstehend dargelegten Auslegung dieses Tatbestandsmerkmals ist die Beeinflussung von FIFA-Kongressmitgliedern durch den Generalsekretär zur Wahl des FIFA-Präsidenten durchaus als Handeln „in Ausübung der geschäftlichen Verrichtung“ zu verstehen. Die Wahl des Präsidenten betrifft – insbesondere im Hinblick auf seine geschäftlichen Aufgaben[964] – hierbei zweifelsohne einen geschäftlichen Tätigkeitsbereich des Unternehmens, so dass die Anlasstat daher nicht als bei Gelegenheit begangen zu verstehen ist. Ein Ausschluss der Strafbarkeit der FIFA mangels Verwirklichung dieses Tatbestandsmerkmals würde Sinn und Zweck der gewollten Tatbestandseinschränkung nicht entsprechen.

ee) Verstoß gegen die Deliktsverhinderungspflicht aus Art. 102 Abs. 2 sStGB

Wie bereits dargelegt, muss die entsprechende Anlasstat aufgrund eines Organisationsversagens ermöglicht worden sein.[965] Worin diese Organisationspflicht des Unternehmens jedoch im konkreten Einzelfall besteht, ist dem Wortlaut der Norm des Art. 102 Abs. 2 sStGB nicht zu entnehmen.[966] Art. 102 Abs. 2 sStGB bestimmt insoweit lediglich, dass das Unternehmen zur Verhinderung der Straftat alle „erforderlichen und zumutbaren organisatorischen Vorkehrungen“ zu

959 *Schmid*, in: FS-Forstmoser, 761 (774).
960 *Schmid*, in: FS-Forstmoser, 761 (774); dem folgend: *Meier*, S. 98 f.
961 *Forster*, S. 191; so auch: Donatsch – *Donatsch*, Art. 102, Rn. 11.
962 *Forster*, S. 191; *Niggli/Gfeller*, in: Niggli/Amstutz, 151 (163).
963 Donatsch – *Donatsch*, Art. 102, Rn. 11.
964 Vgl. insbesondere Ziff. 32 Abs. 1 lit. a) FIFA-Statuten.
965 Vgl. nur *Meier*, S. 103.
966 *Meier*, S. 103.

treffen hat. Zu beachten ist hierbei, dass jede Geschäftstätigkeit mit unterschiedlichen Risiken verbunden ist und insoweit je nach Art des Unternehmens auch unterschiedliche Standards zur Deliktsverhinderung zur Verfügung stehen.[967] Insofern hängt die Bewertung immer von den Umständen des Einzelfalles ab, so dass ein entsprechender Pflichtenkatalog im Rahmen dieses Einzelfalles zu konkretisieren ist.[968] Insbesondere sind hierbei auch bereits durch öffentlich-rechtliche Normierungen geltende Regelungen, wie zum Beispiel Spezialgesetze im Bereich der Finanzaufsicht, zu beachten.[969] Die organisatorische Pflicht zur Verhinderung von betriebstypischen Straftaten bedeutet daher, dass von größeren Unternehmen über die Personalaufsicht hinaus ein spezifisches Risikomanagement erwartet wird.[970] Die Normierung des Art. 102 Abs. 2 sStGB führt daher zu nichts Anderem als der Pflicht des Unternehmens eine Compliance-Organisation einzurichten.[971]

Da die Verhinderung von Wirtschaftsstraftaten den Kern dieser Arbeit bildet und auch Gegenstand des in Rede stehenden Sachverhaltes ist, ist im Rahmen der nachfolgenden Erörterung ausschließlich auf die hier maßgeblichen Delikte einzugehen.[972]

Wie zuvor dargestellt, ist bei der Beurteilung im konkreten Einzelfall insbesondere auf staatlich erlassene Normen zur Definition der Organisationspflichten abzustellen. Da jedoch gerade im Bereich der Prävention von unlauterer Beeinflussung entsprechende Regelungen „Mangelware“[973] sind, wird hierbei insbesondere auf private Selbstregulierungsakte[974] abgestellt.[975] Insbesondere

967 Vgl. Donatsch – *Donatsch*, Art. 102, Rn. 22; *Schmid*, in: FS-Forstmoser, 761 (781).

968 Vgl. nur *Meier*, S. 104 f.; *Heine*, in: Niggli/Amstutz, 93 (108 f.).

969 *Schmid*, in: FS-Forstmoser, 761 (781).

970 *Heine*, in: Niggli/Amstutz, 93 (112).

971 Vgl. *Heine*, in: Niggli/Amstutz, 93 (112) der hierbei auf die Stichworte „Law-Compliance-Programm“ und „Corporate Governance“ abstellt.

972 Es versteht sich von selbst, dass der FIFA im Rahmen ihrer Deliktsverhinderungspflicht auch die Vermeidung der Begehung von den anderen normierten Anlasstaten obliegt.

973 So *Heine*, in: Niggli/Amstutz, 93 (114).

974 Wie z.B.: „Rules of Conduct to Combat Extortion an Bribery“ der Internationalen Handelskammer (ICC), „Geschäftsgrundlage für die Bekämpfung von Korruption“ der Organisation Transparency International Schweiz oder die Broschüre „Korruption vermeiden – Hinweise für im Ausland tätige Schweizer Unternehmen“ des Schweizer Staatssekretariats für Wirtschaft.

975 *Forster*, S. 236 f.; *Heine*, in: Niggli/Amstutz, 93 (114).

werden hierbei die folgenden Maßnahmen empfohlen, die mit den in Deutschland zur Bekämpfung von Wirtschaftskriminalität ebenfalls eingesetzten Maßnahmen identisch sind und insbesondere auch im Bereich anderer Fallkonstellation bereits dargestellt wurden[976]:

- Entwicklung eines auf die Organisation angepassten Präventionsprogramms, dessen Kern aus einem „Mission Statement" der Geschäftsleitung und einem Verhaltenskodex besteht;
- Mitarbeiterschulung und -information;
- Implementierung von Kontrollmechanismen im Rahmen des Finanzwesens;
- Einrichtung einer Anlaufstelle (eventuell Einführung eines „Whistle-Blowing-Verfahrens");
- Schaffung von Transparenz und Dokumentation in Bezug auf Geschäftsabläufe;
- Vier-Augen-Prinzip;
- Budgetrestriktionen;
- Jobrotation.

Im Hinblick auf die Frage nach einer Bindungswirkung solcher privaten Selbstregulierungsakte für den zu erkennenden Strafrichter, sind diese nach herrschender Ansicht als Interpretations- oder Auslegungshilfen zu qualifizieren.[977] Insbesondere stellen diese Regelwerke auf einen Durchschnittsmaßstab ab und sind im Einzelfall auf Größe und Betriebsstruktur des jeweiligen Unternehmens anzupassen.[978]

Bei den von der FIFA ergriffenen Maßnahmen zur Prävention handelt es sich – wie bereits im Hinblick auf die Aufsichtsmaßnahmen des DFB festgestellt[979] – regelmäßig um verbandsinterne Maßnahmen. Die Feststellung, dass im vorliegenden Fall gegen die aus Art. 102 Abs. 2 sStGB folgende Organisationspflicht verstoßen wurde, verbietet sich daher auch hier. Festzuhalten ist jedoch, dass eine Strafbarkeit der FIFA bei einem Verstoß gegen diese Pflichten – unter der Voraussetzung des Vorliegens einer Anlasstat – durchaus in Betracht zu ziehen ist.

---

976 Vgl. hierzu *Forster*, S. 237 f.; *Heine*, in: Niggli/Amstutz, 93 (114).

977 *Forster*, S. 247 ff.; *Heine*, in: Niggli/Amstutz, 93 (114 f.); Donatsch – *Donatsch*, Art. 102, Rn. 19.

978 *Forster*, S. 249.

979 Vgl. oben unter: 2. Kapitel A. III. 1.

ff) Anwendbarkeit des schweizerischen Strafrechts

Die Beeinflussungshandlung der beteiligten Personen erfolgte hierbei jedoch gerade nicht in der Schweiz. Insofern ist – wie bereits angedeutet – fraglich, ob vorliegend überhaupt schweizerisches Strafrecht angewendet werden kann.

Nach dem Territorialitätsprinzip ist nach Art. 3 sStGB grundsätzlich der Ort maßgebend an dem das Delikt begangen worden ist, wobei als Deliktsort bei Erfolgsdelikten auch der Erfolgsort nach Art. 8 sStGB gilt.[980] Die schweizerische Strafrechts- und Gerichtshoheit besteht demnach primär für Inlandstaten.[981]

Für Unternehmen, die ihren Sitz in der Schweiz haben und deren Angehörige nach Art. 102 sStGB eine Anlasstat im Ausland begangen haben, ist hierbei allerdings insbesondere das aktive Personalitätsprinzip nach Art. 7 sStGB relevant.[982] Nach diesem Prinzip ist das schweizerische Strafrecht auch auf schweizerische Täter, die sich in der Schweiz befinden, aber im Ausland ein Delikt begangen haben, anwendbar.[983] Voraussetzung ist hierbei jedoch, dass das Delikt auch am Begehungsort strafbar ist und es sich um ein Delikt handelt, bei dem die Auslieferung nach schweizerischem Recht zulässig ist.[984] Da diese Regelung im Hinblick auf das Individualstrafrecht in das sStGB aufgenommen wurde, es jedoch weder sinnvoll noch denkbar erscheint, Unternehmen auszuliefern, ist das aktive Personalitätsprinzip auf das Unternehmensstrafrecht zu übertragen.[985] Die Voraussetzungen des Art. 7 sStGB müssten hierbei jedoch auch bei Übertragung auf das Unternehmensstrafrecht vorliegen.

Zum einen muss das – sich aus Art. 7 Abs. 1 lit. a) sStGB ergebende – Erfordernis der doppelten Strafbarkeit vorliegen, wonach die Tat auch am Begehungsort strafbar sein muss oder der Begehungsort keiner Strafbarkeit unterliegt. In Übertragung auf das Unternehmensstrafrecht betrifft dies allerdings zwei Ebenen: Die doppelte Strafbarkeit muss hierbei nämlich nicht nur die Anlasstat, sondern auch die Unternehmensstrafbarkeit selbst betreffen.[986] Die doppelte Strafbarkeit der (durch eine natürliche Person begangenen) Anlasstat liegt – wie bereits festgestellt – nicht vor. Sowohl nach deutschem als auch nach schweizerischem Strafrecht unterfällt die Beeinflussung der Delegierten des

---

980 *Riklin*, § 8, Rn. 24 f.

981 *Riklin*, § 8, Rn. 24.

982 Vgl. *Niggli/Gfeller*, in: Niggli/Amstutz, 151 (178).

983 *Bertossa*, S. 207.

984 *Bertossa*, S. 208; Donatsch – *Donatsch*, Art. 7, Rn. 3.

985 *Bertossa*, S. 208.

986 *Heiniger*, S. 354; *Niggli/Gfeller*, in: Niggli/Amstutz, 151 (178).

FIFA-Kongresses keinem Straftatbestand. Im Hinblick auf die durch den Gesetzgeber zu ergreifenden Maßnahmen, ist auch hierbei fiktiv von einer Strafbarkeit dieser Handlungen – sowohl nach dem deutschen als auch nach dem schweizerischen StGB – auszugehen. Das Vorliegen einer Anlasstat und den Verstoß gegen die Deliktsverhinderungspflicht unterstellt, läge eine Strafbarkeit der FIFA nach Art. 102 sStGB vor. Eine solche Strafbarkeit müsste im Sinne des Erfordernisses der doppelten Strafbarkeit demnach auch nach deutschem Recht bestehen. Wie dargestellt[987], ist die Unternehmensverantwortlichkeit in Deutschland in §§ 9, 30, 130 OWiG normiert und wird damit nicht aufgrund einer kriminalstrafrechtlichen Ordnung sanktioniert. Insofern wird jedoch auch das Ordnungswidrigkeitenrecht als geeignet angesehen, um das Erfordernis der doppelten Strafbarkeit als erfüllt zu betrachten.[988] Der rechtsfähige Verein ist von den Normen der §§ 9, 30, 130 OWiG erfasst.[989] Die Strafbarkeit der entsprechenden Handlungen nach deutschem Strafgesetzbuch unterstellt, würden diese Handlungen auch unzweifelhaft eine Pflichtverletzung darstellen, die einen Bezug zum Betrieb der FIFA aufweist, so dass der Anwendungsbereich der §§ 9, 30, 130 OWiG eröffnet wäre. Wie bereits festgestellt, sind die Anforderungen an die Organisationspflicht nach der Normentrias des Ordnungswidrigkeitenrechts mit denen des Art. 102 Abs. 2 sStGB weitestgehend identisch, so dass bei einem Verstoß gegen die Deliktsverhinderungspflicht nach Art. 102 Abs. 2 sStGB auch eine Pflichtverletzung nach dem Ordungswidrigkeitenrecht vorläge. Die doppelte Strafbarkeit in Bezug auf die Unternehmensverantwortlichkeit läge damit vor.

Aufgrund der Tatsache, dass ein Unternehmen nicht wie eine natürliche Person räumlich verschoben werden und damit auch nicht ausgeliefert werden kann, ist das Erfordernis der fehlenden Auslieferung nach Art. 7 sStGB in Übertragung auf das Unternehmensstrafrecht immer als erfüllt anzusehen.[990]

Insofern wäre das schweizerische Strafrecht – das Vorliegen einer strafbaren Anlasstat und den Verstoß gegen Deliktsverhinderungs- bzw. Organisationspflichten unterstellt – auch in der in Rede stehenden Fallkonstellation anwendbar.

gg) Zwischenergebnis

Nach dem Dargelegten scheitert eine Unternehmensstrafbarkeit der FIFA gemäß Art. 102 Abs. 2 sStGB vorliegend zwar daran, dass die Beeinflussung

---

987 Vgl. oben unter: 1. Kapitel B. II. 1.

988 *Heiniger*, S. 363.

989 KK/OWiG – *Rogall*, § 9, Rn. 41 ff.; Göhler – *Gürtler*, § 30, Rn. 2.

990 Vgl. *Heiniger*, S. 371.

der Delegierten des FIFA-Kongresses durch ein anderes FIFA-Organ mittels Geldzahlung sowohl nach schweizerischem als auch nach deutschem Strafrecht nicht strafbar ist. Allerdings wären die sonstigen Strafbarkeitsvoraussetzungen – einen hier nicht bewertbaren Verstoß gegen die Organisationspflichten der FIFA vorausgesetzt – erfüllt.

2. *Weitere Organisationsgebote*

Weitere – den §§ 91, 93 AktG und § 43 GmbHG vergleichbare – Organisationsgebote können sich darüber hinaus aus dem schweizerischen Zivilrecht ergeben.

Hier kommt es auf eine persönliche Haftung der Organe – konkret des Vereinsvorstandes – für Organisationsmängel an. Auf die mögliche Haftung des Vereins im Wege der Geschäftsherrenhaftung nach Art. 55 Abs. 1 OR (Verantwortlichkeit der juristischen Person für schädigende Handlungen ihrer Hilfspersonen, die keine Organpersonen sind[991]) oder der Organhaftung nach Art. 55 Abs. 2 ZGB (Verantwortlichkeit der juristischen Person für das schädigende Verhalten ihrer Organe[992]) kann vorliegend nur hingewiesen werden.[993]

Im Außenverhältnis haftet der Vorstand nach Art. 55 Abs. 3 ZGB gegenüber Dritten für Handlungen, welche er als Organ des Vereins vorgenommen hat.[994] Dritte können daher einen unmittelbaren Schaden, der durch ein schuldhaftes Verhalten des Vereinsvorstandes entstanden ist, entweder gemäß Art. 55 Abs. 2 ZGB gegenüber dem Verein oder nach Art. 55 Abs. 3 ZGB gegenüber dem Vorstand geltend machen.[995]

Im Vereinsrecht fehlt jedoch eine Regelung, aus der sich die Haftung des Vorstandes gegenüber dem Verein für Schäden, welcher durch die Vorstandstätigkeit entstanden sind, ergeben.[996] Als Anspruchsgrundlage für eine Haftung des Vorstandes im Rechtsverhältnis zum Verein wird daher das organschaftliche Rechtsverhältnis herangezogen.[997] Die Sorgfaltspflichten werden durch Gesetz und Statuten bestimmt.[998] Gemäß Art. 69 ZGB hat der Vorstand die Pflicht, die

991 *Roberto/Petrin*, in: Niggli/Amstutz, 69 (75).
992 *Roberto/Petrin*, in: Niggli/Amstutz, 69 (71).
993 Vgl. insbesondere ausführliche Darstellung zur Geschäftsherrenhaftung bei *Waespi*, S. 15 ff. und zur Organhaftung bei *Waespi*, S. 46 ff.
994 *Müller/Schmid*, in: FS-Riemer, 229 (232); *Pachmann*, in: FS-von der Crone, 255 (258).
995 *Pachmann*, in: FS-von der Crone, 255 (258).
996 *Müller/Schmid*, in: FS-Riemer, 229 (231).
997 *Müller/Schmid*, in: FS-Riemer, 229 (231); *Pachmann*, in: FS-von der Crone, 255 (258); *Heini/Portmann/Seemann*, § 15, Rn. 335.
998 *Müller/Schmid*, in: FS-Riemer, 229 (231).

Interessen des Vereins zu wahren und für eine gesetzes- und statutenkonforme Verwaltung zu sorgen.[999] Als materielle Haftungsvoraussetzungen werden Schaden, Pflichtwidrigkeit, adäquater Kausalzusammenhang zwischen Pflichtwidrigkeiten und Schaden sowie Verschulden vorausgesetzt.[1000] Die Pflichtverletzung kann insbesondere darin bestehen, dass der Vorstand den Verein nicht angemessen leitet bzw. angemessen organisiert.[1001] Zu berücksichtigen ist hierbei auch die Vereinsgröße und die Geschäftstätigkeit des Vereins, so dass eine Pflichtverletzung bei einer bestimmten Größe des Vereins auch darin bestehen kann, dass der Vorstand nicht für eine angemessene finanzielle Führung sorgt.[1002] Bezogen auf die Größe und die Geschäftstätigkeit der FIFA müssten daher entsprechend erhöhte Anforderungen an die Sorgfaltspflicht des Vorstandes gestellt werden. Größe und Geschäftstätigkeit des Vereins wirken sich insofern auch auf das Verschulden des Vorstandes aus. So muss beispielsweise der Vereinspräsident bei einer gewissen Größe fähig sein, den fachlich ausgewiesenen Finanzchef zu instruieren und zu überwachen.[1003]

Es kann jedoch dahingestellt bleiben, welche Sorgfalts- bzw. Organisationspflichten des Vereinsvorstandes sich aus Art. 69 ZGB im Konkreten ergeben, da im Hinblick auf den in Rede stehenden Sachverhalt der FIFA ohnehin kein Schaden entstanden ist. Ein Schaden wäre hierbei allenfalls nur dann in Betracht zu ziehen, wenn das Verhalten der FIFA-Organe vom Tatbestand des Art. 4a sUWG erfasst wäre und somit eine Geldbuße der FIFA nach Art. 102 Abs. 2 sStGB nach sich ziehen würde.[1004] Dies ist jedoch – unabhängig von der Frage, ob die Geldbuße als Schaden zu betrachten ist –, wie zuvor dargestellt, ohnehin nicht der Fall.

---

999 Vgl. Berner Kommentar – *Riemer*, Art. 69, Rn. 60 ff.; *Pachmann*, in: FS-von der Crone, 255 (259).

1000 *Müller/Schmid*, in: FS-Riemer, 229 (232).

1001 *Müller/Schmid*, in: FS-Riemer, 229 (233).

1002 *Müller/Schmid*, in: FS-Riemer, 229 (233 f.).

1003 *Pachmann*, in: FS-von der Crone, 255 (264); vgl. zur Überwachung von Delegierten auch *Müller/Schmid*, in: FS-Riemer, 229 (239).

1004 Ein Schaden wäre auf Basis der Gesetzeslage in Deutschland jedoch nach der Rechtsprechung abzulehnen, vgl. LAG Düsseldorf, Urteil vom 20. Januar 2015, Az.: 16 Sa 459/14, wonach die Funktion der Unternehmensgeldbuße unterlaufen würde, wenn das Bußgeld an die handelnden Personen weitergereicht werden könnte.

IV. Effektivität der Prävention der Beeinflussung von Wahlen

Nach dem Dargestellten ist somit die Effektivität der geltenden Rechtsnormen im Hinblick auf die Prävention von Wirtschaftskriminalität zu überprüfen.

Wie festgestellt wurde, haben die beteiligten natürlichen Personen nach deutschem Strafrecht, aber auch nach dem schweizerischen UWG, keine Strafe zu befürchten. Das vorliegend relevante und überprüfte Verhalten unterfällt gerade nicht den geltenden Bestechungstatbeständen und ist folglich straflos.

Auch die FIFA hat als Verein schweizerischen Rechts vorliegend keine Strafe in Form der Geldbuße nach Art. 102 sStGB zu erwarten. Zwar ist die Norm dem Grunde nach auf die FIFA anwendbar und wäre bei Fehlen effektiver Präventionsmaßnahmen auch einschlägig, jedoch ist gerade Voraussetzung, dass eine rechtlich relevante doppelte Strafbarkeit der Anlasstat besteht. Insofern ist die Unternehmensstrafbarkeit an die Strafbarkeit der natürlichen Person geknüpft. Sofern eine Strafbarkeit der natürlichen Personen nicht in Betracht kommt, ist auch Art. 102 sStGB unanwendbar.

Dies hat des Weiteren zur Folge, dass die Organe der FIFA auch keine zivilrechtliche Innenhaftung zu befürchten haben. Ein haftungsrelevanter Schaden der FIFA könnte im Rahmen der in Rede stehenden Fallkonstellation allenfalls nur in einer Unternehmensgeldbuße bestehen, die aufgrund der mangelnden Einschlägigkeit der geltenden Strafrechtsnormen nicht in Betracht kommt.

Insofern ist festzustellen, dass die geltenden Rechtsnormen nicht zur effektiven Bekämpfung der Beeinflussung von internen Wahlvorgängen (von Wirtschaftsstraftaten kann mangels Strafbarkeit gerade nicht gesprochen werden) geeignet sind. Es besteht für die beteiligten natürlichen und juristischen Personen mangels Strafandrohung bereits keine hinreichende Abschreckungswirkung.

V. Maßnahmen zur effektiven Prävention

Im Hinblick auf eine effektive Bekämpfung der Wahlbeeinflussung sind nachfolgende Maßnahmen in Betracht zu ziehen:

1. *Maßnahmen des Gesetzgebers*

Wie bereits festgestellt, sind die beteiligten natürlichen Personen sowohl nach deutschem StGB als auch nach schweizerischem UWG nicht strafbar. Auch die FIFA als juristische Person kann sich nach schweizerischem StGB mangels Strafbarkeit der natürlichen Personen nicht strafbar machen.

Hinsichtlich der präventiven Wirkung strafrechtlicher Normen sowie sanktionierter Verbote und Organisationsgebote ist damit nachfolgend zu untersuchen, ob die Reformierung der entsprechenden gesetzlichen Regelungen als zweckmäßige Maßnahme zur Korruptionsbekämpfung in Betracht zu ziehen ist.

a) *Strafrecht*

Im Hinblick auf die Erhöhung einer der Korruptionsprävention dienenden Abschreckungswirkung kommt zunächst die Reformierung der bestehenden strafrechtlichen Regelungen – sowohl im deutschen als auch im schweizerischen StGB – in Betracht. Wie schon bisher grundsätzlich vertreten, dürfe die „langfristige Präventionswirkung nationalstaatlicher Strafen" nach Ansicht von *Reinhart*[1005] auch im Rahmen der Korruptionsbekämpfung im Sport nicht unterschätzt werden. Insbesondere aufgrund der Tatsache, dass sportliche Aktivitäten global betrieben und insofern auch organisiert werden, kann sich der Sport auch lediglich regional begrenzter Strafverfolgung nicht entziehen. Selbst wenn es daher zunächst nur in wenigen Staaten zu einer Strafverfolgung kommen sollte, könne hierbei auf einen Dominoeffekt gehofft werden.[1006]

Aufgrund der Tatsache, dass die geltenden Straftatbestände auf den in Rede stehenden Sachverhalt der „internen Korruption" nicht anwendbar sind und auch eine Ausweitung der entsprechenden Straftatbestände auf den Bereich des Sportrechts – beispielsweise über eine weitere Fassung des Amtsträgerbegriffs – nicht in Betracht zu ziehen ist[1007], erscheint vorliegend nur die Schaffung eines Sonderstraftatbestandes für die Bestechung von Sportfunktionären im Rahmen der internen Entscheidungsfindung des Sportverbandes als einzige zur Verfügung stehende Option. Es ist hierbei jedoch fraglich, ob der strafrechtliche Schutz der Ämtervergabe in Sportverbänden überhaupt zu rechtfertigen ist.

Ein Vergleich zu anderen Verbänden und Personenvereinigungen zeigt, dass die Beeinflussung der Willensbildung bzw. Ämtervergabe strafrechtlich nicht geschützt ist. Eine Ausnahme hierzu bietet – neben den §§ 108b, 108e StGB, deren Stellung aufgrund ihrer Bedeutung für das Zusammenleben in einem demokratischen Staat hervorhebungswürdig sei[1008] – lediglich § 119 BetrVG, der die Beeinflussung der Betriebsratswahl bzw. eines Betriebsratsmitglieds unter strafrechtlichen Schutz stellt. Sofern jedoch die Beeinflussung der Ämtervergabe in Vereinen, Berufsverbänden, Gewerkschaften oder Unternehmen nicht unter Strafe stehe, komme die Schaffung eines Straftatbestandes nach Ansicht

---

1005 *Reinhart*, SpuRt 2011, 241 (241).
1006 *Reinhart*, SpuRt 2011, 241 (241).
1007 so auch *Reinhart*, SpuRt 2011, 241 (243).
1008 *Reinhart*, SpuRt 2011, 241 (243).

Reinharts[1009] nur umfassend für die Besetzung von Ämtern in juristischen Personen in Betracht. Hierzu führt *Reinhart* wörtlich aus: „Die Alternative könnte daher nur die lückenlose und gleichmäßige strafrechtliche Erfassung institutionsinterner Willensbildung und damit ein Hineinregieren des Staates in staatsferne Bereiche sein, in denen das Strafrecht nichts zu suchen hat. Es versteht sich nahezu von selbst, dass dies nicht erwünscht sein kann."[1010] Die Schaffung eines Sondertatbestandes für die Bestechung von Sportfunktionären bei internen Entscheidungen der Sportverbände verbiete sich daher schon aus Gründen der Gleichbehandlung.[1011]

Dem kann nach der hier vertretenen Ansicht jedenfalls insoweit zugestimmt werden, als sich die Auffassung *Reinharts* auf die Schaffung von Straftatbeständen bezieht. Wie zuvor – zur Schaffung eines Straftatbestandes betreffend die Manipulation sportlicher Wettbewerbe – ausgeführt, ist insoweit immer maßgeblich, dass die „ultima-ratio"-Funktion einen Einsatz des Strafrechts nur aus Gründen eines legitimen Rechtsgüterschutzes rechtfertigen kann. Ein derart schützenswertes Rechtsgut kann allerdings nicht in der Integrität der Willensbildung bzw. der Entscheidungsfindung oder der Interessen von juristischen Personen oder gar ausschließlich Sportorganisationen erachtet werden. Ein anderer Zweck – welcher möglicherweise den Schutz eines legitimen Rechtsgutes begründen könnte – ist allerdings nicht ersichtlich.

Demgegenüber ist jedoch zumindest zu erwägen, ob die entsprechenden Verhaltensweisen im Rahmen ordnungswidrigkeitsrechtlicher Vorschriften zu pönalisieren sein könnten:

Insbesondere am Beispiel der Norm des § 405 Abs. 3 Nr. 6, 7 AktG zeigt sich zum einen, dass § 119 BetrVG nicht die einzige Norm ist, welche die Beeinflussung der Willensbildung bzw. der Ämtervergabe schützt. Nach dieser Norm handelt nämlich ordnungswidrig, wer besondere Vorteile als Gegenleistung dafür fordert, sich versprechen lässt oder annimmt, dass er bei einer Abstimmung in der Hauptversammlung oder in einer gesonderten Versammlung nicht oder in einem bestimmten Sinne stimme (§ 405 Abs. 3 Nr. 6 AktG) oder besondere Vorteile als Gegenleistung dafür anbietet, verspricht oder gewährt, dass jemand bei einer Abstimmung in der Hauptversammlung oder in einer gesonderten Versammlung nicht oder in einem bestimmten Sinne stimme (§ 405 Abs. 3 Nr. 7 AktG). Gemäß § 408 AktG gilt dies auch für die Rechtsform der KGaA. Gemäß

1009 *Reinhart*, SpuRt 2011, 241 (243).
1010 *Reinhart*, SpuRt 2011, 241 (243).
1011 *Reinhart*, SpuRt 2011, 241 (243).

§ 405 Abs. 4 AktG kann die Ordnungswidrigkeit mit einer Geldbuße von bis zu 25.000,– EUR geahndet werden.

Darüber hinaus verdeutlicht die Norm des § 405 Abs. 3 Nr. 6,7 AktG aber auch, dass die Alternative nicht zwingend in der „lückenlosen und gleichmäßigen strafrechtliche Erfassung institutionsinterner Willensbildung“[1012] besteht, sondern vielmehr auch einzelne Institutionen – wie vorliegend die AG und die KGaA – (zumindest) unter ordnungswidrigkeitsrechtlichen Schutz gestellt werden.

Die Einführung einer solchen ordnungswidrigkeitsrechtlichen Norm würde zudem nicht den maßgeblichen, einleitend dargestellten Korruptionsdefinitionen widersprechen: Sofern im Rahmen der öffentlichen Diskussion im Zusammenhang mit der Beeinflussung von Delegierten des FIFA-Kongresses juristisch ungenau von „Bestechung“ die Rede ist, zeigt sich bereits, dass in gesellschaftlich-ethischer Hinsicht[1013] das hier relevante Verhalten durchaus als Korruption anzusehen ist. Insofern gesteht auch *Reinhart* zu, dass es sich hierbei um „spektakuläre Fälle handelt, die zu Recht als moralisch fragwürdig empfunden werden“.[1014] Auch in kriminologischer Hinsicht[1015] unterfällt das in Rede stehende Verhalten insbesondere unter Heranziehung der Vergleichbarkeit zu den Normen der § 405 AktG und § 119 BetrVG dem Begriff der Korruption.

Der entsprechenden Einführung einer solchen Norm steht allerdings auch insoweit das nicht vorliegende – jedoch ebenfalls erforderliche – legitime Rechtsgut entgegen. Insofern ist auch im Ordnungswidrigkeitenrecht die Verletzung eines Rechtsguts zwingend notwendig.[1016] Aufgrund des geltenden Subsidiaritätsprinzips sind jedoch Rechtsgutsverletzungen mit Bagatellcharakter nicht mit kriminalrechtlichen Sanktionen, sondern mit dem Ordnungswidrigkeitenrecht zu bekämpfen.[1017]

Als geschütztes Rechtsgut des § 405 Abs. 3 Nr. 6, 7 AktG ist das sich auf die Abstimmung beziehende Interesse der Gesellschaft und ihrer Aktionäre anzusehen.[1018] Insoweit ist nach der hier vertretenen Auffassung fraglich, ob dies – auch unter Berücksichtigung des Bagatellcharakters und des

1012 *Reinhart*, SpuRt 2011, 241 (243).
1013 Vgl. oben unter: 1. Kapitel A.
1014 *Reinhart*, SpuRt 2011, 241 (243).
1015 Vgl. oben unter: 2. Kapitel A.
1016 *Roxin*, AT I, § 2, Rn. 97.
1017 *Roxin*, AT I, § 2, Rn. 97.
1018 Erbs/Kohlhaas – *Schaal*, § 405 AktG, Rn. 50; MüKo/AktG – *Schaal*, § 405, Rn. 146.

Subsidiaritätsprinzips – tatsächlich ein ausreichend legitimes und schützenswertes Rechtsgut darstellen kann. Im Vergleich zu anderen juristischen Personen, insbesondere Vereinen (wie den hier maßgeblichen Sportorganisationen), werden mit Blick auf Aktiengesellschaft – zumindest mittelbar – auch die Vermögensinteressen der Aktionäre geschützt, welche durch Manipulation der Abstimmung einer Hauptversammlung gefährdet sein können. Wie jedoch bereits zuvor ausgeführt stellt allein die Integrität der Willensbildung bzw. der Entscheidungsfindung oder der Interessen von juristischen Personen oder gar ausschließlich Sportorganisationen nach der hier vertretenen Ansicht kein legitimes Rechtsgut dar. Insoweit kommt die Einführung eines ordnungswidrigkeitsrechtlichen Tatbestandes – auch unter Berücksichtigung des Bagatellcharakters der Rechtsgutverletzung – nicht in Betracht. Der Ansicht *Reinharts* ist im Ergebnis zuzustimmen.

b) „Innensteuerung"

Wie zuvor dargestellt, normiert Art. 102 sStGB die Pflicht von juristischen Personen zur Einführung von Compliance-Organisationen. Insofern bestehen auch nach schweizerischem Recht durchaus sanktionierte Verbote bzw. Organisationsgebote, die der Korruptionsprävention dienen.

Um jedoch einen Verstoß der FIFA gegen bestehende Compliance-Vorschriften und damit eine Strafbarkeit zu begründen, ist die doppelte Strafbarkeit der handelnden natürlichen Personen erforderlich. Sofern vorliegend die Schaffung eines Straftatbestandes bezüglich der Beeinflussung interner Ämtervergaben nicht in Betracht zu ziehen ist, scheidet damit auch der Einfluss des Gesetzgebers auf die Einrichtung einer Compliance-Organisation im Hinblick auf die verbandsinterne Entscheidungsfindung aus.

2. Maßnahmen der FIFA im Rahmen der „Innensteuerung"

Auch wenn der FIFA – in Bezug auf verbandsinterne Korruption – nach den geltenden rechtlichen Vorschriften nicht die Pflicht zur Errichtung einer Compliance-Organisation zukommt, so ist jedoch bereits aus ethisch-moralischen Gesichtspunkten die Einführung von Präventionsmaßnahmen zu empfehlen. Insbesondere unter Berücksichtigung der durch den Sport verkörperten Gedanken der Fairness und des gegenseitigen Respekts korrespondiert der Mangel an internen Organisationsmaßnahmen zur Verhinderung von „interner Korruption" – auch ohne Einschlägigkeit von Strafnormen – nicht mit den Leitlinien des Sports.

Die Korruptionsbekämpfungsorganisation „Transparency International" hat am 16. August 2011 ein Dossier unter dem Titel „Safe Hands – Building Integrity and Transparency at FIFA"[1019] veröffentlicht. Dieses enthält – ohne auf eine etwaige Einschlägigkeit von nationalen Strafrechtsnormen einzugehen – Handlungsempfehlungen zur verbandsinternen Korruptionsbekämpfung. Auch „Transparency International" weist hierbei im Vorwort der englischen Version des Dossiers auf die Notwendigkeit der Korruptionsprävention im Hinblick auf die Vorbildfunktion des Sports und dessen Leitgedanken hin:

> *„In the past decade a worrying number of scandals across many sports have hit the headlines. Bad governance and corruption damage not only the image of sports, its federations and representatives, but compromise the positive influence sport has, especially on young people, in spreading the values of good sportmanship and Olympism.*
>
> *[...]*
>
> *FIFA's efforts to bring integrity to sport have to start at the top. They count for nothing without good governance, top down, that sends a signal to all those involved in football that there is zero tolerance of corruption throughout the sport.*
>
> *Those responsible for governing the world of football and ensuring the sport's integrity in this challenging environment must lead by example. In doing so, they send a positive message to the world."*[1020]

Insbesondere der intransparente Organisationsaufbau der FIFA und die – im Vergleich zu anderen großen Organisationen – nicht mehr zeitgemäße Führungsstruktur seien im Sinne einer effektiven Korruptionsprävention zwingend zu überarbeiten:

> *„Ein neues Zeitalter für die FIFA verlangt eine Überprüfung der internen Führung und die Einführung von Transparenz und Verantwortlichkeit in den Entscheidungsprozessen und der Aufgabenwahrnehmung. Dies ist ein kritischer Schritt, den die FIFA tun muss, wenn sie eine nachhaltig verantwortliche und transparente Organisation werden will.*
>
> *[...]*
>
> *Momentan ist die FIFA nicht völlig offen für eine kritische Betrachtung von außen. Zwar wurden in den letzten Jahren angemessene Verfahren im Buchführungs- und Rechnungswesen eingeführt, so dass im Bereich Verwaltung nun mehr Transparenz herrscht, doch das Verhalten der Funktionäre erinnert immer noch an ein ‚old boy's network' (einen*

1019 *Schenk*, Safe Hands – Building Integrity and Transparency at FIFA (abrufbar unter: https://images.transparencycdn.org/images/2011_FIFASafeHands_EN.pdf; zuletzt abgerufen am 3. Juli 2023).

1020 *Schenk*, Safe Hands – Building Integrity and Transparency at FIFA, S. 1.

Männerbund). Bei nur drei Präsidenten seit 1961 und einem aktuellen Präsidenten in seiner vierten Amtszeit erfüllt die FIFA nicht die Standards, die man in Punkto Führungs-Rotation von Wirtschaftsunternehmen oder anderen Großorganisationen gewohnt ist.“[1021]

Auch die Arbeitsgruppe „Kultur, Wissenschaft, Bildung und Medien“ des Europarates hat am 6. März 2012 ein Dossier zum Thema „Good governance and ethics in sport“[1022] veröffentlicht, welches unter anderem auch Handlungsempfehlungen an die FIFA im Zusammenhang mit dem Aufbau einer transparenten Organisation enthält.

Im Hinblick auf die zuvor beschriebene Fallkonstellation der unlauteren Verschaffung von Machtpositionen ist insofern nachfolgend wiederum ein Maßnahmenkatalog zur Erreichung einer effektiven Prävention im Bereich der internen „Korruption“[1023] zu erstellen. Hierbei stehen insbesondere die Überarbeitung von Organisations- und Führungsstrukturen zur Herstellung der erforderlichen Transparenz im Fokus.

a) Informierung der Angestellten und Beauftragten

Auch im Hinblick auf die Bekämpfung der „internen Korruption“ kommen – wie bereits im Rahmen der Fallgruppe der Beeinflussung von Wettkampfergebnissen – unter dem Überbegriff der Informierung der Angestellten und Beauftragten vielzählige Maßnahmen zur effektiven Korruptionsprävention in Betracht.

aa) Erstellen von Ehrenkodizes und Ethikrichtlinien

Im Zusammenhang mit der Informierung der Angestellten und Beauftragten wurde insoweit bereits auf das Erfordernis des Aufstellens von Ethikkodizes hingewiesen.[1024] Die Möglichkeit des Erstellens eines solchen Ethikreglements stellt insofern auch für die FIFA eine wirksame Möglichkeit zur Aufklärung und Korruptionsprävention dar.

1021 *Schenk*, Safe Hands – Building Integrity and Transparency at FIFA (deutsche Übersetzung), S. 4.

1022 Good governance and ethics in sport (abrufbar unter: https://pace.coe.int/pdf/2eaaacee28e3de911ae91272028a04ba4ccbca36f8132d76868a28d060ce3456/doc.%2012889.pdf; zuletzt abgerufen am 3. Juli 2023).

1023 Ein entsprechender Straftatbestand wird nach dem zuvor Dargelegten gerade nicht erfüllt.

1024 Vgl. nur: 2. Kapitel A. IV. 2. a) aa).

Einen entsprechenden Kodex hat die FIFA mit Einführung des „FIFA-Ethikreglements“[1025] im Rahmen eines Reformprozesses im Jahr 2012 bereits erstellt und den Anwendungsbereich auf einen möglichst weiten Personenkreis, nämlich auf „sämtliche Offiziellen und Spieler sowie Spiel- und Spielervermittler“[1026] erstreckt.

Bereits im Vorfeld der erfolgten Reformen im Jahr 2012 wurden von „Transparency International“ Vorschläge zur effektiven Prävention korruptiver Strukturen erarbeitet. Insbesondere wurde hierbei auf die Notwendigkeit der Einführung bestimmter Richtlinien zum Verhalten von Repräsentanten und Funktionären in anfälligen Bereichen hingewiesen.[1027] Insoweit ist im Hinblick auf die Einführung von Compliance-Maßnahmen auch allgemein anerkannt, dass Ethikkodizes so verständlich wie möglich zu fassen und daher durch zusätzliche Compliance-Richtlinien und Policies zu ergänzen sind.[1028] Nachfolgend ist folglich wiederum zu prüfen, ob eine Übertragung von Maßnahmen, welche von Wirtschaftsunternehmen vielfach zur Erfüllung von Compliance-Anforderungen und Anti-Korruptionsbekämpfung eingesetzt werden, im Bereich des Sports sinnvoll vorgenommen werden kann. Dies betrifft – der in Rede stehenden Fallgruppe entsprechend – hier solche Richtlinien, welche der Bekämpfung von unlauterer Machtverschaffung im Bereich von Sportverbänden dienen können.

α) Richtlinien zur Regelung von Interessenskonflikten

Anerkannt ist in der allgemeinen Korruptionspräventionsforschung, dass Ehrenkodizes und Ethikrichtlinien klare Regelungen zur Vermeidung von Interessenskonflikten beinhalten sollen. Neben der allgemeinen Bestimmung private und geschäftliche Interessen zu trennen, sollte eine solche Regelung vor allem konkrete Beispiele benennen.[1029]

1025 Abrufbar in der Fassung von 2012 unter: https://digitalhub.fifa.com/m/292174d8ff89b38f/original/xesxx1yomfqmyuir4pkj-pdf.pdf; zuletzt abgerufen am 3. Juli 2023; auch abrufbar in der Fassung von 2020 unter: https://digitalhub.fifa.com/m/56edeea5a7710914/original/dmiff4ujlwfxkmajnpa9-pdf.pdf; zuletzt abgerufen am 3. Juli 2023

1026 Vgl. Ziff. 2 FIFA-Ethikreglement.

1027 *Schenk*, Safe Hands – Building Integrity and Transparency at FIFA (deutsche Übersetzung), S. 6.

1028 *Inderst*, in: Görling/Inderst/Bannenberg, Kap. 4, Rn. 25.

1029 *Maschmann*, in: Dölling, Kap. 3, Rn. 56.

Das FIFA-Ethikreglement in seiner aktuellen Fassung enthält insoweit in Ziff. 19 FIFA-Ethikreglement unter der Überschrift „2. Unterabschnitt: Ungebührlicher Vorteil“[1030] eine Regelung zum Umgang mit Interessenskonflikten. Zusätzlich gilt für alle Offiziellen (Vorstandsmitglieder, Kommissionsmitglieder, Schiedsrichter und Schiedsrichterassistenten, Trainer, Betreuer sowie die technischen, medizinischen und administrativen Verantwortlichen der FIFA, einer Konföderation, eines Verbandes, einer Liga oder eines Klubs), FIFA-Mitarbeitende, Spieler, Verbände, Mitglieder von Verbänden, Spieloffizielle, Spielervermittler und Spielvermittler der FIFA-Verhaltenskodex in seiner Fassung aus dem Jahr 2012. Auch hiernach sind alle vom Anwendungsbereich erfassten Personen gemäß Ziff. 3.6 zur Vermeidung von Interessenskonflikten verpflichtet.

In Anbetracht der zuvor dargelegten ergänzenden und sinnvollen Maßnahme der Einführung einer Regelung, die konkrete Beispiele und Handlungsanweisungen für den erfassten Personenkreis nennt, kommt vorliegend die Einführung einer konkretisierenden Verhaltensrichtlinie bzw. Compliance-Richtlinie durch die FIFA in Betracht. Die bestehenden Regelungen weisen insoweit zwar darauf hin, dass Interessenskonflikte zu vermeiden und offenzulegen sind, verzichtet jedoch auf die Auflistung einschlägiger Beispiele. Gerade die Annahme von Bargeld zur Beeinflussung einer Stimmabgabe ist dabei ein Paradebeispiel für einen bestehenden Interessenskonflikt.

Zusammenfassend ist daher festzustellen, dass sowohl die Aufstellung von Regelungen über Interessenskonflikte im Rahmen des FIFA-Ethikreglements als auch das Aufstellen eines FIFA-Verhaltenskodex einen wichtigen Schritt in Richtung Korruptionsprävention darstellen. Im Hinblick auf eine weitergehende Spezifizierung dieser Maßnahmen existieren jedoch noch weitere auszuschöpfende Möglichkeiten der FIFA.

β) Verhaltensrichtlinien im Hinblick auf die Vergabe und Annahme von Belohnungen und Geschenken

Ergänzend zu Regelungen zum Umgang mit Interessenskonflikten sind zudem Richtlinien in Betracht zu ziehen, welche die Vergabe und die Annahme von Belohnungen, Geschenken, Einladungen und sonstigen Zuwendungen reglementieren. Nach allgemeiner Ansicht gehören solche Regelungen über die Vergabe und Annahme von Geschenken zu den „unverzichtbaren Regelungstatbeständen

---

1030 In der aktuellen Fassung von 2020 „Interessenkonflikte, finanzielle Vorteile und Schutz der Persönlichkeitsrechte“.

in jedem Verhaltenskodex"[1031]. Hierbei ist der Begriff des Geschenks weit zu verstehen und umfasst Zuwendungen jeglicher Art, insbesondere Sachwerte, Dienstleistungen, Einladungen, Gefälligkeiten oder Rabatte.[1032]

Die aktuellen überarbeiteten Ethikvorschriften der FIFA sehen in Ziff. 20 FIFA-Ethikreglement Vorschriften über die „Annahme und Gewährung von Geschenken und sonstigen Vorteilen" vor. Ergänzend enthalten Ziff. 21 und Ziff. 22[1033] FIFA-Ethikreglement Vorschriften über „Bestechung und Korruption" sowie „Provisionszahlungen". Entsprechend enthält auch der FIFA-Verhaltenskodex in Ziff. 3.10. die Verpflichtung zur Verwahrung gegen Korruption und Bestechlichkeit.

Erforderlich ist jedoch auch hier insoweit die Erstellung von ergänzenden Richtlinien oder Policies, die den Angestellten einen konkretisierenden Katalog an die Hand geben und den Umgang mit dem Angebot oder der Annahme von Zuwendungen – also insbesondere Geschenke und Einladungen – verdeutlichen. Insbesondere eine Genehmigungsregelung für die Annahme von Zuwendungen (z.B. Einladungen) betreffend die der Regelung unterstellten Personen ist nach der hier vertretenen Ansicht allein schon aus Transparenzgesichtspunkten zwingend erforderlich.[1034] Eine entsprechende Umsetzung ist – soweit ersichtlich – im Rahmen der Reformierungen aus dem Jahr 2012 nicht erfolgt und sollte dementsprechend nachgeholt werden, da insbesondere auch die Fallkonstellation der Annahme von Zuwendungen für die Zusage der Abgabe einer Wahlstimme unter diese Tatbestände subsumiert werden kann.

bb) Einführung von Anti-Korruptionsschulungen

Anti-Korruptionsschulungen für Angestellte und Beauftragte wurden bereits im Hinblick auf die Vermeidung der Manipulation von Wettkampfergebnissen als wirksame Korruptionspräventionsmaßnahme in Betracht gezogen. Auch im Zusammenhang mit der Prävention im Hinblick auf unlautere Beeinflussung im Bereich der FIFA wird daher vorgeschlagen, die zuvor implementierten Regelungen des Ethikkodex durch Aufklärung der Offiziellen, Angestellten,

---

1031 *Maschmann*, in: Dölling, Kap. 3, Rn. 50.

1032 *Maschmann*, in: Dölling, Kap. 3, Rn. 50.

1033 Ziff. 27 FIFA-Ethikreglement n.F.

1034 Vgl. auch: Safe Hands – Building Integrity and Transparency at FIFA (deutsche Übersetzung), S. 6.

Schiedsrichter, Spieler und Spielerberater mittels klarer Kommunikation und der Durchführung von Schulungen sicherzustellen.[1035]

Im Rahmen der Neustrukturierung ihrer Sicherheitsabteilung hat die FIFA unter anderem das sog. FIFA-Sensibilisierungsprogramm entwickelt. Dieses beinhaltet vor allen FIFA-Turnieren Informationsgespräche abzuhalten sowie Schiedsrichter für diese Turniere zu sensibilisieren. Darüber hinaus sollen in allen Konföderationen regionale und nationale Workshops stattfinden, um ein einheitliches und systematisches Vorgehen zu gewährleisten.[1036]

Soweit die FIFA im Rahmen ihres Sensibilisierungsprogramms daher zum einen auf die Sensibilisierung ihrer Schiedsrichter (insbesondere auf deren Beeinflussung durch Wettspieler) und die Abhaltung von Workshops zur Vereinheitlichung des Vorgehens abstellt, so ist auch hier ein Schritt in die „richtige Richtung" festzustellen. Allerdings ist nach der hier vertretenen Ansicht vorzuschlagen, das in Rede stehende Sensibilisierungsprogramm in der Art auszuweiten, dass hiervon auch Schulungen für den vom Ethikreglement erfassten Personenkreis im Hinblick auf Interessenskonflikte und die Annahme von Geschenken und Zuwendungen erfolgt, um auch insoweit eine umfassende Sensibilisierung in diesem Problembereich zu gewährleisten.

b) Reform der internen Organisationsstrukturen

Weiterer Anknüpfungspunkt der Prävention unlauterer Beeinflussung innerhalb der FIFA ist die umfangreiche Reform der internen Organisationsstrukturen. Im Hinblick auf die in Rede stehende Fallkonstellation der unlauteren Verschaffung von Machtpositionen sind nachfolgend gerade solche Reformmaßnahmen aufzuführen, die sich auf die entsprechende Prävention dieser Fallgruppe beziehen.

aa) Zusammensetzung des Exekutivkomitees und weiterer Kommissionen

Gemäß Ziff. 30 Nr. 1 FIFA-Statuten umfasst das Exekutivkomitee 25 Mitglieder[1037], die sich aus dem durch den FIFA-Kongress gewählten Präsidenten

---

1035 *Schenk*, Safe Hands – Building Integrity and Transparency at FIFA (deutsche Übersetzung), S. 10 f.

1036 Vgl. Spiegel-Online vom 16. Januar 2013, „Fifa reagiert auf steigende Kriminalität" (abrufbar unter: https://www.spiegel.de/sport/fussball/manipulation-im-fussball-fifa-reagiert-auf-steigende-kriminalitaet-a-877980.html; zuletzt abgerufen am 3. Juli 2023).

1037 Zwischenzeitlich umbenannt in FIFA-Rat, der 37 Mitglieder umfasst und in Ziff. 33 FIFA-Statuten n.F. geregelt ist.

sowie acht durch die Konföderationen und Verbände ernannten Vizepräsidenten, einer durch den FIFA-Kongress gewählten Vertreterin für die Belange des Frauenfußballs und 15 weiteren – ebenfalls durch die Konföderationen und Verbände ernannten – Mitgliedern zusammensetzt. Nach Ziff. 30 Nr. 2 FIFA-Statuten[1038] wird der Präsident durch den Kongress für eine Amtszeit von vier Jahren gewählt. Auch hinsichtlich der Vizepräsidenten und Mitglieder beträgt die Amtszeit nach Ziff. 30 Nr. 4 FIFA-Statuten[1039] vier Jahre.

Die Vorsitzenden, Vizevorsitzenden und Mitglieder der Ständigen Kommissionen werden nach Ziff. 31 Nr. 4 FIFA-Statuten[1040] mit Ausnahme der Audit- und Compliance-Kommission[1041] vom Exekutivkomitee ernannt. Die Amtszeit der Kommissionsmitglieder beträgt gemäß Ziff. 34 Nr. 3 S. 3 FIFA-Statuten[1042] ebenfalls vier Jahre. Gemäß Ziff. 34 Nr. 2 FIFA-Statuten müssen die Vorsitzenden und Vizevorsitzenden der Ständigen Kommissionen – mit Ausnahme des Vorsitzenden und Vizevorsitzenden der Audit- und Compliance-Kommission – zwingend Mitglieder des Exekutivkomitees sein.[1043]

Auch der Generalsekretär der FIFA wird nach Ziff. 31 Nr. 8 FIFA-Statuten i.V.m. Ziff. 32 Nr. 3 FIFA-Statuten[1044] vom Exekutivkomitee auf Vorschlag des Präsidenten ernannt.

Vor dem Hintergrund der Schaffung von transparenten Wahl- und Ernennungsprozessen lässt sich daher bereits mit Blick auf die erwähnten Regelungen feststellen, dass weitere Reformierungen zwingend erforderlich sind. Dementsprechend hat auch die Arbeitsgruppe „Kultur, Wissenschaft, Bildung und Medien" des Europarates zur vorhergehenden Fassung der FIFA-Statuten kritisiert, dass die FIFA einem „monistischen System" gleicht, bei dem die Geschäftsleitung von der Überwachung institutionell gerade nicht getrennt wird.[1045] Auch „Transparency International" forderte in diesem Zusammenhang bereits vor der Reformierung im Jahr 2012 die Einführung von transparenten Wahlen und Ernennungsprozessen.[1046] Aufgrund der Tatsache, dass eine Reformierung

---

1038 Ziff. 33 Nr. 2 FIFA-Statuten n.F.

1039 Ziff. 33 Nr. 3 FIFA-Statuten n.F.

1040 Ziff. 39 FIFA-Statuten n.F.

1041 Nunmehr: Governance-Kommission.

1042 Ziff. 39 Nr. 4 FIFA-Statuten n.F.

1043 Nicht mehr in aktueller Fassung der FIFA-Statuten.

1044 Ziff. 37 Nr. 2 FIFA-Statuten n.F. i.V.m. Ziff. 34 Nr. 9 FIFA-Statuten n.F.

1045 Vgl. Good governance an ethics in sport, S. 17.

1046 *Schenk*, Safe Hands – Building Integrity and Transparency at FIFA (deutsche Übersetzung), S. 7.

lediglich im Hinblick auf die Zusammensetzung der Rechtsorgane erfolgt ist, ist noch weiterer Handlungsbedarf zur Reformierung der internen Organisationsstruktur gegeben.

Hinsichtlich der Zusammensetzung des Exekutivkomitees ist zunächst vorzuschlagen, die bislang nach Ziff. 27 Nr. 1 FIFA-Statuten[1047] geheime Wahl des FIFA-Präsidenten in der Weise zu reformieren, dass eine öffentliche Abstimmung im Rahmen des FIFA-Kongresses stattfindet. Aufgrund der Tatsache, dass die weiteren Sitze im Exekutivkomitee den Konföderationen nach der in Ziff. 30 Nr. 4 FIFA-Statuten[1048] festgelegten Verteilung zustehen, erscheint es durchaus sinnvoll, die Besetzung dieser Sitze den jeweiligen Konföderationen zu überlassen. Diese sollten allerdings auch durch das dem FIFA-Kongress entsprechende Organ der jeweiligen Konföderation transparent gewählt werden.

Im Sinne der Erzielung der größtmöglichen Transparenz ist im Hinblick auf die Besetzung der Ämter in den weiteren Kommissionen insbesondere zu empfehlen, den Einfluss des FIFA-Kongresses (nach Ziff. 21 Nr. 1 FIFA-Statuten[1049] immerhin das „oberste und gesetzgebende" Organ) deutlich zu erhöhen. Die bisher geltenden Ernennungsprozesse können nämlich gerade nicht wünschenswerte Abhängigkeiten zwischen den Mitgliedern der unterschiedlichen Kommissionen und den Mitgliedern des Exekutivkomitees schaffen, da eine (weitere) Ernennung des Kommissionsmitglieds insbesondere von seinem Verhältnis zu den Mitgliedern des Exekutivkomitees abhängig ist. Vor allem im Bezug auf die strategisch wichtige Finanzkommission führen die geltenden Regelungen zu dem – auch von der Arbeitsgruppe „Kultur, Wissenschaft, Bildung und Medien" des Europarates kritisierten[1050] – Ergebnis, dass alle sechs Kommissionsmitglieder gleichzeitig auch Mitglieder des Exekutivkomitees sind. Mit Blick auf die Aufgaben der Finanzkommission, welche nach Ziff. 35 FIFA-Statuten[1051] die finanzielle Führung überwacht, das Exekutivkomitee in finanziellen Fragen berät, das vom Generalsekretär erstellte Budget und die Jahresrechnungen analysiert und diese dem Exekutivkomitee zur Genehmigung unterbreitet, wird deutlich, dass eine Überwachung der finanziellen Führung – insbesondere der Zahlungen an die Mitglieder des Exekutivkomitees – gerade ausschließlich von Mitgliedern des Exekutivkomitees selbst überwacht wird. Eine solche

1047 [1048] Ziff. 30 FIFA-Statuten n.F.
1048 Ziff. 33 Nr. 4 FIFA-Statuten n.F.
1049 Ziff. 24 FIFA-Statuten n.F.
1050 Good governance and ethics in sport, S. 16.
1051 Ziff. 41 FIFA-Statuten n.F.

monopolistische Stellung des Exekutivkomitees führt hierbei zwangsläufig zu Intransparenz.[1052]

Insofern ist daher vorzuschlagen, dass auch die Besetzung der weiteren Ständigen Kommissionen durch Wahlen im Rahmen des FIFA-Kongresses erfolgt. Insbesondere die Regelung des Ziff. 34 Nr. 2 FIFA-Statuten, nach der die Vorsitzenden und Vizevorsitzenden der Ständigen Kommissionen Mitglieder des Exekutivkomitees sein müssen, sollte zur Vermeidung von Abhängigkeiten entfallen.[1053] Zwecks Berichterstattung im Exekutivkomitee ist es hierbei ausreichend, wenn ein Mitglied des Exekutivkomitees lediglich Mitglied der Ständigen Kommission ist. Es sind keine Anhaltspunkte dafür ersichtlich, warum es notwendig sein soll, dass der Vorsitz von einem Mitglied des Exekutivkomitees übernommen wird.

Zwar besteht hinsichtlich der vorgeschlagenen Maßnahme kein unmittelbarer Zusammenhang zu der in Rede stehenden Fallkonstellation der unlauteren Verschaffung des Präsidentenamtes durch Beeinflussung der Delegierten des FIFA-Kongress, jedoch kommt auch die unlautere Machtverschaffung innerhalb anderer Kommissionen als dem Exekutivkomitee als Fallvariante der unlauteren Verschaffung von Machtpositionen in Betracht.

bb) Einführung einer Amtszeitbegrenzung

Aus einem korruptionspräventiven Blickwinkel hat die Einführung einer Amtszeitbegrenzung ähnlich wie die Maßnahme der Personalrotation den positiven Effekt, dass der Mitarbeiter (bzw. in diesem Fall der FIFA-Vertreter) von Anfang an in dem Wissen tätig wird, dass sein Einsatz nur von begrenzter Dauer ist und etwaig entstehende Unregelmäßigkeiten von seinem Nachfolger leicht aufzudecken sind.[1054] Insbesondere wird hierdurch die Gefahr gemindert, dass enge Verbindungen und Netzwerke aufgebaut werden, in denen Korruptionsstrukturen ungehindert wachsen können und die eine spätere Aufklärung immens erschweren.[1055] Entsprechend wurde bereits vor Reformierung der FIFA-Statuten

1052 Dies wurde zwischenzeitlich geändert; in der aktuellen Version der FIFA-Statuten ist in Ziff. 39 Nr. 3 vorgesehen, dass u.a. Mitglieder der Governance- und Finanzkommission nicht dem FIFA-Rat angehören dürfen.

1053 Die Regelung ist zwischenzeitlich entfallen.

1054 Vgl. *Korte*, in: Dölling, Kap. 6, Rn. 16.

1055 Vgl. *Korte*, in: Dölling, Kap. 6, Rn. 16.

empfohlen, eine Amtszeitbegrenzung für Positionen im Exekutivkomitee und den Kommissionen in Höhe von maximal zwei Wahlperioden einzuführen.[1056]

Die Einführung entsprechender Amtszeitbegrenzungen ist bei dem in Rede stehenden Reformierungsprozess jedoch nicht erfolgt. Vielmehr wurde eine Entscheidung hierüber zunächst auf das Jahr 2014 verschoben.[1057] Bei der Abstimmung im Jahr 2014 im FIFA-Kongress wurden sodann die Anträge betreffend die Einführung einer Alters- sowie einer Amtszeitbegrenzung abgelehnt.[1058]

Im Sinne einer effektiven Strategie zur Vermeidung von intransparenten und unlauteren Verflechtungen in der Organisation der FIFA ist nach der hier vertretenen Ansicht dringend zu raten, entsprechende Reformierungen, insbesondere auch im Bereich der Delegierten im FIFA-Kongress vorzunehmen.[1059]

cc) Zusammensetzung und Befugnisse der Ethikkommission

Wesentliche Punkte der Reformbestrebungen der FIFA im Jahre 2012 betrafen Änderungen im Bereich der Zusammensetzung und Befugnisse der Ethikkommission, die sowohl Untersuchungshandlungen bei Ethikverstößen vornimmt als auch Rechtsprechungsorgan bei entsprechenden Verstößen ist. Zur besseren Nachvollziehbarkeit der nunmehr geltenden Rechtsnormen sind daher zunächst die entsprechend geänderten Vorschriften der außer Kraft getretenen Fassung der FIFA-Statuten und des FIFA-Ethikreglements darzustellen.

Bei genauerer Betrachtung der vormals geltenden Statuten und Reglements der FIFA fiel ebenfalls die besondere Abhängigkeit der Mitglieder der Rechtsorgane und damit auch der Ethikkommission zu den Mitgliedern des Exekutivkomitees – sowohl im Hinblick auf die Besetzung als auch im Rahmen der Befugnisse – auf:

1056 *Schenk*, Safe Hands – Building Integrity and Transparency at FIFA (deutsche Übersetzung), S. 7.

1057 Spiegel-Online vom 28. Mai 2013, „Fußball-Weltverband: Zentrale Fifa-Reformen vorerst gescheitert" (abrufbar unter: http://www.spiegel.de/sport/fussball/gescheiterte-abstimmung-entscheidung-ueber-fifa-reformen-verschoben-a-902452.html; zuletzt abgerufen am 3. Juli 2023).

1058 Focus-Online vom 11. Juni 2014, „Blatter kündigt neue Kandidatur als FIFA-Präsident an" (abrufbar unter: http://www.focus.de/sport/fussball/fifa-fifa-mitgliedsverbaende-sprechen-sich-gegen-alters-und-mandatsbegrenzung-aus_id_3913658.html; zuletzt abgerufen am 3. Juli 2023).

1059 Dies ist in Ziff. 33 Nr. 2 und Nr. 3 FIFA-Statuten n.F. für den Präsidenten und Ratsmitglieder geändert worden; die Begrenzung sieht drei Amtszeiten vor.

Die Vorsitzenden, Vizevorsitzenden und sonstigen Mitglieder der Rechtsorgane der FIFA wurden – wie auch nach aktueller Rechtslage die Mitglieder der anderen Ständigen Kommissionen – nach Ziff. 31 Nr. 5 FIFA-Statuten a.F. durch das Exekutivkomitee ernannt. Insofern setzte sich die Ethikkommission als Rechtsorgan der FIFA aufgrund von Ernennungen seitens des Exekutivkomitees zusammen.

Auch hinsichtlich der Befugnisse der Ethikkommission zeigte sich bei Betrachtung des Ethikreglements eine nicht bloß unerhebliche Abhängigkeit zum Exekutivkomitee der FIFA. So bestimmte Ziff. 16 FIFA-Ethikreglement a.F., dass „nur Anzeigen des Exekutivkomitees eines Verbands, des Exekutivkomitees einer Konföderation, der Mitglieder des FIFA-Exekutivkomitees und des FIFA-Generalsekretärs“ entgegengenommen und somit auch untersucht werden. Soweit die Initiative einer Untersuchung durch die Ethikkommission also aus dem Bereich der FIFA – und insofern gerade nicht von einem Mitgliedsverband oder einer Konföderation – herrührte, musste eine Anzeige des Exekutivkomitees oder des FIFA-Generalsekretärs vorliegen. Die Ethikkommission war somit nicht berechtigt, bei Vorliegen eines entsprechenden Verdachtsfalles auf eigene Initiative und selbständig Ermittlungen aufzunehmen. Auch einzelne Mitglieder anderer Kommissionen oder die Delegierten des FIFA-Kongresses konnten ein Verfahren vor der Ethikkommission durch Anzeige nicht eröffnen.

Vor dem konkreten Hintergrund der Beeinflussung von Delegierten des FIFA-Kongresses bei der Wahl zum FIFA-Präsidenten konnten die dargestellten, früher geltenden Verbandsvorschriften zu dem abstrusen Ergebnis führen, dass ein lauterer Delegierter, der Beeinflussungsgelder des letztlich gewählten Kandidaten gerade abgelehnt hatte, keine Anzeige bei der Ethikkommission einreichen konnte. Eine solche Anzeige konnte nur über das FIFA-Exekutivkomitee (dem der dann – möglicherweise aufgrund unlauterer Beeinflussung – gewählte Präsident vorsitzt), den FIFA-Generalsekretär, der gemäß Ziff. 32 Nr. 3 FIFA-Statuten a.F. alleine vom Präsidenten ein- oder abgesetzt werden konnte (dies gilt insoweit immer noch[1060]) oder aber über das Exekutivkomitee des eigenen Mitgliedsverbands erfolgen. Selbst wenn eine Anzeige nach Ziff. 16 FIFA-Ethikreglement a.F. wirksam eingereicht wurde, so mussten die Mitglieder der Ethikkommission über den Vorsitzenden des sie ernennenden Komitees entscheiden.

Die geltenden Vorschriften führten daher zu dem Ergebnis, dass bereits das Einreichen einer Anzeige wegen eines Verstoßes gegen das FIFA-Ethikreglement

1060 Nach den aktuellen FIFA-Statuten gilt dies nicht mehr; nach Ziff. 37 Nr. 2 FIFA-Statuten n.F. ernennt und entlässt der Rat den Generalsekretär.

regelmäßig nur unter der „Kontrolle“ des Exekutivkomitees erfolgen konnte. Ferner bestand natürlich eine erhebliche Kontrollmöglichkeit des Exekutivkomitees über das Recht, die Mitglieder der Ethikkommission bzw. aller Rechtsorgane ernennen zu können. Eine solche Konstellation konnte zu einer erheblichen Abhängigkeit der Mitglieder der Rechtsorgane – die wohl regelmäßig beabsichtigt, das Wohlwollen der sie ernennenden Personen zu sichern – führen. In korruptionspräventiver Hinsicht führte eine solche Abhängigkeit zu einer erheblichen Intransparenz, die es gerade zu vermeiden gilt. Diese ehemals bestehende Konstellation konnte somit – frei nach dem Motto: „Beiße nicht in die Hand, die Dich füttert“ – durchaus zu dem Verdacht der Unlauterkeit und Vetternwirtschaft führen. Die Absurdität dieser Regelungen lässt sich dabei – möglicherweise etwas überspitzt – bei Übertragung des Rechtsgedanken auf die Gesellschaftsform der Aktiengesellschaft verdeutlichen: Der zur Überwachung des Vorstandes zuständige Aufsichtsrat einer Aktiengesellschaft wird gemäß § 101 Abs. 1 AktG von der Hauptversammlung gewählt. Die soeben dargestellte Rechtslage bei der FIFA hätte jedoch zur Folge gehabt, dass nicht die Hauptversammlung (nämlich der FIFA-Kongress) den zur Überwachung des Vorstandes (nämlich des Exekutivkomitees) zuständigen Aufsichtsrat (nämlich die Ethikkommission bzw. weitere Rechtsorgane) wählt, sondern der Vorstand den ihn überwachenden Aufsichtsrat selber bestimmt und in der Regel auch entscheidet, wann der Aufsichtsrat überhaupt tätig werden darf.

Dass eine solche Rechtslage – vor allem unter korruptionspräventiven Gesichtspunkten – nicht haltbar ist, versteht sich praktisch von selbst. Infolgedessen wurden durch die Reformierungen im Jahr 2012 wesentliche Bestimmungen in diesem Bereich geändert und die erforderliche Unabhängigkeit der Ethikkommission geschaffen. Nach den nunmehr geltenden Regelungen ist die Ethikkommission gemäß Ziff. 63 Nr. 1 FIFA-Statuten[1061] in eine Untersuchungskammer und eine rechtsprechende Kammer aufgeteilt. Nach Ziff. 61 Nr. 5 FIFA-Statuten[1062] werden die Vorsitzenden, Vizevorsitzenden und weitere Mitglieder der Rechtsorgane (Disziplinarkommission, Ethikkommission und Berufungskommission) nunmehr vom FIFA-Kongress gewählt und dürfen keine Mitglieder des Exekutivkomitees oder einer Ständigen Kommission sein. Auch eine Abberufung des Mitglieds eines Rechtsorgans ist nach Ziff. 61 Nr. 3 FIFA-Statuten[1063] nur durch den FIFA-Kongress möglich. Auch hinsichtlich der Befugnisse der

1061 Ziff. 54 Nr. 1 FIFA-Statuten n.F.
1062 Ziff. 52 Nr. 5 FIFA-Statuten n.F.
1063 Ziff. 52 Nr. 5 FIFA-Statuten n.F.

Ethikkommission sind im Rahmen der Reformierung weitreichende Änderungen eingetreten. So bestimmt Ziff. 61 Nr. 1 FIFA-Ethikreglement[1064], dass nunmehr jede diesem Reglement unterstellte Person zur Anzeige bei der Untersuchungskammer berechtigt ist. Infolgedessen kann die Ethikkommission auch unabhängig vom Einfluss des Exekutivkomitees Ermittlungen einleiten.

Die Reformen erweckten den Eindruck, dass die Abhängigkeit der Mitglieder der Ethikkommission vom Exekutivkomitee und Präsidenten somit im Wege der Reformen abgeschafft worden seien und ein scheinbar erstarktes und unabhängiges Rechtssystem geschaffen wurde. Dieser Eindruck trifft jedoch nicht uneingeschränkt zu, da im Wege der umfangreichen Reformen wiederum ein „Hintertürchen" geöffnet wurde, welche es dem Exekutivkomitee gerade ermöglicht, den zuvor kritisierten und scheinbar abgeschafften Einfluss auf die Mitglieder der Ethikkommission weiterhin auszuüben. Zwar werden die Mitglieder der Rechtsorgane nach den aktuellen FIFA-Statuten nicht mehr vom Exekutivkomitee ernannt, sondern vom FIFA-Kongress transparent gewählt. Allerdings wurde im Wege der Reform auch die Norm des Ziff. 24 Nr. 5 FIFA-Statuten[1065] mit dem folgenden Wortlaut eingeführt:

> *„Das Exekutivkomitee kann Kandidaten für die Ämter der Vorsitzenden, Vizevorsitzenden und Mitglieder der Audit- und Compliance-Kommission und der Rechtsorgane vorschlagen. […] Das entsprechende Verfahren wird im Organisationsreglement der FIFA geregelt."*

Nach dem gewählten Wortlaut („kann… vorschlagen") liegt es zunächst nahe, dass die zu wählenden Mitglieder der Rechtsorgane zwar durch das Exekutivkomitee vorgeschlagen, in jedem Fall aber auch anderweitig zur Wahl im FIFA-Kongress aufgestellt werden können. Dies ist jedoch nicht der Fall. Bei der Norm der Ziff. 24 Nr. 5 FIFA-Statuten handelt es sich um die einzige Norm innerhalb der FIFA-Statuten, welche die Kandidatur von Mitgliedern der Rechtsorgane (und der Audit- und Compliance-Kommission) regelt. Insofern können diese Mitglieder daher praktisch nur durch das Exekutivkomitee vorgeschlagen und dem FIFA-Kongress zur Wahl gestellt werden.

Dies wird entsprechend auch im FIFA-Organisationsreglement (FOR)[1066] – auf das Ziff. 24 Nr. 5 FIFA-Statuten[1067] ausdrücklich Bezug nimmt – auch entsprechend geregelt. Insoweit ist zu Aufgaben, Befugnissen und Zuständigkeiten des Exekutivkomitees unter Ziff. 4.1.3 geregelt:

1064 Ziff. 58 FIFA-Ethikreglement n.F.

1065 Ziff. 34 Nr. 6 FIFA-Statuten n.F.

1066 Nunmehr: FIFA-Governance-Reglement.

1067 Ziff. 27 Nr. 7 FIFA-Statuten n.F.

> *„Gemäss Art. 24 Abs. 4 der FIFA-Statuten bestimmt das FIFA-Exekutivkomitee, welche Konföderation in der Audit- und Compliance-Kommission und den FIFA-Rechtsorganen über wie viele Sitze verfügt, und schlägt dem FIFA-Generalsekretariat spätestens vier Monate vor Beginn des FIFA-Kongresses gemäss Bestimmungen zur Leumundsprüfung Kandidaten für die Ämter der Vorsitzenden, Vizevorsitzenden und Mitglieder der Audit- und Compliance-Kommission und der FIFA-Rechtsorgane vor.“*

Die Tatsache, dass Ziff. 4.1.3 FOR auf Ziff. 24 Nr. 4 der FIFA-Statuten Bezug nimmt, ist hierbei dem Umstand geschuldet, dass das FOR aus dem Jahr 2013 auf die FIFA-Statuten in der Fassung von 2012 verweist. Die nunmehr in Ziff. 24 Nr. 5 FIFA-Statuten geregelte Norm ist mit der des Ziff. 24 Nr. 4 FIFA-Statuten a.F. allerdings deckungsgleich.

Die Regelung in Ziff. 24 Nr. 5 FIFA-Statuten führt damit zu dem Ergebnis, dass den Mitgliedern der Rechtsorgane und damit auch der Ethikkommission lediglich eine geringfügige Unabhängigkeit zugekommen ist. Zwar können nunmehr durch einen erweiterten Personenkreis Anzeigen wegen eines Verstoßes gegen das FIFA-Ethikreglement erstattet und somit leichter Ermittlungen aufgenommen werden. Allerdings bleiben die Mitglieder der Rechtsorgane und der Audit- und Compliance-Kommission auch weiterhin vom Wohlwollen des Exekutivkomitees abhängig, da ohne entsprechenden Vorschlag des Exekutivkomitees keine Kandidatur erfolgen kann. Im schlimmsten Fall kommt der Wahl durch den FIFA-Kongress lediglich eine Scheinwirkung zu, da das Exekutivkomitee die Auswahl der zu wählenden Mitglieder bereits im Vorfeld treffen und dem Kongress lediglich exakt die erforderliche Zahl an Mitgliedern zur Wahl stellen kann. Dieses Verfahren käme einer unmittelbaren Ernennung durch das Exekutivkomitee gleich, lediglich ergänzt durch den Zusatz einer scheintransparenten Wahl.

In Anbetracht der dargestellten Umstände ist daher zwingend anzuraten, die Norm des Ziff. 24 Nr. 5 FIFA-Statuten[1068] in der Weise abzuändern, dass jedes Mitglied des FIFA-Kongresses berechtigt ist, Kandidaten für die Wahl der Rechtsorgane und der Audit- und Compliance-Kommission vorzuschlagen. Ein entsprechendes Verfahren gilt im Übrigen hinsichtlich der Kandidaten für das Amt des FIFA-Präsidenten gemäß Ziff. 24 Nr. 1 FIFA-Statuten[1069] und würde insofern keine Besonderheit darstellen.

1068 Ziff. 27 Nr. 7 FIFA-Statuten n.F.
1069 Ziff. 27 Nr. 1 FIFA-Statuten n.F.

c) *Identifizieren von „korruptiven" Handlungen*

Des Weiteren kommen auch in dieser Fallvariante wiederum Maßnahmen zur Identifizierung von „korruptiven" bzw. unlauteren Handlungen in Betracht, durch welche die Abschreckungswirkung gesteigert werden kann und die sich damit positiv auf die Korruptionsprävention auswirken.

aa) *Einrichtung von internen oder externen Stellen zur Hinweislieferung*

Wie bereits auch zuvor im Rahmen der anderen Fallkonstellationen dargestellt, sind Unternehmen im Rahmen der Sachverhaltsaufklärung auf die Unterstützung ihrer Mitarbeiter angewiesen.[1070] Insofern kommt auch hier als zusätzliches Element eines effektiven Korruptionspräventionssystems die Einrichtung einer Whistleblower-Hotline als Instrument zur Informationsgewinnung und Aufklärung in Betracht.[1071] Insbesondere bei der Beeinflussung von Delegierten des FIFA-Kongress besteht für den Beeinflussenden die Gefahr, dass einer der Delegierten den Sachverhalt anonym zur Anzeige bringen könnte.

Eine entsprechende Umsetzung ist durch das von der FIFA eingeführte Hinweisgebersystem erfolgt, mit dem Verstöße gegen das FIFA-Ethikreglement über ein unabhängiges Unternehmen gemeldet werden können.[1072] Die hierdurch erlangten Hinweise werden sodann zur Prüfung an die Untersuchungskammer oder die Compliance-Kommission weitergeleitet. Im Ergebnis stellt zumindest die Einrichtung einer entsprechenden Hotline eine positive Entwicklung zur Aufdeckung unlauterer Verhaltensweisen dar.

bb) *Einrichtung von internen Stellen zur Ermittlung*

Eine weitere Möglichkeit zur Identifizierung korruptiver Handlungen bietet auch hier die Einrichtung von internen Ermittlungs- bzw. Sicherheitsabteilungen zur eigenen Aufdeckung von relevanten Sachverhalten.

In diesem Zusammenhang hat die FIFA bereits im Juni 2012 eine Sicherheitsdivision unter der Leitung des ehemaligen leitenden Direktor beim Bundeskriminalamt und ehemaligen Interpol-Direktor *Ralf Mutschke* gegründet.[1073] Nach Aussage der FIFA ist diese Sicherheitsabteilung für „alle Sicherheitsbelange bei den FIFA-Wettbewerben rund um die Welt, die globalen Sicherheitskonzepte für den Fußball im Allgemeinen, Sicherheit rund um den FIFA-Sitz in Zürich, den

---

1070 *Inderst*, in: Görling/Inderst/Bannenberg, Kap. 4, Rn. 34.

1071 Vgl. hierzu ausführlich oben unter: 2. Kapitel A. IV. 2. b) aa).

1072 Mittlerweile unterhält die FIFA ein eigenes Hinweisportal; abrufbar unter: https://fifa.gan-compliance.com/p/Case (zuletzt abgerufen am 3. Juli 2023).

1073 Mitteilung der FIFA vom 2. März 2012.

FIFA-Präsidenten und die FIFA-Administration sowie für alle Belange bezüglich der Integrität und des Schutzes des Fußballs verantwortlich".[1074] Nach dieser Aufgabenbeschreibung ist daher davon auszugehen, dass die Sicherheitsdivision für den Schutz der FIFA vor Angriffen von „Außen" zuständig ist. Dem entspricht insofern auch die Aussage *Mutschkes* nach der das Hauptaugenmerk der Sicherheitsdivision auf der Vermeidung von Spielmanipulation liegt.[1075]

Da die Sicherheitsdivision zur Aufklärung von hier in Rede stehenden Sachverhalten nicht zuständig ist, kommt jedoch die Aufklärung durch die Untersuchungskammer der Ethikkommission in Betracht (die insoweit jedoch zunächst eine entsprechende Anzeige gemäß Ziff. 63 FIFA-Ethikreglement[1076] erfordert). Die Kompetenzen des jeweiligen Untersuchungsführers sind in Ziff. 66 FIFA-Ethikreglement[1077] normiert. Insbesondere ist hervorzuheben, dass der Vorsitzende der Untersuchungskammer gemäß Ziff. 66 Nr. 3 FIFA-Ethikreglement[1078] auf Antrag des Untersuchungsführers in komplexen Fällen Drittpersonen – unter der Leitung des Untersuchungsführers – mit Untersuchungshandlungen betrauen kann. Von dieser Möglichkeit wurde im Rahmen der im Zusammenhang mit der Wahl des FIFA-Präsidenten aufgekommenen Verdachtsmomente gegen die suspendierten Mitglieder des Exekutivkomitees Jack Warner und Mohammed Bin Hammam Gebrauch gemacht und zur Aufklärung der ehemalige FBI-Direktor Louis Freeh engagiert, der unter der Leitung der Untersuchungskammer die Sachverhaltsaufklärung übernommen hat.[1079]

Auch wenn daher die Sicherheitsabteilung der FIFA nicht zur Ermittlung der in Rede stehenden Sachverhalte befugt ist, so steht mit der Untersuchungskammer doch eine Einrichtung der FIFA zur Verfügung, um eine Aufklärung von entsprechenden Sachverhalten zu gewährleisten. Zu kritisieren ist vorliegend jedoch die zuvor ausführlich dargestellte Abhängigkeit der Mitglieder der Untersuchungskammer als Teil der Ethikkommission von den Mitgliedern des Exekutivkomitees. Gerade in den hier maßgeblichen Fällen kann es häufig zu Ermittlungen gegen Mitglieder des Exekutivkomitees kommen, so dass die

---

1074 Mitteilung der FIFA vom 2. März 2012.
1075 Vgl. Mitteilung der FIFA vom 17. Januar 2013.
1076 Ziff. 59 f. FIFA-Ethikreglement n.F.
1077 Ziff. 64 FIFA-Ethikreglement n.F.
1078 Ziff. 64 Nr. 3 FIFA-Ethikreglement n.F.
1079 Spiegel-Online vom 3. Juni 2011, „Fifa engagiert Ex-FBI-Chef" (abrufbar unter: http://www.spiegel.de/sport/fussball/0,1518,766551,00.html; zuletzt abgerufen am 3. Juli 2023).

Unabhängigkeit der Ermittler der Untersuchungskammer von diesen Personen zwingend gewährleistet sein muss.

d) Behandlung von Korruptionsfällen

In Anbetracht der Tatsache, dass die in Rede stehenden Fallkonstellationen sowohl nach deutschem als auch nach schweizerischem Strafrecht unter keinen Straftatbestand subsumiert werden können, ist in diesem konkreten Zusammenhang die enge Kommunikation zu Strafverfolgungsbehörden nicht erforderlich.

In jedem Fall sollten Verstöße gegen das FIFA-Ethikreglement und interne Verfahren der FIFA-Rechtsorgane öffentlich gemacht werden, um hierdurch die auch im FIFA-Verhaltenskodex unter Ziff. 3.10 normierte Null-Toleranz-Politik für Korruption und Bestechung zu dokumentieren und unterstreichen.[1080]

e) Sonstiges

In sonstiger Hinsicht kommt zur Erhöhung der Abschreckungswirkung – vor allem vor dem Hintergrund der fehlenden staatlichen Strafbarkeitsandrohung – eine Überarbeitung der im FIFA-Ethikreglement angedrohten Strafen in Betracht.

Ziff. 6 Nr. 1 FIFA-Ethikreglement[1081] enthält hierbei einen Katalog an zu verhängenden Sanktionen. Für die hier in Rede stehende Sachverhaltskonstellation sind dabei insbesondere die Strafen der Ermahnung nach Ziff. 6 Nr. 1 a) FIFA-Ethikreglement[1082], der Geldstrafe nach Ziff. 6 Nr. 1 c) FIFA-Ethikreglement[1083] und des Verbots jeglicher in Zusammenhang mit dem Fußball stehenden Tätigkeit nach Ziff. 6 Nr. 1 h) FIFA-Ethikreglement[1084] in Erwägung zu ziehen. Gemäß Ziff. 6 Nr. 2 FIFA-Ethikreglement in Verbindung mit Ziff. 15 Nr. 2 FIFA-Disziplinarreglement[1085] beträgt die Geldstrafe hierbei zwischen 300,– CHF und 1.000.000,– CHF. In Anbetracht der Möglichkeit der Verhängung von intensiven Strafen – wie einer hohen Geldstrafe oder dem Verbot einer Tätigkeit im Bereich des Fußballs – und der eindeutig formulierten Tatbestände der Ziff. 20–24 FIFA-Ethikreglement[1086] sind die Regelungen der FIFA grundsätzlich als ausreichend

---

1080 Vgl. insoweit auch *Schenk*, Safe Hands – Building Integrity and Transparency at FIFA (deutsche Übersetzung), S. 9.

1081 Ziff. 7 Nr. 1 FIFA-Ethikreglement n.F.

1082 Ziff. 7 Nr. 1 a) FIFA-Ethikreglement n.F.

1083 Ziff. 7 Nr. 1 e) FIFA-Ethikreglement n.F.

1084 Ziff. 7 Nr. 1 j) FIFA-Ethikreglement n.F.

1085 Ziff. 7 Nr. 2 FIFA-Ethikreglement n.F. i.Vm. Ziff. 6 Nr. 4 FIFA-Disziplinarreglement n.F.

1086 Ziff. 19 ff. FIFA-Ethikreglement n.F.

anzusehen. Wegen der Möglichkeit, sich durch einen Vereins- und damit Verbandsaustritt der Gerichtsbarkeit der FIFA zu entziehen, ist aber die Abschreckungswirkung begrenzt und kann nicht durch Erhöhung der Strafen erreicht werden.

VI. Zwischenergebnis

Im Hinblick auf die Prävention im Bereich der unlauteren Verschaffung von Machtpositionen ist nach dem zuvor Dargestellten Folgendes festzuhalten:

Auch wenn die FIFA – im Zusammenhang mit der hier in Rede stehenden Fallgruppe – nicht zur Einführung eines Compliance-Systems verpflichtet ist, ist in Anbetracht der sportpolitischen Relevanz die Einführung von geeigneten und erforderlichen Präventionsmaßnahmen zur Verhinderung des Anscheins von Käuflichkeit von Sportfunktionären gleichwohl unbedingt zu empfehlen.

In diesem Zusammenhang kommen insbesondere weitere Ergänzungen der geltenden und durch die Reform im Jahre 2012 überarbeiteten Ethikregelungen und Verhaltensrichtlinien in Betracht. Auch die Informierung der FIFA-Vertreter – vor allem im Wege von Schulungen – sollte in Betracht gezogen werden.

Aus Transparenzgesichtspunkten ist insbesondere eine Reformierung der internen Organisation zu empfehlen: Hierbei kommen Maßnahmen der Zusammensetzung des Exekutivkomitees und weiterer Kommissionen durch transparente und öffentliche Wahlen sowie eine Amtszeitbegrenzung in Betracht. Abhängigkeiten der Rechtsorgane von den Mitgliedern des Exekutivkomitees sind zwingend zu vermeiden.

Umgesetzt wurden jedenfalls bereits Maßnahmen zur internen Identifizierung von korruptiven Handlungen und die Einrichtung einer Whistleblowing-Hotline, hinsichtlich jeglicher Verstöße gegen das Ethikreglement kontaktiert werden kann. Dies stellt einen positiv hervorzuhebenden Aspekt dar.

Selbstverständlich sind die zuvor erörterten Maßnahmen nicht auf den Fußballsport beschränkt. Insofern sollten diese Maßnahmen von jedem Sportverband unter Berücksichtigung der eigenen geltenden internen Regelungen kritisch hinterfragt werden.

B. Ausnutzen von Machtpositionen zum eigenen Vorteil

Im Rahmen der weiteren Ausarbeitung ist im Anschluss an die Verschaffung von Machtpositionen im Sport das Augenmerk auf das Ausnutzen dieser Machtpositionen zum eigenen Vorteil der Beteiligten zu legen.

I. Phänomenologie

Im Hinblick auf die Vergabeentscheidung von Austragungsorten der Endrunde der Fußball-Weltmeisterschaft sorgten in den vergangenen Jahren gleich mehrere Entscheidungen des FIFA-Exekutivkomitees für Schlagzeilen.

Insbesondere die Vergabeentscheidung des FIFA-Exekutivkomitees für die Austragung der Weltmeisterschaft 2006 an Deutschland in Zürich im Jahr 2000 steht hierbei im Verdacht, durch unlautere Einflussnahme beeinflusst worden zu sein. Im Hinblick auf die Vergabeentscheidung des zu dieser Zeit noch 24-köpfigen FIFA-Exekutivkomitees[1087] benötigte Deutschland hierbei zumindest die einfache Mehrheit der Stimmen, da FIFA-Präsident Blatter angeblich den Konkurrenten aus Südafrika präferiert habe und bei einem Ergebnis von zwölf zu zwölf sein Votum doppelt gezählt hätte.[1088] Die Stimmen der acht europäischen Vertreter des Exekutivkomitees habe der damalige DFB-Präsident und UEFA-Schatzmeister Egidius Braun bereits frühzeitig zugunsten Deutschlands sichern können.[1089] Nachdem auch die Stimmen der vier asiatischen Delegierten angeblich durch den Einfluss der deutschen Regierung und deutscher Unternehmen gesichert werden konnten[1090], wäre die Entscheidung zwischen Deutschland und Südafrika auf ein zwölf zu zwölf hinausgelaufen, was aufgrund des doppelten Stimmrechts des Präsidenten Blatters bei Stimmgleichheit zu einem Zuschlag für Südafrika geführt hätte. Dass Deutschland im Ergebnis dennoch den Zuschlag für die Austragung der Weltmeisterschaft 2006 erhalten hat, lag hierbei an der Enthaltung des ozeanischen Delegierten, Charles Dempsey, der nach Maßgabe seines Kontinentalverbandes für Südafrika stimmen sollte. Es besteht hierbei der Verdacht, dass Dempsey in der Nacht vor der Wahl 250.000,– USD von einer nicht bekannten Person für diese Enthaltung erhalten haben soll.[1091]

Der Umstand, dass es sich bei den dargestellten Verdachtsmomenten tatsächlich um eine im konkreten Zusammenhang denkbare Fallkonstellation handelt, wird anhand weiterer Verdächtigungen im Hinblick auf die Vergabe der Austragung der Weltmeisterschaft 2018 an Russland und der Weltmeisterschaft 2022

1087 Dieses setzte sich nach Ziff. 30 Abs. 3 FIFA-Statuten a.F. aus acht Delegierten aus Europa, jeweils vier Delegierten aus Asien und Afrika, jeweils drei Delegierten aus Südamerika und Nord- und Mittelamerika, sowie einem Delegierten aus Ozeanien und dem Präsidenten zusammen.

1088 Vgl. *Kistner*, in: Weinreich, S. 169 (181).

1089 *Kistner*, in: Weinreich, S. 169 (169).

1090 *Kistner*, in: Weinreich, S. 169 (178 f.).

1091 *Kistner*, in: Weinreich, S. 169 (182).

an Katar im Jahr 2010 belegt. Bereits bevor die entsprechenden Entscheidungen gemeinsam in Zürich verkündet wurden, wurden die Mitglieder des FIFA-Exekutivkomitees Reynald Temarii aus Tahiti und Amos Adamu aus Nigeria suspendiert, nachdem sie Reportern der „Sunday Times" ihre Stimme bei der Vergabeentscheidung gegen Geldzahlung zusicherten.[1092] Die Reporter, die ihre Gespräche mit den Funktionären heimlich filmten, haben sich hierbei als Lobbyisten für ein Konsortium amerikanischer Firmen ausgegeben, die die Weltmeisterschaft angeblich in die USA holen wollten.[1093]

Auch nach der Vergabeentscheidung beschuldigte der britische Fußball-Funktionär Lord David Triesman vier Mitglieder des Exekutivkomitees die Entscheidung zugunsten Russlands und Katars aufgrund von Geldzahlungen beeinflusst zu haben.[1094] Im Raum stehen hierbei Zahlungen in Höhe von 1,5 Mio. USD.[1095]

Neben den Verdachtsmomenten gegen die Mitglieder des FIFA-Exekutivkomitees wurden im Jahr 2010 auch Vorwürfe gegen Funktionäre der UEFA bekannt. Nach Angaben des zypriotischen Fußballfunktionärs Spyros Marangos soll hierbei die Vergabe der Austragung der Europameisterschaft 2012 an Polen und die Ukraine durch Geldzahlungen beeinflusst worden sein.[1096]

Die dargelegten unterschiedlichen Verdachtsmomente im Zusammenhang mit den jüngeren Vergabeentscheidungen der FIFA und UEFA verdeutlichen, dass eine unlautere Beeinflussung dieser Entscheidungen bzw. ein Ausnutzen der Machtposition der Funktionäre hierbei durchaus eine denkbare und in Betracht zu ziehende Fallkonstellation darstellt. Im Hinblick auf die nachfolgende

1092 Spiegel-Online vom 18. November 2010, „Fifa sperrt umstrittenen Funktionäre" (abrufbar unter: http://www.spiegel.de/sport/fussball/0,1518,729801,00.html; zuletzt abgerufen am 3. Juli 2023).

1093 Spiegel-Online vom 18. November 2010, „Fifa sperrt umstrittenen Funktionäre" (abrufbar unter: http://www.spiegel.de/sport/fussball/0,1518,729801,00.html; zuletzt abgerufen am 3. Juli 2023).

1094 Spiegel-Online vom 11. Mai 2011, „England beschuldigt hohe Fifa-Mitglieder der Korruption" (abrufbar unter: http://www.spiegel.de/sport/fussball/0,1518,761753,00.html; zuletzt abgerufen am 3. Juli 2023).

1095 Spiegel-Online vom 11. Mai 2011, „England beschuldigt hohe Fifa-Mitglieder der Korruption" (abrufbar unter: http://www.spiegel.de/sport/fussball/0,1518,761753,00.html; zuletzt abgerufen am 3. Juli 2023).

1096 Spiegel-Online vom 23. Oktober 2010, „EM-Vergabe unter Verdacht" (abrufbar unter: http://www.spiegel.de/sport/fussball/0,1518,724907,00.html; zuletzt abgerufen am 3. Juli 2023).

rechtliche Würdigung ist vorliegend ausschließlich auf die angebliche Geldzahlung an den ozeanischen Delegierten Charles Dempsey abzustellen. Um vorliegend auch eine strafrechtliche Überprüfung nach deutschem Strafrecht zu gewährleisten, ist der Sachverhalt insoweit abzuändern, dass die Zuwendung des Geldes bereits zuvor in Deutschland stattgefunden hat.

II. Strafrechtliche Würdigung

Da sich die Sachverhalte im Rahmen ihrer rechtlichen Bewertung nicht unterscheiden, ist vorliegend der Fall der Vergabe der FIFA-Weltmeisterschaft 2006 an Deutschland im Jahr 2000 mit der Maßgabe zu überprüfen, dass die angeblich erfolgte Geldübergabe in Deutschland stattgefunden hat. Die Anwendbarkeit deutschen Strafrechts ergibt sich dann ungeachtet der Tatsache, dass das maßgebliche Stimmverhalten des Funktionärs in der Schweiz erfolgen sollte, aus §§ 3, 9 StGB. Tatort nach § 9 Abs. 1 StGB ist sowohl der Ort, an dem die auf die Unrechtsvereinbarung abzielende Erklärung erfolgt oder zugeht als auch der Ort, an dem der Vorteil gewährt oder angenommen wird.[1097]

Andernfalls könnte eine Vorteilszuwendung im Ausland nur unter den Voraussetzungen des § 7 StGB (hier also § 7 Abs. 2 Nr. 1 StGB) dem Geltungsbereich des deutschen Strafrechts unterfallen. Erforderlich hierfür wäre dann allerdings, dass die Tat am jeweiligen Tatort mit Strafe bedroht ist. Dies wäre im Hinblick auf die Schweiz (als der Ort, an dem die auf die Unrechtsvereinbarung abzielende Erklärung erfolgen soll) folglich nur dann der Fall, wenn die Handlung nach Art. 4a sUWG ebenfalls strafbar wäre. Um insofern eine Prüfung deutscher und schweizerischer Strafrechtsnormen auf Ebene der Strafbarkeit der natürlichen Personen zu vermeiden (eine Prüfung des Art. 4a sUWG wird insoweit ohnehin bei der Frage der Unternehmensstrafbarkeit der FIFA nach Art. 102 Abs. 2 sStGB im Rahmen der „Einschlägigkeit von sanktionierten Verboten und Organisationsgeboten“ relevant), ist daher von einer Geldübergabe in Deutschland auszugehen.

1. *Bestechlichkeit der Mitglieder des FIFA-Exekutivkomitees gemäß § 299 Abs. 1 StGB*

Soweit ersichtlich, hat sich bislang weder die juristische Literatur noch die Rechtsprechung mit der Frage befasst, ob die Beeinflussung der Vergabe von Veranstaltungsorten durch Geldzahlung unter den Tatbestand des § 299 StGB subsumiert

1097 MüKo/StGB – *Krick*, § 299, Rn. 37.

werden kann.[1098] Lediglich *Kretschmer*[1099] hat sich im Rahmen einer Veröffentlichung im Internet mit dieser Thematik auseinandergesetzt und gelangt hierbei zu dem Ergebnis, dass der Tatbestand des § 299 StGB nicht anwendbar sei. Dies wird zum einen damit begründet, dass die FIFA nicht als geschäftlicher Betrieb anzusehen sei bzw. sich „die Sportorganisationen als private Vereine" nicht im Schutzbereich des § 299 StGB bewegen würden.[1100] Zum anderen handele es sich im Rahmen der zugrunde liegenden Fallkonstellation nicht um den Bezug von Waren oder gewerblichen Leistungen, da die FIFA durch Vergabe der Ausrichterrechte nichts beziehe.[1101] Vor dem Hintergrund dieser Ausführungen ist daher nachfolgend die Einschlägigkeit des § 299 StGB darzulegen.

a) Tätereigenschaft der Mitglieder des FIFA-Exekutivkomitees

Bei den Funktionären der FIFA müsste es sich zunächst um Angestellte oder Beauftragte eines geschäftlichen Betriebes handeln. Wie bereits zuvor umfassend festgestellt, können auch Idealvereine vor dem Hintergrund des entwickelten Nebenzweckprivilegs als geschäftliche Betriebe angesehen werden.[1102] Insbesondere die Vergabe von Sponsorenrechten und der Verkauf von Fernsehrechten erfolgen hierbei nach marktüblichen Kriterien und sind deshalb als auf Dauer betriebene Tätigkeiten im Wirtschaftsleben anzusehen.[1103] Allein durch die Vermarktung der Fußball-Weltmeisterschaft 2006 in Deutschland, also insbesondere die Vergabe der Sponsoren-, Marketing- und Fernsehrechte, konnte die FIFA einen Ertrag in Höhe von ca. 2,86 Mrd. CHF bei einem Aufwand in Höhe von 881 Mio. CHF verbuchen.[1104] Dies entspricht folglich einem Gewinn in Höhe von knapp 2 Mrd. CHF. Gerade im Hinblick auf die Vermarktung der Weltmeisterschaften ist die FIFA daher als geschäftlicher Betrieb im Sinne des § 299 StGB anzusehen. Die Mitglieder des FIFA-Exekutivkomitees sind insbesondere aufgrund ihrer Stellung berechtigt und verpflichtet, auf die vereinsinternen Entscheidungen Einfluss zu nehmen und insofern zumindest als Beauftragte

---

1098 Dies ist zwischenzeitlich überholt; insoweit ist auf die Veröffentlichungen von *Vaudlet*, in: Cherkeh/Momsen/Orth, 4. Kap., Rn. 241 ff. und *Rönnau*, in: Hoven/Kubiciel, S. 9 ff. zu verweisen.

1099 *Kretschmer*, Was kostet eine WM?.

1100 *Kretschmer*, Was kostet eine WM?.

1101 *Kretschmer*, Was kostet eine WM?.

1102 Vgl. oben unter: 2. Kapitel A. II. 1. a) gg).

1103 Vgl. *Krack*, ZIS 2011, 475 (477).

1104 Vgl. FIFA-Finanzbericht 2006, S. 20.

im Sinne der Norm zu qualifizieren.[1105] Der oben dargestellten Ansicht *Kretschmers* kann daher vorliegend nicht gefolgt werden. Gerade im Hinblick auf das Nebenzweckprivileg können private Vereine durchaus wirtschaftlich tätig werden und unterfallen insofern auch dem Schutzbereich des § 299 StGB.[1106]

b) Handeln im geschäftlichen Verkehr

Des Weiteren müsste eine entsprechende Tathandlung des Funktionärs im geschäftlichen Verkehr erfolgt sein.

Die Annahme der Zuwendung in Form von Bargeld in Höhe von 250.000,– USD stellt unzweifelhaft die Annahme eines Vorteils im Sinne des § 299 StGB und somit eine hinreichende Tathandlung dar. Fraglich ist jedoch, ob diese im geschäftlichen Verkehr erfolgt ist. Neben dem Ausschluss von rein privatem und hoheitlichem Handeln, das dem Tatbestand des § 299 StGB gerade nicht unterfällt, soll dieses Tatbestandsmerkmal insbesondere auch klarstellen, dass die Annahme eines geschäftlichen Betriebes nicht bereits indiziert, dass jede Tätigkeit für diesen Betrieb als bestechungsrelevant anzusehen ist. Vielmehr sind nur solche Tätigkeiten, welche die geschäftlichen Beziehungen betreffen, unter den Tatbestand des § 299 StGB zu subsumieren.[1107] Wie bereits dargelegt[1108], scheitert die Strafbarkeit der beeinflussten Schiedsrichter nach der Ansicht *Kracks*[1109] gerade an diesem Tatbestandsmerkmal, da der DFB durch den Einsatz der Schiedsrichter nicht am Wirtschaftsverkehr teilnimmt. Dies gilt jedoch gerade nicht für die Tätigkeit der Mitglieder des FIFA-Exekutivkomitees[1110] im Rahmen der Vergabe der Veranstaltungsorte einer Weltmeisterschaft. Insbesondere im Hinblick auf die Fernsehvermarktungsrechte kommt dieser Entscheidung eine maßgebliche Auswirkung auf die Verwertbarkeit zu. So hat beispielsweise die Austragung einer Weltmeisterschaft in Asien aufgrund der Zeitverschiebung erhebliche negative Auswirkungen auf den großen europäischen Markt.[1111] Die Tätigkeit des FIFA-Exekutivkomiteemitglieds betrifft insofern durchaus den

1105 Vgl. Schönke/Schröder – *Heine/Eisele*, § 299, Rn. 8.

1106 Vgl. nur Schönke/Schröder – *Heine/Eisele*, § 299, Rn. 9a mit Verweis auf BGH, GRUR 1962, 254 (255).

1107 *Krack*, ZIS 2011, 475 (477).

1108 Vgl. oben unter: 2. Kapitel A. II. 1. a) gg).

1109 *Krack*, ZIS 2011, 475 (478).

1110 Zwischenzeitich FIFA-Rat.

1111 Vgl. Interview mit Sylvia Schenk auf 11Freunde.de vom 1. Dezember 2010, „Handelt Blatter rein taktisch?" (abrufbar unter: https://11freunde.de/artikel/handelt-blatter-rein-taktisch/574219; zuletzt abgerufen am 3. Juli 2023).

geschäftlichen Bereich der Verwertung von Sponsoren- und Fernsehrechten und erfolgt damit auch im geschäftlichen Verkehr.

c) Unrechtsvereinbarung

Der Vorteil muss ferner als Gegenleistung für eine künftige unlautere Bevorzugung angenommen worden sein.[1112] Diese Verknüpfung zwischen Vorteil und Bevorzugung stellt die erforderliche Unrechtsvereinbarung dar.[1113]

Die hierbei geforderte Bevorzugung muss sich auf den Bezug von Waren oder gewerblichen Leistungen im Wettbewerb beziehen.[1114] Als Bezug werden dabei nach allgemeiner Ansicht alle wirtschaftlichen Vorgänge von der Bestellung über die Abwicklung der Lieferung bis zur Bezahlung verstanden.[1115] Bezieher der Ware oder der gewerblichen Leistung kann hierbei sowohl der Vorteilsgeber als auch der Geschäftsherr des Vorteilsnehmers sein, so dass danach zu fragen ist, ob der Vorteilsgeber die Waren oder Leistungen bezieht oder liefert.[1116]

Übertragen auf die in Rede stehende Sachverhaltskonstellation ist daher insbesondere maßgeblich, ob der DFB als der die Weltmeisterschaft ausrichtende Verband zur FIFA in einem solch gearteten Bezugsverhältnis steht bzw. Waren oder gewerbliche Leistungen von der FIFA bezieht oder an diese leistet. Gemäß der Präambel des „Reglements zur FIFA Fussball-Weltmeisterschaft Deutschland 2006" handelt es sich bei der Fußball-Weltmeisterschaft um eine Veranstaltung der FIFA. Des Weiteren liegen alle Rechte in Bezug auf die Fußball-Weltmeisterschaft bei der FIFA. Dem DFB und dem nationalen Organisationskomitee, welche gemeinsam den ausrichtenden Verband darstellen[1117], kommen hierbei insbesondere die Aufgabe zu, die Begegnungen der Endrunde im eigenen Namen zu organisieren[1118] und in diesem Zusammenhang auch mit den zuständigen Regierungsstellen für die Konzeption, Planung und Umsetzung angemessener Sicherheitsmaßnahmen für sämtliche relevante Örtlichkeiten und Personen im Rahmen der Weltmeisterschaft zu sorgen[1119]. Darüber hinaus ist der ausrichtende Verband (in Absprache mit der FIFA) dafür

---

1112 *Fischer*, § 299, Rn. 13.
1113 *Fischer*, § 299, Rn. 13.
1114 Schönke/Schröder – *Heine/Eisele*, § 299, Rn. 21.
1115 LK – *Tiedemann*, § 299, Rn. 31.
1116 LK – *Tiedemann*, § 299, Rn. 31.
1117 Vgl. Präambel, Abs. 2 des Reglements zur FIFA Fussball-Weltmeisterschaft Deutschland 2006.
1118 Art. 22 Reglement zur FIFA Fussball-Weltmeisterschaft Deutschland 2006.
1119 Art. 20 Abs. 2 Reglement zur FIFA Fussball-Weltmeisterschaft Deutschland 2006.

verantwortlich Versicherungen zur Deckung sämtlicher mit der Ausrichtung des Turniers verbundenen Risiken abzuschließen.[1120] Die Beziehung zwischen dem ausrichtenden Verband und der FIFA wird darüber hinaus in einem separaten Veranstaltungsvertrag konkretisiert.[1121]

Sofern sich jedoch bereits aus dem Reglement zur Fussball-Weltmeisterschaft Deutschland 2006 ergibt, dass die FIFA die Veranstaltung als ihre eigene betreibt und sich auch das Recht zur Überwachung und Kontrolle des ausrichtenden Verbandes und die Letztentscheidungsbefugnis einräumt[1122], deutet dies darauf hin, dass sich die FIFA des ausrichtenden Verbandes lediglich im Hinblick auf die Organisation einzelner Punkte als Gehilfen bedient. Diese Organisationsleistung, insbesondere die Organisation der einzelnen Begegnungen, könnte daher vorliegend eine gewerbliche Leistung darstellen, welche die FIFA vom ausrichtenden Verband bezieht.

Der Begriff der gewerblichen Leistung ist weit zu verstehen und umfasst alle geldwerten Leistungen des gewerblichen oder geschäftlichen Lebens und insofern nach herrschender Ansicht auch diejenigen der freien Berufe.[1123] Es muss sich dabei um eine wirtschaftlich verwertbare und auch dazu bestimmte Leistung handeln.[1124] Bei der Organisationsleistung des DFB und des nationalen Organisationskomitees handelt es sich zweifelsfrei um eine wirtschaftlich verwertbare und hierzu bestimmte Leistung. Ohne die Organisation der einzelnen Begegnungen könnte die FIFA weder Übertragungs- noch Sponsorenrechte verwerten. Die Tatsache, dass es sich hierbei auch um eine geldwerte Leistung handelt, zeigt sich darüber hinaus in dem von der FIFA an den DFB gewährten Organisationszuschuss in Höhe von 170 Mio. EUR von dem der DFB nach Abschluss der Weltmeisterschaft lediglich 49 Mio. EUR rückerstatten musste.[1125] Dass es sich bei der vom DFB und dem nationalen Organisationskomitee erbrachten Leistung um eine Leistung des gewerblichen oder geschäftlichen Lebens handelt,

---

1120 Art. 20 Abs. 3 Reglement zur FIFA Fussball-Weltmeisterschaft Deutschland 2006.

1121 Vgl. Präambel, Abs. 6 des Reglements zur FIFA Fussball-Weltmeisterschaft Deutschland 2006.

1122 Präambel, Abs. 5 des Reglements zur FIFA Fussball-Weltmeisterschaft Deutschland 2006.

1123 Schönke/Schröder – *Heine/Eisele*, § 299, Rn. 22; MüKo/StGB – *Krick*, § 299, Rn. 26; *Fischer*, § 299, Rn. 14.

1124 MüKo/StGB – *Krick*, § 299, Rn. 26.

1125 DFB-News vom 1. März 2007, „Gewinn der FIFA WM 2006 auf 155 Millionen Euro gesteigert" (abrufbar unter: http://www.dfb.de/news/detail/gewinn-der-fifa-wm-2006-auf-155-millionen-euro-gesteigert-10374/; zuletzt abgerufen am 3. Juli 2023).

lässt sich zudem daran verdeutlichen, dass der DFB mit der Ausrichtung der Weltmeisterschaft einen Gewinn von 106 Mio. EUR erwirtschaften konnte, der wiederum für gemeinnützige Zwecke zu verwenden ist.[1126]

Insofern liegt nach der hierbei vertretenen Ansicht – im Unterschied zur dargelegten Ansicht *Kretschmers*[1127] – durchaus ein Bezugsverhältnis zwischen FIFA und DFB vor. Die FIFA bezieht vorliegend für die gesamte Veranstaltung maßgebliche und insbesondere geldwerte Organisationsleistungen des ausrichtenden Verbandes.

Eine – sich auf diesen Bezug der gewerblichen Leistung beziehende – Bevorzugung des DFB ist vorliegend unzweifelhaft anzunehmen. Die Bevorzugung erfordert hierbei die Gewährung von Vorteilen im Wettbewerb gegenüber den Mitbewerbern und setzt damit eine Entscheidung zwischen mindestens zwei Mitbewerbern voraus[1128] und kann in jeder Handlung oder Unterlassung liegen.[1129] Durch die Stimmenthaltung des ozeanischen Delegierten Dempseys unterließ es dieser trotz der Maßgabe seines nationalen Verbandes für Südafrika zu stimmen und stellte somit den DFB besser als den konkurrierenden südafrikanischen Verband.

Zuletzt müsste die in Aussicht gestellte Bevorzugung auch im Wettbewerb erfolgt sein und das Kriterium der Unlauterkeit erfüllen. Ein Konkurrenzverhältnis im Sinne des Wettbewerbs besteht zwischen allen Betrieben, die Waren oder Leistungen gleicher oder ähnlicher Art herstellen oder erbringen.[1130] Aufgrund des Anforderungsprofils der FIFA an die sich bewerbenden Verbände liegt es vorliegend auf der Hand, dass diese Verbände im Hinblick auf die Organisationsleistungen auch Leistungen gleicher Art erbringen. Insofern erfolgte die Bevorzugung im Wettbewerb. Da vorliegend auch sachwidrige Entscheidungsfaktoren den Ausschlag für eine Stimmenthaltung Dempseys gegeben haben, handelt es sich um eine unlautere Bevorzugung.[1131]

Im Rahmen des modifizierten Sachverhaltes, wäre ein Mitglied des FIFA-Exekutivkomitees bei Annahme einer Zuwendung zum Zweck der Stimmabgabe

---

1126 DFB-News vom 1. März 2007, Gewinn der FIFA WM 2006 auf 155 Millionen Euro gesteigert (abrufbar unter: http://www.dfb.de/news/detail/gewinn-der-fifa-wm-2006-auf-155-millionen-euro-gesteigert-10374/; zuletzt abgerufen am 3. Juli 2023).

1127 *Kretschmer*, Was kostet eine WM?.

1128 *Fischer*, § 299, Rn. 14.

1129 MüKo/StGB – *Krick*, § 299, Rn. 25.

1130 MüKo/StGB – *Krick*, § 299, Rn. 27.

1131 Vgl. Schönke/Schröder – *Heine/Eisele*, § 299, Rn. 19.

für einen bewerbenden Verband nach hier vertretener Ansicht gemäß § 299 StGB strafbar.

2. Bestechung durch den Vorteilsgeber gemäß § 299 Abs. 2 StGB

Der – vorliegend unbekannte – Vorteilsgeber hätte sich entsprechend den Ausführungen zur Strafbarkeit der Mitglieder des FIFA-Exekutivkomitees nach § 299 Abs. 2 StGB strafbar gemacht.

3. Weitere in Betracht kommende Straftatbestände

Wie bereits dargelegt[1132], scheitert eine Strafbarkeit der beteiligten Personen aus §§ 331, 333, 108e, 108b StGB wegen der mangelnden Tätereigenschaft (hinsichtlich §§ 331, 333 StGB) bzw. des mangelnden Bezugsobjektes (hinsichtlich §§ 108e, 108b StGB).

III. Einschlägigkeit von sanktionierten Verboten und Organisationsgeboten nach schweizerischem Recht („Innensteuerung“)

Nach Ziff. 21 Nr. 2 FIFA-Statuten ist das FIFA-Exekutivkomitee das ausführende Organ der FIFA. Insofern kommt auch hierbei – wie schon in Bezug auf die Beeinflussung der Delegierten des FIFA-Kongresses[1133] – eine Unternehmensstrafbarkeit der FIFA nach Art. 102 Abs. 2 sStGB in Betracht.

1. Strafbarkeit der FIFA nach Art. 102 Abs. 2 sStGB

Da das FIFA-Exekutivkomitee wie auch der FIFA-Kongress ein Organ des Fußball-Weltverbandes ist, gelten die Ausführungen zur Strafbarkeit der FIFA im Hinblick auf die Beeinflussung der Delegierten des FIFA-Kongresses entsprechend.[1134]

Insbesondere ist auch hierbei wiederum erforderlich, dass eine Anlasstat im Sinne des Art. 102 Abs. 2 sStGB vorliegt. Hierbei kommt ebenfalls nur die Strafbarkeit des Mitgliedes des FIFA-Exekutivkomitees nach Art. 4a Abs. 1 lit. a) sUWG in Betracht. Wie bereits dargestellt[1135] sind die Mitglieder des

---

1132 Vgl. oben unter: 3. Kapitel A. II.
1133 Vgl. oben unter: 3. Kapitel A. III. 1.
1134 Vgl. oben unter: 3. Kapitel A. III. 1.
1135 Vgl. oben unter: 3. Kapitel A. III. 1. b) bb).

Vereinsvorstandes unzweifelhaft als Agenten und damit als taugliche Täter im Sinne des Art. 4a sUWG zu qualifizieren. Nach Ziff. 21 Nr. 2 FIFA-Statuten ist das Exekutivkomitee das ausführende Organ der FIFA und führt somit die Geschäfte des Vereins.

Es stellt sich jedoch auch hierbei die Frage, ob die kandidierenden Verbände in einem Wettbewerbsverhältnis im Sinne des Art. 4a sUWG stehen. Dies ist umstritten:

In diesem Zusammenhang steht insbesondere die Frage im Vordergrund, ob das sUWG auch auf nicht gewinnorientierte Organisationen (sog. „NGO's") anwendbar ist.[1136] Dies ist nach Ansicht des Bundesrates der Schweiz nur möglich, wenn eine NGO in ein Wettbewerbsverhältnis zwischen Unternehmen mit wirtschaftlichen Zwecken einwirkt.[1137] Insofern ist fraglich, ob die FIFA als NGO in der vorliegenden Fallkonstellation überhaupt unter den Tatbestand des Art. 4a sUWG fallen kann. Dies ist nach Ansicht des Bundesrates „zweifelhaft, wenn Mitglieder eines solchen Verbandes beispielsweise von einer für die Organisation einer Veranstaltung kandidierenden Stadt finanzielle Vorteile für die Erteilung des Zuschlages entgegennehmen würden"[1138]. In diesem Fall sei fraglich, „ob es sich um ein vom UWG erfasstes Geschäftsgebaren handelt und ob die Kandidaturstädte in einem Wettbewerbsverhältnis im Sinne des UWG stehen".[1139] Zwar verkennt der Bundesrat der Schweiz nicht, dass in diesen Fällen erhebliche finanzielle Interessen betroffen sind, stellt jedoch fest, dass es dennoch primär den Sportverbänden obliege, Vorkehrungen zu treffen, um die unlautere Beeinflussung interner Wahl- und Abstimmungsmechanismen zu verhindern.[1140] Der Bundesrat sieht damit keinen Anlass, die Anwendbarkeit

1136 Botschaft des Bundesrates über die Genehmigung und die Umsetzung des Strafrechts-Übereinkommens und des Zusatzprotokoll des Europarates über Korruption vom 10. November 2004, S. 7009.

1137 Botschaft des Bundesrates über die Genehmigung und die Umsetzung des Strafrechts-Übereinkommens und des Zusatzprotokoll des Europarates über Korruption vom 10. November 2004, S. 7009.

1138 Botschaft des Bundesrates über die Genehmigung und die Umsetzung des Strafrechts-Übereinkommens und des Zusatzprotokoll des Europarates über Korruption vom 10. November 2004, S. 7010.

1139 Botschaft des Bundesrates über die Genehmigung und die Umsetzung des Strafrechts-Übereinkommens und des Zusatzprotokoll des Europarates über Korruption vom 10. November 2004, S. 7010.

1140 Botschaft des Bundesrates über die Genehmigung und die Umsetzung des Strafrechts-Übereinkommens und des Zusatzprotokoll des Europarates über Korruption vom 10. November 2004, S. 7010.

des sUWG auf die NGO ausdrücklich zu regeln[1141] und überlässt die Anwendung des Art. 4a sUWG auf Sportverbände im konkreten Einzelfall damit der Rechtsprechung.[1142]

Aufgrund dieser richtungsweisenden Auslegung des Bundesrates wird regelmäßig davon ausgegangen, dass eine Anwendung des Art. 4a sUWG auf Sportverbände in der vorliegenden Fallkonstellation nicht erfolgen kann.[1143]

Entgegen der Auffassung des Bundesrates lassen sich in der Literatur durchaus Ansichten finden, die auch bei Vergabe von Austragungsorten durch die FIFA als NGO eine wettbewerbsrelevante Handlung im Sinne des sUWG annehmen und insofern eine Strafbarkeit der beteiligten Personen nach Art. 4a sUWG in Betracht ziehen.[1144] In Bezug auf die Ansicht des Bundesrates, dass auch Sportverbände beim Abschluss von Sponsoringverträgen durchaus wettbewerbsrelevant handeln[1145], führt *Gfeller*[1146] argumentativ aus, es gäbe „keinen qualitativen Unterschied zwischen dem Sponsoring von gewinnstrebigen Firmen und dem Sponsoring von Tourismusdestinationen". Insbesondere würde andernfalls die Beeinflussung der Mitglieder des FIFA-Exekutivkomitees keinen Sinn ergeben, denn „nur wenn der erwartete Nutzen nach Abzug aller Kosten (inkl. Bestechung) grösser ist als null, macht es Sinn, dieses Geschäft einzugehen"[1147].

Im Ergebnis muss sich die Gegenansicht der Literatur allerdings die Gesetzesmaterialien und den ausdrücklichen Willen des Gesetzgebers entgegenhalten lassen. Unter Verweis auf Art. 1 sStGB / Art. 7 Abs. 1 EMRK (keine Strafe ohne Gesetz), ist eine Ausweitung des Tatbestandes des Art. 4a sUWG

1141 Botschaft des Bundesrates über die Genehmigung und die Umsetzung des Strafrechts-Übereinkommens und des Zusatzprotokoll des Europarates über Korruption vom 10. November 2004, S. 7010.

1142 Vgl. auch: NZZ-Online vom 21. Oktober 2010, „Strafbar oder nicht?" (abrufbar unter: https://www.nzz.ch/strafbar_oder_nicht-ld.987297; zuletzt abgerufen am 3. Juli 2023).

1143 *Mohler*, Internationale Sportorganisationen dem Korruptionsstrafrecht unterstellen, S. 1, Fn. 2.

1144 *Gfeller*, S. 73; *Cassani*, S. 701 f.

1145 Botschaft des Bundesrates über die Genehmigung und die Umsetzung des Strafrechts-Übereinkommens und des Zusatzprotokoll des Europarates über Korruption vom 10. November 2004, S. 7010.

1146 *Gfeller*, S. 74.

1147 *Gfeller*, S. 74.

auf Sportverbände und ihre Funktionäre daher in der in Rede stehenden Fallkonstellation abzulehnen.[1148]

Mithin ist die erforderliche Anlasstat nach Art. 4a sUWG vorliegend nicht erfüllt, so dass eine Unternehmensstrafbarkeit nach Art. 102 Abs. 2 sStGB auch im Rahmen dieser Fallkonstellation ausscheidet.

Dementsprechend wäre – mangels Anwendbarkeit des Art. 4a sUWG – auch die Geldzahlung eines deutschen Staatsbürgers nicht zwingend nach § 299 StGB strafbar, da dieses Verhalten zumindest in der Schweiz als Tatort nicht gemäß § 7 Abs. 2 Nr. 1 StGB mit Strafe bedroht ist.

2. *Weitere Organisationsgebote*

Ohne Schaden der FIFA kommt auch eine zivilrechtliche Haftung aus Organisationsgeboten der Mitglieder des FIFA-Exekutivkomitees nicht in Betracht.[1149]

IV. Effektivität der Prävention von Wirtschaftskriminalität

Entsprechend der Fallkonstellation der Beeinflussung von Delegierten des FIFA-Kongresses, auf die insoweit verwiesen werden kann[1150], ist wiederum festzuhalten, dass die geltenden schweizerischen Rechtsnormen nicht zu einer effektiven Korruptionsbekämpfung geeignet sind.

Zwar ist nach der hier vertretenen Ansicht in der abgewandelten Sachverhaltskonstellation von einer Strafbarkeit der beteiligen natürlichen Personen nach § 299 StGB auszugehen, jedoch entfaltet diese Strafandrohung für die in der Schweiz ansässigen Sportverbände und deren Funktionäre gerade keine hinreichende Abschreckungswirkung, da die Unrechtsvereinbarung auch in der Schweiz und damit straflos erfolgen kann. Die mangelnde Möglichkeit der Anwendung von Art. 4a sUWG auf Sportverbände bzw. Organe diese Sportverbände führt vielmehr dazu, dass sowohl die natürlichen als auch die juristischen Personen keine Haftung – weder straf- noch zivilrechtlich – zu befürchten haben. Der Einschränkung entsprechender Geschäftspraktiken bei der Vergabe von Veranstaltungsorten ist damit offensichtlich nicht gedient.

1148 *Mohler*, Internationale Sportorganisationen dem Korruptionsstrafrecht unterstellen, S. 1, Fn. 2.

1149 Vgl. oben unter: 3. Kapitel A. III. 2.

1150 Vgl. oben unter: 3. Kapitel A. IV.

V. Maßnahmen zur effektiven Prävention von Wirtschaftskriminalität

1. Maßnahmen des Gesetzgebers

Wie zuvor dargestellt, können sich die beteiligten natürlichen Personen nach dem deutschen StGB durchaus nach § 299 StGB strafbar machen. Die Strafbarkeit der FIFA bzw. der natürlichen Personen nach dem schweizerischen Strafrecht scheitert allerdings an den Anforderungen des Art. 4a sUWG.

Im Hinblick auf die Erhöhung der Abschreckungswirkung ist daher nachfolgend zu untersuchen, ob eine Reformierung der geltenden Rechtsnormen durch den schweizerischen Gesetzgeber in Betracht kommt.

Da Art. 102 sStGB die Pflicht von juristischen Personen zur Einführung von Compliance-Organisationen – und damit im Wege eines Straftatbestandes auch die Korruptionsprävention durch „Innensteuerung" – regelt, kann durch eine Reform des Straftatbestandes des Art. 4a sUWG durch den schweizerischen Gesetzgeber sowohl die Strafbarkeit von natürlichen Personen als auch die Strafbarkeit von Sportverbänden begründet werden.

Wie umfassend dargelegt, scheitert eine Anwendung des Art. 4a sUWG auf „Agenten" von Sportverbänden – trotz Gegenstimmen aus der Literatur – aktuell an dem eindeutigen und ausdrücklichen Willen des Gesetzgebers.[1151] In diesem Zusammenhang kommt der schweizerische Gesetzgeber dem ratifizierten Strafrechtsübereinkommen über Korruption des Europarats von 1999[1152] nicht in genügendem Maße nach. Gemäß Art. 7 und Art. 8 dieses Übereinkommens sind die Unterzeichner verpflichtet, die Privatbestechung ohne Ausnahme unter Strafe zu stellen.[1153] Bereits vor diesem Hintergrund (aber insbesondere auch unter Berücksichtigung der offensichtlichen Strafbarkeitslücke im Bereich der Privatbestechung) ist eine Reformierung des Art. 4a sUWG durch den schweizerischen Gesetzgeber unbedingt zu empfehlen. Zu berücksichtigen ist hierbei auch, dass die Privatbestechung in der Schweiz nach geltender Rechtslage gemäß Art. 23 sUWG lediglich als Antragsdelikt ausgestaltet ist. Im Wege einer erforderlichen Reformierung sollte die Privatbestechung als Offizialdelikt ausgestaltet sein.

1151 Vgl. oben unter: 3. Kapitel B. III. 1.

1152 SR 0.311.55 (abrufbar unter: http://www.admin.ch/ch/d/sr/i3/0.311.55.de.pdf; zuletzt abgerufen am 3. Juli 2023).

1153 *Mohler*, Internationale Sportorganisationen dem Korruptionsstrafrecht unterstellen, S. 2 f.

2. *Maßnahmen der FIFA im Rahmen der „Innensteuerung“*

Auch im Bereich der FIFA sind wiederum denkbare Maßnahmen der „Innensteuerung“ zu betrachten. Soweit sich diese Maßnahmen mit denen aus der zuvor dargestellten Fallkonstellation der unlauteren Verschaffung von Machtpositionen[1154] decken, ist entsprechend auf die ausführliche Darstellung zu verweisen.

a) *Informierung der Angestellten und Beauftragten*

Im Hinblick auf die Informierung von Angestellten und Beauftragen kommt wiederum die Ergänzung der aufgestellten Ehrenkodizes und Ethikrichtlinien (insbesondere Verhaltensanweisungen zu konkreten Fallbeispielen von Interessenskonflikten sowie zu der Vergabe und Annahme von Belohnungen und Geschenken) in Betracht.[1155] Insbesondere für den in Rede stehenden Bereich der Vergabe von Weltmeisterschaften als ausgemachtem Risikobereich[1156] sind ergänzende Richtlinien und Handlungsanweisungen für die Mitglieder des Exekutivkomitees zweckmäßig und erforderlich.

Bezüglich des bereits angesprochenen Sensibilisierungsprogramms der FIFA und die damit verbundene Anti-Korruptionsschulung für Schiedsrichter[1157] ist erneut auf die Notwendigkeit von regelmäßigen Anti-Korruptionsschulungen für die Mitglieder des Exekutivkomitees zu verweisen.

b) *Reform der internen Organisationsstrukturen*

Neben dem Hinweis auf oben bereits angesprochenen Reformen der internen Organisationsstrukturen betreffend die Zusammensetzung des Exekutivkomitees und der weiteren Kommissionen[1158] sowie vor allem die Zusammensetzung und Befugnisse der Ethikkommission[1159] ist im konkreten Sachzusammenhang zu überprüfen, ob im Wege der erfolgten Reformen auch hinreichende Regelungen über die Vergabe der Ausrichtung einer Weltmeisterschaft getroffen worden sind. Gemäß Ziff. 31 Nr. 9 FIFA-Statuten a.F. war das Exekutivkomitee für die Bestimmung des Orts und der Daten der Endrunden der FIFA-Wettbewerbe sowie die Anzahl der teilnehmenden Mannschaften zuständig.

1154 Vgl. oben unter: 3. Kapitel A. V. 2.

1155 Vgl. oben unter: 3. Kapitel A. V. 2. a) aa).

1156 *Schenk*, Safe Hands – Building Integrity and Transparency at FIFA (deutsche Übersetzung), S. 7 f.

1157 Vgl. oben unter: 3. Kapitel A. V. 2. a) bb).

1158 Vgl. oben unter: 4. Kapitel A. V. 2. b) aa).

1159 Vgl. oben unter: 4. Kapitel A. V. 2. b) cc).

In der aktuell geltenden Fassung der Ziff. 31 Nr. 9 FIFA-Statuten[1160] ist nunmehr ausdrücklich geregelt, dass die Zuständigkeit des FIFA-Exekutivkomitees hinsichtlich der Bestimmung des Austragungsortes der Endrunde der Weltmeisterschaft dem FIFA-Kongress zukommt. Ergänzend regelt Ziff. 80 FIFA-Statuten[1161] den Ablauf zur Bestimmung des Austragungsortes.

In korruptionspräventiver Hinsicht ist diese Reform der FIFA-Statuten ausdrücklich zu begrüßen. Sofern nunmehr im FIFA-Kongress, dem aktuell 209 Mitglieder angehören, eine Abstimmung über die Bestimmung des Austragungsortes erfolgt, ist die Beeinflussung des Wahlausgangs durch die deutlich erhöhte Zahl der Stimmberechtigten immens erschwert worden. Dies gilt insbesondere vor dem Hintergrund der Ziff. 80 Nr. 2 d) FIFA-Statuten[1162], wonach die absolute Mehrheit erforderlich ist.

Zwar ist auch in diesem Zusammenhang darauf hinzuweisen, dass das FIFA-Exekutivkomitee gemäß Ziff. 80 Nr. 2 c) FIFA-Statuten[1163] durch Vorauswahl von bis zu drei Kandidaten weiterhin einen gewissen Einfluss auf die letztendliche Vergabe hat. Dies könnte – um ein Extrembeispiel zu bilden – dazu führen, dass dem FIFA-Kongress letztendlich ohnehin nur ein Kandidat zur „Abstimmung" vorgeschlagen wird. Jedoch ist zu berücksichtigen, dass die Abstimmung im FIFA-Exekutivkomitee offen erfolgt und somit das Abstimmungsverhalten transparent gemacht wird. Eine dennoch vorgenommene Einflussnahme auf das Abstimmungsverhalten der Mitglieder des FIFA-Exekutivkomitees führt zudem regelmäßig[1164] nicht zu einem sicheren Wahlsieg und wird – neben dem Aspekt, dass die Entdeckungswahrscheinlichkeit aufgrund der öffentlichen Abstimmung gestiegen ist – somit für die bewerbenden Verbände deutlich unattraktiver.

Zur Erhöhung der Entdeckungswahrscheinlichkeit und damit auch der Abschreckungswirkung ist zur Prävention der Beeinflussung von Mitgliedern des FIFA-Kongresses zudem ergänzend vorzuschlagen, die Abstimmung im FIFA-Kongress ebenfalls öffentlich zu gestalten. Dies hätte zur Folge, dass sich etwaig beeinflusste Delegierte – die wie im zugrunde liegenden Fall sogar die Maßgabe ihres Kontinentalverbandes zu einer bestimmten Abstimmung

---

1160 [1163] Ziff. 34 Nr. 10 FIFA-Statuten n.F.

1161 Ziff. 69 FIFA-Statuten n.F.

1162 Ziff. 69 Nr. 2 d) FIFA-Statuten n.F.

1163 Ziff. 69 Nr. 2 c) FIFA-Statuten n.F.

1164 Die Beeinflussung aller FIFA-Exekutivkomiteemitglieder und die Vorlage nur eines zur Abstimmung stehenden Kandidaten ist zwar ein Extrembeispiel. Gleichwohl ist diese Konstellation möglich, wenn auch sehr unwahrscheinlich.

missachtet haben – zu ihrem Abstimmungsverhalten erklären müssten. Dies würde eine Beeinflussung nochmals deutlich erschweren.

c) Identifizieren von korruptiven Handlungen

Zur Identifizierung von korruptiven Handlungen ist auch in diesem Zusammenhang auf die bereits ergriffene Maßnahme der Einrichtung einer Whistleblower-Hotline hinzuweisen.[1165] Mit der Untersuchungskammer der Ethikkommission steht darüber hinaus eine Einrichtung zur Verfügung, die aufkommende Verdachtsmomente ermitteln kann. Lediglich die Abhängigkeit zum Exekutivkomitee ist zu kritisieren.[1166]

d) Behandlung von Korruptionsfällen

In Bezug auf die Behandlung von Korruptionsfällen ist – die vorgeschlagene Reform des Art. 4a sUWG durch den schweizerischen Gesetzgeber vorausgesetzt – eine enge und offene Zusammenarbeit mit den Strafverfolgungsbehörden anzuraten. In jedem Fall sind auch hier Verstöße gegen das Ethikreglement öffentlich zu machen, um eine klare sportpolitische Aussage gegen Korruption im Sport zu treffen und auch in gewissem Maße abschreckende Wirkung zu entfalten.

e) Sonstiges

Eine Erhöhung der Abschreckungswirkung kann auch in diesem Zusammenhang durch eine Reform des bestehenden Strafenkatalogs des FIFA-Ethikreglements nicht erreicht werden und kommt insoweit nicht in Betracht.[1167]

VI. Zwischenergebnis

Zur Korruptionsprävention im Bereich der Ausnutzung von Machtpositionen zum eigenen Vorteil ist Folgendes festzuhalten:

Die Bestechung von Funktionären von Sportverbänden ist – aufgrund des ausdrücklichen Willens des Gesetzgebers – in der Schweiz nicht strafbar. Unter Berücksichtigung dieser offensichtlichen Strafbarkeitslücke und dem von der Schweiz ratifizierten Strafrechtsübereinkommen über Korruption des Europarats von 1999 ist unbedingt die Reformierung des Art. 4a sUWG und die Einführung

---

1165 Vgl. oben unter: 3. Kapitel A. V. 2. c) aa).
1166 Vgl. oben unter: 3. Kapitel A. V. 2. c) bb).
1167 Vgl. oben unter: 3. Kapitel A. V. 2. e).

eines entsprechenden Straftatbestandes zu empfehlen. Die Reform der geltenden Rechtslage führt über Art. 102 sStGB dabei auch zu einer möglichen Strafbarkeit der FIFA (bzw. anderer in der Schweiz ansässiger Sportverbände) und bewirkt daher sowohl eine immense Abschreckungswirkung als auch die gesetzliche Verpflichtung zur Einführung von Compliance-Maßnahmen.

Auch wenn die FIFA aufgrund der geltenden Rechtslage zwar (noch) nicht zur Einführung eines Compliance-Systems verpflichtet ist, ist auch hier – in Anbetracht der sportpolitischen Relevanz – die Einführung von geeigneten und erforderlichen Präventionsmaßnahmen zur Verhinderung des Anscheins der Käuflichkeit von Sportfunktionären in jedem Fall zu empfehlen.

Eine Erhöhung der Transparenz und der Entdeckungswahrscheinlichkeit konnte insbesondere durch Reformierung der geltenden Vorschriften zur Vergabe der Ausrichtung einer Fußball-Weltmeisterschaft erzielt werden. Daneben ist ergänzend auf die zur Fallgruppe der unlauteren Verschaffung von Machtpositionen bereits unterbreiteten Vorschläge hinzuweisen.

Selbstverständlich sind die hier erörterten Maßnahmen nicht auf den Fußballsport beschränkt. Insofern sollten diese Maßnahmen von jedem Sportverband unter Berücksichtigung der eigenen geltenden internen Regelungen kritisch hinterfragt werden und – sofern erforderlich – eine Anpassung vorgenommen werden.

Schlussbetrachtung

Nach den vorherigen Ausführungen lässt sich zusammenfassend für die behandelten Konstellationen der Wirtschaftskriminalität im (Fußball-)Sport insbesondere Folgendes festhalten:

Die aktuellen Entwicklungen im Fußballbereich weisen durchaus eine positive Tendenz in Richtung der Notwendigkeit der Implementierung von Präventionsmaßnahmen auf und deuten auf ein gesteigertes Problembewusstsein hin, insbesondere fehlt es nicht an „grundlegenden Erkenntnissen und Konzepten"[1168]. Diese positiven Entwicklungen sollten beispielhaft für alle weiteren Bereiche im organisierten Sport sein und Organisationen anderer Sportarten als Beispiel dienen, in denen entsprechende Maßnahmen bislang nicht umgesetzt wurden.[1169]

Nichtsdestotrotz kommen – vor dem Hintergrund der einleitend vorgegebenen Zielsetzung dieser Ausarbeitung – auch im Bereich des Fußballsports noch eine Vielzahl an ergänzenden bzw. detaillierter ausgestalteten Instrumenten zur Steigerung der Effektivität von Compliance-Maßnahmen in Betracht. Die vorstehenden Ausführungen haben ergeben, dass die geltenden Normen keine umfassende Prävention von Wirtschaftskriminalität in den hier behandelten Fallkonstellationen gewährleisten können.

Die hier als notwendig zu ergreifende Maßnahmen würden sowohl die Abschreckungswirkung durch repressiv wirkende Maßnahmen als auch die Entdeckungswahrscheinlichkeit erhöhen und somit zu einem wirkungsvolleren Gesamtkonzept beitragen. Hierbei ist – nach den Ergebnissen der vorstehenden Ausführungen – neben den beteiligten Sportverbänden und Sportvereinen insbesondere auch der Gesetzgeber gefordert.

So führte die strafrechtliche Prüfung aller vier Fallkonstellationen im Bereich der Manipulation von sportlichen Wettkämpfen zu dem Ergebnis, dass die geltenden strafrechtlichen Bestimmungen nicht ausreichend sind, um eine effektive Bekämpfung der Spielmanipulation durch die abschreckende Wirkung des Strafrechts zu gewährleisten. Dies folgt nicht bereits unmittelbar aus der Tatsache, dass die vielzähligen Ansichten in Rechtsprechung und Literatur zu extrem unterschiedlichen Ergebnissen führen. Vielmehr bestehen erhebliche

---

1168 *Schenk*, CB 2014, 359 (362).

1169 So laut *Schenk*, CB 2014, 359 (362) bspw. Handball, Basketball und Eishockey.

Strafbarkeitslücken, welche bereits bei geringen Modifizierungen in der Art und Weise der Tatbegehung unstreitig zur Straflosigkeit des nach der hier vertretenen Ansicht strafwürdigen Verhaltens der manipulierenden Personen führen. Die Annahme der Strafwürdigkeit beruht dabei insbesondere darauf, dass der Unrechtskern der in Rede stehenden Taten nach dem Verständnis des Verfassers in der Verletzung der Wettbewerbsfreiheit im organisierten und professionalisierten Sport zu sehen ist und gerade nicht in der Verletzung fremden Vermögens (wie zum Beispiel der Wettanbieter hinsichtlich des Betruges nach § 263 StGB oder des eigenen Vereins im Rahmen der Untreue nach § 266 StGB). Die insoweit bestehende Strafbarkeitslücke, die eine Bestrafung der Manipulationsvereinbarung unmöglich macht, ist nach der hier vertretenen Ansicht durch die Einführung eines eigenen Straftatbestandes zwingend zu schließen und so eine umfassende Abdeckung aller denkbaren Konstellationen sicherzustellen.[1170]

Die Einführung eines entsprechenden Straftatbestandes könnte in der Folge weitere positive Nebeneffekte durch die Reformierung der Regelungen über die Telefonüberwachung und damit die Kronzeugenregelung nach sich ziehen. Um eine Haftungsverschärfung für Vereinsorgane und damit einen weiteren Anreiz zur umfassenden „Innensteuerung“ zu erreichen, ist im Rahmen aller Fallkonstellationen darüber hinaus auch eine Reform des Vereinsrechts durch den Gesetzgeber in Betracht zu ziehen. Letztlich sollte der Gesetzgeber im Bereich der wettbedingten Manipulation auch über die Regulierung der Wettmärkte Einfluss auf die Bekämpfung entsprechender Straftaten nehmen.

Im Hinblick auf konkret zu ergreifende Maßnahmen der Sportverbände und -vereine als Auftrag- bzw. Arbeitgeber kommen im Rahmen der dargestellten Fallkonstellationen insbesondere die bereits bewährten Instrumente der Sensibilisierung (beispielsweise über Richtlinien und Schulungen) und Identifizierung (zum Beispiel über Whistleblower-Hotlines und internen Ermittlungsstellen) in Betracht, wie auch Vertragsstrafenregelungen. Insbesondere im Bereich der wettbedingten Manipulation ist als lediglich flankierende Maßnahme die Einführung von Frühwarnsystemen zu erwähnen. Dem Sportverband als Auftraggeber der Schiedsrichter stehen darüber hinaus über die Schiedsrichterbeobachtung, Personalrotation und Reduktion der Ermessensspielräume – zumindest im gewissen Umfang – weitere Instrumente zur Verfügung.

Als rechtsetzendem Verband kommt dem Sportverband im Wege einer Rechts- und Verfahrensordnung – ähnlich wie dem Gesetzgeber – die Möglichkeit der

1170 Wie zuvor aufgezeigt, ist dies zwischenzeitlich durch die Einführung der §§ 265c, 265d StGB in der Zwischenzeit geschehen und umgesetzt worden.

Erhöhung der Abschreckungswirkung über die Einführung entsprechender Straftatbestände zu.

Auch im Bereich der unlauteren Verflechtungen innerhalb von Sportverbänden sind nach der hier vertretenen Ansicht Reformmaßnahmen des schweizerischen Gesetzgebers unbedingt anzuraten. Dies gilt insbesondere für Bereich der Ausnutzung von Machtpositionen, welche am Beispiel der Vergabe von Austragungsorten dargelegt wurde: Während nach der hier vertretenen Ansicht nach deutschem Strafrecht das Verhalten des in Rede stehenden Personenkreises durchaus unter den Straftatbestand des § 299 StGB subsumiert werden kann, besteht insoweit kein Bedürfnis der Schaffung eines eigenen Straftatbestandes. Hinsichtlich des schweizerischen Strafrechts sind jedoch Reformen des Art. 4a sUWG erforderlich, um die bestehende Strafbarkeitslücke im Bereich der Vereine zu schließen und so erheblich zur Abschreckungswirkung beizutragen. Hieraus würde insbesondere auch die Pflicht der in der Schweiz ansässigen internationalen Sportverbände zur Einrichtung eines effektiven Compliance-Systems über Art. 102 sStGB resultieren.

Im Hinblick auf die durch die Sportverbände im Wege der „Innensteuerung“ zu ergreifenden Maßnahmen sollte insbesondere auf die bereits bewährten Instrumente der Ausarbeitung von Ethikkodizes nebst ausdrücklicher Handlungsanweisungen, der Anti-Korruptionsschulungen und der externen oder internen Hinweis- und Ermittlungsstellen zur Aufdeckung entsprechender Sachverhalte als effektive Maßnahmen zurückgegriffen werden. In Bezug auf Sportverbände ist – zumindest betreffend die FIFA – vor allem auch auf eine Überarbeitung der internen Organisationsstruktur hinzuwirken, um so die Schaffung von Abhängigkeiten zu vermeiden und eine transparente Organisation zu gewährleisten. Die vorstehenden Untersuchungen haben insbesondere aufgezeigt, dass diese Aspekte selbst nach Überarbeitung der Strukturen im Jahr 2012 nicht umfassend berücksichtigt wurden und weiterhin zwingend zu vermeidende Abhängigkeiten bestehen. Die Schaffung von Transparenz und die Vermeidung von Abhängigkeiten sind auch für andere Sportverbände (außerhalb des Fußballsports) zwingend anzuraten.[1171]

Bei alledem ist abschließend nochmals ausdrücklich darauf hinzuweisen, dass die Ergreifung von Präventionsmaßnahmen durch Sportverbände und Sportvereine in ihrem ureigensten Interesse liegt. Denn es ist unbedingt notwendig, den

1171 Auch insoweit ist festzustellen, dass in der Zwischenzeit nach Abgabe der Dissertation jedenfalls teilweise Regelungen angepasst wurden, die innerhalb der FIFA zu mehr Transparenz geführt haben.

Verlust der Glaubwürdigkeit durch widersprüchliches Verhalten im Hinblick auf das durch den Sport propagierte Credo – der Einhaltung von Fair Play, Integrität, Respekt und Regeln[1172] – und die eintretenden Imageschäden zu vermeiden. Außerdem bestehen bereits nach den geltenden gesetzlichen Regelungen (zumindest im Bereich der Manipulation von sportlichen Wettkämpfen) enorme Haftungsrisiken. Im Einzelfall kann daher die Verletzung gesetzlicher Regelungen auch die persönliche Inanspruchnahme von leitenden Organen nach sich ziehen. Insofern sollten insbesondere auch die Organe von Sportverbänden und -vereinen kritisch hinterfragen, ob die von ihnen ergriffenen Maßnahmen zur Prävention von Wirtschaftsstraftaten die hier dargestellten Anforderungen (im Sinne einer umfassenden Compliance-Organisation) erfüllen.

1172 Vgl. Safe Hands – Building Integrity and Transparency at FIFA (deutsche Übersetzung), S. 13.

Literaturverzeichnis

Adolphsen, Jens / Nolte, Martin / Lehner, Michael / Gerlinger, Michael: Sportrecht in der Praxis, Stuttgart 2012 (zitiert als: *Verfasser*, in: Adolphsen/Nolte/Lehner/Gerlinger, Rn.).

Ax, Thomas / Schneider, Matthias / Scheffen, Jacob (Hrsg.): Rechtshandbuch Korruptionsbekämpfung, 2. Auflage, Berlin 2010 (zitiert als: *Ax/Schneider*, Rn.).

Bach, Florian: „Vereinsfremde Siegprämien für Fußballspieler", in: Juristische Rundschau (JR) 2008, 57–59 (zitiert als: *Bach*, JR 2008, S.).

Bachmann, Gregor / Prüfer, Geralf: „Korruptionsprävention und Corporate Governance", in: Zeitschrift für Rechtspolitik (ZRP) 2005, 109–113 (zitiert als: *Bachmann/Prüfer*, ZRP 2005, S.).

Bamberger, Heinz Georg / Roth, Herbert (Hrsg.): Kommentar zum Bürgerlichen Gesetzbuch, Band 1, §§ 1–610, CISG, 3. Auflage, München 2012 (zitiert als: Bamberger/Roth – *Verfasser*, §, Rn.).

Bannenberg, Britta: Korruption in Deutschland und ihre strafrechtliche Kontrolle – eine kriminologisch-strafrechtliche Analyse, Neuwied u.a. 2002 (zitiert als: *Bannenberg*, Korruption in Deutschland und ihre strafrechtliche Kontrolle, S.).

Bannenberg, Britta: „Korruption in Deutschland und ihre strafrechtliche Kontrolle – Kriminologische Aspekte der Strafverfolgung", in: Kriminalistik 2005, 468–477 (zitiert als: *Bannenberg*, Kriminalistik 2005, S.).

Bannenberg, Britta: „Das neue ‚Anti-Doping-Gesetz' hilft dem Sport nicht", in: Sport und Recht (SpuRt) 2007, 155–156

(*Bannenberg*, SpuRt 2007, S.).

Baudenbacher, Carl (Hrsg.): Lauterkeitsrecht – Kommentar zum Gesetz gegen den unlauteren Wettbewerb (UWG), Basel u.a. 2001 (zitiert als: Baudenbacher – *Bearbeiter*, Art., Rn.).

Baumbach, Adolf / Hueck, Alfred (Begr.): Kommentar zum GmbHG, 20. Auflage, München 2013 (zitiert als: Baumbach/Hueck – *Bearbeiter*, §, Rn.).

Behling, Thorsten B.: „Compliance versus Fernmeldegeheimnis – Wo liegen die Grenzen bei E-Mail-Kontrollen als Antikorruptionsmaßnahme?", in: Betriebs-Berater (BB) 2010, 892–896 (zitiert als: *Behling*, BB 2010, S.).

Bekemann, Uwe: Kommunale Korruptionsprävention, Stuttgart 2007 (zitiert als: *Bekemann*, S.).

Berg, Cai: „Korruption in Unternehmen und Risikomanagement nach § 91 Abs. 2 AktG“, in: Die Aktiengesellschaft (AG) 2007, 271–278 (zitiert als: *Berg*, AG 2007, S.).

Berndt, Thomas / Hoppler, Ivo: „Whistleblowing – ein integraler Bestandteil effektiver Corporate Governance“, in: Betriebs-Berater (BB) 2005, 2623–2629 (zitiert als: *Berndt/Hoppler*, BB 2005, S.).

Bertossa, Carlo Antonio: Unternehmensstrafrecht – Strafprozess und Sanktionen, Bern 2003, zugleich Basel Univ. Diss. 2002 (zitiert als: *Bertossa*, S.).

Beulke, Werner: „Der praktische Fall – Strafrecht: Der findige Bauunternehmer“, in: Juristische Schulung (JuS) 1977, 35–40 (zitiert als: *Beulke*, JuS 1977, S.).

Binz, Mark K. / Sorg, Martin H.: Die GmbH & Co. KG, 11. Auflage, München 2010 (zitiert als: *Binz/Sorg*, §, Rn.).

Bock, Dennis: „Strafrechtliche Aspekte der Compliance-Diskussion – § 130 OWiG als zentrale Norm der Criminal Compliance“, in: Zeitschrift für Internationale Strafrechtsdogmatik (ZIS) 2009, 68–81 (zitiert als: *Bock*, ZIS 2009, S.).

Boeri, Tito / Severgnini, Battista: „The Italian Job: Match Rigging, Career Concerns an Media Concentration in *Serie A*“, Diskussionspapier Nr. 3745 des Forschungsinstituts zur Zukunft der Arbeit, Bonn 2008 (zitiert als: *Boeri/Severgnini*, The Italian Job, S.).

Bosch, Nikolaus: „Sportwettenbetrug – Anmerkung zum Urteil des BGH vom 15.12.2006 - 5 StR 181/06“, in: Juristische Arbeitsblätter (JA) 2007, 389–391 (zitiert als: *Bosch*, JA 2007, S.).

Böttger, Marcus (Hrsg.): Wirtschaftsstrafrecht in der Praxis, 2. Auflage, Münster 2015 (zitiert als: *Bearbeiter*, in: Böttger, Kap., Rn.).

Bringewat, Peter: „Finanzmanipulation im Ligafußball – ein Risikogeschäft?“, in: Juristenzeitung (JZ) 1977, 667–672 (zitiert als: *Bringewat*, JZ 1977, S.).

Brouwer, Tobias: „Compliance in Verbänden und gemeinnützigen Körperschaften“, in: Anwaltsblatt (AnwBl) 2010, 663–665 (zitiert als: *Brouwer*, AnwBl 2010, S.).

Bundeskriminalamt (Hrsg.): Wirtschaftskriminalität und Korruption – BKA-Herbsttagung 2002, München 2002 (zitiert als: *Verfasser*, in: BKA, S.).

Bürkle, Jürgen: „Corporate Compliance – Pflicht oder Kür für den Vorstand der AG?“, in: Betriebs-Berater (BB) 2005, 565–570 (zitiert als: *Bürkle*, BB 2005, S.).

Bürkle, Jürgen: „Corporate Compliance als Standard guter Unternehmensführung des Deutschen Corporate Governance Kodex“, in: Betriebs-Berater (BB) 2007, 1797–1801 (zitiert als: *Bürkle*, BB 2007, S.).

Bussmann, Kai-D. / Matschke, Sebastian: „Die Zukunft der unternehmerischen Haftung bei Compliance-Verstößen", in: Corporate Compliance Zeitschrift (CCZ) 2009, 132–138 (zitiert als: *Bussmann/Matschke*, CCZ 2009, S.).

Bussmann, Kai-D.: „Kriminalprävention durch Business Ethics – Ursachen von Wirtschaftskriminalität und die besonderen Bedeutung von Werten", in: Zeitschrift für Wirtschafts- und Unternehmensethik (zfwu) 2004, 35–54 (zitiert als: *Bussmann*, zfwu 2004, S.).

Campos Nave, José A. /

Bonenberger, Saskia: „Korruptionsaffären, Corporate Compliance und Sofortmaßnahmen für den Krisenfall", in: Betriebs-Berater 2008, 734–741 (zitiert als: *Campos Nave/Bonenberger*, BB 2008, S.).

Campos Nave, José A. / Vogel, Henrik: „Die erforderliche Veränderung von Corporate Compliance-Organisationen im Hinblick auf gestiegene Verantwortlichkeit des Compliance-Officers", in: Betriebs-Berater (BB) 2009, 2546–2551 (zitiert als: *Campos Nave/Vogel*, BB 2009, S.).

Cassani, Ursula: „Droit pénal économique 2003–2005 : actualité législative (responsabilité pénale de l'entreprise, financement du terrorisme, corruption)", in: Fellmann/Poledna (Hrsg.), Aktuelle Anwaltspraxis, Bern 2005, 671–709 (zitiert als: *Cassani*, S.).

Cherkeh, Rainer T. / Momsen, Carsten: „Doping als Wettbewerbsverzerrung? – Möglichkeiten der strafrechtlichen Erfassung des Dopings unter besonderer Berücksichtigung der Schädigung von Mitbewerbern", in: Neue Juristische Wochenschrift (NJW) 2001, 1745–1752 (zitiert als: *Cherkeh/Momsen*, NJW 2001, S.).

Cherkeh, Rainer T. / Momsen, Carsten / Orth, Jan F.: Handbuch Sportstrafrecht, München 2021 (zitiert als: *Verfasser*, in: Cherkeh/Momsen/Orth, Kap., Rn.).

Curti, Henning: Abschreckung durch Strafe – Eine ökonomische Analyse der Kriminalität, Wiesbaden 1999, zugleich Hamburg Univ. Diss. 1998 (zitiert als: *Curti*, S.).

Curti, Henning: „Strafe und Generalprävention", in: Zeitschrift für Rechtspolitik (ZRP) 1999, 234–237 (zitiert als: *Curti*, ZRP 1999, S.).

Dann, Matthias / Mengel, Anja: „Tanz auf einem Pulverfass – oder: Wie gefährlich leben Compliance-Beauftragte?", in: Neue Juristische Wochenschrift (NJW) 2010, 3265–3269 (zitiert als: *Dann/Mengel*, NJW 2010, S.).

Deiters, Mark: „Straflosigkeit des *agent provocateur*?", in: Juristische Schulung (JuS) 2006, 302–305 (zitiert als: *Deiters*, JuS 2006, S.).

Dhom, Andreas: „Aktuelle Fragen des Glücksspielrechts", in: Zeitschrift für Urheber- und Medienrecht (ZUM) 2011, 98–105 (zitiert als: *Dhom*, ZUM 2011, S.).

Dieners, Peter: „Selbstkontrolle der Wirtschaft zur Verhinderung von Korruption", in: Juristenzeitung (JZ) 1998, 181–186 (zitiert als: *Dieners*, JZ 1998, S.).

Dölling, Dieter: Empfehlen sich Änderungen des Straf- und Strafprozessrechts, um Gefahr von Korruption in Staat, Wirtschaft und Gesellschaft wirksam zu begegnen?, in: Gutachten C für den 61. Deutschen Juristentag, München 1996 (zitiert als: *Dölling*, Gutachten C zum 61. DJT, S.).

Dölling, Dieter: „Die Neuregelung der Strafvorschriften gegen Korruption", in: Zeitschrift für die gesamte Strafrechtswissenschaft (ZStW) 2000, 334–355 (zitiert als: *Dölling*, ZStW 2000, S.).

Dölling, Dieter (Hrsg.): Handbuch der Korruptionsprävention für Wirtschaftsunternehmen und öffentliche Verwaltung, München 2007 (zitiert als: *Verfasser*, in: Dölling, Kap., Rn.).

Donatsch, Andreas (Hrsg.): Schweizerisches Strafgesetzbuch – Kommentar, 19. Auflage, Zürich 2013 (zitiert als: Donatsch – *Bearbeiter*, Art., Rn.).

Eggemann, Gerd / Konradt, Thomas: „Risikomanagement nach KonTraG aus dem Blickwinkel des Wirtschaftsprüfers", in: Betriebs-Berater (BB) 2000, 503–509 (zitiert als: *Eggemann/Konradt*, BB 2000, S.).

Eidam, Gerd: „Die Verbandsgeldbuße des § 30 Abs. 4 OWiG – eine Bestandsaufnahme", in: Zeitschrift für Wirtschafts- und Steuerstrafrecht (wistra) 2003, 447–456 (zitiert als: *Eidam*, wistra 2003, S.).

Eisenberg, Ulrich: Kriminologie, 6. Auflage, München 2005 (zitiert als: *Eisenberg*, §, Rn.).

Engländer, Armin: „Anmerkung zu BGH JR 2007, 471 – Urteil des BGH vom 15.12.2006 – 5 StR 181/06", in: Juristische Rundschau (JR) 2007, 477–479 (zitiert als: *Engländer*, JR 2007, S.).

Erbs, Georg / Kohlhaas, Max: Strafrechtliche Nebengesetze – Kommentar, Loseblattsammlung, Band 1, 200. Ergänzungslieferung, Stand: Oktober 2014, München 2014 (zitiert als: Erbs/Kohlhaas – *Bearbeiter*, §, Rn.).

Fasten, Ines / Oppermann, Gregor: „Betrug im Rahmen manipulierter Fußballwetten", in: Juristische Arbeitsblätter (JA) 2006, 69–74 (zitiert als: *Fasten/Oppermann*, JA 2006, S.).

Favoccia, Daniela / Richter, Thomas: „Rechte, Pflichten und Haftung des Compliance Officers aus zivilrechtlicher Sicht", in: Die Aktiengesellschaft (AG) 2010, 137–147 (zitiert als: *Favoccia/Richter*, AG 2010, S.).

Feinendegen, Markus: „Anmerkung zu BGH NJW 2007, 782 – Urteil des BGH vom 15.12.2006 – 5 StR 181/06", in: Neue Juristische Wochenschrift (NJW) 2007, 787–788 (zitiert als: *Feinendegen*, NJW 2007, S.).

Ferragina, Domenico: Betrügereien im Profifußball in Deutschland und Italien, Hamburg 2012, zugleich Berlin Univ. Diss. 2012 (zitiert als: *Ferragina*, S.).

Fischer, Thomas: Strafgesetzbuch – Kommentar, 62. Auflage, München 2015 (zitiert als: *Fischer*, §, Rn.).

Fischer, Ulrich: „Über den galoppierenden Unschuldsverlust des Sports oder: Die Welt will betrogen sein", in: Neue Juristische Wochenschrift (NJW) 2005, 1028–1029 (zitiert als: *Fischer*, NJW 2005, S.).

Fischer, Ulrich: „Ist der schwarze Mann noch weiß? – Über pfeifende Wetter und wettende Pfeifer", in: Sport und Recht (SpuRt) 2005, 45–46 (zitiert als: *Fischer*, SpuRt 2005, S.).

Fleischer, Holger: „Vorstandsverantwortlichkeit und Fehlverhalten von Unternehmensangehörigen – Von der Einzelüberwachung zur Errichtung einer Compliance-Organisation", in: Die Aktiengesellschaft (AG) 2003, 291–300 (zitiert als: *Fleischer*, AG 2003, S.).

Fleischer, Holger: „Zum Grundsatz der Gesamtverantwortung im Aktienrecht", in: Neue Zeitschrift für Gesellschaftsrecht (NZG) 2003, 449–459 (zitiert als: *Fleischer*, NZG 2003, S.).

Fleischer, Holger (Hrsg.): Handbuch des Vorstandsrechts, München 2006 (zitiert als: *Bearbeiter*, in: Fleischer, §, Rn.).

Forster, Matthias: Die strafrechtliche Verantwortlichkeit des Unternehmens nach Art. 102 StGB, Bern 2006, zugleich St. Gallen Univ. Diss. 2006 (zitiert als: *Forster*, S.).

Frank, Christoph / Titz, Andrea: „Die Kronzeugenregelung zwischen Legalitätsprinzip und Rechtsstaatlichkeit", in: Zeitschrift für Rechtspolitik (ZRP) 2009, 137–140 (zitiert als: *Frank/Titz*, ZRP 2009, S.).

Fritzweiler, Jochen: „Ein § 299 a StGB als neuer Straftatbestand für den sich dopenden Sportler?", in: Sport und Recht (SpuRt) 1998, 234–235 (zitiert als: *Fritzweiler*, SpuRt 1998, S.).

Füser, Karsten / Gleißner, Werner: „Risikomanagement (KonTraG) – Erfahrungen aus der Praxis", in: Der Betrieb (DB) 1999, 753–758 (zitiert als: *Füser/Gleißner*, DB 1999, S.).

Gaede, Karsten: „Betrug durch den Abschluss manipulierter Fußballwetten: Das Hoyzer-Urteil als Sündenfall der Ausdehnung des Betrugstatbestandes?", in: Höchstrichterliche Rechtsprechung im Strafrecht (HRRS) 2007, 16–20 (zitiert als: *Gaede*, HRRS 2007, S.).

Gallas, Wilhelm: „Der Betrug als Vermögensdelikt", in: Festschrift für Eberhard Schmidt zum 70. Geburtstag, S. 401–436, Göttingen 1961 (zitiert als: *Gallas*, in: FS-Schmidt, S.).

Geerds, Detlev: „Schadensprobleme beim Betrug", in: Jura. Juristische Ausbildung (Jura) 1994, 309–321 (zitiert als: *Geerds*, Jura 1994, S.).

Geiger, Roman: Organisationsmängel als Anknüpfungspunkt im Unternehmensstrafrecht, Zürich 2006, zugleich Zürich Univ. Diss. 2006 (zitiert als: *Geiger*, S.).

Gernoth, Jan P.: „Die Überwachungspflichten des Aufsichtsrats im Hinblick auf das Risiko-Management und die daraus resultierenden Haftungsfolgen für den Aufsichtsrat“, in: Deutsches Steuerrecht (DStR) 2001, 299–309 (zitiert als: *Gernoth*, DStR 2001, S.).

Gfeller, Diego R.: Die Privatbestechung – Art. 4a UWG, Basel 2010 (zitiert als: *Gfeller*, S.).

Giebel, Christoph: „Frühwarnsysteme im Sportwettenbereich unter datenschutzrechtlicher Perspektive“, in: Sport und Recht (SpuRt) 2006, 7–11 (zitiert als: *Giebel*, SpuRt 2006, S.).

Goette, Wulf / Habersack, Matthias: Münchener Kommentar zum Aktiengesetz, Band 2 – §§ 76–117 AktG, MitbestG, DrittelbG, 4. Auflage, München 2014 (zitiert als: MüKo/AktG – *Bearbeiter*, §, Rn.).

Goette, Wulf / Habersack, Matthias: Münchener Kommentar zum Aktiengesetz, Band 6 – §§ 329–410 AktG, WpÜG, Österreichisches Übernahmerecht, 3. Auflage, München 2013 (zitiert als: MüKo/AktG – *Bearbeiter*, §, Rn.).

Göhler, Erich (Begr.): Kommentar zum Gesetz über Ordnungswidrigkeiten, 16. Auflage, München 2012 (zitiert als: Göhler – *Bearbeiter*, §, Rn.).

Göpfert, Burkard / Landauer, Martin: „„Arbeitsstrafrecht“ und die Bedeutung von Compliance-Systemen: Straftaten „für“ das Unternehmen“, in: Neue Zeitschrift für Arbeitsrecht – Beilage 2011, 16–21 (zitiert als: *Göpfert/Landauer*, NZA-Beil. 2011, S.).

Görling, Helmut / Inderst, Cornelia / Bannenberg, Britta (Hrsg.): Compliance, Heidelberg u.a. 2010 (zitiert als: *Bearbeiter*, in: Görling/Inderst/Bannenberg, Kap., Rn.).

Graf, Jürgen Peter: Kommentar zur Strafprozessordnung, 2. Auflage, München 2012 (zitiert als: Graf – *Bearbeiter*, §, Rn.).

Greco, Luís: „Zur Strafwürdigkeit des Selbstdopings im Leistungssport“, in: Goltdammer’s Archiv für Strafrecht (GA) 2010, 622–638 (zitiert als: *Greco*, GA 2010, S.).

Greco, Luís: „Zur Bestimmung des Vermögensschadens beim Sportwettenbetrug“, in: Neue Zeitschrift für Wirtschafts-, Steuer- und Unternehmensstrafrecht (NZWiSt) 2014, 334–339 (zitiert als: *Greco*, NZWiSt 2014, S.).

Greeve, Gina: Korruptionsdelikte in der Praxis, München 2005 (zitiert als: *Greeve*, Rn.).

Greeve, Gina: „Anmerkung zu LG Karlsruhe, Urt. v. 28.01.2007 - 3 Kls 620 Js 13113/06", in: Corporate Compliance Zeitschrift (CCZ) 2008, 117–120 (zitiert als: *Greeve*, CCZ 2008, S.).

Greeve, Gina: „Anmerkung zu BGH, Urt. v. 14.10.2008 - 1 StR 260/08", in: Corporate Compliance Zeitschrift (CCZ) 2009, 76–78 (zitiert als: *Greeve*, CCZ 2009, S.).

Grützner, Thomas / Jakob, Alexander: Compliance von A–Z, München 2010 (zitiert als: *Grützner/Jakob*, S.).

Hannich, Rolf (Hrsg.): Karlsruher Kommentar zur Strafprozessordnung, 7. Auflage, München 2013 (zitiert als: KK/StPO - *Bearbeiter*, §, Rn.).

Hartmann, Bernd J. / Niehaus, Holger: „Zur strafrechtlichen Einordnung von Wettmanipulationen im Fußball", in: Juristische Arbeitsblätter (JA) 2006, 432–435 (zitiert als: *Hartmann/Niehaus*, JA 2006, S.).

Hauptmann, Markus: „Abschlussbericht der Rechtskommission des Sports gegen Doping (ReSpoDo) - Zusammenfassung - Mögliche gesetzliche Initiativen für eine konsequentere Verhinderung, Verfolgung und Ahndung des Dopings im Sport - Teil 1", in: Sport und Recht (SpuRt) 2005, 198–200 (zitiert als: *Hauptmann*, SpuRt 2005, S.).

Hauptmann, Markus: „Abschlussbericht der Rechtskommission des Sports gegen Doping (ReSpoDo) - Zusammenfassung - Mögliche gesetzliche Initiativen für eine konsequentere Verhinderung, Verfolgung und Ahndung des Dopings im Sport - Teil 2", in: Sport und Recht (SpuRt) 2005, 239–243 (zitiert als: *Hauptmann*, SpuRt 2005, S.).

Hauschka, Christoph E.: „Compliance am Beispiel der Korruptionsbekämpfung", in: Zeitschrift für Wirtschaftsrecht (ZIP) 2004, 877–883 (zitiert als: *Hauschka*, ZIP 2004, S.).

Hauschka, Christoph E.: „Ermessensentscheidung bei der Unternehmensführung", in: GmbH-Rundschau (GmbHR) 2007, 11–16 (zitiert als: *Hauschka*, GmbHR 2007, S.).

Hauschka, Christoph E. (Hrsg.): Corporate Compliance - Handbuch der Haftungsvermeidung im Unternehmen, 2. Auflage, München 2010 (zitiert als: *Verfasser*, in: Hauschka, §, Rn.).

Hauschka, Christoph E. / Greeve, Gina: „Compliance in der Korruptionsprävention - was müssen, was sollen, was können die Unternehmen tun?", in: Betriebs-Berater (BB) 2007, 165–173 (zitiert als: *Hauschka/Greeve*, BB 2007, S.).

Heeg, Volker / Levermann, Thore: „GlüStV 2012 - Marktöffnung oder Scheinliberalisierung? (Fast) Bundeseinheitliche Regelung des Glücksspielsektors", in: MultiMedia und Recht (MMR) 2012, 726–730 (zitiert als: *Heeg/Levermann*, MMR 2012, S.).

Heermann, Peter W.: „Der Hoyzer-Fall: Haftungsrisiken von Ligaverband e.V. und Deutschem Fußball Bund", in: Brehm, Walter / Heermann, Peter W. / Woratschek, Herbert (Hrsg.), Sportökonomie – Das Bayreuther Konzept in zehn exemplarischen Lektionen, Schriftenreihe des Vereins Sportökonomie Uni Bayreuth e.V., 2005, S. 169–182 (zitiert als: *Heermann*, in: Sportökonomie, S.).

Heermann, Peter W.: „Schiedsrichter – Schiebung – Schadensersatz?", in: causa sport (CaS) 2005, 4–15 (zitiert als: *Heermann*, CaS 2005, S.).

Heermann, Peter W. / Schießl, Harald: „Der Idealverein als Konzernspitze – Konzern-, vereins-, verbands- und steuerrechtliche Problemfelder bei der Konzernbildung durch Ausgliederung –", abrufbar unter: http://sportrecht.org/cms/upload/01grundlagen/03/Heermann-Schiessl-Der_Idealverein_als_Konzernspitze.pdf (zuletzt abgerufen am 13. Mai 2015) (zitiert als: *Heermann/Schießl*, Der Idealverein als Konzernspitze, S.).

Hefendehl, Roland: Kollektive Rechtsgüter im Strafrecht, Köln u.a. 2002 (zitiert als: *Hefendehl*, S.).

Heini, Anton / Portmann, Wolfgang / Seemann, Matthias: Grundriss des Vereinsrechts, Basel 2009 (zitiert als: *Heini/Portmann/Seemann*, §, Rn.).

Heiniger, Matthias: Der Konzern im Unternehmensstrafrecht gemäss Art. 102 StGB, Bern 2011, zugleich Bern Univ. Diss. 2010 (zitiert als: *Heiniger*, S.).

Heintschel-Heinegg, Bernd von (Hrsg.): Kommentar zum Strafgesetzbuch, München 2010 (zitiert als: von Heintschel-Heinegg – *Bearbeiter*, §, Rn.).

Heissler, Marie / Marzahn, Thomas: „Übungsfall: Der Platzverweis", in: Zeitschrift für das Juristische Studium (ZJS) 2008, 638–646 (zitiert als: *Heissler/Marzahn*, ZJS 2008, S.).

Helmrich, Jan: „Straftaten von Mitarbeitern zum Nachteil des „eigenen" Unternehmens als Anknüpfungstaten für eine Verbandsgeldbuße?", in: Zeitschrift für Wirtschafts- und Steuerstrafrecht (wistra) 2010, 331–335 (zitiert als: *Helmrich*, wistra 2010, S.).

Hennrichs, Joachim: „Basel II und das Gesellschaftsrecht", in: Zeitschrift für Unternehmens- und Gesellschaftsrecht (ZGR) 2006, 563–586 (zitiert als: *Hennrichs*, ZGR 2006, S.).

Herbert, Manfred / Oberrath, Jörg-Dieter: „Schweigen ist Gold? Rechtliche Vorgaben für den Umgang des Arbeitnehmers mit seiner Kenntnis über Rechtsverstöße im Betrieb", in: Neue Zeitschrift für Arbeitsrecht 2005, 193–199 (zitiert als: *Herbert/Oberrath*, NZA 2005, S.).

Hild, Eckart C.: „Outsourcing von Compliance-Funktionen: Anwalt als Ombudsmann“, in: Anwaltsblatt (AnwBl) 2010, 641–643 (zitiert als: *Hild*, AnwBl 2010, S.).

Hill, Declan: Sichere Siege: Fußball und organisiertes Verbrechen oder wie Spiele manipuliert werden, Köln 2008 (zitiert als: *Hill*, S.).

Hilpert, Horst: Das Fußballstrafrecht des Deutschen Fußball-Bundes (DFB) – Kommentar zur Rechts- und Verfahrensordnung des Deutschen Fußball-Bundes (RuVO) nebst Erläuterungen von weiteren Rechtsbereichen des DFB, der FIFA, der UEFA, der Landesverbände, Berlin 2009 (zitiert als: *Hilpert*, §, Rn).

Hohmann, Olaf: „Kommentar zu BGH NJ 2007, 131“, in: Neue Justiz (NJ) 2007, 132–133 (zitiert als: *Hohmann*, NJ 2007, S.).

Holtz, Günter: „Aus der Rechtsprechung des Bundesgerichtshofs in Strafsachen“, in: Monatsschrift für deutsches Recht (MDR) 1981, 98–102 (zitiert als: *Holtz*, MDR 1981, S.).

Hommelhoff, Peter / Mattheus, Daniela: „Corporate Governance nach dem KonTraG“, in: Die Aktiengesellschaft (AG) 1998, 249–259 (zitiert als: *Hommelhoff/Mattheus*, AG 1998, S.).

Hüffer, Uwe: Aktiengesetz – Kommentar, 11. Auflage, München 2014 (zitiert als: *Bearbeiter*, in: Hüffer, §, Rn.).

Hutz, Christopher / Kaiser, Martin: „Aspekte der Spielmanipulation und des Sportwettbetrugs in Deutschland und der Schweiz“, in: Neue Zeitschrift für Wirtschafts-, Steuer- und Unternehmensstrafrecht (NZWiSt) 2013, 379–385 (zitiert als: *Hutz/Kaiser*, NZWiSt 2013, S.).

Itzen, Uta: „Richtungswechsel, Bestandsaufnahme, Prävention: Das Gerüst einer erfolgreichen Compliance-Strategie“, in: Betriebs-Berater-Special (BB-Special) 5/2008, 12–16 (zitiert als: *Itzen*, BB-Special 5/2008, S.).

Jäger, Christian: „Wettbetrug – Nicht nur ein Schaden für den Sport, sondern auch für das Vermögen!“, in: Juristische Arbeitsblätter (JA) 2013, 868–871 (zitiert als: *Jäger*, JA 2013, S.).

Jahn, Matthias

: „Doping zwischen Selbstgefährdung, Sittenwidrigkeit und staatlicher Schutzpflicht – Materiell-strafrechtliche Fragen an einen Straftatbestand zur Bekämpfung des eigenverantwortlichen Dopings“, in: Zeitschrift für Internationale Strafrechtsdogmatik (ZIS) 2006, 57–62 (zitiert als: *Jahn*, ZIS 2006, S.).

Jahn, Matthias: „Die Strafbarkeit des Besitzes nicht geringer Mengen von Dopingmitteln – Ein Lehrstück zum Verhältnis von Rechtsgut und Tatbestandsstruktur“, in: Goltdammer's Archiv für Strafrecht (GA) 2007, 579–589 (zitiert als: *Jahn*, GA 2007, S.).

Jahn, Matthias: „Strafrecht BT: (Wett-)Betrug“, in: Juristische Schulung (JuS) 2014, 658–659 (zitiert als: *Jahn*, JuS 2014, S.).

Jahn, Matthias / Maier, Stefan: „Der Fall Hoyzer – Grenzen der Normativierung des Betrugstatbestandes“, in: Juristische Schulung (JuS) 2007, 215–219 (zitiert als: *Jahn/Maier*, JuS 2007, S.).

Jakobs, Günther: Strafrecht – Allgemeiner Teil – Die Grundlage und die Zurechnungslehre, 2. Auflage, Berlin 1993 (zitiert als: *Jakobs*, Abschn., Rn.).

Jeschek, Hans-Heinrich / Weigend, Thomas: Lehrbuch des Strafrechts – Allgemeiner Teil, 5. Auflage, Berlin, 1996 (zitiert als: *Jeschek/Weigend*, §, Kap.).

Joecks, Wolfgang / Miebach, Klaus (Hrsg.): Münchener Kommentar zum Strafgesetzbuch, Band 2 – §§ 38–79b StGB, 2. Auflage, München 2012 (zitiert als: MüKo/StGB – *Bearbeiter*, §, Rn.).

Joecks, Wolfgang / Miebach, Klaus (Hrsg.): Münchener Kommentar zum Strafgesetzbuch, Band 5 – §§ 263–358 StGB, München 2014 (zitiert als: MüKo/StGB – *Bearbeiter*, §, Rn.).

Kaiser, Günther: Kriminologie – Ein Lehrbuch, 3. Auflage, Heidelberg 1996 (zitiert als: *Kaiser*, §, Rn.).

Kalous, Angela: „Positive Generalprävention durch Vergeltung“, Regensburg 2000 (zitiert als: *Kalous*, S.).

Kappel, Jan / Kienle, Florian: „„Punitive Damage“? – Finanzielle Risiken für Schmiergeld zahlende Unternehmen“, in: Wertpapier-Mitteilungen – Zeitschrift für Wirtschafts- und Bankrecht (WM) 2007, 1441–1446 (zitiert als: *Kappel/Kienle*, WM 2007, S.).

Kargl, Walter: „Der strafrechtliche Vermögensbegriff als Problem der Rechtseinheit“, in: Juristische Arbeitsblätter (JA) 2001, 714–720 (zitiert als: *Kargl*, JA 2001, S.).

Kerner, Hans-Jürgen / Rixen, Stephan: „Ist Korruption ein Strafrechtsproblem? – Zur Tauglichkeit strafgesetzlicher Vorschriften gegen die Korruption“, in: Goltdammer’s Archiv für Strafrecht (GA) 1996, 355–396 (zitiert als: *Kerner/Rixen*, GA 1996, S.).

Kiethe, Kurt: „Vermeidung der Haftung von geschäftsführenden Organen durch Corporate Compliance“, in: GmbH-Rundschau (GmbHR) 2007, 393–400 (zitiert als: *Kiethe*, GmbHR 2007, S.).

Kindhäuser, Urs: „Voraussetzung strafbarer Korruption in Staat, Wirtschaft und Gesellschaft“, in: Zeitschrift für Internationale Strafrechtsdogmatik (ZIS) 2011, 461–469 (zitiert als: *Kindhäuser*, ZIS 2011, S.).

Klees, Andreas: „Die so genannte „50+1“-Regel im deutschen Profifußball im Lichte der europäischen Wettbewerbsrechts“, in: Europäische Zeitschrift für Wirtschaftsrecht (EuZW) 2008, 391–394 (zitiert als: *Klees*, EuZW 2008, S.).

Koch, Jens: „Compliance-Pflicht im Unternehmensverbund?“, in: Wertpapier-Mitteilungen – Zeitschrift für Wirtschafts- und Bankrecht (WM) 2009, 1013–1020 (zitiert als: *Koch*, WM 2009, S.).

Koch, Rainer / Maennig, Wolfgang: „Spiel- und Wettmanipulationen – und der Anti-Korruptionskampf des Fußballs“, in: Der Bürger im Staat 56, 50–58 (zitiert als: *Koch/Maennig*, Der Bürger im Staat 56, S.).

Koepsel, Anne K.: Bestechlichkeit und Bestechung im geschäftlichen Verkehr (§ 299 StGB), Göttingen 2006, zugleich Osnabrück Univ. Diss. 2006 (zitiert als: *Koepsel*, S.).

Komorowski, Alexis von / Bredemeier, Barbara: „Fußball, Vermögensstrafrecht und Schiedsrichterverhalten – Teil 1: Der Schiedsrichter als Beteiligter“, in: Sport und Recht (SpuRt) 2005, 181–184 (zitiert als: *von Komorowski/Bredemeier*, SpuRt 2005, S.).

Komorowski, Alexis von / Bredemeier, Barbara: „Fußball, Vermögensstrafrecht und Schiedsrichterverhalten – Teil 2: Der Schiedsrichter als getäuscht Verfügender (SpuRt) 2005, 227–230 (zitiert als: *von Komorowski/Bredemeier*, SpuRt 2005, S.).

König, Peter: „Empfehlen sich Änderungen des Straf- und Strafprozeßrechts, um der Gefahr von Korruption in Staat, Wirtschaft und Gesellschaft wirksam zu begegnen?“, in: Deutsche Richterzeitung (DRiZ) 1996, 357–365 (zitiert als: *König*, DRiZ 1996, S.).

König, Peter: „Sportschutzgesetz – Pro und Contra – Pro: Argumente für ein Sportschutzgesetz“, in: Sport und Recht (SpuRt) 2010, 106–107 (zitiert als: *König*, SpuRt 2010, S.).

König, Stefan: „Wieder da: Die „große“ Kronzeugenregelung“, in: Neue Juristische Wochenschrift (NJW) 2009, 2481–2484 (zitiert als: *König*, NJW 2009, S.).

Kort, Michael: „Verhaltensstandardisierung durch Corporate Compliance“, in: Neue Zeitschrift für Gesellschaftsrecht (NZG) 2008, 81–86 (zitiert als: *Kort*, NZG 2008, S.).

Krack, Ralf: „Betrug durch Wettmanipulationen – Das Urteil des BGH zum Schiedsrichterskandal“, in: Zeitschrift für Internationale Strafrechtsdogmatik (ZIS) 2007, 103–112 (zitiert als: *Krack*, ZIS 2007, S.).

Krack, Ralf: „Bestechlichkeit und Bestechung von Sportschiedsrichtern – eine Straftat?“, in: Zeitschrift für Internationale Strafrechtsdogmatik (ZIS) 2011, 475–481 (zitiert als: *Krack*, ZIS 2011, S.).

Kraft, Oliver: „Die Garantenpflicht des Leiters der Innenrevision und des Compliance Officers zur Abwendung von unternehmensbezogenen Straftaten“, in: Zeitschrift für Wirtschafts- und Steuerstrafrecht (wistra) 2010, S. 81–86 (zitiert als: *Kraft*, wistra 2010, S.).

Kraft, Oliver / Winkler, Klaus: „Zur Garantenstellung des Compliance-Officers – Unterlassungsstrafbarkeit durch Organisationsmangel?“, in: Corporate Compliance Zeitschrift (CCZ) 2009, 29–33 (zitiert als: *Kraft/Winkler*, CCZ 2009, S.).

Kremer, Thomas / Klahold, Christoph: „Compliance-Programme im Industriekonzern“, in: Zeitschrift für Unternehmens- und Gesellschaftsrecht (ZGR) 2010, 113–143 (zitiert als: *Kremer/Klahold*, ZGR 2010, S.).

Kretschmer, Joachim: „Was kostet eine WM?“, abrufbar unter: http://blog.beck.de/gruppen/forum/wirtschaftsstrafrecht/was-kostet-eine-wm (zuletzt abgerufen am 13. Mai 2015) (zitiert als: *Kretschmer*, Was kostet eine WM?).

Krey, Volker, Esser, Robert: Deutsches Strafrecht – Allgemeiner Teil, 5. Auflage, Stuttgart 2012 (zitiert als: *Krey/Esser*, §, Rn.).

Kromschröder, Bernhard / Lück, Wolfgang: „Grundsätze risikoorientierter Unternehmensüberwachung“, in: Der Betrieb (DB) 1998, 1573–1576 (zitiert als: *Kromschröder/Lück*, DB 1998, S.).

Kubiciel, Michael: „Wetten und Betrug – Zur konkludenten Täuschung“, in: Höchstrichterliche Rechtsprechung im Strafrecht (HRRS) 2007, 68–71 (zitiert als: *Kubiciel*, HRRS 2007, S.).

Kudlich, Hans: „Sportschutzgesetz – Pro und Contra – Contra: Argumente gegen ein Sportschutzgesetz“, in: Sport und Recht (SpuRt) 2010, 108–109 (zitiert als: *Kudlich*, SpuRt 2010, S.).

Kudlich, Hans: „Der dopende Sportler als Betrüger? – Vermögensstrafrechtliche Konsequenzen des Dopings – zur Leitentscheidung des OLG Stuttgart“, in: Sport und Recht (SpuRt) 2012, 54–55 (zitiert als: *Kudlich*, SpuRt 2012, S.).

Kuhn, Bernd: Der Sportschiedsrichter zwischen bürgerlichem Recht und Verbandsrecht – Eine Darstellung schiedsrichterlicher Rechtsprobleme nach deutschem und US-amerikanischem Recht, Frankfurt am Main u.a. 2001, zugleich Bayreuth Univ. Diss. 2000 (zitiert als: *Kuhn*, S.).

Künast, Renate / Köhler, Martin: „Deutsches Forum für Kriminalprävention – Neue Anstöße für die Kriminalpolitik des Bundes?“, in: Zeitschrift für Rechtspolitik (ZRP) 2002, 132–133 (zitiert als: *Künast/Köhler*, ZRP 2002, S.).

Küting, Karlheinz / Strauß, Marc: „„Die Wahrheit liegt auf dem Platz“ – oder etwa nicht?“, in: Der Betrieb (DB) 2010, 793–802 (zitiert als: *Küting/Strauß*, DB 2010, S.).

Kutzner, Lars: „Zweifelsfragen des Betrugstatbestands am Beispiel des Wettbetrugs“, in: Juristenzeitung (JZ) 2006, 712–718 (zitiert als: *Kutzner*, JZ 2006, S.).

Lackner, Karl / Kühl, Kristian (Hrsg.): Strafgesetzbuch – Kommentar, 28. Auflage, München 2014 (zitiert als: Lackner/Kühl – *Bearbeiter*, §, Rn.).

Landfried, Christine: Parteifinanzen und politische Macht, 2. Auflage, Baden-Baden 1994 (zitiert als: *Landfried*, S.).

Lange, Knut Werner / Wall, Friederike: Risikomanagement nach dem KonTraG, München 2001 (zitiert als: *Bearbeiter*, in: Lange/Wall, §, Rn.).

Laue, Christian: „Die strafrechtliche Verantwortlichkeit von Verbänden", in: Juristische Ausbildung (Jura) 2010, 339–346 (zitiert als: *Laue*, Jura 2010, S.).

Laufhütte, Heinrich Wilhelm / Rissing-van Saan, Ruth / Tiedemann, Klaus (Hrsg.): Leipziger Kommentar – Großkommentar zum Strafgesetzbuch, Band 1, Einleitung; §§ 1–31, 12. Auflage, Berlin 2007 (zitiert als: LK – *Bearbeiter*, §, Rn.).

Laufhütte, Heinrich Wilhelm / Rissing-van Saan, Ruth / Tiedemann, Klaus (Hrsg.): Leipziger Kommentar – Großkommentar zum Strafgesetzbuch, Band 9/1, §§ 263–283d, 12. Auflage, Berlin 2011 (zitiert als: LK – *Bearbeiter*, §, Rn.).

Laufhütte, Heinrich Wilhelm / Rissing-van Saan, Ruth / Tiedemann, Klaus (Hrsg.): Leipziger Kommentar – Großkommentar zum Strafgesetzbuch, Band 10, §§ 284–305a, 12. Auflage, Berlin 2008 (zitiert als: LK – *Bearbeiter*, §, Rn.).

Leinemann, Ralf (Hrsg.): Die Vergabe öffentlicher Aufträge, 5. Auflage, Köln 2011 (zitiert als: *Leinemann*, Rn.).

Leipold, Klaus: „Strafbarkeit von Unternehmen", in: Neue Juristische Wochenschrift – Spezial (NJW-Spezial) 2008, 216–217 (zitiert als: *Leipold*, NJW-Spezial 2008, S.).

Leipold, Klaus: „Vermögensschaden bei Wettbetrug", in: Neue Juristische Wochenschrift – Spezial (NJW-Spezial) 2013, 184 (zitiert als: *Leipold*, NJW-Spezial 2013, S.).

Liese, Jens: „Much Adoe About Nothing? oder: Ist der Vorstand einer Aktiengesellschaft verpflichtet, eine Compliance-Organisation zu implementieren?", in: Betriebs-Berater-Special (BB-Special) 5/2008, 17–22 (zitiert als: *Liese*, BB-Special 5/2008, S.).

Lück, Wolfgang: „Elemente eines Risiko-Managementssystems", in: Der Betrieb (DB) 1998, 8–14 (zitiert als: *Lück*, DB 1998, S.).

Lück, Wolfgang: „Der Umgang mit unternehmerischen Risiken durch ein Risikomanagementsystem und durch ein Überwachungssystem", in: Der Betrieb (DB) 1998, S. 1925–1930 (zitiert als: *Lück*, DB 1998, S.).

Maennig, Wolfgang: „Korruption im internationalen Sport: Ökonomische Analyse und Lösungsansätze", in: Vierteljahreshefte zur Wirtschaftsforschung 73 (2004), 263–291 (zitiert als: *Maennig*, Vierteljahreshefte zur Wirtschafsforschung 73 (2004), S.).

Maschmann, Frank: „Zuverlässigkeitstests durch Verführung illoyaler Mitarbeiter?“, in: Neue Zeitschrift für Arbeitsrecht (NZA) 2002, 13–22 (zitiert als: *Maschmann*, NZA 2002, S.).

Meier, Marcel: Strafrechtliche Unternehmenshaftung – Einführung in der Schweiz unter Berücksichtigung prozessualer Folgeprobleme im Konzern, Zürich Univ. Diss. 2006 (zitiert als: *Meier*, S.).

Meier-Greve, Daniel: „Vorstandshaftung wegen mangelhafter Corporate Compliance“, in: Betriebs-Berater (BB) 2009, 2555–2560 (zitiert als: *Meier-Greve*, BB 2009, S.).

Meier-Hayoz, Arthur: Berner Kommentar – Kommentar zum schweizerischen Gesetzbuch – Die Vereine, Band I.3.2, 3. Auflage, Bern 1990 (zitiert als: Berner Kommentar – *Bearbeiter*, Art., Rn.).

Mengel, Anja / Hagemeister, Volker: „Compliance und arbeitsrechtliche Implementierung im Unternehmen“, in: Betriebs-Berater (BB) 2007, 1386–1393 (zitiert als: *Mengel/Hagemeister*, BB 2007, S.).

Meyer, Uwe: „Ethikrichtlinien internationaler Unternehmen und deutsches Arbeitsrecht“, in: Neue Juristische Wochenschrift (NJW) 2006, 3605–3609 (zitiert als: *Meyer*, NJW 2006, S.).

Michalski, Lutz: Kommentar zum Gesetz betreffend die Gesellschaften mit beschränkter Haftung (GmbH-Gesetz), Band 2, §§ 35–85 GmbHG, §§ 1–4 EGGmbHG, 2. Auflage, München 2010 (zitiert als: Michalski – *Bearbeiter*, §, Rn.).

Mohler, Markus H.F.: „Internationale Sportorganisationen dem Korruptionsstrafrecht unterstellen“, abrufbar unter: http://www.recht-sicherheit.ch/polizeirecht.html?file=files/downloads/ Weiterentwicklung %2C%20Tabelle%2C%20100714.pdf&file=files/ (zuletzt abgerufen am 13. Mai 2015) (zitiert als: *Mohler*, Internationale Sportorganisationen dem Korruptionsstrafrecht unterstellen, S.).

Mohrbotter, Kurt: „Die Anwartschaften im System des Betrugstatbestandes“, in: Goltdammer's Archiv für Strafrecht (GA) 1971, 321–332 (zitiert als: *Mohrbotter*, GA 1971, S.).

Mosbacher, Andreas / Dierlamm, Alfred: „Betriebsangehöriger als Überwachungsgarant“ – Anmerkung zu BGH NStZ 2009, 686, in: Neue Zeitschrift für Strafrecht (NStZ) 2010, 268–270 (zitiert als: *Mosbacher/Dierlamm*, NStZ 2010, S.).

Mosiek, Marcus: „Risikosteuerung im Unternehmen und Untreue“, in: Zeitschrift für Wirtschafts- und Steuerstrafrecht (wistra) 2003, 370–375 (zitiert als: *Mosiek*, wistra 2003, S.).

Müller, Jens: Ökonomische Grundlagen der Generalprävention – Eine Auseinandersetzung mit kriminalökonomischen Modellen, Frankfurt am Main u.a. 1996; zugl.: Mainz, Univ. Diss. 1996 (zitiert als: *Müller*, S.).

Müller, Michael: „Whistleblowing – Ein Kündigungsgrund?", in: Neue Zeitschrift für Arbeitsrecht 2002, 424–437 (zitiert als: *Müller*, NZA 2002, S.).

Müller, Roland / Schmid, Oliver: „Die Haftung des Vereinsvorstandes, insbesondere bei Flugsportvereinen", in: Grundfragen der juristischen Person – Festschrift für Hans Michael Riemer, S. 229–241, Bern 2007 (zitiert als: *Müller/Schmid*, in: FS-Riemer, S.).

Müller-Gugenberger, Christian / Bieneck, Klaus: Handbuch des Wirtschaftsstraf- und -ordnungswidrigkeitenrechts, 5. Auflage, Köln 2011 (zitiert als: *Verfasser*, in: Müller-Gugenberger/Bieneck, §, Rn.).

Nell, Mathias: „Korruptionsbekämpfung ja – aber richtig! – Reformüberlegungen zur Unternehmenshaftung nach OWiG", in: Zeitschrift für Rechtspolitik (ZRP) 2008, 149–151 (zitiert als: *Nell*, ZRP 2008, S.).

Niggli, Marcel Alexander / Schmuki, Natalia: „Das Unternehmensstrafrecht – (Art. 100^{quater} StGB / Art. 102 revStGB)", in: Anwaltsrevue de l'avocat (AR) 2005, 347–352 (zitiert als: *Niggli/Schmuki*, AR 2005, S.).

Niggli, Marcel Alexander / Amstutz, Marc: Verantwortlichkeit im Unternehmen, Basel 2007 (zitiert als: *Verfasser*, in: Niggli/Amstutz, S.).

Noack, Paul: „Die politische Dimension der Korruption", in: Korruption in Deutschland – Ursachen, Erscheinungsformen, Bekämpfungsstrategien. Berlin 1995 (zitiert als: *Noack*, S.).

Nolte, Martin / Horst, Johannes: Handbuch Sportrecht, Schorndorf 2009 (zitiert als: *Verfasser*, in: Nolte/Horst, Kap., S.).

Ostendorf, Heribert: „Bekämpfung der Korruption als rechtliches Problem oder zunächst moralisches Problem?", in: Neue Juristische Wochenschrift (NJW) 1999, 615–618 (zitiert als: *Ostendorf*, NJW 1999, S.).

Otto, Harro: Die Struktur des strafrechtlichen Vermögensschutzes, Berlin 1970 (zitiert als: *Otto*, S.).

Pachmann, Thilo: „Die Haftung des ehrenamtlich tätigen Vereinsvorstands und ihre Beschränkung", in: Vertrauen – Vertrag – Verantwortung – Festschrift für Hans Caspar von der Crone, S. 255–276, Zürich u.a. 2007 (zitiert als: *Pachmann*, in: FS-von der Crone, S.).

Pahlke, Anne-Kathrin: „Risikomanagement nach KonTraG – Überwachungspflichten und Haftungsrisiken für den Aufsichtsrat", in: Neue Juristische Wochenschrift (NJW) 2002, 1680–1688 (zitiert als: *Pahlke*, NJW 2002, S.).

Pampel, Gunnar: „Die Bedeutung von Compliance-Programmen im Kartellordnungswidrigkeitenrecht“, in: Betriebs-Berater (BB) 2007, 1636–1640 (zitiert als: *Pampel*, BB 2007, S.).

Paringer, Martin: Korruption im Profifußball – Eine Überprüfung unlauteren Verhaltens von Vereinsfunktionär und Spielern unter dem Aspekt der §§ 263 und 298 ff. StGB am Beispiel des sog. Bundesligaskandals, Frankfurt am Main u.a. 2001, zugleich Regensburg Univ. Diss. 2000 (zitiert als: *Paringer*, S.).

Passarge, Malte: „Grundzüge eines nachhaltigen Compliance-Programms – Was jeder Steuerberater zum Thema Compliance wissen sollte, in: Deutsches Steuerrecht (DStR) 2010, 1675–1680 (zitiert als: *Passarge*, DStR 2010, S.).

Pelz, Christian: „Steuerliche und strafrechtliche Schritte zur Bekämpfung der Korruption im Auslandsgeschäft“, in: Wertpapier-Mitteilungen – Zeitschrift für Wirtschafts- und Bankrecht (WM) 2000, 1566–1572 (zitiert als: *Pelz*, WM 2000, S.).

Petropoulos, Vasileios / Morozinis, Ioannis: „Der Sportwettenbetrug durch Manipulation zu Lasten des Wettveranstalters oder des Wettenden“, in: Zeitschrift für Wirtschafts- und Steuerstrafrecht (wistra) 2009, 254–261 (zitiert als: *Petropoulos/Morozinis*, wistra 2009, S.).

Pies, Ingo: Wie bekämpft man Korruption – Lektionen der Wirtschafts- und Unternehmensethik für eine „Ordnungspolitik zweiter Ordnung“, Berlin 2008, zugleich Halle-Wittenberg Univ. Diss. 2008 (zitiert als: *Pies*, S.).

Pieth, Mark / Eigen, Peter (Hrsg.): Korruption im internationalen Geschäftsverkehr, Neuwied u.a. 1999 (zitiert als: *Verfasser*, in: Pieth/Eigen, S.).

Pollanz, Manfred: „Konzeptionelle Überlegungen zur Einrichtung und Prüfung eines Risikomanagementsystems – Droht eine Mega-Erwartungslücke?“, in: Der Betrieb (DB) 1999, 393–399 (zitiert als: *Pollanz*, DB 1999, S.).

Preußner, Joachim: „Deutscher Corporate Governance Kodex und Risikomanagement“, in: Neue Zeitschrift für Gesellschaftsrecht (NZG) 2004, 303–307 (zitiert als: *Preußner*, NZG 2004, S.).

Preußner, Joachim / Zimmermann, Dörte: „Risikomanagement als Gesamtaufgabe des Vorstandes“, in: Die Aktiengesellschaft (AG) 2002, 657–662 (zitiert als: *Preußner/Zimmermann*, AG 2002, S.).

Preußner, Joachim / Pananis, Panos: „Risikomanagement und strafrechtliche Verantwortung – Corporate Governance am Beispiel der Kreditwirtschaft“, in: Zeitschrift für Bank- und Kapitalmarktrecht (BKR) 2004, 347–356 (zitiert als: *Preußner/Pananis*, BKR 2004, S.).

Prittwitz, Cornelius: „Sonderstrafrecht Wirtschaftsstrafrecht?“, in: Zeitschrift für Internationale Strafrechtsdogmatik (ZIS) 2012, 217–220 (zitiert als: *Prittwitz*, ZIS 2012, S.).

Prittwitz, Cornelius: „Straftat Doping“, in: Festschrift für Wolf Schiller zum 65. Geburtstag, S. 512–537, Baden-Baden 2014 (zitiert als: *Prittwitz*, in: FS-Schiller, S.).

Radkte, Henning: „Sportwettenbetrug und Quotenschaden“, in: Jura. Juristische Ausbildung (Jura) 2007, 445–451 (zitiert als: *Radtke*, Jura 2007, S.).

Ransiek, Andreas: „Zur strafrechtlichen Verantwortung des Compliance Officers“, in: Die Aktiengesellschaft (AG) 2010, 147–153 (zitiert als: *Ransiek*, AG 2010, S.).

Rebmann, Kurt / Roth, Werner /

Herrmann, Siegfried: Gesetz über Ordnungswidrigkeiten – Kommentar (Loseblattsammlung); Band 1 – §§ 1–83, 3. Auflage, 20. Ergänzungslieferung, Stand: April 2014, Stuttgart 2011 (zitiert als: Rebmann/Roth/Herrmann – *Bearbeiter*, §, Rn.).

Reinhart, Michael: „Das „Hoyzer-Urteil“ des BGH: Genugtuung für den Sport oder Gefahr für die Betrugsdogmatik?“, in: Sport und Recht (SpuRt) 2007, 52–56 (zitiert als: *Reinhart*, SpuRt 2007, S.).

Reinhart, Michael: „Ist Korruption in Sportverbänden strafbar? (Teil 1)“, in: Sport und Recht (SpuRt) 2011, 241–243 (zitiert als: *Reinhart*, SpuRt 2011, S.).

Rengier, Rudolf: Strafrecht – Allgemeiner Teil, 6. Auflage, München 2014 (zitiert als: *Rengier*, §, Rn.).

Renner, Carl: Wettbetrug – Die Betrugsstrafbarkeit im Zusammenhang mit manipulierten Sportwetten, Hamburg 2013, zugleich Regensburg Univ. Diss. 2013 (zitiert als: *Renner*, S.).

Rettenmaier, Felix / Palm, Lisa: „Das Ordnungswidrigkeitenrecht und die Aufsichtspflicht von Unternehmensverantwortlichen, in: Neue Juristische Online Zeitschrift (NJOZ) 2010, 1414–1419 (zitiert als: *Rettenmaier/Palm*, NJOZ 2010, S.).

Reuter, Dieter: „Probleme der Transferentschädigung im Fußballsport“, in: Neue Juristische Wochenschrift (NJW) 1983, 649–656 (zitiert als: *Reuter*, NJW 1983, S.).

Riklin, Franz: Schweizerisches Strafrecht – Allgemeiner Teil I – Verbrechenslehre, 3. Auflage, Zürich u.a. 2007 (zitiert als: *Riklin*, §, Rn.).

Rodewald, Jörg / Unger, Ulrike: „Kommunikation und Krisenmanagement im Gefüge der Corporate Compliance-Organisation“, in: Betriebs-Berater (BB) 2007, 1629–1635 (zitiert als: *Rodewald/Unger*, BB 2007, S.).

Rönnau, Thomas: „Schadensfiktionen in der Rechtsprechung der Strafgerichte“, in: Festschrift für Ruth Rissing – van Saan zum 65. Geburtstag, S. 517–546, Berlin u.a. 2011 (zitiert als: *Rönnau*, in: FS-Rissing – van Saan, S.).

Rönnau, Thomas: „Korruption bei der Vergabe von sportlichen Großereignissen. Zur Strafbarkeit des Stimmenkaufs am Beispiel der Vergabe der FIFA-Weltmeisterschaft“, in: Hoven/Kubiciel (Hrsg.), Korruption im Sport, S. 9–34, Baden-Baden 2018 (zitiert als: *Rönau*, in: Hoven/Kubiciel, S.).

Rönnau, Thomas / Soyka, Till: „Der „Quotenschaden“ im Fall „Hoyzer“ – ein Verstoß gegen das Bestimmtheitsgebot?“, in: Neue Zeitschrift für Strafrecht (NStZ) 2009, 12–13 (zitiert als: *Rönnau/Soyka*, NStZ 2009, S.).

Rönnau, Thomas / Schneider, Frédéric: „Der Compliance-Beauftragte als strafrechtlicher Garant“, in: Zeitschrift für Wirtschaftsrecht (ZIP) 2010, 53–61 (zitiert als: *Rönnau/Schneider*, ZIP 2010, S.).

Rössner, Dieter: „„Sportbetrug“ und Strafrecht – Notwendige Differenzierungen und kriminalpolitische Überlegungen“, in: Festschrift für Volkmar Mehle zum 65. Geburtstag, S. 567–579, Baden-Baden 2009 (zitiert als: *Rössner*, in: FS-Mehle, S.).

Roxin, Claus: Strafrecht – Allgemeiner Teil Band 1 – Grundlagen – Der Aufbau der Verbrechenslehre, 4. Auflage, München 2006 (zitiert als: *Roxin*, AT I, §, Rn.).

Roxin, Claus: Strafrecht – Allgemeiner Teil Band 2 – Besondere Erscheinungsformen der Straftat, München 2003 (zitiert als: *Roxin*, AT II, §, Rn.).

Rübenstahl, Markus: „Zur „regelmäßigen“ Garantenstellung des Compliance-Officers“, in: Neue Zeitschrift für Gesellschaftsrecht (NZG) 2009, 1341–1344 (zitiert als: *Rübenstahl*, NZG 2009, S.).

Säcker, Franz Jürgen / Rixecker, Roland: Münchener Kommentar zum Bürgerlichen Gesetzbuch, Band 5 – §§ 705–853 BGB, 6. Auflage, München 2013 (zitiert als: MüKo/BGB – *Bearbeiter*, §, Rn.).

Sahan, Oliver / Berndt, Thomas: „Neue Kronzeugenregelung – aktive Beendigung von Korruptionssystemen durch effiziente Compliance-Strukturen alternativlos“, in: Betriebs-Berater (BB) 2010, 647–652 (zitiert als: *Sahan/Berndt*, BB 2010, S.).

Saliger, Frank: „Die Normativierung des Schadensbegriffs in der neueren Rechtsprechung zu Betrug und Untreue“, in: Festschrift für Erich Samson zum 70. Geburtstag, S. 455–482, Heidelberg 2010 (zitiert als: *Saliger*, in: FS-Samson, S.).

Saliger, Frank / Rönnau, Thomas / Kirch-Heim, Claudio: „Täuschung und Vermögensschaden beim Sportwettenbetrug durch Spielteilnehmer – Fall „Hoyzer““, in: Neue Zeitschrift für Strafrecht (NStZ) 2007, 361–368 (zitiert als: *Saliger/Rönnau/Kirch-Heim*, NStZ 2007, S.).

Samson, Erich / Langrock, Marc: „Bekämpfung von Wirtschaftskriminalität im und durch Unternehmen“, in: Der Betrieb (DB) 2007, 1684–1689 (zitiert als: *Samson/Langrock*, DB 2007, S.).

Satzger, Helmut / Schluckebier, Wilhelm / Widmaier, Gunter (Hrsg.): Kommentar zum Strafgesetzbuch, 2. Auflage, Köln 2014 (zitiert als: Satzger/Schluckebier/Widmaier – *Bearbeiter*, §, Rn.)

Schäfers, Beatrice: „Das Meinungsspektrum zum „Hoyzer-Fall“ – Eine Bestandsaufnahme“, in: Zeitschrift für Wett- und Glücksspielrecht (ZfWG) 2008, 236–246 (zitiert als: *Schäfers*, ZfWG 2008, S.).

Schattmann, Matthias: Betrug des Leistungssportlers im Wettkampf, Frankfurt am Main u.a. 2008, zugleich Tübingen Univ. Diss. 2008 (zitiert als: *Schattmann*, S.).

Schaupensteiner, Wolfgang J.: „Gesamtkonzept zur Eindämmung der Korruption“, in: Neue Zeitschrift für Strafrecht (NStZ) 1996, 409–416 (zitiert als: *Schaupensteiner*, NStZ 1996, S.).

Schaupensteiner, Wolfgang J.: „Rechtstreue im Unternehmen – Compliance und Krisenmanagement – Konzertiertes Vorgehen statt einzelbetriebliche Maßnahmen“, in: Neue Zeitschrift für Arbeitsrecht – Beilage 2011, 8–15 (zitiert als: *Schaupensteiner*, NZA-Beil. 2011, S.).

Schemmel, Alexander / Kirch-Heim, Claudio: „‚Willful Blindness‘ im Wirtschaftsrecht – Kann gewollte Unwissenheit vor Strafe schützen?“, in: Corporate Compliance Zeitschrift (CCZ) 2008, 96–100 (zitiert als: *Schemmel/Kirch-Heim*, CCZ 2008, S.).

Schenk, Sylvia: „Compliance und Sport“, in: Compliance-Berater (CB) 2014, 359–362 (zitiert als: *Schenk*, CB 2014, S.).

Schiemann, Anja: „Sportwettenbetrug durch Spielmanipulation – Anmerkung zum Urteil des BGH vom 20.12.2012 – 4 StR 55/12“, in: Neue Juristische Wochenschrift 2013, 888 (zitiert als: *Schiemann*, NJW 2013, S.).

Schild, Wolfgang: „Strafbarer Wettbetrug? – Zum Fall Sapina/Hoyzer“, in: Zeitschrift für Wett- und Glücksspielrecht (ZfWG) 2006, 213–220 (zitiert als: *Schild*, ZfWG 2006, S.).

Schild, Wolfgang: „Strafbarer Wettbetrug – Zur Entscheidung des BGH im Fall Sapina/Hoyzer“, in: Zeitschrift für Wett- und Glücksspielrecht (ZfWG) 2007, 10–14 (zitiert als: *Schild*, ZfWG 2007, S.).

Schild, Wolfgang: „Korruption und Manipulation im Sport als Strafrechtsprobleme“, in: Wagner/Wolf, Korruption, Berlin 2011 (zitiert als: *Schild*, in: Wagner/Wolf, S.).

Schlösser, Jan: „Der ‚Bundesliga-Wettskandal' – Aspekte einer strafrechtlichen Bewertung", in: Neue Zeitschrift für Strafrecht (NStZ) 2005, 423–429 (zitiert als: *Schlösser*, NStZ 2005, S.).

Schlösser, Jan: „Anmerkung zu BGH, Urt. vom 14. Oktober 2008 – 1 StR 260/08", in: Zeitschrift für Wirtschafts- und Steuerstrafrecht (wistra) 2009, 155–156 (zitiert als: *Schlösser*, wistra 2009, S.).

Schlösser, Jan: „Vom Quotenschaden über den Erfüllungsschaden zum Dispositionsschutz beim Wettbetrug – Zur verfassungswidrigen Neuorientierung der höchstrichterlichen Rechtsprechung in Folge der Entscheidung des BVerfG zum Vermögensschaden", in: Neue Zeitschrift für Strafrecht (NStZ) 2013, 629–634 (zitiert als: *Schlösser*, NStZ 2013, S.).

Schmid, Niklaus: „Einige Aspekte der Strafbarkeit des Unternehmens nach dem neuen Allgemeinen Teil des Schweizerischen Strafgesetzbuchs", in: Neuere Tendenzen im Gesellschaftsrecht – Festschrift für Peter Forstmoser zum 60. Geburtstag, S. 761–781, Zürich u.a. 2003 (zitiert als: *Schmid*, in: FS-Forstmoser, S.).

Schmidt, Wilhelm: Gewinnabschöpfung im Straf- und Bußgeldverfahren – Handbuch für die Praxis, München 2006 (zitiert als: *Schmidt*, Rn.).

Schmuck, Markus / Steinbach, Christoph: „Geldbußen gegen juristische Personen und Personenvereinigungen gem. § 30 OWiG – Unzulässigkeit einer isolierten Festsetzung", in: Zeitschrift für Schadensrecht (ZfS) 2008, 366–368 (zitiert als: *Schmuck/Steinbach*, ZfS 2008, S.).

Schneider, Uwe H.: „Compliance als Aufgabe der Unternehmensleitung", in: Zeitschrift für Wirtschaftsrecht (ZIP) 2003, 645–650 (zitiert als: *Schneider*, ZIP 2003, S.).

Schneider, Uwe H.: „Compliance im Konzern", in: Neue Zeitschrift für Gesellschaftsrecht (NZG) 2009, 1321–1326 (zitiert als: *Schneider*, NZG 2009, S.).

Schneider, Uwe H. / Schneider, Sven H.: „Die zwölf goldenen Regeln des GmbH-Geschäftsführers zur Haftungsvermeidung und Vermögenssicherung", in: GmbH-Rundschau (GmbHR) 2005, 1229–1235 (zitiert als: *Schneider/Schneider*, GmbHR 2005, S.).

Schneider, Uwe H. / Schneider, Sven H.: „Konzern-Compliance als Aufgabe der Konzernleitung", in: Zeitschrift für Wirtschaftsrecht (ZIP) 2007, 2061–2065 (zitiert als: *Schneider/Schneider*, ZIP 2007, S.).

Schönke, Adolf / Schröder, Horst (Begr.): Strafgesetzbuch – Kommentar, 29. Auflage, München 2014 (zitiert als: Schönke/Schröder – *Bearbeiter*, §, Rn.).

Schreiber, Alexander: „Implementierung von Compliance-Richtlinien", in: Neue Zeitschrift für Arbeitsrecht – Rechtsprechungs-Report (NZA-RR) 2010, 617–623 (zitiert als: *Schreiber*, NZA-RR 2010, S.).

Schreiber, Hans-Ludwig / Beulke, Werner: „Untreue durch Verwendung von Vereinsgeldern zu Bestechungszwecken – BGH, NJW 1975, 1234“, in: Juristische Schulung (JuS) 1977, 656–661 (zitiert als: *Schreiber/Beulke*, JuS 1977, S.).

Schulz, Lorenz / Slowinski, Peter R.: „Die manipulierte Sportwette – Der Fall Hoyzer“, in: Jura. Juristische Ausbildung (Jura) 2010, 706–712 (zitiert als: *Schulz/Slowinski*, Jura 2010, S.).

Schulz, Mike: „Compliance – Internes Whistleblowing – Die Verpflichtung zur Meldung von Fehlverhalten Dritter aus den arbeitsvertraglichen Nebenpflichten“, in: Betriebs-Berater (BB) 2011, 629–634 (zitiert als: *Schulz*, BB 2011, S.).

Schuster, Doris-Maria / Darsow, Ingebjörg: „Einführung von Ethikrichtlinien durch Direktionsrecht“, in: Neue Zeitschrift für Arbeitsrecht (NZA) 2005, 273–277 (zitiert als: *Schuster/Darsow*, NZA 2005, S.).

Schwab, Rouven: „Das zivilrechtliche Nachspiel im Fall Hoyzer“, in: Neue Juristische Wochenschrift (NJW) 2005, 938–940 (zitiert als: *Schwab*, NJW 2005, S.).

Schwab, Rouven: „Der Fall Hoyzer und seine zivilrechtlichen Konsequenzen“, in: Betrifft Justiz 2005, 2–5 (zitiert als: *Schwab*, Betrifft Justiz 2005, S.).

Seibert, Ulrich: „Die Entstehung des § 91 Abs. 2 AktG im KonTraG – ‚Risikomanagement‘ oder ‚Frühwarnsystem‘?“, in: Festschrift für Gerold Bezzenberger zum 70. Geburtstag, S. 427–438, Berlin u.a. 2000 (zitiert als: *Seibert*, in: FS-Bezzenberger, S.).

Sellin, Fred: Das schmutzige Spiel – Intrigen, Skandale und Machenschaften im deutschen Fußball, München 2006 (zitiert als: *Sellin*, S.).

Senge, Lothar (Hrsg.): Karlsruher Kommentar zum Gesetz über Ordnungswidrigkeiten, 4. Auflage, München 2014 (zitiert als: KK/OWiG – *Bearbeiter*, §, Rn.).

Spring, Patrick: „Die Garantenstellung des Compliance Officers oder: Neues zur Geschäftsherrenhaftung“, in: Goltdammer’s Archiv für Strafrecht (GA) 2010, 222–227 (zitiert als: *Spring*, GA 2010, S.).

Stratenwerth, Günter / Wohlers, Wolfgang (Hrsg.): Schweizerisches Strafgesetzbuch – Handkommentar, 3. Auflage, Bern 2013 (zitiert als: *Stratenwerth/Wohlers*, Art., Rn.).

Theile, Hans: „Strafbarkeitsrisiken der Unternehmensführung aufgrund rechtswidriger Mitarbeiterpraktiken“, in: Zeitschrift für Wirtschafts- und Steuerstrafrecht (wistra) 2010, 457–462 (zitiert als: *Theile*, wistra 2010, S.).

Thiel von Herff, Carsten: „Strafrechtsrisiko des Compliance-Officer stärkt seine Position“, in: Betriebs-Berater (BB) 2009, 1985 (zitiert als: *Thiel von Herff*, BB 2009, S.).

Tiedemann, Klaus: Wirtschaftsstrafrecht – Einführung und Allgemeiner Teil, 4. Auflage, Köln u.a. 2014 (zitiert als: *Tiedemann*, Rn.).

Többens, Hans W.: „Die Bekämpfung der Wirtschaftskriminalität durch die Troika der §§ 9, 130 und 30 des Gesetzes über Ordnungswidrigkeiten“, in: Neue Zeitschrift für Strafrecht (NStZ) 1999, 1–8 (zitiert als: *Többens*, NStZ 1999, S.).

Triffterer, Otto: „Vermögensdelikte im Bundesligaskandal“, in: Neue Juristische Wochenschrift (NJW) 1975, 612–617 (zitiert als: *Triffterer*, NJW 1975, S.).

Trüg, Gerson: „Vorteilsgewährung durch Übersendung von WM-Gutscheinen – Schützt Sponsoring vor Strafe?“, in: Neue Juristische Wochenschrift (NJW) 2009, 196–198 (zitiert als: *Trüg*, NJW 2009, S.).

Trüg, Gerson / Habetha, Jörg: „Zur Rechtsfigur des Betrugs durch schlüssiges Verhalten – Der Fall „Hoyzer““, in: Juristenzeitung (JZ) 2007, 878–883 (zitiert als: *Trüg/Habetha*, JZ 2007, S.).

Valerius, Brian: „Schneller, höher, reicher? – Strafbarkeit von Wett-Betrugsfällen im Sport“, in: Sport und Recht (SpuRt) 2005, 90–93 (zitiert als: *Valerius*, SpuRt 2005, S.).

von Arnim, Hans Herbert (Hrsg.): Korruption und Korruptionsbekämpfung, Berlin 2007 (zitiert als: *Verfasser*, in: von Arnim, S.).

Wabnitz, Heinz-Bernd / Janovsky, Thomas (Hrsg.): Handbuch des Wirtschafts- und Steuerstrafrechts, 4. Auflage, München 2014 (zitiert als: *Verfasser*, in: Wabnitz/Janovsky, Kap., Rn.).

Waespi, Oliver: Organisationshaftung – Risiko und Unsorgfalt bei der Geschäftsherrenhaftung, Bern 2005, zugleich Neuenburg Univ. Diss. 2004 (zitiert als: *Waespi*, S.).

Warneke, Nikolai: „Die Garantenstellung von Compliance-Beauftragten“, in: Neue Zeitschrift für Strafrecht (NStZ) 2010, 312–317 (zitiert als: *Warneke*, NStZ 2010, S.).

Weinreich, Jens (Hrsg.): Korruption im Sport – Mafiose Dribblings – Organisiertes Schweigen, Leipzig 2006 (zitiert als: *Verfasser*, in: Weinreich, S.).

Weise, Klaus-Peter: Finanzielle Beeinflussungen von sportlichen Wettkämpfen durch Vereinsfunktionäre – Überlegungen zur Mißbrauchsuntreue auf der Grundlage des sog. Bundesliga-Skandals, Gießen 1982, zugleich Gießen Univ. Diss. 1982 (zitiert als: *Weise*, S.).

Wessels, Johannes / Beulke, Werner / Satzger, Helmut: Strafrecht – Allgemeiner Teil – Die Straftat und ihr Aufbau, 44. Auflage, Heidelberg u.a. 2014 (zitiert als: *Wessels/Beulke/Satzger*, §, Rn.).

Wiederholt, Norbert / Walter, Andreas: „Compliance – Anforderungen an die Unternehmensorganisationspflichten“, in: Betriebs-Berater (BB) 2011, 968–972 (zitiert als: Wiederholt/Walter, BB 2011, S.).

Windolph, Jürgen: „Risikomanagement und Riskcontrol durch das Unternehmensmanagement nach dem Gesetz zur Kontrolle und Transparenz im Unternehmensbereich (KonTraG); ius cogens für die treuhänderische Sorge i.S. von § 266 StGB – Untreue?", in: Neue Zeitschrift für Strafrecht (NStZ) 2000, 522–524 (zitiert als: *Windolph*, NStZ 2000, S.).

Wisskirchen, Gerlind / Körber, Anke / Bissels, Alexander: „‚Whistleblowing' und ‚Ethikhotlines' – Probleme des deutschen Arbeits- und Datenschutzrechts", in: Betriebs-Berater 2006, 1567–1572 (zitiert als: *Wisskirchen/Körber/Bissels*, BB 2006, S.).

Wolf, Klaus: „Corporate Compliance – ein neues Schlagwort? Ansatzpunkte zur Umsetzung der Compliance in der Finanzberichterstattung", in: Deutsches Steuerrecht (DStR) 2006, 1995–2000 (zitiert als: *Wolf*, DStR 2006, S.).

Württembergischer Fußballverband e.V. (Hrsg.): Der Schiedsrichter im Spannungsfeld zwischen Anforderung und Überforderung – oder: Die Fehlbarkeit des Schiedsrichters als Rechtsproblem – Tagungsband des wfv-Sportrechtsseminars vom 28.–30. September 2007 in Wangen/Allgäu, Baden-Baden 2009 (zitiert als: *Verfasser*, in: WFV 2007, S.).

Yallop, David A.: Wie das Spiel verloren ging – Die korrupten Geschäfte zwischen FIFA und Medien, München u.a. 1998 (zitiert als: *Yallop*, S.).

Zimmer, Mark / Stetter, Sabine: „Korruption und Arbeitsrecht", in: Betriebs-Berater (BB) 2006, 1445–1452 (zitiert als: *Zimmer/Stetter*, BB 2006, S.).

Zimmermann, Gernot: „Die straf- und zivilrechtliche Verantwortlichkeit des Compliance Officers – Im Spannungsfeld zwischen Aufgabenerfüllung und persönlicher Verantwortlichkeit", in: Betriebs-Berater (BB) 2011, 634–637 (zitiert als: *Zimmermann*, BB 2011, S.).